本书系教育部人文社会科学研究青年基金项目（17YJC740038）最终成果。

李欢 著

# 晋冀两省太行山沿麓晋语语音研究

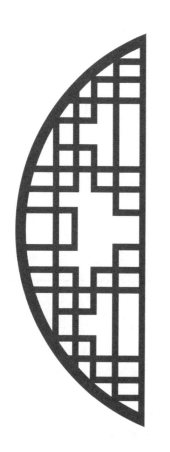
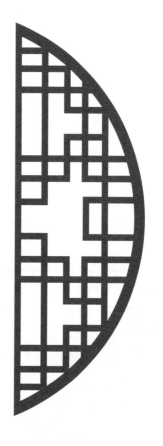

中山大学出版社
·广州·

**版权所有　翻印必究**

图书在版编目（CIP）数据

晋冀两省太行山沿麓晋语语音研究/李欢著.—广州：中山大学出版社，2020.12
ISBN 978-7-306-07044-9

Ⅰ.①晋…　Ⅱ.①李…　Ⅲ.①晋语—语音—方言研究—山西、河北　Ⅳ.①H172.2

中国版本图书馆CIP数据核字（2020）第215153号

| | |
|---|---|
| 出 版 人： | 王天琪 |
| 策划编辑： | 高　洵 |
| 责任编辑： | 高　洵 |
| 封面设计： | 曾　斌 |
| 责任校对： | 赵　冉 |
| 责任技编： | 何雅涛 |
| 出版发行： | 中山大学出版社 |
| 电　　话： | 编辑部 020-84110779，84110283，84111997，84110771 |
| | 发行部 020-84111998，84111981，84111160 |
| 地　　址： | 广州市新港西路135号 |
| 邮　　编： | 510275　传　真：020-84036565 |
| 网　　址： | http://www.zsup.com.cn　E-mail：zdcbs@mail.sysu.edu.cn |
| 印 刷 者： | 广州市友盛彩印有限公司 |
| 规　　格： | 787mm×1092mm　1/16　19.75印张　354千字 |
| 版次印次： | 2020年12月第1版　2020年12月第1次印刷 |
| 定　　价： | 62.00元 |

如发现本书因印装质量影响阅读，请与出版社发行部联系调换

庄初升教授（右）与和顺发音合作人
焦改兰老师（左）

在黎城赵满芳老师家中调查方言词汇

清漳河

庄初升教授（右）与晋语研究专家
温端政教授（左）

黎城发音合作人杨本立老师（左）

昔阳发音合作人吕巨祥先生

在平定文化名人郭九麟先生（左一）家中交流

平定发音合作人王润宝老师（左）

盂县发音合作人荣守义先生（右）

五台发音合作人安林章先生（左）

左权发音合作人王先红先生

平山发音合作人王文海老师（右）

井陉发音合作人高秋莲老师（前右）
和许未平女士（前左）

赞皇发音合作人侯书艳老师（右）
和王吉平老师（中）

邢台发音合作人刘喜安先生（右）

涉县发音合作人申志国先生（左）

# 序

  东北—西南走向的太行山绵延400多千米，既是黄土高原与华北平原的地理分界线，也是山西省与河北、河南两省的天然界山。太行山之西、黄土高原的东缘，地理上也称为山西高原，属于《中国语言地图集》划分的晋语区。实际上，《中国语言地图集》的晋语区已经跨越了太行山，从山西高原延伸到了山之东麓低海拔的冀豫两省境内。瑞典著名语言学家马尔姆贝格（B. Malmberg）早就说过："连绵的高山和密林往往恰巧就是方言的分界线，而且多是泾渭分明的分界线，因为穿越高山或密林进行交往不是不可能就是很困难。"但是，雄峻陡峭的太行山庞大山体，为什么没有把晋语阻断在山西省境内呢？如果晋语不属于官话，那么在太行山东麓的冀、豫两省境内，晋语与冀鲁官话、中原官话是此疆彼界截然分开还是相互交融渐进变化呢？太行山两麓的晋语作为边界晋语，与接壤的官话是否真实存在区别性的语音特征呢？这些都是饶有趣味的问题，非常值得我们方言学工作者进行调查研究。

  晋豫两省太行山沿麓方言较早受到学界的关注，王临惠、王利等学者已经陆续发表了几篇论文。相比之下，晋冀两省太行山沿麓方言的分布范围更为广阔，但是长期以来学界的关注度远远不足。李欢于2014年9月到中山大学跟我攻读博士学位，不久以后就确定了以晋冀两省太行山沿麓方言的语音作为博士学位论文的研究对象。我想，李欢的这个选择有两个必然性。第一是晋语语音研究从单点到区域再到跨区域比较研究，是方言学学术发展到一定阶段的必然结果。晋冀两省太行山沿麓方言，单是晋语就涉及山西省境内的五台片、并州片、大包片和上党片，河北省境内的张呼片和邯新片。李欢明确认识到："以太行山为地理坐标，把紧邻太行山的晋冀两省的13县的晋语方言放在一起做整体研究，不仅打破了传统的行政区域方言研究，而且打破了以往的方言片区研究。"第二是李欢的家乡在山西省灵丘县，与北京的直线距离并不遥远，灵丘方言本身就是太行山西麓的一个边界晋语。李欢有较好的母语语感，而且攻读硕士学位期间就对其母语灵丘方言语音做过较为深入的调查研究。现在呈现在读者面前的这本《晋冀两省太行山沿麓晋语语音研究》，就是李欢在中山大学博士学位论文的基础上修订而成的。书稿的修订工作，曾获得教育部人文社会科学研究青年基金项目的立项资助。

如上所述，《晋冀两省太行山沿麓晋语语音研究》一书的选题具有显著的学术价值和现实意义。我作为李欢的导师，是本书初稿和修订稿的第一个读者，私以为它在如下几个方面值得称道。

第一，本书所用的13个方言点的基础语料，都是作者按照统一的调查字表和词表亲自调查而来的。这13个方言点都分布在太行山沿麓山区，距离遥远，交通不便，但是作者克服各种困难，一个点一个点地进行调查。为了准确描写、归纳各个点的语音系统，作者对每条材料都进行高质量的录音，除了耳听口辨之外，还通过声学软件进行观察和验证；为了挖出宝贵的白读音层次，每个方言点作者除了调查2630个单字以外，还调查了806条词语；为了观察语音的发展演变趋势，有的方言点作者还调查了老派和新派不同的口音。所有这些努力，都在很大程度上保证了本书用以比较研究的语音材料的完整性、准确性和同质性。

第二，本书的主体部分按照声母、韵母和声调依次对晋冀两省太行山沿麓晋语的语音进行比较研究，由此让读者全面认识到这一广阔区域中晋语的一致性特征、差异性特征以及各个主要语音项目的发展演变规律。本书主体部分有一些很有意义的发现，证明了山西晋语与河北冀鲁官话之间语音特征的过渡性演变。比如，被作为晋语核心特征的入声调和入声韵，在这一区域中由靠近晋语核心区的西部向靠近冀鲁官话的东部递减，呈现出从多到少、由繁入简的分布格局，这对于研究北方汉语从有入声到没有入声的历史演变，无疑也是一个鲜活的标本；又如，古知、庄、章组的今读类型和历史层次，晋冀两省太行山沿麓晋语具有两分型和不分型两大类，不分型中平山、赞皇、邢台方言中读作［tʂ］［tʂʰ］［ʂ］的情况，无疑既表现了冀鲁官话的语音特征，又流露出早期晋语知二、庄组部分字，如"洒、阻、厕、搜、森、篡、涩、朔、侧、测、色、泽、责、策、缩"读为［ts］组的残存。正是基于这个区域中的一些方言点所表现出来的过渡型特征，本书第七章进一步对盂县、平定、左权、井陉、赞皇、邢台6个方言点的方言归属进行探讨，并提出了从太行山东麓晋语看晋语与冀鲁官话关系的问题，大大丰富了我们对边界晋语的性质和归属的认识。

第三，本书名为"语音研究"，但不仅仅就语音论语音，也从宏观上论证了晋语与太行山的关系，提出了"太行山的存在对晋语语言特征的保留和晋语区的稳定起了很大的作用"的观点。另外，本书还讨论了晋冀太行山沿麓晋语的形成因素，包括太行山的地貌特征对西麓山西晋语和东麓河北晋语的影响，太行山的水系、陉口、关隘对河北晋语形成的影响，历史上的移民活动对太行山东麓河北晋语形成的影响，涉及山川地理、行政区划、人口迁移与方言形成的关系，材料翔实，内容丰富，论证深刻，读来令人耳目一新。

本书有关晋冀两省太行山沿麓晋语语音特征的分析和语音层次的剖析，也并非尽善尽美、无懈可击。如第四章明确提出：早期该区域方言古全浊声母清化后逢塞音、塞擦音都是读作送气音，但由于受到北边强势的北京话和东边冀鲁官话的渗透、影响，仄声字逐步演变为不送气音；至于五台方言"窗台"的"台"读不送气音，则是受到并州片不送气型的影响，而非本土自身演变的结果。我不禁要问，何以唯独作为口语词"窗台"的"台"才接受并州片的影响呢？五台方言与并州片相去并不遥远，并州片不送气型又是从何而来呢？这些问题不解决，上述观点就不免令人生疑。又如，平声今读不分阴阳的声调类型，本书第六章与一些晋语学界主流观点一致，认为是"从未分化过，一直保持着一个调类的格局"。问题是，晋语中平分阴阳的类型又作何解释？很多证据表明，浊音清化一定伴随着阴阳调的分化。而晋语作为一种浊音完全清化的方言，是什么机制使得平声如此稳固呢？再如，本书第六章还认为：就晋冀太行山沿麓晋语的去声而言，去声不分阴阳的主流演变模式如同晋语并州片的平声不分阴阳一样，是一种存古的性质；黎城方言的去分阴阳现象则是受古声母清浊影响而分化的表现。令我疑惑的是，在浊声母已经清化的前提下，如果认为去声不分阴阳属于"存古"的性质，那么黎城方言去声分阴阳就不"存古"吗？然而，有一些证据（如声母分尖团）已经表明黎城方言整体上更古老，去声分阴阳也是重要的一个表现。相反的，我认为去声不分阴阳乃是去声分阴阳之后再合并的结果。五代末宋初河中龙门（今山西省河津县）人毋昭裔撰有《尔雅音图》，根据冯蒸先生多年的研究，其音系是一个官话方言，"除了上声外，《音图》的平声、去声、入声均各分阴阳，也就是说，《音图》有阴平、阳平、上声、阴去、阳去、阴入、阳入七个声调"。私以为，这个结论对于如何看待山西方言声调的产生和发展具有重要的参考价值。

以上的几处疑问，在李欢参加博士学位论文答辩之前我已经提出过，但是她坚持己见；我本着学术民主的理念，并没有要求她听从。长期以来我主要从事南方客家话、粤语、闽语以及粤北土话的调查研究，对北方方言，尤其是晋语本来就不熟悉。对于李欢的这篇博士学位论文，我与其说是指导，还不如说是与她一起学习，正所谓教学相长也！2015年7月中旬，李欢要回山西调查第一个方言点——和顺县县城，邀我一起参加。我头一次到了太行山的大山区，也是头一次认认真真地调查晋语，几天之内就收获了许多新知。犹记得有一天中午饭后，李欢的同学及家人开车带我们登上了一座山头，看着眼前蜿蜒流淌的清漳河，遥望北边的昔阳县，我马上想起那是"农业学大寨"的发祥地，也是著名语言学家李方桂先生的祖籍，不由得激动万分！

李欢的这本书马上就要由中山大学出版社出版了，我应李欢的邀请写了以上几段话，与她共勉，兼求正于大方之家！

是为序。

庄初升

2020年12月1日于杭州浙江大学寓所

# 目 录

第一章 绪论 ··········································································· 1
  第一节 太行山地理概貌及历史沿革 ································· 1
  第二节 晋冀太行山沿麓晋语研究回顾 ································ 3
  第三节 研究对象、研究目的、研究意义 ······························ 7
  第四节 选点标准和材料来源 ············································ 10

第二章 音系 ········································································· 14
  第一节 太行山西麓山西八县方言音系及说明 ···················· 14
  第二节 太行山东麓河北五县方言音系及说明 ···················· 36

第三章 语音概说 ·································································· 53
  第一节 晋冀太行山沿麓晋语语音内部的一致性 ················· 53
  第二节 晋冀太行山沿麓晋语语音内部的差异性 ················· 59

第四章 声母的特征及演变 ····················································· 61
  第一节 古全浊声母 ························································ 61
  第二节 古知系的声母 ····················································· 67
  第三节 古精组和见、晓组的声母 ····································· 73

第五章 韵母的特征及演变 ····················································· 84
  第一节 阴声韵的今读及演变 ··········································· 84
  第二节 阳声韵韵尾的今读类型及消变 ······························ 100
  第三节 入声韵的今读类型及消变 ···································· 110

第六章 声调的特征及演变 ····················································· 124
  第一节 声调的演变类型及分布 ······································· 124
  第二节 几种主要的声调演变类型分析 ······························ 125

  第三节 舒促转化——以灵丘方言为例 ················· 159
  第四节 异调分韵——以黎城方言为例 ················· 170

**第七章 余论** ························································ 186
  第一节 晋冀太行山沿麓晋语的分区再思考 ············· 186
  第二节 从东麓晋语看晋语与冀鲁官话的关系 ············· 194
  第三节 影响晋冀太行山沿麓晋语分布格局的因素探析 ······· 198

**参考文献** ······························································ 205

附录1 山西灵丘方言同音字汇 ···································· 220
附录2 河北平山方言同音字汇 ···································· 235
附录3 晋冀太行山沿麓13个晋语方言点字音对照表 ············· 250

**后记** ································································ 301

# 第一章 绪 论

## 第一节 太行山地理概貌及历史沿革

### 一、太行山地理概貌

太行山是中国的重要山脉和东西地理分界线,纵跨北京、河北、山西、河南四地。太行山脉北起北京西山,南达晋豫黄河沿岸,西承山西高原,东临华北平原,绵延400余千米,为山西东部、东南部与河北、河南两省的天然界山,又为中国地形第二阶梯的东缘,也是黄土高原的东部界线。

太行山脉大致呈东北—西南走势,北高南低,西缓东陡,西麓连接山西高原,东麓由高山、低山、丘陵过渡到平原。山中多雄关,著名的有位于河北的紫荆关,山西的娘子关、虹梯关、壶关、天井关等。山西高原的河流经太行山流入华北平原,由北向南依次有桑干河、唐河、滹沱河、清漳河、浊漳河、丹河、沁河等,峡谷毗连,多瀑布湍流。水流的切割造就了太行山多东西向横谷(陉),著名的有军都陉、蒲阴陉、飞狐陉、井陉、滏口陉、白陉、太行陉、轵关陉等,古称"太行八陉",为古代晋冀豫穿越太行互相往来的主要通道,因其地理位置险峻,亦为历代重要军事关隘。

另外,太行山也是中国一条重要的地理分界线。太行东麓的华北平原属于落叶阔叶林地带,西麓的黄土高原为森林草原地带和干草原地带,太行东西两侧的植被、土壤垂直带特征等差异明显。

### 二、历史沿革

《尚书》云:"禹别九州。""太行、恒山至于碣石,入于海。"太行山当属冀州。西周初年,分封诸侯,太行山西北麓大部分为北戎之地,北麓为北燕国所据,东麓为邢国所有,东南及南麓封国有卫国、雍国、原国、单国、邗国,西麓则为晋国。春秋前期,环太行山诸国有晋、葛、卫、邺、黎、邢、肥、鼓、中山、代等;春秋后期,环太行山诸国有晋、周、郑、卫、中山、燕等。

战国时期，诸侯纷争，环太行山诸国主要是燕、赵、魏，其中，赵国基本拥据太行山东西两麓。秦始皇统一六国，实行郡县制，环太行山有上党郡、河内郡、邯郸郡、太原郡、代郡、上古郡、恒山郡、广阳郡等。西汉郡国并行，到了武帝时期，建立了刺史制度，环太行山的有并州刺史部、幽州刺史部、冀州刺史部。东汉全国设立十三州，环太行山有司州、并州、冀州、幽州。三国时期，太行山为曹魏所拥据。西晋初期，环太行山有司州、并州、冀州、幽州；东晋十六国时期，太行山一直为北方少数民族政权所把持。隋朝文帝时，实行州县二级行政体制；炀帝即位，改州为郡，实行郡县制，环太行山有长平郡、上党郡、河内郡、雁门郡、涿郡、上谷郡、恒山郡、博陵郡、赵郡、襄国郡、魏郡、太原郡等。唐代实行道、府、州、县制，太行山为河东道与河北道的界山。五代时期，太行山北部逐渐为契丹所蚕食。北宋时期，宋朝与辽国以今山西的河曲、岢岚、原平、代县、繁峙和河北的阜平、满城、霸州为界，太行山分属两国；后，金灭北宋，采宋制，实行路、府（州）、县三级管理，环太行山有河东北路、河东南路和河北西路。元代实行行省、路、府（州）、县四级行政管理体制，太行山全属中书省。明代大致继承元代行政区划，采用省、道、府、县的行政区划，环太行山分别有南直隶、河南承宣布政使司、山西承宣布政使司。清代行政基本承袭明制，环太行山分别为直隶、河南、山西三省。民国时期，环太行山分别为察哈尔、河北、河南和山西。中华人民共和国成立后，太行山为山西与河北、河南的界山。

太行山沿麓市县（区）有37个，分别是：

北京：房山

山西：灵丘、繁峙、五台、盂县、平定、昔阳、和顺、左权、黎城、平顺、壶关、陵川、晋城、泽州、阳城

河北：涞水、易县、涞源、阜平、灵寿、平山、井陉、元氏、赞皇、临城、内丘、邢台、永年、武安、涉县

河南：林州、辉县、焦作、博爱、沁阳、济源

本书研究晋冀两省太行山沿麓的晋语语音，涉及以上所列37个县市中的13个县，分别是灵丘县、五台县、盂县、平定县、昔阳县、和顺县、左权县、黎城县、平山县、井陉县、赞皇县、邢台县、涉县。

## 第二节　晋冀太行山沿麓晋语研究回顾

本书的研究涉及太行山沿麓的山西晋语和河北晋语。鉴于河北晋语尤其是本书所关注的5个方言点的研究起步较晚、成果较少，且其研究多取法山西晋语的研究成果，本节研究成果的概述以山西晋语为主。

### 一、山西晋语研究回顾

1. 起步阶段（19世纪初到20世纪80年代）

现代语言学意义上的晋语调查研究肇始于瑞典汉学家高本汉。他曾于1910—1911年间利用在山西大学堂工作的机会，亲自调查太原、兴县、太谷、文水、大同、凤台（今山西晋城）、归化（今呼和浩特）7处方言，记录了3000多个字音，后收录在《中国音韵学研究》第四卷《方言字汇》（商务印书馆1940年版）中。

国内第一位用现代语言学方法记录、描写山西单点方言的是刘文炳。他在《徐沟语言志》（1939）中用注音字母记录、描写了徐沟（今太原清徐县）方言，并且提到了黄河流域的入声现象、山西晋语中鼻音韵尾丢失现象、山西晋语中的反语骈词（即分音词）现象。

1956—1958年，全国范围内开展了第一次大规模的方言调查，田希诚、杨述祖、朱耀龙、安玉琪等人负责山西省的方言普查，共调查97个方言点，并出版《山西方言概况》（1960）。这是第一次对山西方言语音进行的整体调查研究。

20世纪50年代，日本的桥本万太郎调查山西方言，并于70年代发表《晋语诸方言之比较研究》。全文既有语音的描写和分析，也有词汇和语法方面的比较。语音方面是关于朔县、五台、汾阳、安邑（今运城盐湖区）4个方言点的音系和声韵配合表，并对其声韵特征进行了解释和历时比较。

2. 发展、成熟阶段（20世纪80年代后）

李荣先生在《官话方言的分区》（1985）中首次提出"晋语"这一学术概念，并将"晋语"独立为一级方言区，紧接着在《中国语言地图集》绘制中付诸实践。这一提法引起了方言学界的普遍关注和热烈讨论。晋语究竟能否独立？它在方言分区中的层级地位应该如何？它应该是与其他九大方言"平起平坐"的一级方言，还是应该设为官话下的二级方言？这些问题，学界一直争议不断。支持者认为，不论从语言特点还是从分布范围、人口数量以及晋语形成的自然、社会历史背景等方面看，都可以把晋语列为一级方言区，以温端政、侯精一两位先生为代表。而丁邦新、王福堂等先生则持反对意见，认为晋语特殊的语言特征还没有特殊到可以和其他九大方言"平起平坐"的程度，不同意将晋语分立成为和官话平行的十大方言之一，只同意其作为官话的一个次方言。不论支持还是反对，都必须靠深入挖掘大量语言事实说话。因此，从某种意义上说，学界的争论客观上促进了晋语调查研究的蓬勃发展。

一方面，山西的晋语研究者编撰出版了一批方言志书类著作。1983年，温端政主持的"山西省各县（市）方言志"被列为国家"六五"期间哲学社会科学重点研究项目，截止到1997年，共出版了40余种地方方言志；1986年，侯精一、温端政主持的"山西省方言通志"被列为国家"七五"期间哲学社会科学重点研究项目，研究成果为《山西方言调查研究报告》（1993）；乔全生主编的"山西方言重点研究丛书"是对山西省内单点方言进行的一次较大规模的集成研究，截止到2017年4月，已正式出版著作50部。《山西方言调查研究报告》（1993）是国内比较早的方言省志。该书分上下两卷，120余万字，涉及101个方言点。上卷为总志卷，共14章，包括山西方言概况、声韵调特点、历史音韵、文白异读、词汇特点、语法特点、42个方言点的272条单字音对照、42个方言点的116条词汇对照；下卷为分区志卷，共7章，介绍了山西方言的分区、各区的分片情况及其特点、101个方言点的音系。另外，《山西方言研究》（论文集）作为"山西省方言通志"项目的阶段性成果，于1989年11月由山西人民出版社出版。全书共收论文38篇，其中，属于总论的有7篇，语音方面的有12篇，词汇方面的有6篇，语法方面的有13篇，比较集中地反映了20世纪80年代山西方言的研究情况。

另一方面，产生了一大批语音、词汇、语法等方面的专门研究成果。

语音研究方面的成果主要聚焦于入声研究、古声韵调的今读及演变、特殊音变等方面。入声是晋语区别于北方官话的第一语音特征，也被认为是晋语独立的依据，故而入声的研究在山西晋语研究中尤为突出。整体考察山西晋语入声的有杨述祖《山西方言入声的现状及其发展趋势》（1982）、温端政《试论山西晋语的入声》（1986）、李小平《从音系的辅音含量看晋语保留入声的原因》（1998）等；具体考察某方言片或某方言点入声的有孙小花《五台方言的入声》（2004）、沈明《晋东南晋语入声调的演变》（2005）、《晋语五台片入声调的演变》（2007）、焦妮娜《晋城话中的入声字》（2007）等。研究入声舒化和舒声促化方面的代表性成果有马文忠《大同方言入声字两读详例》（1994）、王希哲《左权方言古入声字今舒声化现象》（1996）、曹瑞芳《山西阳泉方言入声舒化的初步分析》（1996）、贺巍《晋语舒声促化的类别》（1996）、孙玉卿《山西晋语入声舒化情况分析》（2005）、杨增武《山阴方言的舒入两读字》（2006）、张光明《忻州方言的舒声促化现象》（2006）等。

古声韵调今读及其演变的代表性研究有陈庆延《古全浊声母今读送气清音的研究》（1989），徐通锵《山西方言古浊塞音、浊塞擦音今音的三种类型和语言史的研究》（1990），王洪君《入声韵在山西方言中的演变》（1990）、《阳声韵在山西方言中的演变（上）》（1991）、《阳声韵在山西方言中的演变（下）》（1992），陈庆延、文琴《晋语的声母特征》（1994），沈明《山西方言韵母一二等的区别》（1999）、《山西晋语古清平字的演变》（1999），乔全生《晋语的平声调及其历史演变》（2007）等。

其他音变的研究，包括连读变调、文白异读、"子"尾、儿化、"儿"尾等，侯精一对平遥方言的研究均有涉及。此外，乔全生的《山西方言"子尾"研究》（1995）和《山西方言"儿化、儿尾"研究》（2000）从地理分布、构成形式及表义功能等方面对山西方言的"子"尾、儿化、"儿"尾进行了全面的研究；蒋平、沈明的《晋语的儿尾变调和儿化变调》（2002）分析了晋语中的儿尾变调和儿化变调所遵循的不同音系规则，并对引起变调的因素进行探讨；沈明《山西方言的小称》（2003）概括了山西方言4种表示小称的方式，并对其进行了历史层次分析。

词汇方面的研究主要集中在词缀、分音词与合音词、四字格、古语词的描写分析方面，具代表性的有侯精一《平遥方言四字格释例》（1980）、《释"纠首"》（1982）、《释"一头拾来"》（1986），徐通锵《山西平定方言的"儿化"和晋语中所谓的"嵌l词"》（1981），刘勋宁《晋语释词》（1989），乔全生《晋语附加式构词的形态特征》（1996）、《山西方言的几个詈词后缀》（1996），陈庆延《说前缀"日"——晋语构词特点研究之一》（1999）、《晋语核心词汇研究》（2001），乔全生、张楠《晋方言所见近代汉语词汇选释》（2010）。此外，还有几部词典：沈明编纂的《太原方言词典》（1994），温端政、张光明编纂的《忻州方言词典》（1995），吴建生、赵宏因编纂的《万荣方言词典》（1997）等。

语法的研究主要涉及词类、特殊结构、特殊句式等方面，既有对单点方言语法现象的挖掘，也有对区域方言语法特征的综合研究，代表性研究除了侯精一对平遥方言语法现象的研究以外，还有乔全生《山西方言中"V＋将＋来/去"结构》（1992）、《山西方言人称代词的几个特点》（1996）、《晋语重叠式研究》（2001）等；专著有乔全生《晋方言语法研究》（2000）、郭校珍《山西晋语语法专题研究》（2008）等。

山西晋语研究经历了由单点方言到区域方言、由共时语言现象的描写到历时方言史的探索的跃升，其中，最具代表性的是侯精一的《现代晋语的研究》(1999)和乔全生的《晋方言语音史研究》(2008)。《现代晋语的研究》以论文集的形式，汇集了对晋语分立的思考、晋语的特点及平遥方言的语音、词汇、语法等方面研究的成果。《晋方言语音史研究》则立足于当代方言共时面貌和历史文献，采用历史比较和历史文献考证相结合的方法，对晋方言 20 余条特征进行了历史探索，从而得出并州片、吕梁片等晋方言较多继承了唐五代汉语西北方音的特点，晋南汾河片方言则是宋、西夏汉语西北方音的延续和发展，晋方言与官话系统非同步发展的观点。该研究成果也支持晋语独立为一级方言的提法。

30 多年来，山西晋语研究所取得的成果是丰厚的，有研究报告、各县市方言志、方言词汇编、专著、论文等，内容涉及语音、词汇、语法、晋语史等各个方面。以上只是择要概述，难免挂一漏万。前人的研究成果对本书的写作具有极其重要的参考价值。

## 二、河北晋语研究回顾

与山西晋语的研究相比，河北晋语的研究则相对薄弱，在语音、词汇、语法各方面均不完善。而且，整个河北省分布着北方官话和晋语两大方言，河北省境内的北方官话又有冀鲁官话、北京官话、中原官话，因此，我们回顾河北晋语的研究历程以及成果是在整个河北方言研究成果的框架下进行描述的。

河北方言的研究是伴随着 20 世纪 50 年代全国方言普查开始的。由丁声树、李荣主持，河北省昌黎县县志编纂委员会和中国科学院语言研究所合编的《昌黎方言志》(1960) 是 1956 年方言普查工作以来的第一个县级方言点的调查研究成果，在全国的方言调查中具有示范作用。其后，河北北京师范学院和中国科学院河北省分院语文研究所合编的《河北方言概况》(1961) 记录了全省 155 个方言点的语音情况。

从 1959 年开始，方言调查工作者开始进行词汇方面的调查。该次调查设计了 153 个点，并于 1960 年 8 月编写了近 60 万字的《河北方言词汇编（初稿）》。由于"文革"的原因，原稿部分散失，惜未成书。后，李行健在保留部分残稿的基础上再次进行调查补充，历时 10 年，该书于 1995 年由商务印书馆出版，可谓一路坎坷。

新时期以来，河北方言的研究继续深入推进，以陈淑静、刘淑学、吴继章、唐健雄、盖林海等学者的研究成果为代表。如陈淑静编著的《获鹿方言志》(1990)，陈淑静、许建中编写的《定兴方言志》(1997)，盖林海编写的

《平山方言志》(2004) 都对相关方言点的语音、词汇、语法特点做了较为全面细致的描写；刘淑学的《中古入声字在河北方言中的读音研究》(2000) 以其博士学位论文为基础修订而成，2001 年获北京大学第九届王力语言学奖二等奖；康迈千编写的《河北土语浅释》(1986) 对河北方言的土语词进行了搜集整理；由吴继章、唐健雄、陈淑静主编的《河北省志·方言志》(2005) 介绍了廊坊、唐山、保定、石家庄、衡水、沧州、魏县、张家口、鹿泉、邯郸 10 个代表点的音系，采用点面结合的方式描写了河北方言。这些对本书的写作也具有一定的参考价值。

## 第三节　研究对象、研究目的、研究意义

### 一、研究对象及目的

太行山是晋冀两省的天然分界线，太行山东西两麓分布着晋语，东麓还分布着冀鲁官话。本书以太行山为纵贯线，选取山西、河北两省紧挨太行山的 13 个晋语方言点［灵丘、五台、盂县、平定、昔阳、和顺、左权、黎城（以上属山西省）、平山、井陉、赞皇、邢台、涉县（以上属河北省）］的语音作为研究对象，在实地调查的基础上，全面、细致地描写这 13 个方言点的声韵调，展示其整体语音面貌；通过共时层面的东西比较和南北比较，寻求它们之间语音特点的一致性和差异性；综合运用语音实验分析、历史层次分析、数据统计的方法，归纳其语音演变类型，探究其语音演变规律，离析其语音演变层次；结合晋语的历史形成，参考各地的文献资料，运用地理语言学的方法，探讨晋冀太行山沿麓方言格局的成因，分析山川地理、行政区划、人口迁移对方言的历史形成和共时分布的影响。

### 二、研究意义

（1）以太行山为纽带，选取晋冀两省太行山沿麓的 13 个晋语方言点作为整体研究对象，通过实地调查，详细记录、描写这 13 个方言点的语音情况，从整体上反映该区域的语音面貌。

"我们用'晋语'着重在语言，指山西省及其毗连地区有入声的方言。"[①] "晋语集中分布在山西省的 82 县市，使用人口约 2370 万，而分布在河北、河

---

[①] 李荣：《官话方言的分区》，载《方言》1985 年第 1 期，第 2 页。

南、内蒙古自治区、陕西四省共计109个市县,使用人口约3800万。"① 新时期晋语的研究如果从晋语的分立算起,到如今已有30多年,可谓硕果累累。但从区域研究情况来看,却是极其不平衡的。相对而言,山西晋语研究处于领先地位,陕西晋语次之,而河北、河南、内蒙古晋语,尤其是河北晋语不论从科研队伍的规模,还是从研究成果的数量、质量上看,都不及山西和陕西晋语的研究。本书以太行山为地理坐标,把紧邻太行山的晋冀两省的13县的晋语方言放在一起做整体研究,不仅打破了传统的行政区域方言研究,而且打破了以往的方言片区研究,以太行山为切入点,关注的是沿山的山西晋语和河北晋语的语音现象,不论是两麓的东西比较,还是单边的南北比较,都是一种有益的尝试,都将拓展晋语研究的范围。

(2) 就本书所涉及的方言点而言,不论是太行山以西的山西晋语,还是太行山以东的河北晋语,都处于晋语的边缘地带,同时也是晋语与冀鲁官话的过渡地带,其晋语特征并不典型,呈现出鲜明的过渡性特点。

乔全生指出:"并州片是晋方言的核心地区,其次是吕梁片、五台片、志延片,其余是晋方言的边缘地区。"② 就晋语第一语音特征——入声来说,核心地区往往保留两套或3套入声韵,且入声调分阴阳,而渐趋边缘地带的入声往往伴随着入声韵的简化和入声调的合并现象,大多只有一个入声韵和一个入声调。除此以外,还伴有大量入声字的舒化现象。比如地处山西东北边缘的灵丘县,在江荫褆、李静梅编写的《灵丘方言志》(1996)一书中,入声韵是四呼齐配的两套8个,分别是aʔ、iaʔ、uaʔ、yaʔ和əʔ、iəʔ、uəʔ、yəʔ,而如今的灵丘方言入声韵只有əʔ、iəʔ、uəʔ、yəʔ一套4个,并且入声舒化现象也较之前记载更为突出。我们曾对今灵丘方言中常用的570个入声字进行调查,发现只有339个入声字不论单念还是在词语中仍保留入声读法,其余231个入声字则以完全舒化或舒入两读的形式存在。后者中,完全舒化字193个,约占中古入声字的36%;舒入两读字38个,约占中古入声字的7%。从舒化和古声母清浊的关系来看,来自古次浊声母的最多,其次是古全浊声母,而来自古清声母的相对较少。从舒化后的声调走向来看,读去声的居多,阳平次之,阴平上③最少。舒化后声调的演变规律和普通话一致,即次浊声母入声字读去声,全浊声母入声字读阳平,而清声母入声字则读阴平上、阳平、去声的都有,但

---

① 沈明:《晋语的分区(稿)》,载《方言》2006年第4期,第343～356页。
② 乔全生:《晋方言研究史之我见》,载《晋中学院学报》2015年第1期,第96页。
③ 灵丘方言有4个声调:阴平上、阳平、去声、入声。古清声母平声字和古清、次浊声母上声字合流,称为"阴平上"。

多数也读作去声。可见，灵丘方言的入声舒化模式是次浊＞全浊＞清，舒化后的声调归派上受普通话影响，归入去声和阳平的居多。而38个舒入两读字则体现出一种叠置的状态，随着时间的推移，这种叠置也会以新老派读法的替换方式逐步完成入声向舒声的转化。① 河北晋语入声的情况，一方面，入声的塞音韵尾［-ʔ］大多已经丢失，只保留一个独立的入声调与其他声调相区别、对立；另一方面，河北晋语的入声也存在着严重的舒化现象，不同的年龄阶层，舒化的程度也不同。一地方言服务一地人民，它的语音演变是长期使用该方言的人们不自觉的语言运用的结果。尽管各地语音情况纷繁复杂，但这样一种地域阶梯式入声消失轨迹恰恰体现出语言渐变的过渡性特征。

（3）根据《中国语言地图集》（第2版）（2012：B1-13晋语），本书所选方言点，太行山西麓由北向南依次属于五台片（灵丘、五台）、并州片（孟县）、大包片（平定、昔阳、和顺、左权）、上党片（黎城），太行山东麓由北向南依次属于张呼片（平山、井陉②、赞皇）、邯新片［邢台（城关以西）、涉县］。依山而行，西麓表现出与山西东部地区行政区划大体一致的特点，独特之处是，属于大包片的平定、昔阳、和顺、左权四县方言处于强势的晋中文化、晋东南文化的夹缝中，却能保持特异的语言形态，形成了一个被五台片、上党片、并州片所包围的"大包片方言岛"，远离了晋语大包片的大本营；东麓则是冀鲁官话与晋语犬牙交错的形态，甚至是相互嵌入的样式，独特之处是，属于张呼片的平山、井陉、赞皇方言远离了晋语张呼片的大本营。关于这两点，在以往的晋语研究中还未有学者予以整体关注。

东北—西南走向的太行山纵贯在晋冀两省之间，影响了东西两麓人们的交往。然而，一方面，太行山脉山峦起伏，沟壑纵横，造就了晋冀两省天然的陆路交通要道，显著者如"太行八陉"；另一方面，发源于山西的桑干河、滹沱河、清漳河、浊漳河等水系，在漫长的历史岁月里不断地冲刷、切割着太行山，从而生成了众多大小不一的东西向河谷，方便了晋冀两省的水上交通。因此，晋冀两省东西向的经济、文化联系始终未曾断绝，表现在语言使用情况上，晋冀陆路交通要道井陉以东地区属于晋语区，而滹沱河和清漳河在太行山东麓流域属于晋语区。关于道路交通与太行东麓的晋语区的关系，同样也还未曾有学者予以关注。

---

① 参见李欢《灵丘方言入声舒化现象调查》，载《西藏民族学院学报》（哲学社会科学版）2014年第6期，第128～132页。

② 《中国语言地图集》（第2版）把井陉方言划归冀鲁官话石济片；但另据盖林海（2002、2005）的观点，井陉方言有独立的入声调，当与平山、赞皇方言一样归属晋语。本书调查结果与盖文相同，当属晋语张呼片。

(4) 尝试以地理语言学的理念，来考察晋冀太行山沿麓方言的语音面貌以及类型分布。地理语言学关注的是方言形成、分布和演变与自然地理以及历史地理的关系，着重考察河流湖泊、山脉、地形地势以及历史政区、历史移民、交通往来、文化区域等对方言形成、分布和演变的影响。在晋语地理语言学研究中，王临惠《汾河流域方言的语音特点及其流变》（2003）通过对汾河流域大量语料的搜集和排比研究，认为汾河在方言语音演变中具有"纵向贯通，横向阻隔"的作用；邢向东、王临惠、张维佳、李小平合著的《秦晋两省沿河方言比较研究》（2012），全面记录、描写、比较秦晋沿黄河汉语方言，提出"秦晋两省沿河方言，南北差异大于两岸差异"的观点，得出"横向贯通，纵向阻隔"的结论；其后，王临惠（2013）、王利（2014）、王利、王临惠（2016）关注晋豫两省太行山沿麓方言的历史比较研究。山西境内有山、有河，是进行地理语言学研究的宝地。本书意在接续王临惠、王利等人的太行山沿麓方言的晋豫范围，完善太行山沿麓山西与邻近省份的方言语音记录与描写，为全面描述太行山一带的方言语音面貌提供材料基础。

## 第四节　选点标准和材料来源

### 一、选点标准

太行山以其独特的自然条件和悠久丰厚的人文历史孕育着太行山文化，同时也造就了太行山一带的方言。太行山东西沿麓的各县市都是晋冀两省的边陲，这些方言也都远离晋语区和冀鲁官话区的核心地带，处于方言过渡带上的这些方言在共时的语音特征和历时的语音变化上都表现出既各自为政又互为影响的特点。本书以晋冀太行山沿麓的 13 个晋语方言点的语音为研究对象，意在描写晋冀太行山沿麓方言所保留的晋语语音特征，探求其内部的一致性和差异性，揭示其语音演变的条件和过程，并力所能及地探讨太行山脉在该区域方言格局的形成中所起到的作用。因此，在选点时遵循两个原则：第一，地理位置上紧挨太行山；第二，该地方言归属晋语。同时，考虑到田野调查可能会遇到的种种困难，调查大都以各地县府所在地方言作为调查对象。

### 二、材料来源

本书所使用的材料均为本人亲自调查、采集所得，我们集中调查了各方言点的单字音和常用词汇。调查所用字表的设计以中国社会科学院语言研究所的

《方言调查字表》为依据,删去一些冷僻字和晋语中的不常用字,整理出一份 2630 条的单字音调查表。另外,为了全面了解语音方面的一些问题,如儿化、轻声、"子"尾、连音变化等,又专门设计了词汇调查表。词表的设计以中国社会科学院语言研究所方言研究室资料室编写的《汉语方言词语调查条目表》为依据,不仅兼顾各个类别,更注意选择晋语特征词、常用词,整理出一份 806 条的词汇调查表(该字表和词表在实际调查过程中又做了微调)。①

发音合作人资料见表 1-1。

表 1-1 发音合作人

| 方言点 | 姓名 | 性别 | 出生年份 | 籍贯 | 文化程度 | 职业 |
|---|---|---|---|---|---|---|
| 灵丘 | 孙月英 | 女 | 1930 | 大同市灵丘县武灵镇西关村 | 文盲 | 家庭妇女 |
| | 李凯明 | 男 | 1948 | 大同市灵丘县武灵镇西关村 | 初中 | 退休工人 |
| | 李天明 | 男 | 1950 | 大同市灵丘县武灵镇西关村 | 初中 | 退休公务员 |
| 五台 | 安林章 | 男 | 1968 | 忻州市五台县茹村乡苏子坡村 | 中专 | 退休工人 |
| 盂县 | 荣守义 | 男 | 1957 | 阳泉市盂县秀水镇北村 | 高中 | 退休公务员 |
| 平定 | 王润保 | 男 | 1950 | 阳泉市平定县巨城镇移穰村 | 本科 | 退休教师 |
| | 郭九麟 | 男 | 1949 | 阳泉市平定县冠山镇 | 初中 | 退休公务员 |
| | 王瑾 | 男 | 1971 | 阳泉市平定县冠山镇 | 高中 | 自由职业者 |
| 昔阳 | 吕巨祥 | 男 | 1958 | 晋中市昔阳县大寨镇郭庄村 | 高中 | 退休工人 |
| | 胡啸宇 | 男 | 1980 | 晋中市昔阳县乐平镇 | 本科 | 公务员 |

---

① 材料的集中采集工作持续一年有余,从 2015 年 7 月和顺点开始,到 2016 年 10 月左权点结束。一个点的调查通常为一周左右,有的点比较复杂,费时稍多些,如五台、和顺、黎城、赞皇。多数点的调查一次完成;有些点则由于种种原因,于 2017 年上半年又进行了二次调查、核对,如赞皇、邢台、黎城。发音合作人一般都是当地有一定文化水平的中、老年人(男性居多),因为他们的发音比较地道、稳定,有代表性,而且知识面较广,掌握的方言词语也多。一般来说,每个点的发音合作人不只一位。整个调查过程得到很多人的帮助。每到一地,我们通常先寻求当地政府部门的帮助。他们总是不辞辛苦为我们介绍合适的发音合作人,并引荐当地文化名人。在与这些人的交流中,我们更多地了解到当地的方言民俗文化,这是从字表和词表的调查中得不到的东西。除此之外,特别要感谢各方言点的发音合作人。他们怀着极大的工作热情,花费了大量的时间和精力,不论酷暑还是寒冬,陪我们一字字、一词词地录音。在此,谨向他们表示深深的谢意!

续表 1-1

| 方言点 | 姓名 | 性别 | 出生年份 | 籍贯 | 文化程度 | 职业 |
|---|---|---|---|---|---|---|
| 和顺 | 焦改兰 | 女 | 1953 | 晋中市和顺县义兴镇北关村 | 高中 | 退休教师 |
| | 梁占荣 | 男 | 1948 | 晋中市和顺县义兴镇北关村 | 中师 | 退休公务员 |
| | 梁文静 | 女 | 1980 | 晋中市和顺县义兴镇北关村 | 本科 | 高中教师 |
| 左权 | 王先红 | 男 | 1951 | 晋中市左权县辽阳镇南街 | 初中 | 退休工人 |
| 黎城 | 杨本立 | 男 | 1936 | 长治市黎城县黎侯镇军民巷 | 师专 | 退休教师 |
| | 赵满芳 | 男 | 1947 | 长治市黎城县黎侯镇 | 初中 | 退休公务员 |
| | 李娜 | 女 | 1992 | 长治市黎城县黎侯镇 | 研究生 | 在读研究生 |
| | 王利斌 | 男 | 1972 | 长治市黎城县黎侯镇 | 本科 | 公务员 |
| 平山 | 王文海 | 男 | 1953 | 石家庄市平山县平山镇东关村 | 高中 | 退休教师 |
| 井陉 | 高秋莲 | 女 | 1951 | 石家庄市井陉县秀林镇南张村 | 高中 | 退休教师 |
| | 许未平 | 女 | 1980 | 石家庄市井陉县南峪镇 | 高中 | 自由职业者 |
| | 杜丽花 | 女 | 1978 | 石家庄市井陉县秀林镇 | 初中 | 自由职业者 |
| 赞皇 | 侯书艳 | 男 | 1951 | 石家庄市赞皇县赞皇镇 | 高中 | 退休公务员 |
| | 王吉平 | 男 | 1959 | 石家庄市赞皇县赞皇镇 | 师专 | 退休教师 |
| 邢台 | 董修身 | 男 | 1946 | 邢台市邢台县羊范镇喉咽村 | 初中 | 农民 |
| | 刘喜安 | 男 | 1949 | 邢台市邢台县皇寺镇皇寺村 | 初中 | 农民 |
| 涉县 | 申志国 | 男 | 1978 | 邯郸市涉县涉城镇 | 中专 | 公务员 |

此外，我们搜集了与本书写作相关的、已有的字音资料，这些资料对我们的实地调查和后期的材料分析也起到了一定的作用。这些材料如下：

吴继章、唐健雄、陈淑静主编：《河北省志·方言志》，方志出版社 2005 年版

江荫禔、李静梅著：《灵丘方言志》，山西高校联合出版社 1996 年版
宋欣桥著：《盂县方言志》，山西高校联合出版社 1991 年版
田希诚著：《和顺方言志》，语文出版社 1990 年版
王希哲编著：《左权方言志》，山西高校联合出版社 1991 年版
盖林海著：《平山方言志》，河北教育出版社 2004 年版
温端政编著：《忻州方言志》，语文出版社 1985 年版

金梦茵编:《原平方言志》,语文出版社 1989 年版
侯精一著:《长治方言志》,语文出版社 1985 年版
赵秉璇编著:《寿阳方言志》,《语文研究》1984 年增刊
孟庆海著:《阳曲方言志》,社会科学文献出版社 1991 年版
李小平著:《临县方言志》,山西高校联合出版社 1991 年版
温端政编著:《怀仁方言志》,《语文研究》1982 年增刊
马文忠、梁述中编:《大同方言志》,语文出版社 1986 年版
韩沛玲著:《山西方言音韵研究》附录部分"五台方言同音字表",商务印书馆 2012 年版

以上材料在行文中将不再一一标明出处,在此一并鸣谢作者。

众所周知,有些早期材料质量参差不齐,记音情况标准不一、详略有别,故本书只将其作为参考。在为本书的写作而进行的实地调查中,如果遇到与已有记载音类差异较大或其他特殊的语音现象,我们尽量找到多人进行核对、印证,以确保本书所用材料的同质性、准确性。

# 第二章 音 系

## 第一节 太行山西麓山西八县方言音系及说明

### 一、灵丘（武灵镇）

灵丘县地处山西省东北边缘，东部、东北部、南部分别与河北省的涞源、蔚县、阜平接壤，西部、北部与本省的浑源、繁峙、广灵相连，现隶属大同市管辖。灵丘方言属晋语五台片①，本书调查记录的是县府所在地武灵镇话。主要发音合作人有3位：李凯明，男，1948年生，初中文化程度，退休工人；李天明，男，1950年生，初中文化程度，退休公务员；孙月英，女，1930年生，文盲，家庭妇女。3人均世居灵丘县城。

1. 声母（20个，包括零声母）

| | | | |
|---|---|---|---|
| p 班布步别 | pʰ 牌普怕泼 | m 门米母目 | f 飞冯纺福 | v 危弯袜握 |
| t 到稻弟读 | tʰ 投途太铁 | n 南怒年岸 | | l 泪路连吕 |
| ts 遭招祖桌 | tsʰ 曹潮粗出 | | s 苏书丝石 | z 惹人如弱 |
| tɕ 见姐举绝 | tɕʰ 轻清全七 | | ɕ 西美许学 | |
| k 高共姑骨 | kʰ 苦考蓁刻 | | x 海河呼活 | |
| ø 儿烟远荣 | | | | |

说明：

① 普通话中的开口呼零声母字，灵丘方言中读 [n] 声母。

② [m] [n] 与齐齿呼相拼时实际音值为 [mᵇ] [nᵈ]，略带塞音成分，出现轻微塞化。

③ [n] 与洪音相拼时读 [n]，与细音相拼时实际音值为 [ȵ]，本书均记为 [n]。

---

① 各调查点的方言归属性质如果没有特殊交代，则均采自《中国语言地图集》（第2版）的观点。下同。

## 2. 基本韵母（32个）

| | | | |
|---|---|---|---|
| ɿ 资紫制知私拾 | i 第米闭皮鸡力 | u 布普土主醋入 | y 举吕女序雨局 |
| ɚ 耳二儿而 | | | |
| a 疤爬拿马洒蜡 | ia 家架下牙霞峡 | ua 瓜寡跨卦话猾 | |
| ə 波破哥车蛇热 | | uə 多锣活锅光黄 | |
| ai 抬牌债类内白 | | uai 乖怪坏揣帅率 | |
| au 保抱高套赵勺 | iau 交笑教习鸟药 | | |
| əu 豆楼后愁轴肉 | iəu 流舅丢沟口六 | | |
| ei 杯倍飞煤埋位 | | uei 对亏灰追水蕊 | |
| | ie 姐些见年叠碟 | | ye 靴捐选权元月 |
| æ 耽班担范碗山 | | uæ 短算乱换宽软 | |
| ɒ̃ 帮党抗厂张伤 | iɒ̃ 梁相酿亮杨讲 | | |
| əŋ 跟真身更蒸生 | iəŋ 宾心近兵星敬 | uəŋ 滚魂村公红葱 | yəŋ 群训云穷胸用 |
| əʔ 合涩十黑割博 | iəʔ 接铁习脚一七 | uəʔ 国脱括骨说出 | yəʔ 确缺学约掘菊 |

说明：

① [a] 组和 [au] 组中的 [a] 舌位偏后。

② [ai] 是一个动程很小的复合韵母，实际音值为 [ɛe]。

③ [ɒ̃] 鼻化开始较晚，舌根向软腭移动，但不接触，气流同时从口腔和鼻腔流出。

④ [əŋ] [iəŋ] [uəŋ] [yəŋ] 中的 [-ŋ] 韵尾较弱。

## 3. 单字调（4个）

| | | | |
|---|---|---|---|
| 阴平上 [343] | 标烧真巾表扰诊紧 | 阳平 [31] | 瓢桥苗杰神银勤棉 |
| 去声 [51] | 赵票豆又振印近面 | 入声 [3] | 割接国约质吉乞灭 |

说明：

①古清声母平声字和古清、次浊声母上声字单字调相同，称之为"阴平上"，如"低""底"读音相同，如图 2-1 所示。作为晋语五台片区别于晋语其他片的一条重要特征，在《灵丘方言志》（1996）、《灵丘县志》（2000）、《山西方言调查研究报告》（1993）中均被提到，但之前记录的调值均为 [44] 平调。本书根据笔者语感以及实验所得，认为该调型为凸调，调值定为 [343]。

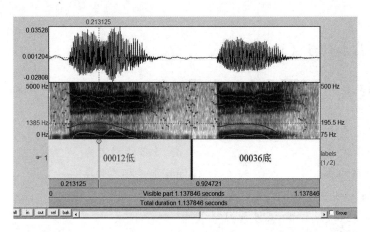

图2-1　低＝底［ₑti］

②在《灵丘方言志》《灵丘县志》《山西方言调查研究报告》中，阳平的调值均被记为［312］。本书认为，缓降是阳平的主要特征，调值记为［31］。调尾确略有上升的感觉，在音值说明中加以说明。

③去声是高降调，本书调值定为［51］，有别于《灵丘方言志》《灵丘县志》《山西方言调查研究报告》中的［53］记载。

④短促是入声的特征，本书调值定为［3］。

灵丘方言单字调绝对时长基频如图2-2所示。

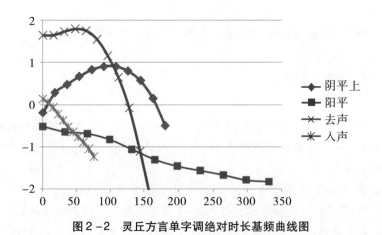

图2-2　灵丘方言单字调绝对时长基频曲线图

## 二、五台（茹村乡）

五台县位于山西省东北部，东接河北省阜平，西部、南部、北部分别与本省的原平、定襄、代县相连，现隶属忻州市管辖。五台方言属晋语五台片，本书调查记录的是东面距县城10千米的茹村乡苏子坡村话。主要发音合作人有一位：安林章，男，1968年生，中专文化程度，退休工人，世居当地。

### 1. 声母（21个，包括零声母）

p 布步北别　　pʰ 怕皮盘泼　　mᵇ 门面帽木　　f 飞符冯法　　　　　　v 瓦外挽握
t 到道豆夺　　tʰ 太同碳塔　　nᵈ 南拿女纳　　　　　　　　　　　l 路兰流录
ts 资遭知执　　tsʰ 草仓潮插　　　　　　　　　s 散思声实　　　　　z 软如润褥
tɕ 精经酒绝　　tɕʰ 清秋天听　　　　　　　　　ɕ 修休星吸
k 歌贵共郭　　kʰ 颗夸跪刻　　ŋᶢ 鹅恩袄案　　x 河胡红黑
ø 儿我盐云

说明：

①普通话中的开口呼零声母字，在五台方言中读 [ŋᶢ] 声母。

②鼻音声母 [m] [n] [ŋ] 发音时，分别带有非常明显的同部位浊塞音成分，本书分别记为 [mᵇ] [nᵈ] [ŋᶢ]。

③ [n] 与洪音相拼时读为 [n]，与细音相拼时实际音值是 [ɲ]，本书均记为 [n]。

④ [x] 与部分开口呼相拼时发音部位靠后，且带有摩擦成分，实际音值为 [ɦ]。如"河、何、贺、孩、恨、杭、黑、喝"等字。

⑤一部分合口呼零声母字读作 [v] 声母，如"蛙、瓦、外、歪、胃、碗、问、网、瓮、挖、握"等字。

### 2. 基本韵母（40个）①

ɿ 知师紫丝声蒸　　i 弟米备粒井明　　u 布组堡某述　　y 吕举鱼律兄
ɚ 儿二耳尔

---

① 所列例字加单下划线"＿"代表白读音，加双下划线"＝"代表文读音。下同。

a 怕茶马大遮　　　　ia 嫁佳夏牙架　　　　ua 瓜夸耍话抓
ɛ 来在盖外鞋　　　　　　　　　　　　　　uɛ 怪快怀拽帅
ɔ 歌河缸汤张　　　　iɔ 粮酱羊墙姜
o 波婆磨房墨　　　　　　　　　　　　　 uo 多科搓庄窗
ou 保掏高刀号　　　　iou 交表桥瓢腰
ei 杯飞路偷肉　　　　iei 流酒牛油六　　　uei 兑岁灰雷泪
ɿe 蔗车蛇蒽　　　　　ie 茄姐夜鞋碟　　　　　　　　　　　　 ye 瘸靴劣掠
ã 搬满躺房张　　　　 iã 肩减奖枪姜　　　　uã 短贯算庄窗
　　　　　　　　　　 iẽ 尖坚店镰岩　　　　uõ 搬满橼短贯　　ỹe 练全恋权劝
əŋ 门温孟声蒸　　　　iəŋ 琴兵经井明　　　 uəŋ 魂村从东龙　　yəŋ 军穷荣龙兄
aʔ 厕达塔蜡涩　　　　iaʔ 夹恰甲却瞎　　　uaʔ 滑猾刷刮郭
ɔʔ 格割喝络鄂
əʔ 磕服吃石物　　　　iəʔ 鼻叶劫猎集　　　uəʔ 读突哭缩竹　　yəʔ 肃菊俗曲欲

说明：

① ［a］组韵母中的［a］舌位较后。

② ［ɔ］组韵母中的［ɔ］唇形略展。

③ 入声韵尾［-ʔ］的阻塞作用并不太明显，相应入声调也较为舒缓。

## 3. 单字调（5个）

阴平上 ［313］　　　高开婚冰古口手老　　　　阳平 ［31］　　陈平穷成神龙抬头

去声 ［52］　　　　近柱父社盖炕唱旱　　　　　阴入 ［31］　　鼻执湿级吸达辣擦

阳入 ［313］　　　　十抹掇活滑猾实不

说明：

①古清声母平声字和古清、次浊声母上声字单字调读音相同，称为"阴平上"，如图2-3所示。

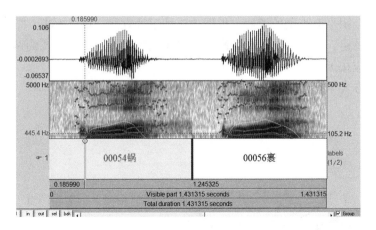

图 2-3　锅 = 裹 [｡kuo]

②入声分阴阳，如图 2-4 所示，湿 [səʔ｡] ≠ 十 [səʔ₂]。但阳入调辖字非常稀少，本次调查仅发现有"十、抹、掇、活、滑、猾、实、不"8 个字读阳入调。

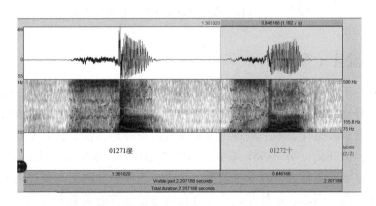

图 2-4　湿 [səʔ｡] ≠ 十 [səʔ₂]

《山西方言调查研究报告》（1993）对五台方言声调的描写是 4 个声调，调类和调值分别是阴平上 [214]、阳平 [33]、去声 [52]、入声 [ʔ32]；韩沛玲《山西方言音韵研究》（2012）附录"山西五台方言同音字表"中对五台方言声调的描写是 5 个声调，调类和调值分别是阴平 [313]、阳平 [32]、去声 [52]、阴入 [32]、阳入 [313]，而且读阳入调的只有"直、值、白、活"4 个字；本书调查结果显示，入声调确有两个，但本次所调查的 476 个常用入声字中，仅有"十、抹、掇、活、滑、猾、实、不"8 个字今单念读为曲折调,与今阴平上声调值近似。根据这3种记音方案,可以看出:第一,阳入调已经不稳定,其调型、调值跟阴平上对应接近;第二,阴入调的调型、调值跟阳平对应接近。

五台方言单字调绝对时长基频如图2-5所示。

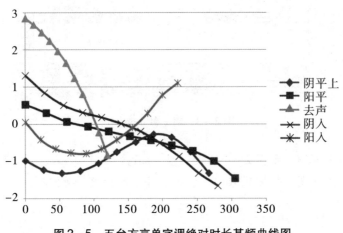

图2-5　五台方言单字调绝对时长基频曲线图

## 三、盂县（秀水镇）

盂县位于山西省东部边缘。盂县东部与河北省平山、井陉接壤,西部、南部、北部分别与本省的阳曲、寿阳、五台、定襄相连,现隶属阳泉市管辖。盂县方言属晋语并州片,本书调查记录的是县府所在地秀水镇话。主要发音合作人有一位:荣守义,男,1957年生,高中文化程度,退休公务员,世居当地。调查结果显示,盂县方言有6个调类,平声、入声兼分阴阳,而且阴平和上声有合流的迹象。因此,地处并州片和五台片过渡地带的盂县方言既有并州片的入分阴阳特征,又兼备五台片平分阴阳、阴平和上声合流的特点,具有明显的过渡性质。

1. 声母（21个,包括零声母）

| | | | |
|---|---|---|---|
| p 布步帮别 | pʰ 爬排平波 | m 骂明门灭 | f 飞冯符发 | v 瓦蛙危网 |
| t 到道低答 | tʰ 太同退铁 | n 拿内难捏 | | l 拦路老律 |
| ts 资知章哲 | tsʰ 瓷成迟吃 | | s 丝市手湿 | z 如瑞闰肉 |
| tɕ 精经锯绝 | tɕʰ 清轻抢七 | | ɕ 休修夏歇 | |

k 古怪公国　　kʰ 苦开亏哭　　ŋ 袄暗鄂恶　　x 胡回坏喝
Ø 衣遇盐约

说明：

①普通话中的开口呼零声母字在盂县方言中读 [ŋ] 声母；合口呼零声母字读 [v] 声母，[v] 声母在入声韵前唇齿摩擦较重，其他情况下摩擦较轻。

②[x] 比同部位的 [k] [kʰ] [ŋ] 的发音部位靠后，且有明显的摩擦色彩，实际音值为 [ɦ]。

③零声母在韵母 [ɚ] 前带有较为明显的喉塞音 [ʔ]，如"儿、二、而"。

## 2. 基本韵母（38个）

ɿ 资紫知世蒸绳　　　i 闭迷骑备井影　　　u 补布主粗富胡　　　y 女鱼剧育去兄
ɚ 儿二耳尔
a 疤马怕沙瓦茶　　　ia 家牙价霞亚佳　　　ua 耍瓜卦跨花抓
ə 车蛇社射舍惹　　　iɛ 茄姐写借介野　　　　　　　　　　　　yɛ 瘸靴岁
ɔ 包掏毛曹闹烧　　　iɔ 表标票庙钓咬
o 哥破何帮放炕　　　io 粮杨娘亮枪想　　　uo 多左课庄光忘
ai 戴害改来才晒　　　　　　　　　　　　　uai 怪帅怀拐快摔
əu 抖厚丑努路炉　　　iəu 牛流九绣舅有
ei 杯煤埋李离领　　　　　　　　　　　　　uei 队腿灰雷吕驴
ã 班山伞暖帮放　　　iã 减店盐亮枪想　　　uã 短酸船庄光忘　　　yã 全权选员捐卷
əŋ 门温灯蒙蒸绳　　　iəŋ 林琴零轻井领　　　uəŋ 春魂东虫红通　　　yəŋ 军群穷熊用兄
ɐʔ 厕塔鸽法辣渴昨　　iɐʔ 接页跌灭歇铁　　uɐʔ 塑脱刮乐桌学　　　yɐʔ 薛绝雪悦药缺
ɘʔ 去质十侄虱物福　　iɘʔ 秘叶立集吸毕　　uɘʔ 说突骨忽出哭　　　yɘʔ 掘律削菊足俗

说明：

①[a] 组韵母中的 [a] 舌位较靠后，但又不到 [ɑ] 的位置。

②[ai] 组韵母的 [ai] 动程并不大，实际音值接近 [ae]。

③[ə] 韵母只跟声母 [ts] [tsʰ] [s] [z] 相拼，而且此音略带动程，实际音值为 [ɿə]。

## 3. 单字调（6个）

阴平 [41] 高低梯碑归姑沟搞底体鬼古　　阳平 [31] 抬平才时婆齐麻娘人壕
上声 [52] 鼓美忍捆嚷影领岭　　　　　　去声 [342] 布步杜故贷毙闭弟辈盖
阴入 [32] 泼铁括笔不疾骨质谷刮读必　　阳入 [5]　鼻复夺绝实室撞赎

说明：

①单字调的上声很不稳定，但确实存在这个调类，例字并不多，有20个左右，大部分上声字已跟阴平调合流。

②有阳入调，该调听感短促且辖字不多，大部分入声字都读阴入调。

③阴入调喉塞尾[-ʔ]的听感不及阳入调明显，较为舒缓。一些阴入字有舒入两读情况，读舒声调时值同阳平，应该是此二者调值接近使然。

盂县方言单字调绝对时长基频如图2-6所示。

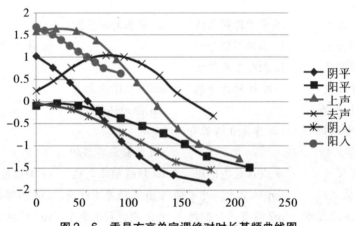

图2-6　盂县方言单字调绝对时长基频曲线图

## 四、平定（巨城镇）

平定县位于山西省中部东侧，东邻河北井陉，西部、南部、北部分别与本省的寿阳、昔阳、盂县相连，现隶属阳泉市管辖。平定方言属晋语大包片，本书调查记录的是北边距县城15千米的巨城移穰村话。发音合作人有3位：王润宝，男，1950年生，本科文化程度，退休教师，平定县巨城镇人；郭九麟，男，1949年生，初中文化程度，退休公务员；王瑾，男，1971年生，高中文化程度，自由职业者。3位发音合作人都世居平定，后两位是平定县冠山镇

（县府所在地）人。平定方言的入声有无分阴阳，各家记载不一。《山西方言调查研究报告》（1993：422）描写平定方言单字调 5 个调类，分别是阴平、阳平、上声、去声、入声；《平定县志》（1992：590）描写其单字调是 6 个调类，分别是阴平、阳平、上声、去声、阴入、阳入。本书调查结果跟《平定县志》所描述相同，入声分阴入和阳入。因此，从声调类型上看，平定话并不完全符合晋语大包片的标准。西部紧挨并州片的寿阳县，北部紧靠兼具并州和五台片平特征的盂县，这样的地理位置使得它也具有一定的过渡性特点。

1. 声母（25 个，包括零声母）

| | | | | |
|---|---|---|---|---|
| p 班布步壁 | pʰ 盘平蜂劈 | m 门买妹墨 | f 飞分冯服 | v 瓦碗问挖 |
| t 刀到道跌 | tʰ 太同糖铁 | n 脑南宁捏 | | l 炉吕老列 |
| ts 租猪遭摘 | tsʰ 粗初全策 | | s 苏书宣十 | z 如瑞软辱 |
| tʂ 蒸照昼织 | tʂʰ 车超抽吃 | | ʂ 蛇烧手识 | ʐ 惹揉人热 |
| tɕ 寄祭居极 | tɕʰ 取齐巧曲 | | ɕ 徐西晓媳 | |
| k 古该规割 | kʰ 去裤开刻 | ŋ 哀袄欧暗 | x 胡害灰黑 | |
| ∅ 五鱼衣约 | | | | |

说明：

①鼻音声母［m］［n］［ŋ］发音时带有明显的同部位浊塞音成分，实际音值为［mᵇ］［nᵈ］［ŋᵍ］。

②唇齿浊擦音［v］拼［u］韵母以外的合口呼零声母字。

③舌尖前浊擦音［z］只与合口呼韵母相拼。

④舌根鼻音［ŋ］拼普通话中的开口呼零声母字。

⑤［x］的实际发音部位较后，且发音时带有非常明显的摩擦，实际音值为［ɦ］。

2. 基本韵母（39 个）

| | | | |
|---|---|---|---|
| ɿ 紫刺资支纸翅师 | i 币闭迷底梯笛易 | u 补普杜图虎暮幅 | y 女序婿举语域局 |
| ʅ 制世知迟池直石 | | | |
| ɚ 儿二而耳 | | | |
| a 疤爬茶骂拿纳闸 | ia 加牙价霞佳恰匣 | ua 耍瓜夸挂跨画刷 | |
| ɛ 戴菜太摆歪白脉 | | uɛ 块会~乖拐怀筷 | |
| ɔ 保帽饱炒搞照嫂 | iɔ 交孝表焦腰丁条药 | | |

| | | | |
|---|---|---|---|
| ɤ 歌鹅河破蛇扯薄 | | uo 多左骡锅坐火科 | |
| ou 抖投楼走口轴 | iou 扭流秋修救丢六 | | |
| ei 杯煤危礼李披力 | | uei 对退罪岁吕泪律 | |
| | iɛ 茄姐卸夜街碟液 | | yɛ 瘸靴倔 |
| æ 耽潭蚕三摊寒伞 | iæ 减嵌见签肩艳缘 | uæ 短团算关转船选 | yæ 旋拳卷权捐院员 |
| ɑ̃ 帮党浪脏张章网 | iɑ̃ 梁亮江酱抢想养 | uɑ̃ 庄闯创霜爽光慌 | |
| əŋ 珍身陈郑登声风 | iəŋ 斤品音瓶晶蝇耕 | uəŋ 魂棍孙动红公宋 | yəŋ 巡军裙孕兄荣穷 |
| aʔ 厕杂擦渴八罚博 | iaʔ 叶瞎别灭列歇切 | uaʔ 掇脱夺阔活说获 | |
| əʔ 置涩执侄秩质食 | iəʔ 立习急吸笔百七 | uəʔ 做突骨忽国独哭 | yəʔ 悦阅缺血掠角肃 |

说明：

① ［a］组韵母的［a］舌位较后。

② ［ɛ］组韵母的［ɛ］有轻微的动程。

③ ［əŋ］组韵母的［-ŋ］韵尾并不明显。

④ 入声韵有两套，分别是［aʔ］和［əʔ］，如图2-7、图2-8所示。

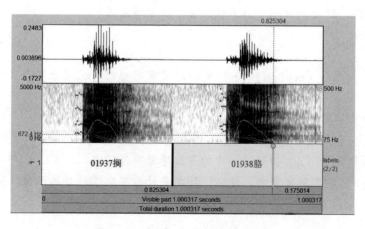

图2-7　搁［kaʔ˳］≠胳［kəʔ˳］

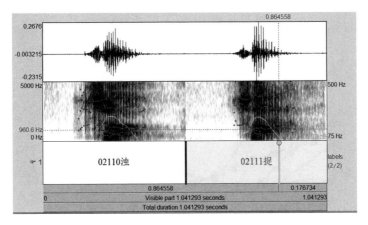

图 2-8  浊 [tsuəʔ˨] ≠ 捉 [tsuaʔ˨]

## 3. 单字调（6 个）

阴平 [41]  歌锅沙花猪高边飞拉桌    阳平 [32]  锣婆茶太来甜彭魂人局
上声 [52]  五古口吼女李举董懒蜀    去声 [23]  盖抗共暗坐近厚社肉玉
阴入 [3]   磕插跌集习湿渴铁泼曲    阳入 [22]  秘聂猎业立入辣灭捋日

说明：

平定方言有阴入、阳入之分，阴入调短促且尾声有降，阳入调稍绵长且尾声不降。如图 2-9 的"跌"和"辣"，此二字都读入声，但调子明显不同。本书调查所列 477 个常用中古入声字，读作阴入的有 298 个，读作阳入的有 71 个，其他 108 个中古入声字已舒化到其他调类当中。

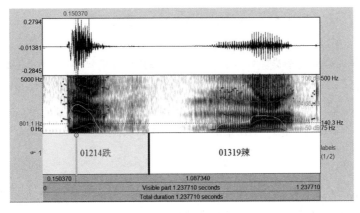

图 2-9  跌 [tiəʔ˧] ≠ 辣 [laʔ˨]

平定方言单字调绝对时长基频如图 2-10 所示。

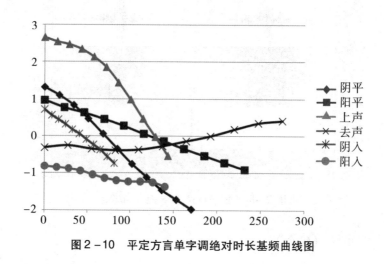

图 2-10 平定方言单字调绝对时长基频曲线图

## 五、昔阳（大寨镇）

昔阳县位于山西中部东侧，东与河北赞皇、内丘、邢台接壤，西、南、北部分别与本省的寿阳、和顺、平定相衔接，现隶属晋中市管辖。昔阳方言属晋语大包片，本书调查记录的是东部距离县城 12 千米的大寨镇话。主要发音合作人有两位：吕巨祥，男，1958 年生，高中文化程度，退休工人；胡啸宇，男，1980 年生，本科文化程度，公务员。

### 1. 声母（25 个，包括零声母）

| | | | | |
|---|---|---|---|---|
| p 布步败笔 | pʰ 盘怕排泼 | m 米门帽灭 | f 飞冯富发 | v 瓦味瓮握 |
| t 到道弟夺 | tʰ 太同掏铁 | n 男女年捏 | | l 兰卤吕洛 |
| ts 租主准桌 | tsʰ 才柴全戳 | | s 私师宣涩 | z 软如入润 |
| tʂ 章庄蒸哲 | tʂʰ 迟沉裳吃 | | ʂ 蛇手尝湿 | ʐ 认染酿热 |
| tɕ 精经减接 | tɕʰ 清轻茄七 | | ɕ 修休洗学 | |
| k 古贵敢革 | kʰ 开炕跪刻 | ŋ 案爱欧恶 | x 胡话换黑 | |
| ø 五云荣约 | | | | |

说明：

① [n] 与洪音相拼时读作 [n]，与细音相拼时读作 [ȵ]，本书均记为 [n]。

② [tʂ] 组的实际发音部位比普通话偏后。

③［u］之外的合口呼零声母字在昔阳方言中读［v］声母。
④舌尖前浊擦音［z］只与合口呼韵母相拼。
⑤普通话中的开口呼零声母字在昔阳方言中读［ŋ］声母。

## 2. 基本韵母（36 个）

ɿ 紫支脂瓷私师　　　i 闭弟际梅煤密　　　u 布路怒醋午绿　　　y 女锯雨娶剧玉
ʅ 知迟世儿二耳
ɑ 大坝怕茶辣蜡　　　iɑ 家牙佳霞掐匣　　　uɑ 瓜跨化卦抓桌
æ 潭三犯碳烂伞　　　iæ 减点天编钱严　　　uæ 团乱蒜橡泉选　　　yæ 卷拳权捐院圆
ɛ 贷抬财买该白
ɣ 哥婆蛇卧抹博　　　　　　　　　　　　　uɛ 拐怪筷坏帅猜
　　　　　　　　　　　　　　　　　　　　yɣ 多锣左剁过摞
o 保刀草扫耗烙　　　io 交孝桥卷略药
əu 抖走沟厚手愁　　　iəu 扭流绣丘有谬
ei 杯飞妹埋离力　　　　　　　　　　　　uei 腿鬼灰内雷吕
　　　　　　　　　　　iɛ 茄姐爹野街业　　　　　　　　　　　　yɛ 靴瘸悦阅月倔
ɔ̃ 帮忙躺脏厂放　　　iɔ̃ 梁亮抢枪箱羊　　　uɔ̃ 庄床霜光黄窗
əŋ 沉针根邓冷孟　　　ieŋ 林斤冰领京英　　　uəŋ 媾村春红东宋　　　yəŋ 菌均云永荣容
ʔɑ 厕搭杂十湿割　　　iæʔ 鼻甲绩习歇笔百　　　uæʔ 脱括说桌国朔　　　yæʔ 绝薛雪缺决菊
m̩ 暮墓某

说明：
①"儿、二、耳"等字的［ɚ］舌位较高，实际音值就是［ʅ］，故本书记为［ʅ］。
②［ei］组中的［ei］的实际读音开口度较小。
③有自成音节的［m̩］。

## 3. 单字调（5 个）

阴平 [41]　　高开婚天边飞商初安　　　　阳平 [31]　　穷寒鹅陈神娘平荣
上声 [45]　　古口好走手老有狗酒　　　　去声 [223]　　近厚盖炕共害社用
入声 [3]　　急曲黑割缺歇石脱绝

说明：
①上声是一个很高、很短的升调，《山西方言调查研究报告》（1993）中记为[55]，本书记为[45]。

②入声不分阴阳，短促是其特点。古次浊入声字基本全部舒化，舒化后读作去声。其他入声字也有舒化或舒入两读情况，读作阳平和去声的都有。

昔阳方言单字调绝对时长基频如图 2-11 所示。

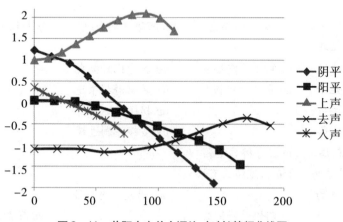

图 2-11　昔阳方言单字调绝对时长基频曲线图

## 六、和顺（义兴镇）

和顺县位于山西中东部的太行山上，清漳河上游。东临河北邢台县，西与榆社、榆次接壤，北界昔阳、寿阳，南连左权，现隶属晋中市管辖。和顺方言属晋语大包片，本书调查记录的是县府所在地义兴镇话。主要发音合作人有 3 位：焦改兰，女，1953 年生，高中文化程度，退休教师，世居当地；梁占荣，男，1948 年生，中师学历，退休公务员；梁文静，女，1980 年生，本科文化程度，当地高中教师。

### 1. 声母（25 个，包括零声母）

| | | | | |
|---|---|---|---|---|
| p 布步班兵百 | pʰ 怕盘普牌迫 | m 米门庙木灭 | f 飞冯符法服 | v 危蛙碗蚊握 |
| t 到道多东夺 | tʰ 太同土桶铁 | n 南脑年女捏 | l 兰老连吕律 | |
| ts 资租猪债桌 | tsʰ 茶粗曹厨插 | | s 苏书师宣束 | z 乳软绒褥入 |
| tʂ 知招周蒸执 | tʂʰ 车潮丑深吃 | | ʂ 蛇烧身手实 | ʐ 慈揉染热日 |
| tɕ 姐精经讲急 | tɕʰ 娶清轻抢切 | | ɕ 写修休洗习 | |
| k 古盖高共骨 | kʰ 苦考口孔哭 | ŋ 爱袄安岸鄂 | x 胡海河红黑 | |
| ø 五一有远约 | | | | |

说明：

①鼻音声母［m］［n］发音时带同部位浊塞音成分，实际音值是［m^b］［n^d］。

②［u］以外的合口呼零声母字在和顺方言中读［v］声母。

③舌尖前浊擦音［z］只拼合口呼韵母。

④普通话中的开口呼零声母字，在和顺方言中读［ŋ］声母。

⑤［x］的发音部位较同部位的［k］［kʰ］［ŋ］靠后，且重摩擦，实际音值是［ɦ］。

## 2. 基本韵母（34 个）

| | | | |
|---|---|---|---|
| ɿ 资紫纸翅私师 | i 米弟姐鞋赔煤泄 | u 布图姑猪抱堡牧 | y 雨举女瘸靴剧育 |
| ʅ 制世逝知迟 | | | |
| ɚ 二儿耳尔 | | | |
| A 疤坝爬麻茶沙拉 | iA 家牙架霞佳峡匣 | uA 耍瓜卦夸跨画化 | |
| æ 耽板三敢喊范安 | iæ 减鞭店天连闲间 | uæ 短酸窜椽关软全 | yæ 拳卷捐权员远悬 |
| ɜ 戴盖排外派迈白 | | uɜ 快怪乖帅坏摔率 | |
| o 保抱掏毛刀好凿 | io 巧孝表瓢腰条嚼 | | |
| ɯ 哥破车社惹遮蛇 | | uɯ 多左过科火骆错 | |
| əɯ 斗走手楼抠轴 | iəɯ 扭流九修有六 | | |
| ei 杯飞妹李礼例贼 | | uei 对腿罪内驴雷泪 | |
| ɔ̃ 帮党房缸张唱王 | iɔ̃ 抢匠讲亮娘羊江 | uɔ̃ 庄床霜光窗黄谎 | |
| ŋə 针根蒸登彭明饼 | iəŋ 品进心冰星蝇 | uəŋ 墩嫩魂东宏薨孔 | yəŋ 均云军兄穷熊用 |
| ɛʔ 答不腊法特热黑 | iɛʔ 甲笔铁药学七力 | uɛʔ 做脱括夺竹国说 | yɛʔ 绝菊缺雪虐曲局 |

说明：

［ɛ］组韵母有轻微的动程。

## 3. 单字调（5 个）

阴平［41］高开婚飞奇岐　　阳平［331］穷寒鹅人才平
上声［54］古口好五女蔗　　去声［23］盖抗汗共坐楚
入声［21］急曲黑桌麦服

说明：

①阴平、阳平的区别在于缓急。阴平高降，阳平则平中有降，本书分别记

作［41］和［331］。本次调查中发现有十几个普通话中读阳平的字在和顺方言中读作阴平，如"华、奇、岐、词、葵、逑、熬、乾、芹、球、邮、游、赢、亭"。

②上声是个高调，结尾处略降，记作［54］。

③入声喉塞尾［-ʔ］的紧塞作用并不明显，较为舒缓，入声调值记作［21］。有部分入声字已经舒化。

和顺方言单字调绝对时长基频如图 2-12 所示。

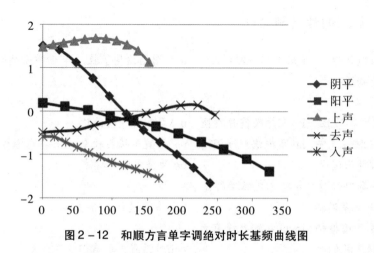

图 2-12　和顺方言单字调绝对时长基频曲线图

## 七、左权（辽阳镇）

左权县位于山西省中部边缘，清漳河上游。东与河北邢台、武安、涉县接壤，南与本省的黎城毗邻，西接榆社，北连和顺，现隶属晋中市管辖。左权方言虽跟晋中市的昔阳、和顺一样同属晋语大包片，但其声调类型又具有五台片的特征，即古清上、次浊上与古清平今单字调读音合流，单字调 4 个（阴平上、阳平、去声、入声）。本书调查记录的是县府所在地辽阳镇话。主要发音合作人有一位：王先红，男，1951 年生，初中文化程度，退休工人，世居当地。

## 1. 声母（24个，包括零声母）

| | | | | |
|---|---|---|---|---|
| p 布步败北 | pʰ 怕盘排泼 | m 米门马灭 | f 非冯方服 | v 瓦弯危握 |
| t 到道灯德 | tʰ 太碳同脱 | n 努南女捏 | | l 老兰路绿 |
| ts 资宗中责 | tsʰ 粗曹锄插 | | s 锁沙窗色 | |
| tʂ 招知主执 | tʂʰ 车昌迟吃 | | ʂ 书扇手石 | ʐ 乳惹揉燃 |
| tɕ 精经家积 | tɕʰ 清轻骑七 | | ɕ 修休香歇 | |
| k 高共贵郭 | kʰ 开看跪哭 | ŋ 饿袄暗恶 | x 化厚红忽 | |
| ∅ 一午烟约 | | | | |

说明：

①普通话中的开口呼零声母字在左权方言中读 [ŋ] 声母。

② [v] 与 [u] 以外的合口呼零声母相拼。

③鼻音声母 [m] [n] [ŋ] 发音时带有同部位的浊塞音成分，实际音值为 [mᵇ] [nᵈ] [ŋᵍ]。

④ [x] 的发音部位较 [k] [kʰ] [ŋ] 靠后，且摩擦很重，实际音值是 [ɦ]。

## 2. 基本韵母（34个）

| | | | |
|---|---|---|---|
| ɿ 紫纸私师寺事 | i 闭米弟茄姐译 | u 补怒组堡抱目牧 | y 居雨娶靴捋月 |
| ʅ 知迟治势世日 | | | |
| ɚ 儿二耳尔 | | | |
| A 坝怕骂茶洒瓦 | iA 家价牙霞佳嫁 | uA 瓜花耍卦抓话 | |
| æ 南潭山弯范碳 | iɜ 边点尖线盐叶 | uæ 短酸环关宽全 | yɜ 拳捐权院全 |
| ɔ 帮党炕慌筐窗 | iɔ 讲墙箱羊香抢 | | |
| ɤ 歌河破蛇卧陌 | | uɤ 多左过锁锅掇 | |
| ao 兜楼走沟口肉 | iao 修牛流酒丘有 | | |
| ɛi 戴菜卖贝妹白 | | uɛi 拐坏推对吕摔 | |
| ʌu 刀高毛遭堡抱 | ɯ 交瓢钓腰笑药 | | |
| əŋ 针森冷灯吞蒸 | ieŋ 林津领京星影 | ueŋ 村魂春东红俊 | yeŋ 训兄熊荣用俊 |
| aʔ 塔溻插八杀发 | iaʔ 押瞎却甲掐学 | uaʔ 缩刮滑猾刷桌 | |
| əʔ 厕磕汁涩割渴 | iɜʔ 秘接业跌白笔 | ueʔ 做脱夺括骨出 | yɜʔ 菊悦阅掘缺月 |

说明：

① [aʔ] 组入声韵的喉塞尾 [-ʔ] 较之 [əʔ] 组的听感上短促特征不够明显。

②效摄洪音字韵母读 [ʌu]，细音字韵母读作 [iɯ]。

## 3. 单字调（4个）

阴平上 ［5342］ 高开婚天边飞古草搞老有　　阳平 ［332］ 平寒鹅同云河羊墙钱熊
去声　　［52］　　盖害近大动炕用送共社跨　　入声 ［31］　急曲黑国菊册石食捏别
　　说明：
　　古清声母平声字和古清、次浊声母上声字单字调今读合流，称为"阴平上"，如图2-13所示。该调呈双折调型，本书记为［5342］，如图2-14所示。

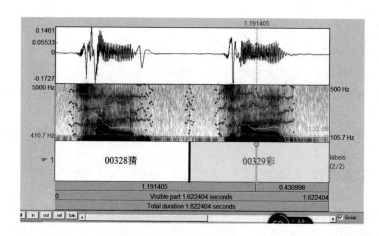

图2-13　猜=彩［$_{\text{c}}$ts$^{\text{h}}$εi］

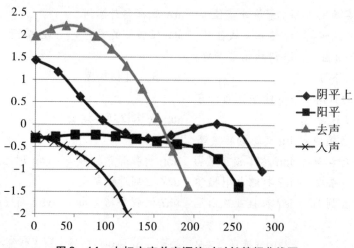

图2-14　左权方言单字调绝对时长基频曲线图

## 八、黎城（黎侯镇）

黎城县位于晋、冀、豫三省交界地带，东临河北涉县，南接本省的平顺、潞城，西连襄垣、武乡，北界晋中的左权，现隶属长治市管辖。黎城方言属晋语上党片，本书调查记录的是县府所在地黎侯镇话。发音合作人有 4 位：杨本立，男，1936 年生，师专文化程度，退休教师；赵满芳，男，1947 年生，初中文化程度，退休公务员；王利斌，男，1972 年生，本科文化程度，公务员；李娜，女，1992 年生，研究生文化程度，在读研究生。前两位世居当地。

### 1. 声母（21 个，包括零声母）

| | | | |
|---|---|---|---|
| p 班布步别 | pʰ 怕盘普扑 | m 米苗门木 | f 飞冯符发 |
| t 低到道夺 | tʰ 太同体塔 | n 难怒女年 | l 兰吕荣辱 |
| ts 糟增争桌 | tsʰ 粗锄茶吃 | | s 苏僧生刷 |
| tɕ 精节招主 | tɕʰ 秋齐除潮 | | ɕ 修线书扇 |
| c 架经举结 | cʰ 丘权桥穷 | | ç 休玄虚歇 |
| k 高贵跪共 | kʰ 开蒛款渴 | | x 灰红胡化 |
| ø 而武日远 | | | |

说明：

①黎城方言中没有浊擦音声母 [ʐ]，普通话中读作 [ʐ] 声母的字在黎城方言中都读作 [l] 声母或零声母，如"蕊"读作 [˚luei]，"任"读作 [ĩ²]。

②有尖团音的区别，精组细音前读 [tɕ] [tɕʰ] [ɕ]，见、晓组细音前读 [c] [cʰ] [ç]。但这一特征在年轻人当中正在或已经消失，如"加、丘、戏" 3 个字，发音合作人杨本立老师读 [˚cia] [˚cʰiəu] [çi²]，发音人李娜却读 [˚tɕia] [˚tɕʰiəu] [ɕi²]。

③ [x] 的发音部位相对于 [k] [kʰ] 较为靠后。

④普通话中的合口呼零声母字在黎城方言中 [v] 和零声母 [ø] 自由变读，开口呼零声母字是 [ɣ] 和零声母 [ø] 自由变读，本书不单独设立 [v] 和 [ɣ] 音位。

### 2. 基本韵母（44 个）

| | | | |
|---|---|---|---|
| ɿ 紫资支纸丝师 | i 低米离知世日 | u 补赌故租怒抱 | y 女雨去猪书舒 |
| ɚ 耳二儿尔 | | | |

| | | | |
|---|---|---|---|
| a 坝爬怕马茶沙 | ia 家架夏牙价佳 | ua 瓜寡夸跨花画 | |
| ɛ 来盖晒才在卖 | | uɛ 猜乖块怪帅筷 | |
| ɔ 保饱跑搞烤炒 | iɔ 表搅小少多~晓宵 | | |
| ɤ 歌河蛾可 | | uɤ 多挪棵锄初梳 | |
| o 报刀掏桃高糟 | io 膘苗庙条烧少~年 | | |
| æi 耽敢满海改买 | ie 减天尖战扇展 | uæi 短段酸穿伞㭎 | ye 捐拳权砖川橡 |
| əu 豆楼走沟厚口 | iəu 扭流秋抽六肉 | | |
| ei 杯妹肺笨门分 | | uei 对罪灰村婚捆 | |
| | iɜ 茄姐鞋车蛇惹 | | yɜ 靴瘸 |
| ə̃ 森渗吞根衬恩 | ĩ 林品心身针人 | | ỹ 损群军熏运春 |
| ãŋ 帮糖缸党房荡 | iãŋ 娘抢想江张伤 | uãŋ 装床霜光荒窗 | |
| əŋ 朋灯凳生冷疼 | iəŋ 冰星兵平声蒸 | uəŋ 东聋红翁公葱 | yəŋ 永绒穷胸用龙 |
| əʔ 塔法达割黑木 | iæʔ 甲跌灭舌铁结 | uaʔ 夺脱活桌郭托 | yaʔ 绝雪说月缺药 |
| ɤʔ 涩德克责册福 | ieʔ 立十吸笔吃石 | uɤʔ 突骨读速哭毒 | yɤʔ 出竹熟绿足曲 |

说明：

①蟹摄和效摄有以今上声调为条件的分韵现象，蟹摄开口一、二等及合口二等中的上声字跟咸、山摄合流，韵母读作［æi］［uæi］，其他调类的字韵母读作［ɛ］［uɛ］；效摄上声字韵母读作［ɔ］［iɔ］，其他调类的字韵母读作［o］［io］。

②深、臻摄字［-n］鼻尾丢失，元音鼻化，本书记为［ẽ］［ĩ］［ỹ］。

③［ãŋ］组韵母的［-ŋ］鼻尾不太明显，有丢失的迹象，主元音开始鼻化。

## 3. 单字调（5个）

| | | | |
|---|---|---|---|
| 阴平［33］ | 高天边飞足骨刻说 | 上声［314］ | 古口五老走女纸手 |
| 阴去［512］ | 盖抗唱菜怕变过破 | 阳平去［53］ | 锣穷寒娘摞坐谢射 |
| 入声［4］ | 出桌急八七服读石 | | |

说明：

①有阴去、阳去之分。阴去调是个曲折调，记作［512］，阳去是个高降调，记作［53］。

②古浊声母平声字与古浊声母去声字合流，称为"阳平去"，如图2-15中"壕"与"号"读音完全相同。

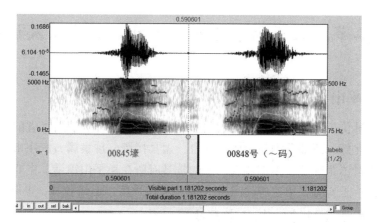

图 2 – 15　壕 = 号 [$xo^2$]

黎城方言单字调绝对时长基频如图 2 – 16 所示。

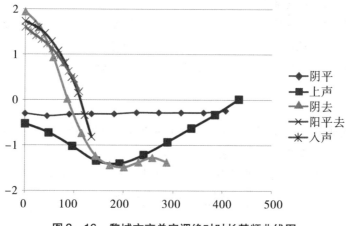

图 2 – 16　黎城方言单字调绝对时长基频曲线图

## 第二节　太行山东麓河北五县方言音系及说明

### 一、平山（平山镇）

平山县位于河北省西部的太行山东麓，东部、南部分别与本省的鹿泉、井陉相邻，北部、西部分别与山西的五台、盂县接壤，现隶属石家庄市管辖。平山方言属晋语张呼片，本书调查记录的是县府所在地平山镇话。主要发音合作人有一位：王文海，男，1953年生，高中文化程度，退休教师，世居当地。

#### 1. 声母（24个，包括零声母）

| | | | | |
|---|---|---|---|---|
| p 布步班别 | pʰ 怕盘平泼 | m 门明妹灭 | f 飞富冯发 | v 瓦歪危袜 |
| t 戴点挡跌 | tʰ 抬糖同铁 | n 拿女脑纳 | | l 炉来老力 |
| ts 租遭酒接 | tsʰ 粗曹齐促 | | s 赛岁萧媳 | |
| tʂ 遮猪昼祝 | tʂʰ 茶锄柴抽 | | ʂ 沙书税说 | ʐ 惹如瑞揉 |
| tɕ 技经九结 | tɕʰ 欺骑轻曲 | | ɕ 徐效香吸 | |
| k 故盖告割 | kʰ 苦开考刻 | ŋ 哀熬暗鄂 | x 呼海好喝 | |
| Ø 五雨娱忆 | | | | |

说明：
①普通话中 [u] 以外的合口呼零声母字在平山方言中读 [v] 声母。
②普通话中的开口呼零声母字在平山方言中读 [ŋ] 声母。
③保留尖团音区别，精组细音前读 [ts] [tsʰ] [s]，见、晓组细音前读 [tɕ] [tɕʰ] [ɕ]。例如，酒 [ˊtsiau] ≠ 九 [ˊtɕiau]。

#### 2. 基本韵母（31个）

| | | | |
|---|---|---|---|
| ɿ 知资紫字师丝 | i 弟米皮居语习绿 | u 补布醋堡抱突哭 | |
| ʅ 制纸支师是执吃 | | | |
| ɚ 儿二耳尔 | | | |
| ɑ 怕茶查岔拿答辣 | iɑ 家架牙霞亚佳甲 | uɑ 耍瓜夸跨话抓滑 | |
| æ 耽潭南旱蓝三碳 | iæ 减贬尖盐掂甜捡 | uæ 短酸换全宣穿软 | yæ 卷拳权捐院袁 |
| ɛ 戴摆来买在盖白 | | uɛ 会~计乖怪怀筷帅率 | |

· 36 ·

ɔ 保掏高刀草凿弱　　iɔ 敲标苗孝妙确学
ɤ 哥车蛇少ₛ~烧照磕　　　　　　　　　　uɤ 多搓摞贺坐活夺
ai 杯飞煤对腿北墨　　　　　　　　　　uai 盔回会开~桂贵或获
ao 豆楼走沟口叔肉　iao 扭流酒牛旧油六
　　　　　　　　　iɛ 茄姐夜爹小腰碟　　　　　　　　yo 瘸悦越月决缺
ɑŋ 帮党躺脏张瓤忘　iɑŋ 粮奖抢箱姜阳江　uɑŋ 庄装窗霜光黄谎
əŋ 针人分朋灯能孟　iŋ 品檁心兵平命零　oŋ 嫩寸孙东桶聋送　yŋ 云军群穷用熊

说明：

①平山方言中没有单韵母［y］，普通话中韵母读作［y］的字一律读作［i］。

②韵母［ai］［uai］中的［i］实际发音比［i］的舌位略低，相当于［e］。

③效摄字韵母有等的区别，一、二等读［ɔ］［iɔ］，三、四等读［ɤ］［iɛ］，［ɤ］和［ɔ］相混，且读［ɔ］的居多。

## 3. 单字调（4个）

平声［31］　诗梯租高天时提胡头甜　　上声［44］　古口好使五懒伞井桶勺
去声［52］　事试第替靠住柱够厚脉　　入声［24］　吃出革福失铁渴木列肉

说明：

平声不分阴阳，梯＝提、偷＝头，如图2-17所示。有入声调，但没有入声韵。故而，单字调呈平、上、去、入4个调类的格局。

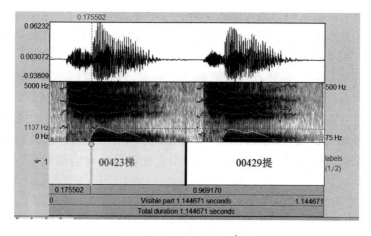

图2-17　梯＝提［₋tʰi］

平山方言单字调绝对时长基频如图2-18所示。

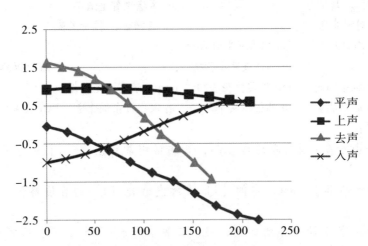

图2-18 平山方言单字调绝对时长基频曲线图

## 二、井陉(秀林镇)

井陉县位于河北省西部,太行山东麓,北邻平山县,东部、东南部与鹿泉、元氏、赞皇三县相连,西部、西南部与山西的盂县、平定、昔阳三县接壤,现隶属石家庄市管辖。井陉县因"太行八陉"之第五陉"井陉"而得名,实为山西与河北的通衢要冲。关于井陉方言的归属问题,目前有两种观点:《河北省志·方言志》(2005)和《中国语言地图集》(1987、2012)均将其划为冀鲁官话石济片;盖林海等人则指出:"虽然其声调系统中上声和入声调型相似,极易混淆,但当地人读入声调字与其他三声区却分得十分清楚。所以我们认为:此两地方言在性质上仍属于晋语,与河北省境内石家庄的元氏、赞皇、鹿泉(城关以西)、平山、灵寿话一样,入声韵尾消失(鹿泉、井陉的个别地点带喉塞音?),但读音自成调类。"[①] 可见,处于晋语和冀鲁官话过渡地带的井陉方言很具特色。本书调查记录的是距县城7千米的秀林镇话,发音合作人有3位:高秋莲,女,1951年生,秀林镇南张村人,高中文化程度,退休教师;杜丽花,女,1978年生,秀林镇人,初中文化程度,自由职业者;许未平,女,1980年生,南峪镇人,高中文化程度,自由职业者。调查结果

---

① 盖林海、朱懋韫、张吉格:《石家庄方言晋语区语音综述》,载《石家庄学院学报》2005年第2期,第44页。

显示，井陉方言有独立的入声调类，平、上、去、入的声调格局跟平山方言相同，当属晋语张呼片。

## 1. 声母（20个，包括零声母）

p 班边布笔　　　pʰ 怕盘蜂泼　　　m 门满民灭　　f 飞冯富服　　　　　v 瓦危瓮袜
t 灯店杜读　　　tʰ 太同图铁　　　n 脑男泥暗　　　　　　　　　　　　l 蓝吕老猎
ts 租猪在遭执　　tsʰ 粗锄曹泉吃　　　　　　　　　s 苏书筛宣杀　　　z 乳瓤荣褥
tɕ 举挤经精接　　tɕʰ 渠妻轻情七　　　　　　　　　ɕ 西系星形吸
k 姑概公革　　　kʰ 枯开孔渴　　　　　　　　　　x 虎海红喝
ø 五衣雨玉

说明：
①普通话中的开口呼零声母字在井陉方言中读作[n]声母。
②[x]的发音部位较[k][kʰ]靠后，且带有明显的摩擦色彩，实际音值为[ɦ]。
③普通话中合口呼零声母除了[u]以外，其余的读作浊擦音声母[v]。
④井陉方言没有成系统的[ts]与[tʂ]区别，但本书调查的2630个单字中，有极个别的字，经反复确认，确实读作舌尖后塞擦音。例如，趾脚~头[tʂəʔ]、枣[ᶜʂɔr]、草[ᶜtʂʰɔ]/[ᶜtsʰɔ]、册[tʂʰəʔ]。

## 2. 基本韵母（32个）

ɿ 制世紫纸刺湿日　　i 闭例低米立习七　　u 补布涂抱入录骨　　y 女序遇律菊域剧
ɚ 儿二耳尔
A 疤拿马茶沙答辣　　iA 家架虾哑佳掐匣　　uA 耍瓜寡跨话抓滑
æ 胆难蚕感范碳山　　iæ 减镰艰闲鞭仙盐　　uæ 端酸关穿椽全宣　yæ 拳权圆院犬捐源
ɛ 戴抬车蛇百麦热　　　　　　　　　　　　　uɛ 块会~计拽怪坏帅出
ə 歌车社照烧磕勺　　iə 膘庙小姚脚药削　　uə 多河棵锅坐喝脱
ɔ 保报帽号炒凿郝　　cɔ 胶敲孝悄姚约学
ai 杯煤对腿披笔黑　　　　　　　　　　　　uai 灰会开~鬼贵亏葵
ao 头豆楼走抠叔肉　　iao 扭流酒舅修有六
ie 茄姐写爷夜鞋猎　　　　　　　　　　　　　　　　　　　　　　　yɛ 瘸靴薛绝雪月削
ã 帮糖躺炕张长伤　　iã 粮凉抢匠箱讲养　　uã 庄床霜光黄筐窗
əŋ 沉针根凳冷风农　　iŋ 品林心兵领平病　　uŋ 墩村捆葱聋送俊　yŋ 菌群云兄穷龙用

说明：

①［ai］组韵母中的［a］舌位偏高，实际音值接近［ɛi］。

②效摄字韵母有等的区别，一、二等读作［ɔ］［iɔ］，三、四等读作［ə］［iə］。

③井陉方言已经没有入声韵，但本书所调查的 2630 个单字音中，发现个别字仍有保留，喉塞音［-ʔ］阻塞作用明显。例如，可［kʰəʔ˳］／［ˬkʰʅ］、指［tsəʔ˳］／［ˬtsʅ］、趾脚~头［tʂəʔ˳］、石［səʔ˳］／［ˬsʅ］、不［pəʔ˳］／［pu˳］、没［məʔ˳］、触［tsuəʔ˳］。

## 3. 单字调（4个）

平声［41］　高开婚天飞甜肥魂罚局　　上声［44］　古口好五女嘴椅举冷蜀
去声［51］　盖抗害汉汗对罪睡腊药　　入声［34］　达踏列客切杰脱国月笔

说明：

①平声不分阴阳，诗＝时、飞＝肥，呈高降调型，本书记作［41］，如图 2-19 所示。

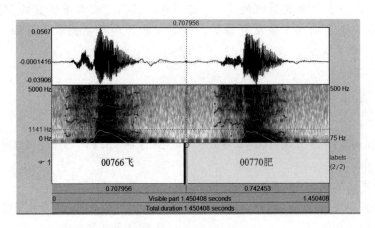

图 2-19　飞＝肥［ˬfai］

②上声是个高平调，本书记作［44］。

③去声呈高降调型，调头较平声高一度，降中有缓，本书记作［51］。

④尽管井陉方言已丢失喉塞尾［-ʔ］，没有了入声韵，但仍保留独立的入声调，该调呈微升调型，本书记作［34］。

井陉方言单字调绝对时长基频如图 2-20 所示。

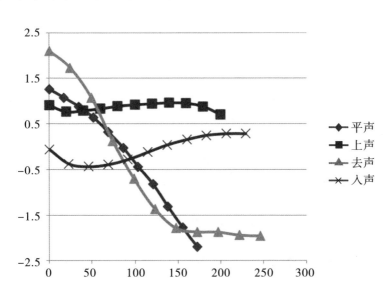

图 2-20　井陉方言单字调绝对时长基频曲线图

## 三、赞皇（赞皇镇）

赞皇县位于河北省西南部，太行山中段东麓，东部、南部、北部分别与本省的高邑、内丘、临城、元氏、井陉相接，西部与山西的昔阳诸县相邻，现隶属石家庄市管辖。根据有入声和平不分阴阳的声调特点，《中国语言地图集》（2012）把赞皇方言划归晋语张呼片。但据笔者调查，赞皇方言平声有阴平、阳平之分，尽管阴平、阳平有混读现象。如此，赞皇方言在声调格局上就不完全符合张呼片的归属特征。本书调查记录的是县府所在地赞皇镇话，主要发音合作人有两位：侯书艳，男，1951 年生，高中文化程度，退休公务员；王吉平，男，1959 年生，师专文化程度，退休教师。此二人均世居当地。

### 1. 声母（24 个，包括零声母）

| | | | |
|---|---|---|---|
| p 布步班别 | pʰ 怕盘瓶泼 | m 门明妹灭 | f 飞富冯罚 | v 蛙外危袜 |
| t 贷据尖叠 | tʰ 抬妻签铁 | n 南念脑捏 | | l 驴来老礼 |
| ts 租遭酒接 | tsʰ 刺草俏擦 | | s 赛丝写锈 | |
| tʂ 猪知赵桌 | tʂʰ 茶柴抄吃 | | ʂ 沙梳晒石 | ʐ 惹如瑞热 |
| tɕ 居寄九甲 | tɕʰ 渠骑乔缺 | | ɕ 鞋戏杏学 | |

k 改跪钢割　　kʰ 开葵坑渴　　ŋ 蛾哀暗袄　　x 海孩怀喝
Ø 五雨衣牙

说明：

① [tɕ] [tɕʰ] [ɕ] 的发音部位较普通话稍靠后，实际音值接近 [c] [cʰ] [ç]。

② [tʂu] [tʂəŋ] [tʂã] [tʂuəŋ] 等音节发音时有明显的塞音 [t] 色彩，如"猪、助、住、挂、蒸、正、郑、章、丈、障、钟、种"等字。

③保留尖团音的区别。例如，酒 [ˀtsiou] ≠ 九 [ˀtɕiou]、秋 [ˌtsʰiou] ≠ 丘 [ˌtɕʰiou]、修 [ˌsiou] ≠ 休 [ˌɕiou]。有少数几个精组字"尖、剂、妻、齐、脐、签"的声母由 [ts] [tsʰ] 进一步演化为 [t] [tʰ]。

④普通话中的开口呼零声母字在赞皇方言中读 [ŋ] 声母。

⑤ [u] 以外的合口呼零声母字在赞皇方言中读 [v] 声母。

## 2. 基本韵母（35个）

ɿ 紫资刺自字丝　　　　i 闭米低皮立疾　　u 补祖某抱骨忽　　y 女语娶婿律剧
ʅ 制纸师二儿执
a 疤拿茶马答法　　　　ia 家霞牙佳匣甲　　ua 耍瓜夸化滑猾
æ 耽砍三碳范寒　　　　iæ 减点盐艰变骗　　uæ 短乱酸算关欢　　yæ 卷拳捐权园劝
ɜ 戴抬该孩内百　　　　　　　　　　　　　　uɜ 乖块会~计 拐坏摔
ɔ 抱高刀号烙弱　　　　iɔ 孝钓表瓢药约
ɤ 歌科蛇车涩刻　　　　　　　　　　　　　　uo 多锣科锅脱霍
ei 杯煤兑腿北墨　　　　　　　　　　　　　　uei 队灰罪会开~ 岁亏
ou 抖头搂沟口肉　　　　iou 扭流纠修有六
　　　　　　　　　　　　ie 茄姐爷界猎灭　　　　　　　　　　　ye 瘸靴薛绝决月
ã 党钢杭炕狼房　　　　iã 良疆抢香养讲　　uã 光创谎矿窗霜
ən 沉深森针婶根　　　　in 贫檩林心阴进　　uən 吞村墩顿滚俊　　yən 菌巡群云运孕
əŋ 灯凳孟能彭风　　　　iŋ 冰平命领蝇耕　　uəŋ 东同送红虫宏　　yəŋ 穷熊永泳胸拥

## 3. 单字调（5个）

阴平 [42]　天高开婚贪潭初锄春唇实　　　阳平 [342]　锣骡鹅拿牙驴牌泥煤白
上声 [24]　马果锁古五女娶买草表口　　　去声 [51]　过坐盖抗妹住柱醋药麦
入声 [13]　塑厕答塔甲跌铁列服七疾

说明：

①平声分阴阳（有别于1961年河北人民出版社版的《河北方言概况》和1998年方志出版社版的《赞皇县志》中"平不分阴阳"的记载），但很多普通话中读作阳平的字在该方言中读作阴平，如图2-21所示，诗＝时。本书所调查的2630个单字中，读作阳平的有226个字，基本都来源于古次浊声母平声字，且多为常用字，如图2-22所示，"歌"与"鹅"的声调明显不同。

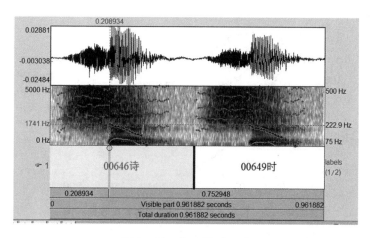

图2-21　诗＝时 [₋ʂɿ]

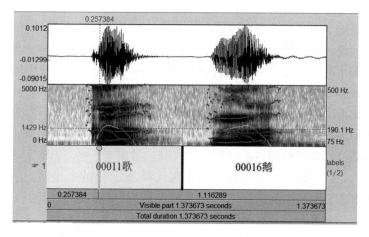

图2-22　歌 [₋kɤ] ≠ 鹅 [ŋɤ˧˥]

②喉塞尾［-ʔ］已丢失，无入声韵但保留独立的入声调，该调呈低升型，调值为［13］（有别于1998年方志出版社版的《赞皇县志》中没有入声调的记载）。本书调查的477个中古入声字中，有约260个字仍读入声调。

赞皇方言单字调绝对时长基频如图2-23所示。

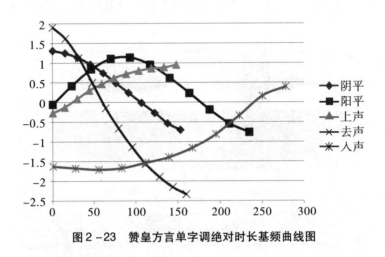

图2-23　赞皇方言单字调绝对时长基频曲线图

## 四、邢台（羊范镇、皇寺镇）

邢台县位于河北省西南部，西与山西的左权、和顺、昔阳三县隔山相望，东与任县、南和县接壤，南与沙河、武安毗邻，北与内丘县相连，现隶属邢台市管辖。关于邢台县方言的归属存在两种看法：1987年版的《中国语言地图集》将其划归晋语邯新片，而刘淑学《中古入声字在河北方言中的读音研究》（2000）和2012年版的《中国语言地图集》都把邢台县城关以西划为晋语区，城关以东划为冀鲁官话区。邢台县东西狭长，据笔者实地调查了解，地处晋语和冀鲁官话交界地带的邢台县方言实为二分。另据李于平（2007：9）："从地理上看，入声区与官话区之间有一条东西长88.8公里的七里河，居住在河两边的村民都能感觉到南北两岸之间方言的差异。"据陈江辉（2007：4）："按照有无入声，对邢台县方言可以作进一步的切分。大致以邢左（邢台县—山西左权）公路为界，入声区位于公路以南城关以西，呈弧状分布在邢台县西南部与邯郸武安、山西左权等晋语区接壤地带，包括羊范、龙化、太子井、大贾乡、龙泉寺、西上庄、城计头、路罗、白岸等9个乡镇，属于晋语区邯新片；其余24个乡镇为非入声区，包括东汪、王快、祝村、晏家屯、南大树、石相、南石门、皇寺、会宁、张尔庄、张安北、谈话、西黄村、河下、马河、北小庄、杨庄、将军墓、白虎庄、宋家庄、西枣园、浆水、冀家村、崇水峪,根据古入声的今分派,属于冀鲁官话邢衡片。"本书调查记录了两处邢台话。一处是位于邢台市西南,距邢台市区15千米的羊范镇喉咽村,作为晋语区代表。发音合作人董修身,男,1946年生,羊范镇喉咽村人,初中文化程度,农民。另一处是位于邢台市区东北部的皇寺镇皇寺村,作为冀鲁官话区代表。发音合作人刘喜安,男,1949年生,皇寺镇皇寺村人,初中文化程度,农民。①

这两处邢台话除了有无入声以外,韵母也有明显区别。羊范话假摄今读[ɔ][iɔ][uɔ],咸、山摄阳声韵鼻音韵尾已脱落,今读[a][ia][ua][ya];皇寺话的假摄今读[a][ia][ua],咸、山摄阳声韵鼻音韵尾也已脱落,但今读[æ][iæ][uæ][yæ]。另外,羊范话的宕、江摄鼻音韵尾保留完整,而皇寺话的已经鼻化。

## (一)羊范话音系

### 1. 声母(24个,包括零声母)

| | | | | |
|---|---|---|---|---|
| p 布步班别 | pʰ 怕盘瓶泼 | m 麻明妹没 | f 飞富分发 | v 味玩文王 |
| t 到道弟毒 | tʰ 太同天贴 | n 难脑年聂 | | l 兰路律如 |
| ts 遭嘴酒绝 | tsʰ 草秋充全 | | s 丝小酸实 | |
| tʂ 找周张主 | tʂʰ 茶愁春船 | | ʂ 手书双十 | ʐ 热肉 |
| tɕ 见经九脚 | tɕʰ 轻桥群七 | | ɕ 休孝响瞎 | |
| k 高贵共骨 | kʰ 开宽葵哭 | ŋ 岸安袄熬 | x 汉胡灰喝 | |
| ∅ 二英武软 | | | | |

说明:

①普通话中的开口呼零声母字羊范话读作[ŋ]声母。

②有尖团音之分,精组声母细音前读[ts][tsʰ][s],见、晓组声母细音前读[tɕ][tɕʰ][ɕ]。

③日母字普通话读作[ʐ]的字羊范话大多读作[∅]和[l]声母。

---

① 此处分别列出羊范话和皇寺话音系,后面的章节用到邢台方言进行语音分析时,如果没有特殊说明,都将统一采用晋语代表点羊范音系的读音。

## 2. 基本韵母（40个）

| | | | |
|---|---|---|---|
| ɿ 紫丝刺字 | i 币弟鸡席 | u 补土组屋 | y 雨女居玉 |
| ʅ 时支持日 | | | |
| ɚ 儿而二 | | | |
| a 三南旱慢 | ia 尖年天盐 | ua 短酸官款 | ya 软权院捐 |
| ə 歌蛇舌热 | | uə 多坐活括 | |
| ɔ 疤茶塔辣 | iɔ 家牙霞洽 | uɔ 话瓜耍刮 | |
| ai 戴改歪窄 | | uai 怪坏拐拽 | |
| ɑu 饱刀脑勺 | iɑu 交笑嚼削 | | |
| əu 偷豆楼走 | iəu 流舅牛六 | | |
| ei 杯飞卫北 | | uei 对内鬼水 | |
| | ie 姐鞋截劫 | | ye 瘸靴绝月 |
| ən 跟森针本 | iən 贫心侵民 | uən 春捆滚棍 | yən 均云军巡 |
| aŋ 忙糖张商 | iaŋ 凉抢讲响 | uaŋ 窗双矿黄 | |
| əŋ 登灯风争 | iəŋ 冰平零星 | uoŋ 东控红荣 | yoŋ 穷兄雄用 |
| ʌʔ 擦尺湿食 | iʌʔ 接跌急七 | uʌʔ 骨说秃出 | yʌʔ 屈菊雪曲 |

说明：
①假摄主元音今读[ɔ]。
②咸、山摄阳声韵主元音今读[a]，鼻韵尾[-n]已经脱落。

## 3. 单字调（5个）

阴平 [34]　高开婚低粗东　　阳平 [42]　田才唐人贼白
上声 [55]　古口手老有九　　去声 [212]　盖旱近饭厚月
入声 [34]　八笔突哭接切

说明：[-ʔ]只代表入声韵尾喉头有轻微的紧张。入声的喉塞尾几乎已经消失，调值与阴平相同，只是调子略短，目前尚未与阴平合并。

## （二）皇寺话音系

### 1. 声母（23个，包括零声母）

| | | | | |
|---|---|---|---|---|
| p 布步班别 | pʰ 怕盘瓶波 | m 门明妹灭 | f 飞富冯服 | |
| t 到道弟跌 | tʰ 太同腿铁 | n 拿男怒脑 | | l 兰旅如乳 |

| | | | |
|---|---|---|---|
| ts 组精酒尖 | tsʰ 寸秦晴秋 | s 洒洗修箱 | |
| tʂ 猪梳书针 | tʂʰ 茶锄柴昌 | ʂ 沙社输深 | ʐ 软任荣肉 |
| tɕ 家经九奸 | tɕʰ 区芹轻丘 | ɕ 嫁西休香 | |
| k 该瓜贵骨 | kʰ 开款亏哭 | ŋ 爱暗袄欧 | x 河胡话喝 |
| ∅ 二野五语 | | | |

说明：

①普通话中的开口呼零声母字皇寺话读作［ŋ］声母。

②有尖团音之分。例如，精［˷tsiəŋ］ ≠ 经［˷tɕiəŋ］。

③日母字普通话读作［ʐ］的字在皇寺话中大多读作零声母。例如，"人民"读作［˷in ˷min］，"日头"读作［i˒ ˷tʰou］，"任县"读作［˷in ɕiæ˒］。

## 2. 基本韵母（40个）

| | | | |
|---|---|---|---|
| ɿ 紫刺资词丝字 | i 币例挤皮集七 | u 布裤吴酷骨毒 | y 女旅巨菊局曲 |
| ʅ 制世迟师执十 | | | |
| ɚ 儿尔二而耳 | | | |
| a 坝茶大沙答蜡 | ia 家牙霞佳掐甲 | ua 耍瓜跨花挖刮 | |
| æ 潭男篮三站范 | iæ 减点念嫌变盐 | uæ 断团蒜换全选 | yæ 卷拳捐权院袁 |
| ə 哥河蛇惹渴撒 | ie 茄写借夜接铁 | | ye 瘸靴薛月缺雪 |
| ɔ 保刀灶曹扫～带少～年 | iɔ 教～育效瓢庙笑药 | | |
| o 波婆坡破博默 | | uo 多左裹锅桌说 | |
| ai 戴抬改孩百麦 | | uai 乖块外拽坏拐 | |
| au 恼早草扫～地少多～ | iau 教～书咬巧膘小约 | | |
| ei 杯内煤妹笔黑 | | uei 对腿灰吹脆亏 | |
| ou 兜搂口厚肉轴 | iou 扭留修酒右六 | | |
| ʅə 遮车射舍哲热 | | | |
| ɑ̃ 帮党狼炕张章 | iɑ̃ 酿良奖墙箱江 | uɑ̃ 庄霜光荒窗双 | |
| ən 针根吞本分粪 | in 林贫心民人囵 | uən 村孙捆婚俊魂 | yən 巡菌群云军孕 |
| əŋ 朋能证绳冷孟 | iəŋ 冰蝇硬耕评听 | uəŋ 东同葱红松功 | yəŋ 永兄雄穷用勇 |

说明：

①假开三章组字韵母有两种读法：［ʅə］和［ə］。如图2-24，"舍宿～"和"社"的声母和声调无异，只是韵母有区别。同样，古入声字的舒化过程中也有两种流向，分别是［ʅə］和［ə］。如图2-25中的"彻"和"撒"就不同。

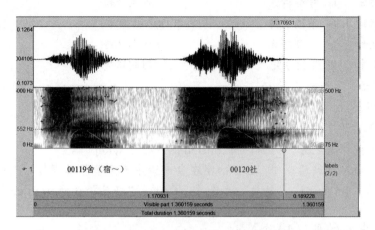

图 2-24  舍宿~ [ʂʅɜˀ] ≠ 社 [ʂɜˀ]

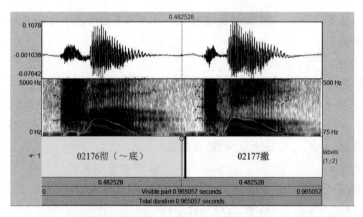

图 2-25  彻 [tʂʰʅɜˀ] ≠ 撤 [tʂʰɜˀ]

②皇寺话效摄字有两组读音，分别是 [ɔ]  [iɔ] 和 [au]  [iau]，如图 2-26 所示。舒化后读如效摄的入声字同样也有两组读音，如图 2-27 所示。

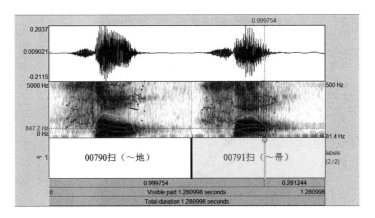

图 2-26  扫~地 [ˉsau] ≠ 扫~帚 [sɔˉ]

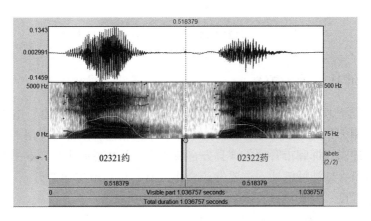

图 2-27  约 [ˌiau] ≠ 药 [iɔˉ]

3. 单字调（4 个）

阴平 [44]　高开花编酸粗腰交　　阳平 [41]　抬财年全棉人红平
上声 [54]　古口酒好五手脸蒽　　去声 [31]　盖炕掉片卖辣热绿

邢台皇寺话单字调绝对时长基频如图2-28所示。

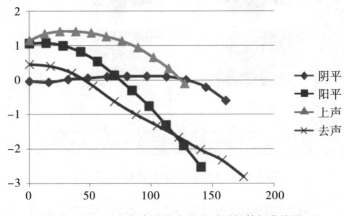

图2-28 邢台皇寺话单字调绝对时长基频曲线图

## 五、涉县（涉城镇）

涉县位于河北省西南部，晋、冀、豫三省交界地带。东边与本省的武安市、磁县相邻，西部、北部与山西的黎城、左权相连，南部与河南的安阳、林州接壤，现隶属邯郸市管辖。涉县方言属晋语邯新片磁漳小片，本书调查记录的是县府所在地涉城镇话，主要发音合作人有一位：申志国，男，1978年生，中专文化程度，公务员。

### 1. 声母（20个，包括零声母）

| p 布步班别 | pʰ 怕盘瓶泼 | m 门明妹灭 | f 飞富冯服 | | v 瓦歪温袜 |
| t 到道弟跌 | tʰ 太同腿铁 | n 难怒脑聂 | | | l 兰路瑞荣 |
| ts 遭嘴主族 | tsʰ 粗苍充出 | | s 丝师势实 | | |
| tɕ 精经举急 | tɕʰ 清轻娶七 | | ɕ 修休虚学 | | |
| k 古贵卦骨 | kʰ 开宽亏哭 | ŋ 岸袄俄额 | x 汉胡话喝 | | |
| ∅ 二五遇弱 | | | | | |

说明：

① [n] 拼洪音时读作 [n]，拼细音时读作 [ȵ]，本书均记为 [n]。

②古日母字在涉县方言中有两种读法：在今合口呼韵母前读 [l]，例如，如 [ₑlu]、乳 [ˤlu]、瑞 [luei]、褥 [lu] 等字；在其他韵母前读零声母，例如，儿 [ʅ]、惹 [ˤie]、揉 [ˤiou]、让 [iã] 等字。

## 2. 基本韵母 (38个)

| | | | |
|---|---|---|---|
| ʅ 紫制知池丝师 | i 币米弟例蜜粒 | u 补土炉堡木物 | y 雨驴女居剧玉 |
| ɻ 儿二耳 | | | |
| ɑ 疤茶瓜花辣滑 | iɑ 家牙假霞佳洽 | | |
| æ 耽难三碳早慢 | iæ 掂尖严编天变 | uæ 团短酸官款橡 | yæ 软拳权院捐圆 |
| ɤ 歌饿破扯蛇鄂 | | uo 多左过多诺朔 | |
| ɔ 保刀脑遭老雹 | iɔ 交巧孝腰效削 | | |
| ai 戴菜改海歪宅 | | uai 怪块坏拐拽摔 | |
| ei 杯梅妹飞卫贼 | | uei 对腿内岁泪水 | |
| ou 偷头楼沟走粥 | iou 流就舅有肉六 | | |
| | ie 茄姐惹街猎麦 | | ye 瘸靴雀月药钥 |
| ã 帮忙炕方张商 | iã 凉将抢箱讲让 | uã 庄窗筐双矿黄 | |
| əŋ 森神分登风疼 | iŋ 贫林任平零精 | uŋ 墩孙昆东控荣 | yŋ 巡损轮穷兄雄 |
| ɑʔ 遮答法割各八 | iɑʔ 甲灭瞎揭劣歇 | uɑʔ 脱夺活说郭桌 | yɑʔ 薛雪月绝缺约 |
| əʔ 蔗执十哲胳食 | iəʔ 跌集急笔七北 | uəʔ 骨入突出独族 | yəʔ 屈菊足俗曲局 |

说明：

① 涉县方言没有 [uɑ] 韵母，如图 2-29 中，"瓜" 与 "疤" 的韵母相同。本书调查 2630 个单字音，只有一个 "耍" 字读 [ˆsuɑ]，故本书没有设立 [uɑ] 音位。

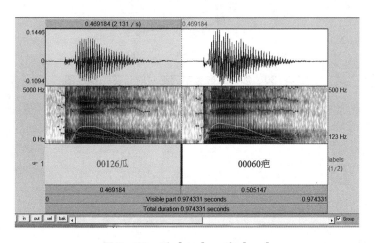

图 2-29 瓜 [ˆkɑ] —疤 [ˆpɑ]

② [ai] [uai] 的动程并不明显,尤其是 [uai] 在一些字中的实际读音可记为 [uɛ]。

③咸、山摄韵母的鼻音韵尾 [-n] 已丢失,主元音没有鼻化色彩。宕、江摄的鼻音韵尾 [-ŋ] 也已丢失,主元音发生鼻化。

④入声韵的喉塞尾 [-ʔ] 在单字音中的阻塞作用不及在连读中明显。

## 3. 单字调（5个）

阴平 [31] 高开婚诗低粗腰挖　　　阳平 [41] 田房才唐平人逃贼
上声 [52] 古口好五手老展闪　　　去声 [44] 盖炕旱近厚柱让袜
入声 [32] 八发各笔突骨接约

涉县方言单字调绝对时长基频如图2-30所示。

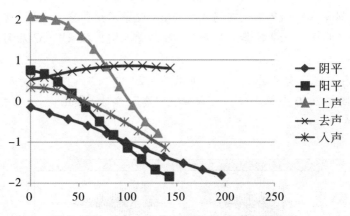

图2-30　涉县方言单字调绝对时长基频曲线图

# 第三章 语音概说

## 第一节 晋冀太行山沿麓晋语语音内部的一致性

语言的发展演变不是孤立的,也不是一成不变的。晋冀太行山一带晋语语音内部的一致性可反映出这一区域在长期的历史发展过程中相互影响、同步演变的历史,下面从声母和韵母两个方面来考察其一致性。

### 一、声母

#### 1. 从声母的数量来看

13 个方言点的声母多则 25 个,少则 20 个,差别主要集中在有无舌尖后塞擦音 [tʂ][tʂʰ] 和擦音 [ʂ][ʐ] 上。(见表 3-1)从表 3-1 中,我们还可以发现晋冀两省太行山一带晋语的声母较北京话而言有以下 3 个特点。①[v]声母。除了黎城,其他各点均有唇齿浊擦音 [v][①]。②[ŋ] 声母。除了灵丘、黎城、井陉以外,其他各点均有舌根后鼻音 [ŋ],用于拼普通话中的开口呼零声母字,主要来自古疑、影母。③[c] 组声母。除了黎城方言,其他各点都没有。

表 3-1 晋冀太行山沿麓晋语声母情况

| 声母 | 灵丘 | 五台 | 盂县 | 平定 | 昔阳 | 和顺 | 左权 | 黎城 | 平山 | 井陉 | 赞皇 | 邢台 | 涉县 |
|---|---|---|---|---|---|---|---|---|---|---|---|---|---|
| p | + | + | + | + | + | + | + | + | + | + | + | + | + |
| pʰ | + | + | + | + | + | + | + | + | + | + | + | + | + |

---

[①] 黎城方言中合口呼的零声母字发 [v] 还是 [Ø],更多的是人际差异。发音合作人杨本立和赵满芳都读 [Ø],而李娜则是 [v][Ø] 两读。本书以杨本立老师的发音为材料基础。

续表 3-1

| 声母 | 灵丘 | 五台 | 盂县 | 平定 | 昔阳 | 和顺 | 左权 | 黎城 | 平山 | 井陉 | 赞皇 | 邢台 | 涉县 |
|---|---|---|---|---|---|---|---|---|---|---|---|---|
| m（$m^b$） | + | + | + | + | + | + | + | + | + | + | + | + | + |
| f | + | + | + | + | + | + | + | + | + | + | + | + | + |
| v | + | + | + | + | | | | + | + | + | + | + | + |
| t | + | + | + | + | + | + | + | + | + | + | + | + | + |
| $t^h$ | + | + | + | + | + | + | + | + | + | + | + | + | + |
| n（$n^d$） | + | + | + | + | + | + | + | + | + | + | + | + | + |
| l | + | + | + | + | + | + | + | + | + | + | + | + | + |
| ts | + | + | + | + | + | + | + | + | + | + | + | + | + |
| $ts^h$ | + | + | + | + | + | + | + | + | + | + | + | + | + |
| s | + | + | + | + | + | + | + | + | + | + | + | + | + |
| z | + | + | + | + | | | | | + | | | | |
| tʂ | | | | + | + | + | + | | + | | + | + | |
| $tʂ^h$ | | | | + | + | + | + | | + | | + | + | |
| ʂ | | | | + | + | + | + | | + | | + | + | |
| ʐ | | | | + | + | + | + | | + | | + | | |
| tɕ | + | + | + | + | + | + | + | + | + | + | + | + | + |
| $tɕ^h$ | + | + | + | + | + | + | + | + | + | + | + | + | + |
| ɕ | + | + | + | + | + | + | + | + | + | + | + | + | + |
| c | | | | | | | + | | | | | | |
| $c^h$ | | | | | | | + | | | | | | |
| ҫ | | | | | | | + | | | | | | |
| k | + | + | + | + | + | + | + | + | + | + | + | + | + |
| $k^h$ | + | + | + | + | + | + | + | + | + | + | + | + | + |
| ŋ（$ŋ^g$） | | + | + | + | + | + | + | | | + | + | + | |
| x（ɦ） | + | + | + | + | + | + | + | + | + | + | + | + | + |
| ∅ | + | + | + | + | + | + | + | + | + | + | + | + | + |
| 合计 | 20个 | 21个 | 21个 | 25个 | 25个 | 25个 | 24个 | 21个 | 24个 | 20个 | 24个 | 24个 | 20个 |

注：表 3-1 中，"+"表示该方言点有此声母。

## 2. 从声母的音值来看

这13个方言点中，绝大部分点的鼻音声母 [m] [n] [ŋ] 发音时都带有同部位的浊塞音成分，实际音值可描写为 [m$^b$] [n$^d$] [ŋ$^g$]，五台、灵丘、平定、和顺、左权等地尤为明显。绝大部分点的舌根清擦音 [x] 在发音时，发音部位明显比同组的 [k] [k$^h$] 靠后，并且伴有摩擦色彩，实际音值可描写为 [ɦ]，五台、盂县、平定、和顺、左权、井陉等地尤为明显。

## 3. 古全浊声母全部清化

这13个晋语方言点的古全浊声母塞音、塞擦音清化的规律是依声调平仄分化，平声送气，仄声不送气。该模式与北京话演变规律相同，而与晋语中区并州片的不论平仄今读皆不送气和西区吕梁片的平声送气、仄声以入声送气为主的演变规律不同。（见表3-2）

表3-2 晋冀太行山沿麓晋语古全浊声母清化情况

| 方言点 | 爬<br>假开二<br>平麻并 | 伏<br>通合三<br>入屋奉 | 杜<br>遇合一<br>上姥定 | 才<br>蟹开一<br>平咍从 | 词<br>止开三<br>平之邪 | 寺<br>止开三<br>去志邪 | 赵<br>效开三<br>上小澄 | 愁<br>流开三<br>平尤崇 | 神<br>臻开三<br>平真船 | 晨<br>臻开三<br>平真禅 | 舅<br>流开三<br>上有群 | 后<br>流开一<br>上厚匣 |
|---|---|---|---|---|---|---|---|---|---|---|---|---|
| 灵丘 | p$^h$ | f | t | ts$^h$ | ts$^h$ | s | ts | ts$^h$ | s | ts$^h$ | tɕ | x |
| 五台 | p$^h$ | f | t | ts$^h$ | ts$^h$ | s | ts | ts$^h$ | s | ts$^h$ | tɕ | x |
| 盂县 | p$^h$ | f | t | ts$^h$ | ts$^h$ | s | ts | ts$^h$ | s | ts$^h$ | tɕ | x |
| 平定 | p$^h$ | f | t | tʂ$^h$ | tʂ$^h$ | s | tʂ | tʂ$^h$ | ʂ | tʂ$^h$ | tɕ | x |
| 昔阳 | p$^h$ | f | t | tʂ$^h$ | | s | tʂ | tʂ$^h$ | ʂ | tʂ$^h$ | tɕ | x |
| 和顺 | p$^h$ | f | t | ts$^h$ | ts$^h$ | s | tʂ | tʂ$^h$ | ʂ | tʂ$^h$ | tɕ | x |
| 左权 | p$^h$ | f | t | ts$^h$ | ts$^h$ | s | tʂ | tʂ$^h$ | ʂ | tʂ$^h$ | tɕ | x |
| 黎城 | p$^h$ | f | t | ts$^h$ | s | s | tɕ | tɕ$^h$ | ɕ | tɕ$^h$ | c | x |
| 平山 | p$^h$ | f | t | ts$^h$ | ts$^h$ | s | tʂ | tʂ$^h$ | ʂ | tʂ$^h$ | tɕ | x |
| 井陉 | p$^h$ | f | t | ts$^h$ | ts$^h$ | s | ts | ts$^h$ | s | ts$^h$ | tɕ | x |
| 赞皇 | p$^h$ | f | t | ts$^h$ | ts$^h$ | s | tʂ | tʂ$^h$ | ʂ | tʂ$^h$ | tɕ | x |
| 邢台 | p$^h$ | f | t | ts$^h$ | ts$^h$ | s | tʂ | tʂ$^h$ | ʂ | tʂ$^h$ | tɕ | x |
| 涉县 | p$^h$ | f | t | ts$^h$ | ts$^h$ | s | ts | ts$^h$ | s | ts$^h$ | tɕ | x |

## 二、韵母

### 1. 从韵母的数量来看

13个方言点的韵母多则44个，少则31个，34个左右的较为普遍。音类的差别并不大，数量的多寡多体现在效摄是否有等的区别和深、臻是否与曾、梗、通合流上面。（见表3-3）

表3-3　晋冀太行山沿麓晋语韵母数量

| 方言点 | 数量 | 方言点 | 数量 |
|---|---|---|---|
| 灵丘 | 32个 | 黎城 | 44个 |
| 五台 | 40个 | 平山 | 31个 |
| 盂县 | 38个 | 井陉 | 32个 |
| 平定 | 39个 | 赞皇 | 35个 |
| 昔阳 | 36个 | 邢台 | 40个 |
| 和顺 | 34个 | 涉县 | 38个 |
| 左权 | 34个 | | |

### 2. 从韵母的音值来看

（1）单元音化现象普遍存在。最为突出的是蟹摄和效摄，这两个在北京话中分别读为复合元音 [ai] 和 [au] 的韵摄，在太行山东、西两麓的晋语中多读为单元音韵母 [ɛ] 和 [ɔ]／[o]。即使是本书记为复合元音的，如灵丘话中的 [ai] 和 [au]，它们的动程也很小（音系中都有说明），不及北京话饱满、到位。（见表3-4）

表3-4　晋冀太行山沿麓晋语蟹、效两摄的韵母今读

| 例字 | 灵丘 | 五台 | 盂县 | 平定 | 昔阳 | 和顺 | 左权 | 黎城 | 平山 | 井陉 | 赞皇 | 邢台 | 涉县 |
|---|---|---|---|---|---|---|---|---|---|---|---|---|---|
| 戴 | taiᶜ | tɛᶜ | taiᶜ | tɛᶜ | tɛᶜ | tɛᶜ | tɛiᶜ | tᴇᶜ | tɛᶜ | tɛᶜ | tɛᶜ | taiᶜ | taiᶜ |
| 乖 | ₋kuai | ₋kuɛ | ₋kuai | ₋kuɛ | ₋kuɛ | ₋kuɛ | ₋kuɛi | ₋kuᴇ | ₋kuɛ | ₋kuɛ | ₋kuɛ | ₋kuai | ₋kuai |
| 老 | ₋lau | ₋lou | ₋lɔ | ₋lɔ | ₋lo | ₋lo | ₋lʌu | ₋lɔ | ₋lɔ | ₋lɔ | ₋lɔ | ₋lɑu | ₋lɔ |
| 小 | ₋ɕiau | ₋ɕiou | ₋ɕiɔ | ₋ɕiɔ | ₋ɕio | ₋ɕio | ₋ɕmiɔ | ₋ɕiɔ | ₋sie | ₋ɕiɔ | ₋sis | ₋ɕiɑu | ₋ɕiɔ |

（2）鼻音韵尾的弱化、丢失现象相当普遍。咸、山摄的［-n］韵尾在13个调查点中已经全部脱落。其中，灵丘、五台、盂县、平定4个点今读鼻化韵，其余9个点全部读为纯元音。宕、江摄的情况是，除了黎城①、平山和邢台3个点仍保留［-ŋ］韵尾外，其余9个点都已经丢失鼻韵尾［-ŋ］，主元音伴随有鼻化。（见表3-5）另外，左权方言的演变速度尤其快，宕、江摄和咸、山摄一样都读为纯元音。

表3-5　晋冀太行山沿麓晋语咸、山、宕、江摄的韵母今读

| 例字 | 灵丘 | 五台 | 盂县 | 平定 | 昔阳 | 和顺 | 左权 | 黎城 | 平山 | 井陉 | 赞皇 | 邢台 | 涉县 |
|---|---|---|---|---|---|---|---|---|---|---|---|---|---|
| 南 | ₋næ̃ | ₋nã | ₋nã | ₋næ̃ | ₋næ | ₋næ | ₋næ | næi² | ₋næ | ₋næ | ₋næ | ₋na | ₋næ |
| 盐 | ₋ie | ₋iẽ | ₋iã | ₋iæ̃ | ₋iæ | ₋iæ | ₋iε | ie² | ₋iæ | ₋iæ | ₋iæ | ₋ia | ₋iæ |
| 段 | tuæ⁼ | tuã⁼ | tuã⁼ | tuæ̃⁼ | tuæ⁼ | tuæ⁼ | tuæ⁼ | tuæi² | tuæ⁼ | tuæ⁼ | tuæ⁼ | tua⁼ | tuæ⁼ |
| 院 | ye⁼ | yẽ⁼ | yã⁼ | yæ̃⁼ | yæ⁼ | yæ⁼ | yε⁼ | ye² | yæ⁼ | yæ⁼ | yæ⁼ | ya⁼ | yæ⁼ |
| 党 | ᶜtɒ̃ | ᶜtã | ᶜtã | ᶜtɒ̃ | ᶜtɔ̃ | ᶜtɔ̃ | ᶜtɔ | ᶜtaŋ | ᶜtaŋ | ᶜtã | ᶜtɒ̃ | ᶜtaŋ | ᶜtã |
| 粮 | ₋liɒ̃ | ₋liã | ₋lio | ₋liɒ̃ | ₋liɔ̃ | ₋liɔ̃ | ₋liɔ | liaŋ² | ₋liaŋ | ₋liã | ₋liɒ̃ | ₋liaŋ | ₋liã |
| 张 | ₋tsɒ̃ | ₋tsã / ₋tso | ₋tso / ₋tsã | ₋tʂɒ̃ | ₋tʂɔ̃ | ₋tʂɔ̃ | ₋tʂɔ | ₋tɕiaŋ² | ₋tʂaŋ | ₋tʂã | ₋tʂɒ̃ | ₋tʂaŋ | ₋tsã |
| 黄 | ₋xuæ⁼ | ₋oux⁼ / ₋xuã⁼ | ₋oux⁼ / ₋xuã⁼ | ₋xuɒ̃⁼ | ₋xuɔ̃⁼ | ₋xuɔ̃⁼ | ₋xɔ⁼ | xuæŋ² | ₋xuaŋ | ₋xuã | ₋xuɒ̃⁼ | ₋xuaŋ | ₋xuã |
| 窗 | ₋tsʰuæ / ₋tsʰuɔ̃ | ₋tsʰuo / ₋tsʰuã | ₋tsʰuo / ₋tsʰuã | ₋tsʰuɒ̃ | ₋tsʰuɔ̃ | ₋tsʰuɔ̃ | ₋tsʰɔ / ₋sɔ | ₋tsʰuæŋ | ₋tsʰuaŋ | ₋tsʰuã | ₋tsʰuɒ̃ | ₋tsʰuaŋ | ₋tsʰuã |

注：表3-5所列例字中，有文白两读的，居上的是白读音，居下的是文读音。

（3）深、臻、曾、梗、通五摄的情况。除了黎城、赞皇、邢台3个点以外，其他各点的深、臻、曾、梗、通都已合流，只保留一个鼻音韵尾［-ŋ］，从而没有了前后鼻音的区分。（见表3-6）

---

① 黎城方言的鼻尾色彩也已不明显，一方面［-ŋ］尚存在，另一方面主元音开始鼻化，可以预见今后黎城话宕、江摄的演化趋势也是鼻尾丢失，鼻化加强。

表 3-6 晋冀太行山沿麓晋语深、臻、曾、梗、通五摄的韵母今读

| 例字 | 灵丘 | 五台 | 盂县 | 平定 | 昔阳 | 和顺 | 左权 | 黎城 | 平山 | 井陉 | 赞皇 | 邢台 | 涉县 |
|---|---|---|---|---|---|---|---|---|---|---|---|---|---|
| 檩 | ₅liəŋ | ₅liəŋ | ₅liəŋ | ₅liəŋ | ₅liəŋ | ₅liəŋ | ₅lei̯ŋ | ₅lī | ₅liŋ | ₅liŋ | ₅lin | ₅liəŋ | ₅liŋ |
| 民 | ₅miəŋ | ₅mᵇiəŋ | ₅miəŋ | ₅miəŋ | ₅miəŋ | ₅miəŋ | ₅miəŋ | mī² | ₅miŋ | ₅min | ₅min | ₅miəŋ | ₅miŋ |
| 门 | ₅məŋ | ₅mᵇəŋ | ₅məŋ | ₅məŋ | ₅məŋ | ₅məŋ | ₅məŋ | mei² | ₅məŋ | ₅məŋ | ₅mən | ₅mən | ₅məŋ |
| 棍 | kuəŋ² | kuəŋ² | kuəŋ² | kuəŋ² | kuəŋ² | kuəŋ² | kuəŋ² | kuei² | koŋ² | kuŋ² | kuən² | kuən² | kuŋ² |
| 运 | yəŋ² | yəŋ² | yəŋ² | yəŋ² | yəŋ² | yəŋ² | yəŋ² | ỹ² | yŋ² | yŋ² | yən² | yəŋ² | yŋ² |
| 陵 | ₅liəŋ | ₅liəŋ | ₅liəŋ | ₅liəŋ | ₅liəŋ | ₅liəŋ | liəŋ² | ₅liŋ | ₅liŋ | ₅liŋ | ₅liəŋ | ₅liəŋ | ₅liŋ |
| 明 | ₅miəŋ | ₅mᵇi / ₅mᵇiəŋ | ₅mi / ₅miəŋ | ₅miəŋ | ₅miəŋ | ₅miəŋ | miəŋ² | ₅miŋ | ₅miŋ | ₅miŋ | ₅miŋ | ₅miəŋ | ₅miŋ |
| 盟 | ₅məŋ | ₅mᵇəŋ | ₅məŋ | ₅məŋ | ₅məŋ | ₅məŋ | ₅məŋ | ᶜməŋ | ₅məŋ | ₅məŋ | ₅məŋ | ₅məŋ | ₅məŋ |
| 共 | kuəŋ² | kuəŋ² | kuəŋ² | kuəŋ² | kuəŋ² | kuəŋ² | kuəŋ² | koŋ² | kuŋ² | kuəŋ² | kuəŋ² | kuoŋ² | kuŋ² |
| 用 | yəŋ² | yəŋ² | yəŋ² | yəŋ² | yəŋ² | yəŋ² | yəŋ² | yŋ² | yŋ² | yəŋ² | yəŋ² | yoŋ² | yŋ² |

注：表 3-6 所列例字中，有文白两读的，居上的是白读音，居下的是文读音。

以上所列声母、韵母方面的一些较为突出的一致性特点，实质上多为整个晋语区的语音特征。虽然本书关注的是地处晋冀两省以太行山为纽带的两个边缘条状地带的方言，已经远离晋语腹地，但我们可以看到，一方面，确实有一些晋语特征在该地带体现不明显甚至没有，另一方面，确有一些晋语普遍性的、存活能力超强的特征在这些方言中存在，以至形成晋语由西向东影响力渐弱的一个过程（仅就山西、河北接壤的地方而言）。这些一致性语音特征也表明语音在发展规律上有着很强的延续性。另外，该地带的方言同时也受到东边冀鲁官话和东北边北京官话的影响。例如，地处最北端的山西灵丘方言入声字的舒化现象非常普遍，就与其靠近北京的地理位置有很大关系。又如，我们所调查的河北5个县，只有邢台和涉县两个方言点是既有入声调又有入声韵的情况，平山、井陉、赞皇3个方言点都是只保留入声调，却已无入声韵。这足以说明冀鲁官话对这些方言点语音特征的冲击和影响。既有晋语底层特征，又有冀鲁官话新貌的河北晋语在今后的发展长河中势必会出现一段时期的语音特征叠置状态，而后在几代人的时间里完成官话对晋语的覆盖、取代。

总而言之，我们认为，历史上山西晋语对河北西隅各地方言的辐射影响作用较大，而现阶段乃至今后，河北各地官话对晋语，尤其是对河北晋语的影响会越来越明显。

## 第二节 晋冀太行山沿麓晋语语音内部的差异性

语言的发展不仅有其延续性、一致性的一面，还有其个体性、差异性的一面。这些差异性反映了某一区域里不同的方言点各自的语音演变过程和各自演变方式的区别。晋冀两省太行山一带晋语的语音内部差异性主要表现在以下9个方面：①平声是否分阴阳；②去声是否分阴阳；③入声是否分阴阳；④阴平与上声是否合流；⑤深、臻摄与曾、梗、通摄是否合流；⑥有无入声韵；⑦入声韵分几套；⑧塞擦音分几套；⑨是否分尖团音。各点具体情况见表3-7。

**表3-7 晋冀太行山沿麓晋语语音主要差异**

| 方言点 | 声调 | | | | 韵母 | | | 声母 | |
|---|---|---|---|---|---|---|---|---|---|
| | ① | ② | ③ | ④ | ⑤ | ⑥ | ⑦ | ⑧ | ⑨ |
| 灵丘 | + | - | - | + | + | + | əʔ | ts | - |
| 五台 | + | - | + | + | + | + | aʔ：ɔʔ：ɕʔ | ts | - |
| 盂县 | + | - | + | - | + | + | ɐʔ：ɕʔ | ts | - |
| 平定 | + | - | - | - | + | + | aʔ：əʔ | ts：tʂ | - |
| 昔阳 | + | - | - | - | + | + | ɐʔ | ts：tʂ | - |
| 和顺 | + | - | - | - | + | + | ɐʔ | ts：tʂ | - |
| 左权 | + | - | - | + | + | + | aʔ：əʔ | ts：tʂ | - |
| 黎城 | + | + | - | - | - | + | ɐʔ：ɕʔ | ts：tɕ | + |
| 平山 | - | - | - | - | - | - | 0 | ts：tʂ | + |
| 井陉 | - | - | - | - | + | - | 0 | ts | - |
| 赞皇 | + | - | - | - | - | - | 0 | ts：tʂ | + |
| 邢台 | + | - | - | - | - | + | ʌʔ | ts：tʂ | + |
| 涉县 | + | - | - | - | + | + | ɐʔ：ɕʔ | ts | - |

注：表3-7中，"+"表示该方言点有此特点，"-"表示该方言点无此特点。

有趣的是，以上所列9个差异项中，"有无入声韵"一项在山之西的山西晋语和山之东的河北晋语中表现截然不同。5个河北晋语点中，只有涉县和邢台完整地保留了入声调和入声韵，而其他3个方言点仅保留了独立的入声调，而喉塞尾［-ʔ］已丢失，没有了入声韵（井陉方言单字音中没有，但在语流中个别常用字，如"不、没"等字仍有保留）。正如王临惠（2003：86）所指出的，"-ʔ尾是古入声韵尾 -p（咸深）、-t（山臻）、-k（宕江曾梗通）在今汉语方言中合并、弱化的结果，它是入声韵在今方言中存在的最终形式，它的消失就意味着方言中入声韵类的瓦解"。有无入声作为判断是否属于晋语的一条硬性标准，在这里可以看出晋语辐射力自西向东、由强到弱的一种走向。不单是这一项，包括第③项"入声是否分阴阳"和第⑦项"入声韵分几套"，也可证明这种走向。入声有阴阳入之分的仅山西的五台、盂县、平定3个方言点，伴随着阴入、阳入的存在，这些点的入声韵往往也较为复杂：五台有3套（aʔ、ɿʔ、əʔ），盂县有两套（ɿʔ和əʔ），平定有两套（aʔ和əʔ）。总体来说，这些处于边缘地带的晋语在入声这一特征上，呈现出简化的趋势，不论入声调还是入声韵。另外，有的差异性是不同的方言区片内部的演变规律，比如第②项"去声是否分阴阳"，只有黎城是分的。黎城地处山西东南部，隶属长治市，方言属晋语上党片。黎城方言的声调格局正是上党片去分阴阳的情况，这是它的原生层，并未受到其他方言的影响。

# 第四章　声母的特征及演变

## 第一节　古全浊声母

《切韵》中的全浊声母"並、奉、定、从、邪、澄、崇、船、禅、群、匣"演变到今晋语中已经全部清化，浊的塞音和塞擦音清化后往往有文白两读，文读层跟普通话的送气类型一致，白读层的情况各地呈现出异样差异，这在整个北方话中显得尤为特别。关于山西方言古全浊声母清化后的今读研究，可参见陈庆延《古全浊声母今读送气清音的研究》（1989），徐通锵《山西方言古浊塞音、浊塞擦音今音的三种类型和语言史的研究》（1990），侯精一、杨平《山西方言的文白异读》（1993），陈庆延、文琴《晋语的声母特征》（1994），温端政《〈方言〉和晋语研究》（1998），王临惠《试论晋南方言中的几种文白异读现象》（1999）、《论山西方言崇船禅三母的擦音化现象》（2004），韩沛玲《山西及其周边方言浊声母清化类型及历史层次》（2006），乔全生《晋方言语音史研究》（2008）等。以上或是对山西个别方言点，或是对某个方言区域的古全浊声母的今读情况做了细致的平面描写。其中，徐通锵（1990）对古浊塞音、浊塞擦音清化后在山西方言中的今读情况做了类型化处理，并将其分为3类：

（1）依声调的平仄而分化为送气清音和不送气清音：平声送气，仄声不送气。这与以北京话为代表的北方话的语音发展相同，其代表点如兴县、大同、忻州、太原、寿阳、长治、晋城等。称之为"平仄分音区"。

（2）有文白异读，文读系统与平仄分音区一致，而白读系统不管声调平仄，一律都送气。这主要在晋南，其代表点如洪洞、临汾、新绛、闻喜、万荣等。称之为"送气音区"。

（3）有文白异读，文读系统与平仄分音区一致，而白读系统不管声调平仄，一律不送气。这主要在汾河两岸的晋中地区，其代表点如太谷、祁县、平遥、文水、孝义、介休等。称之为"不送气音区"。

徐通锵不仅进行了如上分类，而且认为这 3 种类型是早期即浊音尚未清化时就已存在的 3 种并存的方言差异。"……相反，如果承认山西方言的早期即浊音还没有清化的时期有三种并存的方言差异，这样的假设倒是比较合理的，而且在语言结构上也可以得到符合音理的解释。""汉语现代有方言差异，古代自然也会有方言差异，山西方言古浊塞音、浊塞擦音的三种语音表现形式正是汉语早期方言差异的一种残存痕迹。"[①]

韩沛玲（2012：20）认为，山西方言古全浊声母的清化类型在徐通锵早期分类的基础上还可以进行再补充。她首先将其分为两大类：不分文白和文白有别。文白有别中又细分为 4 小类。具体情况如下：

（1）不分文白。平声送气，仄声不送气，与一般官话浊声母清化规律一致。

（2）文白有别。文读系统同官话，白读系统又分为以下 4 种类型：不分平仄皆送气，该类型集中在晋南；不分平仄皆不送气，该类型集中在晋中并州片；平声送气，仄声以入声送气为主，该类型集中在晋西吕梁片；平声和仄声都有部分字送气，部分字不送气，该类型集中在晋北的五台片东部。

乔全生的《晋方言语音史研究》（2008）一书以当代方言的共时描写和历史资料的文献考证为纵横支撑，对晋方言现有的语音特征进行了溯源。该书提出"晋方言是唐五代西北方言的直接后裔，汾河片方音是宋西北方言方音的延续"的观点。关于古全浊声母清化的问题，乔全生也是在徐通锵早期概括的 3 种类型的基础上进行了补充。跟韩沛玲一样，他认为今晋方言的古全浊声母清化有 4 种类型[②]：

（1）古全浊声母到今读送气清音声母的演变。该类型多集中在晋南的汾河片。另外，行政上隶属汾河片，方言归属上属吕梁片的几个方言点——隰县、大宁、永和、蒲县、汾西也是此类型，可叫作"送气型"。

（2）古全浊声母到今读不送气清音声母的演变。该类型多集中在并州片，可叫作"不送气型"。

（3）古全浊声母到今读平声送气，仄声不送气清音声母的演变。该类型与官话的演变规律一致，主要集中在晋北的五台片、大包片和晋东南的上党片，可叫作"平送仄不送型"。

（4）古全浊声母到平声字今读不送气，仄声今读送气清音声母的演变。

---

① 徐通锵：《山西方言古浊塞音、浊塞擦音今音的三种类型和语言史的研究》，载《语文研究》1990 年第 1 期，第 2 页。

② 乔全生：《晋方言语音史研究》，中华书局 2008 年版，第 102～116 页。

该类型与第三种刚好相反,而且目前只发现汾城(原是汾城县的所在地,中华人民共和国成立后与襄陵县合并为襄汾县,现为汾城镇)和翼城两个方言点是此种情况,其他地方尚未发现,可叫作"平不送仄送型"。

综上,就山西方言而言,不论平仄一律送气、不论平仄一律不送气和平送仄不送这3种类型是主流。分布在晋北和晋东南的平送仄不送类型无疑是受强势的北方官话的影响;而分布在晋南的送气型和晋中的不送气型,乔全生(2008:115~116)认为是唐五代西北方音的两个方音系统的反映,即古全浊声母塞音、塞擦音不论平仄今读送气声母类型的最早源头是唐五代汉藏对音《大乘中宗见解》所代表的西北一支方音;古全浊声母塞音、塞擦音不论平仄今读不送气声母类型的最早源头是唐五代注音本《开蒙要训》所代表的西北一支方音。除了这3种主要类型之外,还有韩沛玲(2012)提及的另外两种类型(分布在晋西的平声送气,仄声以入声字送气为主的类型和分布在晋北五台片东部的平仄都有部分字送气、部分字不送气的类型)和乔全生(2008)提及的另一种类型(分布在晋南汾城和翼城的平声不送气仄声送气)。韩沛玲(2012:23)认为,晋西仄声读送气音的绝大多数是古浊入字,如"鼻、拔、白、沓、仆、薄、笛、特、突、毒、夺、杂、侄、凿、直、值、择、犊、族、集、掘、局、截"等,上声字和去声字尽管不多,但都是常用字,故而推测早期的晋西方言浊音清化的规律也是不论平仄一律读为送气音的类型。同时,我们也注意到,在晋北的五台片、大包片等一些方言也有零星常用浊声母仄声字今读仍为送气音。就此我们认为,山西方言浊音清化的主要类型之一的送气型正是按照古声调上的浊去、浊上、浊入的顺序,在地域上按照由南至北的推移呈递减模式进行演化的。至于韩沛玲(2012)提出的晋北五台片东部平仄都有部分字送气、部分字不送气的类型和乔全生(2008)提出的汾城、翼城两地平不送气仄送气的类型应该都属于送气型的汾河片和不送气型的并州片相互碰撞、融合的结果。

本书所关注的是地处山西东边缘和河北西边缘的以太行山为纽带的一系列晋语方言点。这些方言点都远离晋语核心地带,就古全浊声母的清化问题,我们从以下3点来考察:

(1)並、定、从、澄、群五母清化后,今读塞音或塞擦音。清化规律是依古声调平送仄不送,跟晋北各片、晋东南上党片的规律一致,属平送仄不送的类型。各点具体情况见表4-1。

表 4-1 晋冀太行山沿麓晋语并、定、从、澄、群五母清化后的今读

| 方言点 | 平声 | | | | | 仄声 | | | | | |
|---|---|---|---|---|---|---|---|---|---|---|---|
| | 爬并<br>假开二 | 台定<br>蟹开一 | 钱从<br>山开三 | 陈澄<br>臻开三 | 穷群<br>通合三 | 病并去<br>梗开三 | 豆定去<br>流开一 | 跪群上<br>止合三 | 沓定入<br>咸开一 | 侄澄入<br>曾开三 | 族从入<br>通合一 |
| 灵丘 | ₋pʰa | ₋tʰai | ₋tɕʰie | ₋tsʰəŋ | ₋tɕʰyəŋ | piəŋ⁼ | təu⁼ | kʰuei⁼ | tʰa⁼ | ₋tsɿ | tsʰuəʔ₋ |
| 五台 | ₋pʰa | ₋tʰɛ<br>₋tʰɛ | ₋tɕʰiẽ | ₋tsʰəŋ | ₋tɕʰyəŋ | pi⁼<br>piəŋ⁼ | tei⁼ | kʰuei⁼ | tʰaʔ₋ | ₋tsɿ | tsʰuəʔ₋ |
| 盂县 | ₋pʰa | ₋tʰai | ₋tɕʰiã | ₋tsʰəŋ | ₋tɕʰyəŋ | pi⁼<br>piəŋ⁼ | təu⁼ | kʰuei⁼ | tʰa⁼ | ₋tsəʔ | tsʰuəʔ₋ |
| 平定 | ₋pʰa | ₋tʰɛ | ₋tɕʰiæ | ₋tʂʰəŋ | ₋tɕʰyəŋ | piəŋ⁼ | tou⁼ | kʰuei⁼ | tʰaʔ₋ | ₋tsəʔ | tsʰuəʔ₋ |
| 昔阳 | ₋pʰa | ₋tʰɛ | ₋tɕʰiæ | ₋tʂʰəŋ | ₋tɕʰyəŋ | piəŋ⁼ | təu⁼ | kʰuei⁼ | tʰaʔ₋ | ₋tsɐʔ | tsʰɐuʔ₋ |
| 和顺 | ₋pʰɑ | ₋tʰɛ | ₋tɕʰiæ | ₋tʂʰəŋ | ₋tɕʰyəŋ | piəŋ⁼ | təu⁼ | kʰuei⁼ | tʰɐʔ₋ | ₋tʂɐʔ | tsʰɑuʔ₋ |
| 左权 | ₋pʰɑ | ₋tʰɜi | ₋tɕʰiɜ | ₋tʂʰəŋ | ₋tɕʰyəŋ | piəŋ⁼ | tao⁼ | kʰuɛi⁼ | tʰaʔ₋ | ₋tsəʔ | tsʰuəʔ₋ |
| 黎城 | pʰa⁼ | tʰE⁼ | tɕʰie⁼ | tɕʰĩ⁼ | cʰyəŋ⁼ | piəŋ⁼ | tau⁼ | kuei⁼ | tʰɐʔ₋ | ₋tɕiə | tsʰuəʔ₋ |
| 平山 | ₋pʰa | ₋tʰɛ | ₋tsʰiæ | ₋tʂʰəŋ | ₋tɕʰyŋ | piŋ⁼ | tao⁼ | kuai⁼ | tʰa⁼ | ₋tsʅ | ₋tsu |
| 井陉 | ₋pʰɑ | ₋tʰɛ | ₋tɕʰiæ | ₋tʂʰəŋ | ₋tɕʰyŋ | piŋ⁼ | tao⁼ | kuai⁼ | ₋tʰA | ₋tsʅ | ₋tsu |
| 赞皇 | ₋pʰa | ₋tʰɛ | ₋tsʰiæ | ₋tʂʰəŋ | ₋tɕʰyəŋ | piŋ⁼ | tou⁼ | kuei⁼ | tʰa⁼ | ₋tsʅ | ₋tsu |
| 邢台 | ₋pʰɔ | ₋tʰai | ₋tsʰia | ₋tʂʰəŋ | ₋tɕʰyoŋ | piəŋ⁼ | təu⁼ | kuei⁼ | ₋cʰɔ | ₋tsʅ | ₋tsu |
| 涉县 | ₋pʰɑ | ₋tʰai | ₋tɕʰiæ | ₋tʂʰəŋ | ₋tɕʰyŋ | piŋ⁼ | tou⁼ | kuei⁼ | tɐʔ | tsəʔ | tsʰuəʔ₋ |

注：表 4-1 所列例字中，有文白两读的，居上的是白读音，居下的是文读音。

表 4-1 中，我们特意列出跟上面所说平送仄不送类型有出入的例字，但这样的字非常少。调查中仅发现平声字"台"在五台方言中有读作不送气声母的白读音；"跪"字在《广韵》中有"渠委切"和"去委切"两读，前者是群母上声，后者是溪母上声。《方言调查字表》中收录的是"渠委切"的音，其音韵地位是止合三群母上声。按照平送仄不送的演变规律，"跪"字的声母本该读作不送气，但在灵丘、五台、盂县、平定、昔阳、和顺、左权方言中都读作送气声母；入声字的"沓"除了涉县外，其余方言点都读作送气声母；入声字"族"在灵丘、和顺、左权、黎城方言中读作送气声母。虽然例子稀少，但这几个字使用频率极高，亦可说明问题。我们推测，早期该区域方言古全浊声母清化后都是读作送气清声母的，但在岁月长河中，由于受到东北边强势的北京话和东边冀鲁官话的渗透、影响，仄声字逐步演变为不送气音，

而这一过程是随着浊上、浊去、浊入的顺序逐步替换完成的。再看五台方言中的"台"字，如果从地域方面来考察，我们认为它是受到并州片不送气型的影响，而非本土自身演变的结果。

在调查中我们发现，像"台"这样的字，想要向发音合作人问出它的不送气白读音，是非常困难的。一方面，调查时，大多发音合作人念字，很少联想到自身方言中"窗台"的另一种叫法；另一方面，因为这个音正处于消亡中，年轻人甚至不知道这个音的存在。我们还发现，另外3个字——"跪、沓、族"在读作送气音的各个方言点中，发音人的反应是随口而出、毫不迟疑的，即非常明确它们就是读作送气声母。这两点也足以证明我们以上的推断："跪、沓、族"的送气音读法是该区域的固有层、底层，而"台"的不送气音读法是五台方言借自毗邻的并州片方言的外来层、变异层。

（2）邪、崇、船、禅四母清化后，今读擦音或塞擦音情况与北京话相同，但有个别字看似特殊，见表4-2。

**表4-2 晋冀太行山沿麓晋语邪、崇、船、禅四母清化后的今读**

| 方言点 | 平声 | | | | | 仄声 | | | | | |
|---|---|---|---|---|---|---|---|---|---|---|---|
| | 词邪<br>止开三 | 旋邪<br>山合三 | 柴崇<br>蟹开二 | 蛇船<br>假开三 | 殊禅<br>遇合三 | 袖邪去<br>流开三 | 事崇去<br>止开三 | 剩船去<br>曾开三 | 社禅上<br>假开三 | 铡崇入<br>山开二 | 勺禅入<br>宕开三 |
| 灵丘 | ₌tsʰɿ | ₌tsʰuæ<br>₌ɕye | ₌tsʰai | ₌sə | ₌su | ɕiəuᵌ | ɿᵌ | səŋᵌ | səᵌ | ₌tsa | ₌sau |
| 五台 | ₌tsʰɿ | ₌ɕyẽ | ₌ʒe | ₌sə | ₌su | ɕieiᵌ | ɿᵌ | ɿᵌ<br>səŋᵌ | seᵌ | tsaʔ₌ | ₌sou |
| 盂县 | ₌tsʰɿ | ₌ɕyã | ₌tsʰai | ₌ə | ₌tsʰu | ɕiəuᵌ | ɿᵌ | ɿᵌ<br>səŋᵌ | səᵌ | tsaʔ₌ | suəʔ₌ |
| 平定 | ₌tsʰɿ | ₌ɕyæ | ₌ʒɤ | ₌ʂɤ | ₌su | ɕiouᵌ | ɿᵌ | ʂəŋᵌ | ʂɤᵌ | ₌tsa | ₌ʂɤ |
| 昔阳 | ₌ɿ | ₌suæ | ₌ʒɤ | ₌ʂɤ | ₌tsʰu | ɕiəuᵌ | ɿᵌ | ʂəŋᵌ | ʂɤᵌ | ₌tsɑ | ₌so |
| 和顺 | ₌tsʰɿ | suæᵌ<br>₌ɕyæ | ₌tsʰɤ | ₌ʂɯ̃ | ₌su | ɕiəuᵌ | ɿᵌ | ʂəŋᵌ | ʂɯ̃ᵌ | tsaʔ₌ | ₌ʂʌ:① |
| 左权 | ₌tsʰɿ | ₌ɕyɛ | ₌tsʰɛi | ₌ʂɤ | ₌su | ɕiaoᵌ | ɿᵌ | ʂəŋᵌ | ʂɤᵌ | tsaʔ₌ | ₌tsʰʌu |
| 黎城 | ₌ɿ | ɕyeᵌ | tsʰEᵌ | ₌ɕieᵌ | ₌ɕy | ɕiəuᵌ | ɿᵌ | ɕiəŋᵌ | ɕiɤᵌ | ₌tsɐ | ɕiəʔ₌ |
| 平山 | ₌tsʰɿ | ₌tsʰuæ<br>₌suæ | ₌tsʰɤ | ₌ʂɤ | ₌ʂu | siaoᵌ | ɿᵌ | ʂəŋᵌ | ʂɤᵌ | ₌tsa | ₌ʂɤ |

① 和顺方言中，发音人把"勺"读作[ʂʌ:]，实际上念的是"勺子"一词。和顺方言没有"子"尾，但演变出一套"子"变韵，其特点就是主元音拉长。

续表 4-2

| 方言点 | 平声 | | | | | 仄声 | | | | | |
|---|---|---|---|---|---|---|---|---|---|---|---|
| | 词邪<br>止开三 | 旋邪<br>山合三 | 柴崇<br>蟹开二 | 蛇船<br>假开三 | 殊禅<br>遇合三 | 袖邪去<br>流开三 | 事崇去<br>止开三 | 剩船去<br>曾开三 | 社禅上<br>假开三 | 铡崇入<br>山开二 | 勺禅入<br>宕开三 |
| 井陉 | ₌tsʰɿ | ₌ɕyæ | ₌tʂɛ | ₌ʂɛ | ₌su | ɕiɑoˀ | ʂɿˀ | ʂəŋˀ | ʂɤˀ<br>ɕɤˀ | ₌tsA | ₌sə |
| 赞皇 | ₌tsʰɿ | ₌suæ | ₌tʂɛ | ₌ʂɤ | ₌tsʰu | siouˀ | ʂɿˀ | ʂəŋˀ | ʂɤˀ | ₌tʂa | ₌sɔ |
| 邢台 | ₌tsʰɿ | ₌sua | ₌tʂʰai | ₌ʂɤ | ₌tsʰu | siəuˀ | ʂɿˀ | ʂəŋˀ | ʂɤˀ | ₌tʂɔ | ŋauˀ |
| 涉县 | ₌tsʰɿ | ₌ɕyæ | ₌tsʰai | ₌sə | ₌su | ɕiouˀ | ʂɿˀ | ʂəŋˀ | ₌sə | tsaʔ˧<br>₌tsa | saʔ˧ |

注：表 4-2 所列例字中，以跟北京话读音有异的为主。有文白两读的，居上的是白读音，居下的是文读音。

第一，"词"和"旋"。止开三之韵平声邪母"词"字，在昔阳和黎城方言中声母读作擦音 [s]。这种现象在其他晋语方言中，尤其是晋南的中原官话汾河片方言中分布很广。《广韵》时期的邪母通常被拟音为浊擦音 [z]，受浊音清化的语音演变规律的制约，邪母在现代汉语方言中主要有两个读音——洪音前读 [s]，细音前读 [ɕ]，而唯独"祠、词、辞"3 个字读 [tsʰ]。我们认为，北京话 [z] → [tsʰ] 属于语音演变的例外，而晋语和中原官话汾河片的 [z] → [s] 才是正常演变，和其他邪母字，如"似、祀、寺、嗣、饲、隋、遂、隧、穗、松、颂、俗"等声母相一致。同是邪母字，"旋"在灵丘、平山方言中，有白读为送气塞擦音的读法，如灵丘话"这孩子头上有两个旋儿 [₌tsʰuər]"。

所以，关于古邪母在晋冀两省太行山沿麓晋语中的声母，我们认为，今读清擦音 [s] 或 [ɕ] 的是符合语音历史演变规律的，是方言的固有层次；而今读送气塞擦音 [tsʰ] 的是语音历史演变规律的例外，是跟其他外界方言接触，受其影响所致。

第二，"蛇"。盂县方言把假开三麻韵平声船母"蛇"字的声母读作送气塞擦音 [tsʰ]。根据《山西方言调查研究报告》（1993：142～143），平遥、娄烦、榆次、寿阳、介休等地也把来自船母的"蛇"读塞擦音声母；又据《汉语方音字汇》（2003：21），"蛇"字在闽方言的厦门（[₌tsua]白）、潮州（[₌tsua]）等地也有读为塞擦音的现象。乔全生（2008：90）指出，"古船母在隋唐之前读塞擦音。到晚唐五代时，与禅母合并，读为舌面浊擦音

[ʐ]……照此看来，晋方言中古船母读擦音保留的应是唐五代时期的读音，并州片读蛇为塞擦音[tʂʰ]，保留的应是隋唐之前的读音"。我们认同乔全生的观点，即晋语中"蛇"字声母的塞擦音读法是较为古老的遗存。

第三，"殊"和"勺"。"殊"为禅母虞韵平声字，北京话声母为擦音[ʂ]，而孟县、昔阳、赞皇、邢台方言中把"殊"的声母读为送气塞擦音[tsʰ]或[tʂʰ]；"勺"字为禅母药韵入声字，普通话声母为擦音[ʂ]，今左权方言中读作送气塞擦音[tʂʰ]。

（3）奉、匣二母清化后，今读清擦音。奉母跟非、敷合流，读作[f]；匣母跟晓母合流，洪音前读作[x]，细音前读作[ç]（黎城读作[ç]）。匣母有"械"字例外：在灵丘、五台、孟县、平定、昔阳、和顺、邢台方言中，其声母读作[tɕ]。另外，"舰、迥"声母读作[tɕ]，"洽"声母读作[tɕʰ]，"完、丸"声母读作[v]或[∅]。

## 第二节 古知系的声母

知系包括知、庄、章、日4组声母，有知、彻、澄、庄、初、崇、生、章、昌、船、书、禅、日13个声母。关于知、庄、章三母在山西方言中今读类型及演变情况的研究，影响较广的有赵彤《山西方言的知、照系声母》（2001），王洪君《〈中原音韵〉知庄章声母的分合及其在山西方言中的演变》（2007），王临惠《晋南方言知庄章组声母研究》（2001）、《晋豫两省太行山沿麓方言知庄章声母的演变》（2013）等。赵彤通过对山西39个点的方言材料进行分析，把山西方言知、照系声母的读音分为3组6个类型，并认为早在晚唐五代时期，中古的知、照系声母在山西方言中就已经合并为一组，而现在山西方言中的分为两组和3组的类型属后来的演变，是在合并以后发生的；王洪君主要以《山西方言调查研究报告》为材料来源，通过对山西101个点的方言材料进行分析，将山西方言知、照系声母的读音分为3大类9小类，并认为知、庄、章合一型或知、庄、章、精合一型不可能是知、庄、章分立的早期阶段，而广泛分布在山西各个方言区的二分型应该是方言的原生层次，不可能是知、庄、章合一型或知、庄、章、精4组合一型的后期演变阶段或外来层次覆盖的结果；王临惠关注的是区域方言知、庄、章声母的今读情况，通过对汾河流域22个点的方言材料进行分析，将该区域知、照系声母的读音分为两大类5个小类，并认为汾河流域知系声母的演变类型可分为原生层和变异层两个层次。原生层有两个，分别是今音合一的[ts][tsʰ][s]晋语原生层和今分3

组（[ts][tsʰ][s]、[tʂ][tʂʰ][ʂ]、[pf][pfʰ][f]）的中原官话汾河片原生层。

下面我们从中古知、庄、章 3 组声母的今读情况及形成机制和中古日母字的今读情况两个方面来介绍中古知系字声母在今晋冀两省太行山沿麓晋语中的表现。

## 一、知、庄、章 3 组声母的今读情况

### （一）今读类型

晋冀太行山沿麓 13 个晋语方言点的知、庄、章 3 组声母的今读情况较为复杂。有些点不分等呼韵摄统统合流为一组，有些点则根据等呼韵摄的条件制约而分化为两组。具体来说，可分为两大组 5 个小类。（见表 4-3）

表 4-3 晋冀太行山沿麓晋语知、庄、章 3 组声母今读类型

| 类型 | 方言点 | 庄组 | | 知二组 | | 知三组 | 章组 | |
|---|---|---|---|---|---|---|---|---|
| | | 开 | 合 | 开 | 合 | 合 | 开 | 合 |
| 合一型 | 灵丘、五台、盂县、井陉、涉县 | ts 组 ||||||||
| | 平山、赞皇、邢台 | tʂ 组 ||||||||
| 二分型 | 左权 | ts 组 ||||| tʂ 组 |||
| | 黎城 | ts 组 ||||| tɕ 组 |||
| | 平定、昔阳、和顺 | ts 组 ||||| tʂ 组 | ts 组 ||

（1）合一型，即中古的知、庄、章 3 组声母在今方言中读音已合为一类。根据实际音值的不同，合一型方言又可分为如下两种类型。①全部读为 [ts] [tsʰ] [s]，我们称之为 "ts 组"。此类型包括灵丘、五台、盂县、井陉、涉县 5 点。②全部读为 [tʂ] [tʂʰ] [ʂ]，我们称之为 "tʂ 组"。此类型包括平山、赞皇、邢台 3 点。

（2）二分型，即中古的知、庄、章 3 组声母在今方言中的读音分化为两套声母。根据具体的分化条件，二分型方言又可分为如下 3 种类型。①知二、庄以及通摄的三等字和章组的止摄字读作 [ts] [tsʰ] [s]；知三、章（通摄三等字和章组的止摄字除外）读作 [tʂ] [tʂʰ] [ʂ]。此类型只有左权一点。②知二、庄以及通摄的三等字和章组的止摄字读作 [ts] [tsʰ] [s]；知三、

章（通摄三等字和章组的止摄字除外）读作［tɕ］［tɕʰ］［ɕ］。此类型只有黎城一点。③知二、庄和知三、章的合口，包括章组止摄开口三等字读作［ts］［tsʰ］［s］；知三、章的开口（章组止摄开口三等字除外）读作［tʂ］［tʂʰ］［ʂ］。此类型包括平定、昔阳、和顺3点。

## （二）不同类型的形成机制

根据表4-3，左权和黎城的分合条件是相同的，只是音值不同。左权知二、庄读［ts］［tsʰ］［s］，与精组的洪音字声母合流；知三、章读［tʂ］［tʂʰ］［ʂ］，与 ts 组声母对立。黎城的知二、庄读［ts］［tsʰ］［s］，与精组的洪音字声母合流；知三、章读［tɕ］［tɕʰ］［ɕ］，与精组细音字声母合流（黎城的见、晓组细音声母读作［c］［cʰ］［ç］）。平定、昔阳、和顺的二分条件与左权、黎城又有所不同，不仅以等呼为条件，而且有开合口的制约，因此，［tʂ］［tʂʰ］［ʂ］的辖字范围就又小了一些。这3小类方言尽管各自的分合条件不同，但都属于二分型方言。据王洪君（2007）的研究，《山西方言调查研究报告》101个方言点中，有57个点是属于二分型方言，且与《中原音韵》一样保持了知二、庄和知三、章在开口呼中的对立。地域分布上并没有明显特征，广泛分布于山西各地区。王洪君认为，二分型方言是山西方言中古知、庄、章演变类型中的原生层次。

我们同意王洪君的看法。灵丘、五台、盂县、井陉、涉县方言今读［ts］［tsʰ］［s］的类型应是从 ts、tʂ 二分型演变而来，属后起的层次。毕竟由两类声母合并为一类声母，音位数量减少，从语言的经济性原则上是可以讲得通的，而且从发音机制上来讲，发舌尖前的［ts］［tsʰ］［s］要比发舌尖后的［tʂ］［tʂʰ］［ʂ］更加省力、自然，故而本书认为，在不影响交际的前提下，这样的音位整合是完全可以的。那么，就中古知系声母在山西方言中的演变情况而言，是不是今后都有二分或三分型向合一型 ts 类演变的趋势呢？笔者认为不大可能。当今的社会正处于经济、文化、交通、通信等各项事业迅猛发展的时代，物资的调动、人员的流动都呈现出前所未有的崭新局面。在这个过程中，普通话作为交际共同语，无疑是第一大强势语言，其次是各方言区内部的权威方言。在这样的语言使用背景下，各个方言区所固有的一些独特的语音特征将会一步步萎缩。再有，随着教育的普及，小孩子从小就接触普通话，如果不在基础教育阶段专门开设方言课程，可以想象，各地方言将会在几代人的时间里逐步消失。所以，不论从哪一方面看待今后古知系声母的演变趋势，都是受普通话影响的可能性更大一些，即绝大部分知系字读作［tʂ］［tʂʰ］［ʂ］，有极其少量的知二、庄字混入精组，读作［ts］［tsʰ］［s］。

最后，我们看平山、赞皇、邢台方言中读作［tʂ］［tʂʰ］［ʂ］的情况，这无疑是冀鲁官话语音特征的表现。整个河北省分布着官话和晋语两大方言，官话又有冀鲁官话、北京官话和中原官话。从各方言地域分布着眼望去，由西向东是晋语向冀鲁官话的过渡，由南向北是中原官话向冀鲁官话的过渡，由首都北京向四周是北京官话向晋语或冀鲁官话的过渡。所以，整个河北省呈现出复杂的过渡性特点。关于中古知、庄、章的今读，据王敏（2010），河北存在着二分和合一两个大的类型。二分型主要分布在东中部的冀鲁官话区，与山东、天津相邻的部分县市。合一型主要分布在中西部和东北部，其中，读 tʂ 的分布最广，整个中部从北到南大部分地区都属于这一类型，与北京话的知、庄、章读音情况相似；读 ts 的主要分布在河北西部边缘的晋语区（如本书所涉及的井陉和涉县），与太原等地的知、庄、章读音情况相同。① 我们认为，tʂ 类的合一型也是由 ts、tʂ 二分的类型演变而来，因为今读知、庄、章合流为［tʂ］［tʂʰ］［ʂ］的方言，像北京官话的京师片、冀鲁官话的石济片等，都不同程度地存在着知二、庄字读为［ts］［tsʰ］［s］的例子，如北京话的"洒、阻、所、涔、厕、邹、搜、馊、飕、簪、岑、森、篡、涩、侧、测、色、责、策、册、缩（庄组字），择、泽（知组二等字）"。本书所涉 tʂ 类的平山、赞皇、邢台方言中的例外字有"洒、阻、厕、搜、森、篡、涩、朔、侧、测、色、泽、责、策、缩"，这 15 个字的实际读音见表 4-4。

表 4-4  平山、赞皇、邢台方言"洒、阻、厕、搜"等 15 字的今读

| 方言点 | 洒庄 | 阻庄 | 厕庄 | 搜庄 | 森庄 | 篡庄 | 涩庄 | 朔庄 |
|---|---|---|---|---|---|---|---|---|
| 平山 | ˪ʂɑ | ˪tsu | tsʰɤ˩ | ˪sao | ˪səŋ | tsʰuæ˩ | sɤ˩ | suɤ˩ |
| 赞皇 | sa˩ | ˪tsu | tsʰɤ˩ | ˪sou | ˪sən | tsʰuæ˩ | sɤ˩ | ʂuo˩ |
| 邢台 | ˪sɔ | ˪tsu | ˪tsʰə | ˪səu | ˪sən | tsʰua˩ | ˪sai | ˪ʂuə |

| 方言点 | 侧庄 | 测庄 | 色庄 | 泽知二 | 责庄 | 策庄 | 缩庄 |
|---|---|---|---|---|---|---|---|
| 平山 | ˪tʂɛ / tsʰɤ˩ | tʂʰɛ˩ | ʂɛ˩ / sɤ˩ | tʂɛ˩ / tsɤ˩ | tʂɛ˩ | tʂʰɛ˩ | suɤ˩ |
| 赞皇 | tsʰɤ˩ | tsʰɤ˩ | sɤ˩ | tʂɛ˩ | tʂɛ˩ | tʂʰɛ˩ | suo˩ |
| 邢台 | tsʰʌʔ˩ | tsʰʌʔ˩ | ˪ʂai | ˪tʂai | ˪tʂai | ˪tʂʰai | ˪ʂuə |

注：表 4-4 所列例字中，有文白两读的，居上的是白读音，居下的是文读音。

---

① 参见王敏《中古知庄章三组声母在河北方言中的读音研究》，河北师范大学 2010 年硕士学位论文。

看得出，数量上虽不及北京话多，但性质是相同的。这些读作 [ts]、[tsʰ]、[s] 的字，无一例外都是知二、庄字，而知三、章字却一个都没有。这一现象足以证明，历史上这些方言也曾有过知二、庄和知三、章的对立，这些例外的读音正是二分型在向合一型的演变过程中残留的痕迹。另外，地处河北省西边缘、太行山下，与山西交界的平山、赞皇、邢台三县在入声的保留与否方面表现出与山西晋语一致的一面，但在古知、庄、章今读类型上又表现出与山西晋语不一致，而与河北冀鲁官话相一致的一面。我们认为，这或许跟古知系字在山西和河北今读的不同情况有关。今读 tʂ 类的方言在山西只有东南区的晋城和南区的临汾（城关）、沁水等6个点①，而在河北，该类型的分布却是非常广泛的，有以承德和魏县为代表的97个点，古知、庄、章今读 tʂ 类也是河北中部方言一大语音特点②。这也正说明了处于交界地带的方言点所带有的过渡性交叉特点。

综上，我们认为，ts、tʂ 二分的类型是较早、较古老的层次，而合一型中的 ts 类和 tʂ 类都是在 ts、tʂ 二分类型的基础上演变而来的，属较晚、后起的层次。

## 二、日母字的今读情况

晋冀两省太行山沿麓晋语的日母字今读中，止开三字的读音有两种情况，一是读作零声母 [ɚ]（灵丘、五台、盂县、平定、和顺、左权、黎城、平山、井陉、邢台），二是读作零声母 [ʅ]（昔阳、赞皇、涉县）。止开三除外的其他日母字的今读又有以下3种类型。（各点具体读音见表4-5）

（1）知、庄、章3组声母 ts、tʂ 不对立，读作 ts 类或 tʂ 类的方言，日母字声母也随之读作 [z] 或 [ʐ]。读 [z] 的有灵丘、五台、盂县、井陉；读 [ʐ] 的有平山、赞皇。

（2）知、庄、章3组声母有 ts、tʂ 的对立，分 [ts]、[tsʰ]、[s] 和 [tʂ]、[tʂʰ]、[ʂ] 两套声母的方言，日母字读音也随之分为 [z] 和 [ʐ] 两套。以呼为条件，合口呼韵母前读 [z]，其他则读 [ʐ]③，平定、昔阳、和顺属于此情况。跟上述3个方言点同属二分类型的左权方言是个例外，日母字的今读并未随知、庄、章的变化而变化，而统统读作舌尖后浊擦音 [ʐ]。

---

① 参见韩沛玲《山西方言音韵研究》，商务印书馆2012年版，第41页。
② 参见王敏《中古知庄章三组声母在河北方言中的读音研究》，河北师范大学2010年硕士学位论文，第18～19页。
③ "仍"字例外。该字在平定、昔阳、和顺三地方言中的读音分别是 [ʐəʔ˨]、[ʐəʔ˨]、[ʐə˨]。

（3）跟知、庄、章有无 ts、tʂ 对立没有关系，日母字声母读作 [l] 或 [ø]。例如，涉县的日母字演变规律是合口呼韵母前读 [l]，其他韵母前则读零声母 [ø]；黎城的日母字今读零声母 [ø] 的居多，读作 [l] 的只有 3 个字，分别是"蕊、仍、辱"；邢台的日母字在合口呼韵母前有读 [l] 的，也有读 [ʐ] 的，在其他韵母前都读作零声母 [ø]。

表4-5 晋冀太行山沿麓晋语日母字的今读

| 方言点 | 儿 | 乳 | 软 | 惹 | 揉 | 然 | 人 | 瓤 | 入 | 热 | 日 | 肉 | 辱 |
|---|---|---|---|---|---|---|---|---|---|---|---|---|---|
| 灵丘 | ₅ɚ | ₋zu | ₋zuæ̃ | ₋eʐ | ₋neʐ | ₋ʐəŋ | ₋zɑ̃ | zuᵓ | zɚᵓ | zʅᵓ | zəuᵓ | ₋zu |
| 五台 | ₅ɚ | ₋zu | zuŏ / zuā | ₋eʅ | ₋zei | ₋zã | ₋zəŋ | ₋zɔ | zuenʔ₅ | zəʔ₅ | zəʔ₅ | zei | zueʔ₅ |
| 盂县 | ₅ɚ | ₋zu | ₋zuā | ₋eʐ | ₋neʐ | ₋zã | ₋zəŋ | ₋oz | zuenʔ₅ | zaʔ₅ | zəʔ₅ | zəu | zueʔ₅ |
| 平定 | ₅ɚ | ₋zu | ₋zuæ̃ | ₋ʐɤ | ₋ʐou | ₋ʐæ̃ | ₋ʐəŋ | ₋ʐɔ̃ | zuenʔ₅ | ʐaʔ₅ | ʐəʔ₅ | ʐou | zueʔ₅ |
| 昔阳 | ₅ʅ | ₋zu | ₋zuæ | ₋ʐɤ | ₋ʐou | ₋ʐæ | ₋ʐəŋ | ₋ʐɔ | zuᵓ | ʐɤᵓ | ʐʅᵓ | ₋neʐ | ₋zu |
| 和顺 | ₅ɚ | ₋zu | ₋zuæ | ₋ʐɯ | ₋ʐəu | ₋ʐæ | ₋ʐəŋ | ₋ʐɔ̃ | zuãᵓ | ʐaʔ₅ | ʐəʔ₅ | ʐəu | zuãʔ₅ |
| 左权 | ₅ɚ | ₋zu | ₋zuæ | ₋ʐɤ | ₋zao | ₋zæ | ₋ʐəŋ | ₋zɔ | zuenʔ₅ / ʐaʔ₅ | ʐʅᵓ | zaoᵓ | ₋zu |
| 黎城 | ɚᵓ | yᵓ | ₋ye | ᶜiɛ | ᶜiɵi | ᶜie | ĩ̄ᵓ | iãᵓ | yeᵓ | ᶜai | ᶜi | iɵiᵓ | ₋lu |
| 平山 | ₅ɚ | ᶜzu | ᶜzuæ | ᶜʐɤ | ᶜzao | ᶜzæ | ᶜʐəŋ | ᶜzɑŋ | zuᵓ | ʐʅᵓ | ʐaoᵓ | ᶜzu |
| 井陉 | ₅ɚ | ᶜzu | ᶜzuæ | ᶜzɤ | ᶜzao | ᶜzæ | ᶜzəŋ | ᶜzã | zuᵓ | zɤᵓ | zʅᵓ | zaoᵓ | zuᵓ |
| 赞皇 | ₅ʅ | ᶜzu | ᶜzuæ | ᶜʐɤ | ᶜʐou | ᶜʐæ | ᶜneʐ | ᶜzɑ̃ | zuᵓ | ʐɤᵓ | ʐʅᵓ | ʐouᵓ |
| 邢台 | ₅ɚ | ᶜlu | ᶜya | ᶜie | ᶜiəu | ᶜʐa | ᶜnei | ᶜian | luᵓ | ʐɤᵓ | ʐʅᵓ | ʐəuᵓ | luᵓ |
| 涉县 | ₅ʅ | ᶜlu | ᶜyæ | ᶜie | ᶜiou | ᶜiæ | ᶜiŋ | ᶜiã | yeʔ₅ / zueʔ₅ | iɤᵓ | iᵓ | iouᵓ | ᶜlu |

注：表4-5所列例字中，有文白两读的，居上的是白读音，居下的是文读音。

## 第三节　古精组和见、晓组的声母

### 一、精组的声母

#### （一）精组的一等

晋冀太行山沿麓晋语的精组一等字今读跟北京话一样，读作舌尖前音[ts] [tsʰ][s]，但有少数几个例外字，它们读作 [tɕ] [tɕʰ] [ɕ]。例如，窜<sub>山合一</sub> [tɕʰyeˀ]（黎城）、粽<sub>通合一</sub> [tɕyəŋˀ]（盂县）、速<sub>通合一</sub> [ɕyʔ˷/suˀ]（五台）、速<sub>通合一</sub> [ɕyʔ˷]（盂县）。① 依照汉语语音古今演变规律，一等精组字的声母是不读 tɕ 组的，但我们看到这几个声母发生了腭化的例外字都是合口字，且多见于阳声韵和入声韵，随着其韵母介音的前化（u→y），受声韵组合协调发音规律影响，声母也随之发生腭化，最终由舌尖声母 [ts] [tsʰ] [s] 演变为舌面声母 [tɕ] [tɕʰ] [ɕ]。这种情况在其他山西方言（太谷、河津、运城、临猗、永济、芮城等）也有所表现。例如：窜<sub>山合一</sub> [tɕʰyæ̃⁴⁴]（河津）、[tɕʰyæ̃³³]（永济）；算<sub>山合一</sub> [ɕyen⁴⁵]（太谷）、[ɕyæ̃⁴⁴]（河津）、[ɕyæ̃³³]（永济）；酸<sub>山合一</sub> [₌ɕyæ]（临猗）；尊<sub>臻合一</sub> [tɕyẽ³¹]（河津）、[tɕyẽi³¹]（运城）、[tɕyẽ²¹]（永济）；孙<sub>臻合一</sub> [ɕyẽ³¹]（河津）、[ɕyẽi³¹]（运城）、[tɕyẽ²¹]（永济）、[₌ɕyẽ]（临猗）；村<sub>臻合一</sub> [tɕʰyẽ³¹]（河津）、[tɕʰyẽ³¹]（运城）、[tɕyẽ²¹]（永济）、[₌tɕʰyẽ]（临猗）、[₌tɕʰyẽ]（芮城）。②

#### （二）精组的三、四等

（1）今读 [tɕ] [tɕʰ] [ɕ]，包括灵丘、五台、盂县、平定、昔阳、和顺、左权、黎城、井陉、涉县 10 个点。除了蟹、止、通三摄的合口三等字仍读舌尖前声母 [ts] [tsʰ] [s] 以外，其余的三、四等精组字均已腭化，今读作舌面声母 [tɕ] [tɕʰ] [ɕ]。在系统的腭化进程中，各点又或多或少地存在残留痕迹，具体情况见表 4-6。

---

① 声母读作 [ɕ] 的臻摄合口一等的"逊"字，因其在今北京话中也读作 [ɕ] 声母，故此处不列。
② 太谷、河津、运城、永济的字音材料来自韩沛玲《山西方言音韵研究》，商务印书馆 2012 年版，第 63 页；临猗、芮城的字音材料来自邢向东、王临惠、张维佳、李小平《秦晋两省沿河方言比较研究》，商务印书馆 2012 年版，第 311～319 页。

表 4-6　晋冀太行山沿麓晋语精组三、四等腭化残存情况

| 韵摄 | 例外字 |
|---|---|
| 遇合三 | 絮：[sueiʔ]孟县 |
| 流开三 | 就：[tsəuʔ]孟县、[tsouʔ/tɕiouʔ]平定、[tʂaoʔ/tɕiaoʔ]左权、[tsiouʔ]井陉、[tsouʔ/tɕiouʔ]涉县 |
| 山合三 | 全：[₌tsʰuæ̃/₌tɕʰyæ̃]灵丘、[₌tsʰuæ̃]平定、[₌tsʰuæ]昔阳、[₌tsʰuæ]和顺、[₌tʂʰuæ/₌tɕʰyɛ]左权、[₌tsʰuæ]井陉 |
| | 泉：[₌tsʰuæ̃/₌tɕʰyæ̃]灵丘、[₌tsʰuæ̃]平定、[₌tsʰuæ]昔阳、[₌tsʰuæ]和顺、[₌tʂʰuæ/₌tɕʰyɛ]左权、[₌tsʰuæ]井陉 |
| | 宣：[₌suæ̃/₌ɕye]灵丘、[₌suæ̃]平定、[₌suæ]昔阳、[₌suæ]和顺、[₌suæ/₌ɕyɛ]左权、[₌suæ]井陉 |
| | 选：[꜀suæ/꜀ɕye]灵丘、[꜀suæ̃]平定、[꜀suæ]昔阳、[꜀suæ]和顺、[꜀suæ/꜀ɕyɛ]左权、[꜀suæ]井陉 |
| | 旋：[₌tsʰuæ/₌ɕye]灵丘、[₌suæ]昔阳、[suæʔ/ɕyæʔ]和顺 |
| 臻合三 | 俊：[tsuəŋʔ]灵丘、[tsuəŋʔ]平定、[tɕuəŋʔ]昔阳、[tɕuəŋʔ]和顺、[tsueŋʔ/tɕyəŋʔ]左权、[tsuŋʔ]井陉 |
| | 旬：[₌suəŋ]平定、[₌ɕuəŋ]昔阳 |
| | 巡：[₌ɕuəŋ]昔阳 |
| 通合三 | 肃：[suəʔ]左权、[suʔ]井陉、[suʔ]涉县 |
| | 宿：[ɕyəʔ/suʔ]五台、[꜀ɕiao/suəʔ]左权、[suʔ]井陉、[suəʔ]涉县 |
| | 足：[tɕyəʔ/tsuəʔ]灵丘、[tɕyaʔ/tsuəʔ]昔阳、[tsuəʔ]和顺、[tsuəʔ]左权、[tsuʔ]井陉、[tɕyəʔ/tsuəʔ]涉县 |
| | 粟：[꜀ɕyə]黎城 |
| | 俗：[ɕyəʔ/₌su]灵丘、[ɕyəʔ/suəʔ]平定、[suəʔ]左权、[₌su]井陉 |

注：表 4-6 所列例字中，有新老差异的，"/"前是老派读音，"/"后是新派读音。

这些残存的声母仍读作 ts 组的精组三、四等字有的是晋语中的常用字，如"就、全、俊、俗"等，正是因为这些字在当地人语言交流中使用频率极高，在语音演变的进程中就容易把老旧读法保留下来；有的是地名中的常用字，在当地人世世代代口耳相传中，老旧读法也保留在地名读音当中，如此恰恰保留了其较早读音，如"泉"等。这些残留读音往往呈新老读并存的状态，

多存在于老年人口音和乡野口音当中。如今在以北京音为标准音的普通话的普及下，这些残留读音在年轻人、城市中正日渐消亡。这是受普通话的影响，与普通话趋同的一面。同时，我们也看到，这些读音里有与普通话不趋同的一面，如通合三入声字"肃、宿、足、粟、俗"等，在北京话中，它们和通合三的舒声字"棕、纵、从、怂、松、颂"一起，完整、稳定地保留了［ts］［tsʰ］［s］的读法。但在表4–7中我们可以看到，这几个入声字在上述方言点中有［ts］［tsʰ］［s］和［tɕ］［tɕʰ］［ɕ］两种读法。这也正说明了在精组的通摄合口三等入声字的演变速度方面，这些方言较北京话要快一些。

表4–7　通摄合口三等入声精组字的读音

| 方言点 | 肃 | 宿 | 足 | 促 | 粟 | 俗 |
|---|---|---|---|---|---|---|
| 灵丘 | ɕyəʔ˧ | ɕyəʔ˧/suˀ | tɕyəʔ˧/tsuəʔ˧ | tsʰuəʔ˧ | suˀ | ɕyəʔ˧/˰su |
| 五台 | ɕyəʔ˧ | ɕyəʔ˧/suˀ | tɕyəʔ˧ | tsʰuəʔ˧ | suˀ | ɕyəʔ˧ |
| 盂县 | ɕyəʔ˧ | ɕyəʔ˧ | tɕyəʔ˧ | tsʰuəʔ˧ | suˀ | ɕyəʔ˧ |
| 平定 | ɕyəʔ˧ | ɕyəʔ˧ | tɕyəʔ˧ | tɕʰyəʔ˧/tsʰuəʔ˧ | suˀ | ɕyəʔ˧/suəʔ˧ |
| 昔阳 | ɕaʁ˧ | ɕaʁ˧ | tɕyeʔ˧/tsaʁ˧ | tsʰaʁ˧ | suˀ | ɕaʁ˧ |
| 和顺 | ɕyɛʔ˧ | ɕyɛʔ˧ | tsuəʔ˧ | tsʰuəʔ˧ | ˰su | ɕyɛʔ˧ |
| 左权 | suəʔ˧ | ˰ɕiao/suəʔ˧ | tsuəʔ˧ | tsʰuəʔ˧ | suˀ | suəʔ˧ |
| 黎城 | suˀ | ɕyəʔ˧ | tɕyəʔ˧ | tsʰuəʔ˧ | suˀ | ɕyəʔ˧ |
| 井陉 | suˀ | suˀ | tsuˀ | tsʰuˀ | suˀ | ˰su |
| 涉县 | suˀ | suəʔ˧ | tɕyəʔ˧/tsuəʔ˧ | tsʰuəʔ˧ | suˀ | ɕyəʔ˧ |

注：表4–7所列例字中，有新老差异的，"/"前是老派读音，"/"后是新派读音。

（2）今读［ts］［tsʰ］［s］，河北的平山、赞皇、邢台3个方言点属于此情况。精组的三、四等在这3个方言点还没有腭化的迹象，韵类开合或洪细都比较系统地保留了舌尖前音 ts 组声母的读法。（见表4–8）

表4–8　平山、赞皇、邢台方言的精组三、四等今读

| 方言点 | 姐假开三 | 娶遇合三 | 婿蟹开四 | 笑效开三 | 酒流开三 | 心深开三 | 先山开四 | 选山合三 | 酱宕开三 | 星梗开四 | 疾臻开三 | 媳曾开三 |
|---|---|---|---|---|---|---|---|---|---|---|---|---|
| 平山 | ˰tsiɛ | ˰tsʰi | si˧ | siɛ˧/siˀ | ˰tsiao | ˰siŋ | ˰siæ | ˰suæ | tsiɑŋ˧ | ˰siŋ | tsiˀ | ˰si |

续表4-8

| 方言点 | 姐假<br>开三 | 娶遇<br>合三 | 婿蟹<br>开四 | 笑效<br>开三 | 酒流<br>开三 | 心深<br>开三 | 先山<br>开四 | 选山<br>合三 | 酱宕<br>开三 | 星梗<br>开四 | 疾臻<br>开三 | 媳曾<br>开三 |
|---|---|---|---|---|---|---|---|---|---|---|---|---|
| 赞皇 | ᶜtsie | tsʰy | syᵓ | ᶜsiɔ | ᶜtsiou | ᶜsin | ᶜsiæ | ᶜsuæ | tsiã ᵓ | ᶜsiŋ | tsi₂ | si₂ |
| 邢台 | ᶜtsie | tsʰy | syᵓ | siɒᵓ | ᶜtsiɐu | ᶜsiɐn | ᶜsia | sua | tsiaŋᵓ | ᶜsiəŋ | ᶜtsi | ᶜsi |

注：表4-8所列例字中，有文白两读的，居上的是白读音，居下的是文读音。

精组的三、四等保持古读而未发生腭化的，就山西晋语来讲，多分布在并州片、吕梁片，以这两片为中心向四周延伸开去，这一语音特点呈递减、弱化趋势，到晋冀两省交界的几个山西方言点，或仅有少数几个常用字的残余，或已经完全腭化。而就河北晋语来讲，平山、赞皇、邢台方言系统地保持了精组声母在细音前[ts][tsʰ][s]的读音。我们认为，这并不是晋语核心并州片、吕梁片跳过大包片、五台片等方言地带波及的结果，而是另有原因。对河北方言精、见组尖团音问题的调查，历史上曾经有过两次。一次是1955年中国社会科学院语言研究所对官话区尖团音分合情况的调查，此次调查涉及河北的143个县市。调查结果是，50个县市尖团有别，93个县市尖团不分。另一次是1957年河北省教育厅为推广普通话而召集北京、天津7所高校对全省进行调查。调查结果是，全省58个县市有尖团之分，《河北方言概况》(1961)中收录了此次调查结果。除了20世纪50年代的这两次调查，目前我们能搜集到的关于河北全省尖团音问题的研究就是黄卫静的《河北方言的尖团音问题》[①]。该文的调查结果显示，河北149个县市中，有61个县市分尖团，其余88个县市不分，并绘制了分尖团方言点的地域分布图（如图4-1所示）。很显然，本书所涉及的精组三、四等声母读作舌尖前音的3个方言点（平山、赞皇、邢台）正是与河北的尖团有别方言点地域分布相一致。所以，我们认为，尽管太行山东麓的河北晋语的精组三、四等今读形式与太行山以西的山西晋语核心区域（并州片、吕梁片）精组三、四等的今读形式表面上看似相同，但它们之间并无实质性联系，更不存在相互影响之说，它们只是各自保持了精组三、四等古老的读法而已。

---

① 参见黄卫静《河北方言的尖团音问题》，河北师范大学2004年硕士学位论文。

第四章 声母的特征及演变

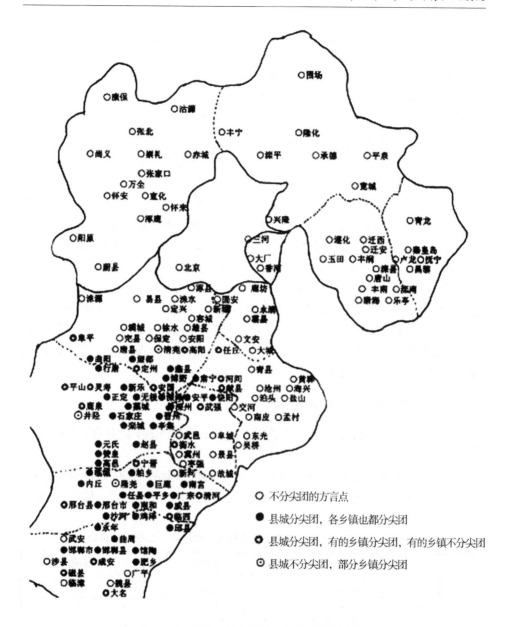

图 4-1 河北省分尖团方言点的地域分布①

———————
① 黄卫静:《河北方言的尖团音问题》,河北师范大学 2004 年硕士学位论文,第 35 页。

## 二、见、晓组的声母

晋语见、晓组声母的今读基本跟北京话一样，一等韵都读作舌根音［k］［kʰ］［x］，而二、三、四等韵通常读作舌面音［tɕ］［tɕʰ］［ɕ］，但部分方言点的二、三、四等有文白读并存的现象，如东南区的沁县，中区的文水，西区的离石，南区的河津、万荣等地各韵摄就有读 ts/tʂ 组的现象；南区的洪洞、汾西、浮山、古县一带方言又有读 t/tʰ 的现象。本书所关注的 13 个晋语方言点没有发现今读 ts/tʂ 组或 t/tʰ 的情况，类型相对简单，具体情况如下：

（1）见、晓组的一等、合口二等，止、宕摄合口三等，通摄合口三等的部分字以及蟹摄合口四等今读［k］［kʰ］［x］，其余的都读［tɕ］［tɕʰ］［ɕ］。

（2）见、晓组的一等、合口二等，止、宕摄合口三等，通摄合口三等的部分字以及蟹摄合口四等今读［k］［kʰ］［x］，其余的都读［c］［cʰ］［ɕ］，此类型仅有黎城一个方言点。东南区的黎城属于晋语上党片，据《山西方言调查研究报告》（1993），晋语上党片的古见系三、四等韵还保留着未完全腭化的读音，像黎城、潞城、平顺、壶关、陵川、阳城、高平 7 个方言点的古见、晓组在今细音前读［c］［cʰ］［ɕ］，这与精组在今细音前已完成腭化的［tɕ］［tɕʰ］［ɕ］形成尖团分立。

## 三、精组和见、晓组的分合

中古精组和见、晓组声母在晋冀两省太行山沿麓晋语中的分合情况较为复杂，具体情况如下：

（1）精组和见、晓组的分立主要在于一等韵，精组一等字声母今读［ts］［tsʰ］［s］，而见、晓组的一等以及合口的二等今读［k］［kʰ］［x］（见表 4-9）

**表 4-9　晋冀太行山沿麓晋语精组和见、晓组一、二等字的声母**

| 方言点 | 精组 | | | | 见组 | | | 晓组 | | |
|---|---|---|---|---|---|---|---|---|---|---|
| | 左精<br>果开一 | 葱清<br>通合一 | 才从<br>蟹开一 | 三心<br>咸开一 | 高见<br>效开一 | 拐见<br>蟹合二 | 哭溪<br>通合一 | 喝晓<br>山开一 | 贺匣<br>果开一 | 获匣<br>梗合二 |
| 灵丘 | ˬtsuə | ˬtsʰuəŋ | ˬtsʰai | ˬsæ | ˬkau | ˬkuai | kʰuəʔ˳ | xəʔ˳ | xuəˀ | xuəʔ˳ |
| 五台 | ˬtsuo | ˬtsʰuəŋ | ˬtsʰɛ | ˬsã | ˬkou | ˬkuɛ | kʰuəʔ˳ | xəʔ˳ | xoˀ | xuəʔ˳ |
| 盂县 | ˬtsuo | ˬtsʰuəŋ | ˬtsʰai | ˬsã | ˬkɔ | ˬkuai | kʰuəʔ˳ | xɤʔ˳ | xoˀ | xɤʔ˳ |
| 平定 | ˤtsuo | ˬtsʰuəŋ | ˬtsʰɛ | ˬsæ̃ | ˬcɔ | ˬkuɛ | kʰuəʔ˳ | xaʔ˳ | xɤˀ | xuaʔ˳ |

续表 4-9

| 方言点 | 精组 | | | | 见组 | | | 晓组 | | |
|---|---|---|---|---|---|---|---|---|---|---|
| | 左精<br>果开一 | 葱清<br>通合一 | 才从<br>蟹开一 | 三心<br>咸开一 | 高见<br>效开一 | 拐见<br>蟹合二 | 哭溪<br>通合一 | 喝晓<br>山开一 | 贺匣<br>果开一 | 获匣<br>梗合二 |
| 昔阳 | ₅tsuɤ | ₅tsʰuəŋ | ₅tsʰɛ | ₅sæ | ₅ko | ₅kuɛ | kʰau?₅ | xɐ?₅ | xɤ⁼ | xuɐ?₅ |
| 和顺 | ₅tsuɯ | ₅tsʰuəŋ | ₅tsʰɛ | ₅sæ | ₅ko | ₅kuɛ | kʰəu?₅ | xɐ?₅ | xɯ⁼ | xuɐ?₅ |
| 左权 | ₅tsuɤ | ₅tsʰuəŋ | ₅tsʰiɜ | ₅sæ | ₅kʌu | ₅kuɜi | kʰəu?₅ | xɐ?₅ | xɤ⁼ | xuaɐ?₅ |
| 黎城 | ₅tsuɤ | ₅tsʰuəŋ | tsʰE² | ₅sæi | ₅ko | ₅kuæi | kʰəu?₅ | ɐxʰ | xɤ⁼ | ₅xuɐ |
| 平山 | ₅tsuɤ | ₅tsʰoŋ | ₅tsʰɛ | ₅sæ | ₅kɔ | ₅kuɛ | ₅kʰu | xuɤ⁼ | xuɤ⁼ | ₅xuai |
| 井陉 | ₅tsuə | ₅tsʰuŋ | ₅tsʰɛ | ₅sæ | ₅ko | ₅kuɛ | ₅kʰu | xuə⁼ | ₅ɐux | xuɛ⁼ 白<br>₅ɐux 文 |
| 赞皇 | ₅tsuo | ₅tsʰuəŋ | ₅tsʰɛ | ₅sæ | ₅ko | ₅kuɛ | ₅kʰu | xɤ⁼ | xɤ⁼ | xuo⁼ |
| 邢台 | ₅tsuə | ₅tsʰuoŋ | ₅tsʰai | ₅sa | ₅kɑu | ₅kuai | kʰʌ?₅ | xʌ?₅ | xə⁼ | ₅xuə |
| 涉县 | ₅tsuo | ₅tsʰuŋ | ₅tsʰai | ₅sæ | ₅ko | ₅kuai | kʰəu?₅ | xɐ?₅ | xə⁼ | xuɐ?₅ |

(2) 精组和见、晓组的分立其次在于三、四等韵,精组的三、四等声母今读 [ts] [tsʰ] [s] 或 [tɕ] [tɕʰ] [ɕ],而见、晓组的三、四等今读 [tɕ] [tɕʰ] [ɕ] 或 [c] [cʰ] [ç],从而形成对立,即所谓的"分尖团"。(见表 4-10)

表 4-10 平山、赞皇、邢台、黎城方言精组和见、晓组三、四等字的声母

| 方言点 | 精组 | | | | 见、晓组 | | | |
|---|---|---|---|---|---|---|---|---|
| | 酒精<br>流开三 | 娶清<br>遇合三 | 瞧从<br>效开三 | 婿心<br>蟹开四 | 九见<br>流开三 | 去溪<br>遇合三 | 荞群<br>效开三 | 系匣<br>蟹开四 |
| 平山 | ₅tsiao | ₅tsʰi | ₅tsʰiɛ | si⁼ | ₅tɕiao | tɕʰi⁼ | ₅tɕʰiɛ | ɕi⁼ |
| 赞皇 | ₅tsiou | ₅tsʰy | ₅tsʰiɔ | sy⁼ | ₅tɕiou | tɕʰy⁼ | ₅tɕʰiɔ | ɕi⁼ |
| 邢台 | ₅tsiəu | ₅tsʰy | ₅tsʰiəu | sy⁼ | ₅tɕiəu | tɕʰy⁼ | ₅tɕʰiəu | ɕi⁼ |
| 黎城 | ₅tɕiəu | ₅tɕʰy | tɕʰio² | ₅ɕy | ₅ciəu | cʰyə?₅ 白<br>cʰy² 文 | cʰio² | ɕi² |

(3) 精组和见、晓组的合流也同时存在于开口的三、四等韵里,即精组的三、四等和见、晓组的三、四等声母今读都是 [tɕ] [tɕʰ] [ɕ],都是在细音前完成了腭化的演变,从而形成合流局面,即所谓的"不分尖团"。除了

表4-10中提到的河北的平山、赞皇、邢台和山西的黎城,其余9个方言点都属于这一情况。

(4) 精组的合口三等和见、晓组的合口三等在各摄里的分合情况大致如下。(见表4-11)

表4-11 晋冀太行山沿麓晋语精组和见、晓组的合口三等在各摄的分合情况

| 方言点 | 遇合三 | | 蟹合三 | | 止合三 | | 山合三 | | | | 臻合三 | | | | 通合三 | | | |
|---|---|---|---|---|---|---|---|---|---|---|---|---|---|---|---|---|---|---|
| | 聚 | 锯 | 脆 | 鳜 | 醉 | 贵 | 全 | 拳 | 雪 | 掘 | 俊 | 军 | 恤 | 橘 | 踪 | 弓 | 足 | 曲 |
| 灵丘 | tɕ | tɕ | tsʰ | k | ts | k | tsʰ tɕʰ | tɕʰ | ɕ | tɕ | ts | tɕ | ɕ | tɕ | ts | k | tɕ ts | tɕʰ |
| 五台 | tɕ | tɕ | tsʰ | k | ts | k | tsʰ | tɕʰ | ɕ | tɕ | ts | tɕ | ɕ | tɕ | ts | k | ts | tɕʰ |
| 盂县 | tɕ | tɕ | tsʰ | k | ts | k | tsʰ | tɕʰ | ɕ | tɕ | ts | tɕ | ɕ | tɕ | ts | k | ts | tɕʰ |
| 平定 | tɕ | tɕ | tsʰ | k | ts | k | tsʰ | tɕʰ | ɕ | tɕ | ts | tɕ | ɕ | tɕ | ts | k | ts | tɕʰ |
| 昔阳 | tɕ | tɕ | tsʰ | k | ts | k | tsʰ | tɕʰ | ɕ | tɕʰ | ts | tɕ | ɕ | tɕ | ts | k | tɕ ts | tɕʰ |
| 和顺 | tɕ | tɕ | tsʰ | k | ts | k | tsʰ | tɕʰ | ɕ | tɕ | ts | tɕ | ɕ | tɕ | ts | k | ts | tɕʰ |
| 左权 | tɕ | tɕ | tsʰ | k | ts | k | tsʰ tɕʰ | tɕʰ | ɕ | tɕ | ts tɕ | tɕ | ɕ | tɕ | ts | k | ts | tɕʰ |
| 黎城 | tɕ | ɕ | tsʰ | k | ts | k | tɕʰ | ɕʰ | ɕ | ɕ | tɕ | ɕ | ɕ | ɕ | ts | k | tɕ | ɕʰ |
| 平山 | ts | tɕ | tsʰ | k | ts | k | tsʰ | tɕʰ | ɕ | tɕ | ts | tɕ | s | tɕ | ts | k | ts | tɕʰ |
| 井陉 | tɕ | tɕ | tsʰ | k | ts | k | tsʰ | tɕʰ | ɕ | tɕ | ts | tɕ | ɕ | tɕ | ts | k | ts | tɕʰ |
| 赞皇 | ts | tɕ | tsʰ | k | ts | k | tsʰ | tɕʰ | s | tɕ | ts | tɕ | s | tɕ | ts | k | ts | tɕʰ |
| 邢台 | ts | tɕ | tsʰ | k | ts | k | tsʰ | tɕʰ | s | tɕ | ts | tɕ | s | tɕ | ts | k | ts | tɕʰ |
| 涉县 | tɕ | tɕ | tsʰ | k | ts | k | tɕʰ | tɕʰ | ɕ | tɕ | ts | tɕ | ɕ | tɕ | ts | k | tɕ ts | tɕʰ |

第一,遇合三的精组和见、晓组声母全部合流,都读作 [tɕ] [tɕʰ] [ɕ]。黎城、平山、赞皇、邢台例外,精组和见、晓组不合。黎城遇合三的精组读 [tɕ] [tɕʰ] [ɕ],见、晓组读 [c] [cʰ] [ɕ];平山、赞皇、邢台遇合三精组读 [ts] [tsʰ] [s],见、晓组读 [tɕ] [tɕʰ] [ɕ]。

第二,蟹合三、止合三的精组和见、晓组声母全部分立,精组读 [ts] [tsʰ] [s],见、晓组读 [k] [kʰ] [x]。

第三，山合三、臻合三的精组和见、晓组声母各点有分有合，精组读 [ts] [tsʰ] [s] 或 [tɕ] [tɕʰ] [ɕ]，见、晓组读 [tɕ] [tɕʰ] [ɕ]（黎城读 [c] [cʰ] [ɕ]）。

第四，通合三的精组和见、晓组声母也是有分有合。通合三阳声韵的精组和见、晓组声母分立，前者读 [ts] [tsʰ] [s]，后者读 [k] [kʰ] [x]（"穹、胸、凶"例外）；入声韵的精组和见、晓组声母大都合流为 [tɕ] [tɕʰ] [ɕ]，个别字在个别方言点读 [ts] [tsʰ] [s]，不与见、晓组合流。

## 四、精组和见、晓组的不平衡发展

"现代北京话的 tɕ, tɕ', ɕ 有两个来源：（甲）来自齐撮呼的 k, k', x；（乙）来自齐撮呼的 ts, ts', s。"① 在语音学上所谓的同化作用下，舌根音和舌尖音声母都是由于受到舌面前元音 i 或 y 的影响，从而变为舌面音声母。"普通话里舌根音的舌面化，可能比舌尖音的舌面化早些，也可能是同时。在十八世纪以前，不但齐撮呼的见溪群晓匣已经变了 tɕ, tɕ', ɕ，连精清从心邪也变为 tɕ, tɕ', ɕ 了。"② 关于精组和见、晓组腭化时间的先后问题，丁邦新也曾提起过。他引何大安对西南官话云南方言的材料，认为见系字腭化早于精系字。③ 乔全生考察了整个晋方言目前存在的 9 种尖团对立的类型后，发现有 6 种类型是见组先变，有两种类型是精组先变。故而，乔全生认为，丁邦新所提出的"就一般印象而言，也许见系的演变比精系早"这一说法是中肯的。④

就晋冀太行山沿麓晋语来讲，精组和见、晓组的表现及其演变也是各有不同、极不平衡的。太行山以西的 8 个山西晋语点只有属晋语上党片的黎城方言保留尖团之分，而且是精组的 [ts] [tsʰ] [s] 和见、晓组的 [c] [cʰ] [ɕ] 的对立。这在整个晋方言里属于少见的类型，也是东南区上党片区别于其他晋语片区的一项重要语音特征。除黎城以外，潞城、平顺、壶关、陵川、阳城、高平等亦是此类型。和绝大多数同样保留尖团区别的方言点不同，这种类型是精组先行完成腭化的演变，而见、晓组仍在腭化的半路上，接下来将会完成 c、cʰ、ɕ 向 tɕ、tɕʰ、ɕ 的演变。而太行山以东的 5 个河北晋语点却有平山、赞皇、邢台 3 个点保留尖团区别，它们是精组 [ts] [tsʰ] [s] 和见、晓组 [tɕ] [tɕʰ] [ɕ] 的对立，反映的是见、晓组腭化演变早于精组腭化演变的类型。与平山、赞皇、邢台三县西部接壤的分别是山西的盂县、昔阳、左权，而盂县、

---

① 王力：《汉语史稿》，中华书局 2004 年版，第 144 页。
② 王力：《汉语史稿》，中华书局 2004 年版，第 146 页。
③ 参见丁邦新《丁邦新语言学论文集》，商务印书馆 1998 年版，第 223 页。
④ 参见乔全生《晋方言语音史研究》，中华书局 2008 年版，第 134～135 页。

昔阳、左权3个方言点如今却没有尖团音系统的对立。这说明，在精组和见、晓组的演变问题上，这3个河北晋语方言点更趋同于河北中部的冀鲁官话，而非山西晋语。

这种尖团区别的保留与消失的不平衡性大致反映在以下3个方面：

（1）从地域差别来看，呈现出由南至北尖团区别渐次消失的情形。先看山西的8个晋语点，顺着太行山由南至北，南段的黎城保留尖团区别最为系统完整（tɕ/ɕ），中段的左权、和顺、昔阳、平定方言中的山、臻、通摄的有些字残留有尖音，北段的盂县、五台、灵丘方言中只有极少数的几个字残留有尖音。整体情况是，越是北上，尖团有别的痕迹保留得越少。河北的情况亦是如此，前文提到河北尖团有别的语音特征集中分布在冀中、冀南（地处冀南的涉县、临漳、武安、魏县等没有尖团区别），由南至北，该特征逐渐消失。我们认为，不论是山西还是河北，尖团区别在地域上所呈现出来的这种差异性都与地近京师不无关系。

（2）从年龄差别来看，尖团成系统的差别更多地存在于老年人口语当中，而越是年轻人越是保留得少。调查黎城方言时，我们的主要发音合作人有两位，一位是1936年出生的退休小学教师杨本立老师，另一位是1947年出生的退休公务员赵满芳老师。这两位先生发音基本一致，见、晓组声母在细音前都读［c］［cʰ］［ç］。在本书的写作过程中，因阴去、阳去以及个别字音材料的问题需要二次调查，方便起见，我们找了杨本立老师的外孙女李娜（当时正在陕西师范大学攻读硕士学位）。在核对材料的过程中我们发现，李娜的见、晓组声母在细音前的发音已经全部都是［tɕ］［tɕʰ］［ç］了。这说明，尖团有别的语音特征在年轻人身上正在逐步或者说已经消亡。

（3）从语言内部的差别来看。首先，这两组声母腭化在时间上有先后、在程度上有不均。从目前已经不存在尖团区别的9个方言点来说，有的方言尚有个别极其常用的精组字读音有残留 ts 组的痕迹。① 这说明，见、晓组发生腭化的时间较精组要早，而且见、晓组腭化的程度要比精组更整齐、更彻底。也

---

① 例如，灵丘方言中的"全"字，当地人看见该字第一反应就是［tɕʰ］声母。但口语中特别常说的话，如"这家店里头的东西可全咧"，这样的语言环境下，当地人一定是说［ₑtsʰuæ］而不是［ₑtɕʰye］。再如"泉"字，目前［ₑtsʰuæ］的读音只存在于当地地名当中，如"上北泉""下北泉"等。详见李欢《地名读音与方言音变——以晋语灵丘话为例》，载《西藏民族大学学报》（哲学社会科学版）2017年第6期。

就是说，见、晓组里未腭化的例外字相对于精组来说要少得多。① 从目前有尖团区别的河北的 3 个方言点来说，见、晓组早已完成腭化，声母读作舌面音 tɕ 组，而精组仍保持舌尖前音 ts 组的读法，也同样说明见、晓组的腭化时间要早于精组。从目前有尖团区别的黎城方言来说，精组早已完成腭化的演变，读作舌面音 tɕ 组声母，而见、晓组却还在腭化演变的半道上，读作 c 组声母。由此可见，关于精组和见、晓组腭化时间孰先孰后的问题，不可一概而论，但大多数方言是见、晓组早于精组。其次，各韵摄腭化的速度并不平衡。精组的腭化规律是一等字读 ts 组声母，三、四等字读 tɕ 组声母。但三、四等在演化的过程中出现了参差不齐的现象。如蟹合三的"脆、岁"、止开三的"私、司"、止合三的"随、虽"、臻合三的"遵、卒"、通合三的"肃、足"等字，这些字在北京音里仍然读 [ts] [tsʰ] [s]。王力（2004：144～145）是这样解释这种现象的："在这种同化作用还没有起作用的时期，某些原来带韵头（或全韵）i, y（ĭw）的字已经丧失或改变了它们的韵头（或全韵），它们的声母 k, k', x; ts, ts', s; 就不具备舌面前化的条件，所以并没有变为 tɕ, tɕ', ɕ。如：岁 sĭwɛi→suɛi→sui 私 si→sɿ→sɿ 随 zĭwe→suei→sui 遵 tsĭuən→tsuən→tsun 足 tsĭwok→tsu→tsu。"除了这些字以外，本书所关注的方言点中还有一些字，例如：流开三的"就"、山合三的"全、泉、宣、选"、臻合三的"俊"等，今读 ts 组或 ts、tɕ 组两读；通合三的入声字"肃、宿、足、促、俗"等字也是 ts、tɕ 组两读。这就说明，流、山、臻、通摄，尤其是通摄在语音演变过程中是很稳固的。"流、全、泉、宣、选、俊"今后在一代代年轻人口中会逐步演变为 tɕ 组，而"肃、宿、足、促、俗"却会一步步演变为 ts 组。不论 ts 还是 tɕ，都日渐趋同于有着强势影响力的普通话。

---

① 此处指的是本书所关注的 13 个方言点的精组和见、晓组的今读与北京话不一致的情况。与北京话一致的，例如，精组的蟹摄合口三等"脆、岁"、止摄三等所有字、通摄合口三等舒声字"踪、纵、从、怂、松、颂"等今读 ts 组而不读 tɕ 组的字，见、晓组的止、宕、通摄合口三等舒声字"规、亏、毁、逛、筐、弓、共"、蟹摄合口四等"闺、桂、慧"等今读 k 组而不读 tɕ 组的字，这种未随着语音演变规律发生相应音变的不算。

# 第五章 韵母的特征及演变

## 第一节 阴声韵的今读及演变

### 一、果摄一等

果摄歌、戈韵在《切韵》时期读作 [ɑ]，如梵音 buddha 在唐代被翻译为"佛陀"，表示"佛"的意思。可见，当时的果摄字"陀"韵母是 [a]，而非现在北京话的 [uo]。中古的歌韵一等演变到现代普通话端系字读 [uo]（"大、哪、那"除外），见系字读 [ɤ]；戈韵一等除了见系一小部分字读 [ɤ]，其余都读 [o] 或 [uo]。从 [ɑ] 到 [o]，看得出中古歌、戈两韵一等字的韵母一路高化。

晋语歌、戈两韵的演变跟北京话基本相同，但又略微滞后，体现在两个方面：一是吕梁片一些方言至今仍保留着歌、戈韵 [ɑ] 系读音，如"多、河、婆"在离石方言中分别读 [tɒ] [xɒ] [pʰɤ/pɒ]①；二是合口一等戈韵"科、棵、颗、课、和"等字在晋语很多方言点仍读合口呼。《山西方言调查研究报告》收录了 42 个方言点"课"字的读音，除了太谷、祁县、孝义、大同、万荣 5 个方言点以外，其他方言点均读合口呼韵母。处在晋冀两省交界，太行山脉两麓的晋语歌、戈两韵一等字已经没有读 [ɑ] 的痕迹，主元音都已经不同程度地高化，根据各方言点的实际音值，我们拟出其高化过程如下：

```
*ɑ ──→ ɔ ──→ ə (uə/uɯ) ──→ o (uo) ──→ ɤ (uɤ/uo) ──→ ɯ (uɯ)
        ⇩         ⇩              ⇩            ⇩              ⇩
   五台歌韵见系字  灵丘、涉县型    盂县型      左权、平定型      和顺型
```

---

① 离石"多、河、婆"的材料来自侯精一、温端政主编《山西方言调查研究报告》，山西高校联合出版社1993年版，第 144～146 页。

总的来看，多数方言点将歌、戈韵读作［ɤ］［o］［ə］，这是低元音［ɑ］高化的结果。五台方言歌韵见系字读［ɔ］，其他字读［o］，说明五台方言高化音变仍在进行当中。和顺方言读［ɯ］，这是在半高［o］类元音的基础上又继续高化，进而演变为后、高、不圆唇元音［ɯ］的结果。这跟并州片的清徐、祁县，吕梁片的汾阳、汾西等方言的演变一致，但在整个北方官话中少见。

关于"大"字，《方言调查字表》中，"大、哪、那"3个字的韵母北京话读［a］，和歌韵其他端系字读［uo］不同。本书涉及的13个方言点的"大"字也和其他端系字韵母不同，其实际音值有［a］（灵丘等）、［ʌ］（左权）、［ɑ］（昔阳等），均与麻韵今读合流。

王力（2004：173）谈现代汉语 o 的来源时说道："'大'字情况更加复杂。《广韵》'大'字有徒盖、唐佐两切，前者较合上古音系。'大'字的上古音是 d'at，现代北方话里的 ta 可能直接来自上古（浊音清化，韵尾失落）；现代粤方言的'大'（广州念 tai）来自徒盖切；吴方言白读音的'大'（上海念 d'u）则来自唐佐切。"乔全生（2008：142）在论及古歌、戈韵在晋方言的演变时，并不认同王力先生说的上海"大"说成"驮"，"打"说成［taŋ］都是合于《切韵》旧音的说法。他指出："'打'读［taŋ］合于《切韵》，但'大'读'驮'并不合《切韵》旧音，恰是背离了《切韵》旧音。因为《切韵》时，歌韵应读［ɑ］，不读［o］。"鲁国尧（2014）对平山久雄"大"字读音的观点做如下梳理[①]：

上古*dɑi ┌ 中古韵书徒盖切dɑi* ── 近代韵书皆来韵tai* ── 现代普通话dài（残迹）
         │                    ┌ 近代韵书歌戈韵tuo* ── 现代普通话绝嗣
         └ 中古韵书唐佐切dɑ* ──┤
                              └ 近代韵书家麻韵ta* ── 现代普通话dà（主流）

我们把王力先生关于"大"字的观点也梳理如下：

上古时期　*d'at ──→浊音清化、韵尾脱落──→ta　现代北方话

《广韵》时期 ┌ 徒盖切──→tai 现代粤方言
            └ 唐佐切──→d'u 现代吴方言

可以看出，两位学者对"大"字上古音的构拟不同，对现代北方话"大"

---

[①] 鲁国尧：《探赜索隐，钩深致远——平山久雄教授〈"大"字 dà 音史研究述论〉》，载《古汉语研究》2014年第4期，第5页。

[ta]的来源路径认识也不一样。"大"字在中古韵书中有两个读音：一个是泰韵徒盖切，另一个是箇韵唐佐切；在近代韵书《中原音韵》中有3个读音：皆来韵、歌戈韵、家麻韵；在现代普通话中有两个读音：[tai][ta]；在现代汉语方言中有2～4个读音不等，以两个读音的居多。我们搜集了"大"字在以下方言中的读音（见表5-1）①（以"多、拿②、败"3个字作为参照）：

表5-1 "大"字的读音

| 例字 | 忻州 | 清徐 | 平遥 | 孝义 | 娄烦 | 离石 | 汾阳 | 石楼 | 临汾 | 霍州 | 闻喜 | 运城 | 吉县 | 河津 | 万荣 | 临猗 | 永济 | 芮城 |
|---|---|---|---|---|---|---|---|---|---|---|---|---|---|---|---|---|---|---|
| 大 | ta / tɤ | ta / tʏɯ | ta / tei | ta / tɛ | tA / təɯ | tɤʔ / tɔ | ta / tɯə | ta / tʰɔ | ta / tʰuo | ta / tə | ta / tʰuo | ta / tʰə | ta / tʰʏ | ta / tʰɤ | ta / tʰɤ | ta / tʰuo | ta / tʰuo |
| 多 | tɤ | tʏɯ | tei | tɛ | tuəɯ | tɔ | tɯ | tɔ | tuo | tə | tuo | tə | tɤ | tɤ | tuo | tuo | tuo |
| 拿 | ɑ | ɑ | ɑ | a | a | A | A | nɑ | na | na | na | na | na | — | la | na | la |
| 败 | pæ | pai | pæ | pai | pai | pei | pæɛ | pɕi | pai | pai | pʰai | pʰai | pʰai | pai | pʰai | pʰai | pʰai | pʰai |
| 例字 | 佳县 | 吴堡 | 延川 | 宜川 | 韩城 | 合阳 | 临县 | 大荔 | 太原 | 西安 | 武汉 | 扬州 | 苏州 | 温州 | 长沙 | 广州 | 阳江 | 厦门 |
| 大 | ta | tæ / tʏu | tA / tʰəi | tʰʏ | tʰə | tʰuo | tɔ | ta / tʰuo | ta / tɤ | ta / tuo | ta / tai | ta / tɛ | dɒ / dəʊ | da / dɒu | ta | ta | tai | tai / tua |
| 多 | tɑ | tʏu | tei | tʏ | tə | to | tɔ | tuo | tɤ | tuo | to | təu | təu | to | to | tɔ | tɔ | to |
| 拿 | nʌ | nɑ | nʌ | nʌ | nʌ | nʌ | nʌ | nʌ | na | na | no | a | na | nɑ̃ |  |  |  |  |
| 败 | pʰae | pʰɑe | pai | pʰæ | pʰæ | pʰɛe | pʰæ | pai | pæ | pai | pɛ | bɒ | ba | pai | pai | pai | pai | pai |

注：表5-1所列例字中，有文白两读的，加单下划线"__"的是白读音，加双下划线"__"的是文读音。

---

① 石楼、吉县、河津、万荣、临猗、永济、芮城、佳县、吴堡、延川、宜川、韩城、合阳、临县14个方言点的材料来自邢向东、王临惠、张维佳、李小平《秦晋两省沿河方言比较研究》（商务印书馆2012年版）；忻州、清徐、平遥、孝义、娄烦、离石、汾阳、临汾、霍州、闻喜、运城11个方言点的材料来自侯精一、温端政主编《山西方言调查研究报告》（山西高校联合出版社1993年版）；大荔的材料来自李惠、王宝红《"大"读作[tʰuo⁵⁵]的语音现象探析》（《咸阳师范学院学报》2016年第5期）；太原、西安、武汉、扬州、苏州、温州、长沙、广州、阳江、厦门10个方言点的材料来自北京大学中国语言文学系语言学教研室，王福堂修订《汉语方音字汇》（语文出版社2003年版）。所有音标声调略去。

② 《山西方言调查研究报告》第十章"山西方言字音对照"只收录了42个方言点的272个字，麻韵端系字"拿"不在其中，故而表5-1中采自《山西方言调查研究报告》各方言点"拿"的读音参照麻韵知系"茶"字而来，仅标注了其韵母。另外，万荣方言中不用此字。

③ 汾阳方言中"大"的文读音[tɤʔ]和王力先生对"大"上古音构拟为[dʱat]是否有关系，我们暂不清楚。另外，晋语中普遍存在舒声促化现象，而且发生促化的字往往具有普遍性，"大"字发生促化在其他山西晋语中少见。我们通过电话、微信等方式问过几个汾阳人，他们都表示"大"字有两个读音：一个是土话[tɯ]，如"大人"；另一个是随普通话读[tA]，如"大理石"。故本书把它归为文读随"拿"，白读随"多"类。

通过与"多、拿、败"3个字的对比,我们对"大"字的读音做以下分类:

"大"
- 没有文白读
  - 随"多"的:佳县、宜川、韩城、合阳①、临县5个方言点
  - 随"败"的:广州、阳江2个方言点
- 有文白读
  - 文读随"败",白读随"多"的:吴堡、温州、苏州、厦门②4个方言点
  - 文读随"拿",白读随"败"的:武汉、扬州、长沙3个方言点
  - 文读随"拿",白读随"多"的:忻州、清徐③、临猗④等22个方言点

看得出,秦晋方言绝大多数都是文读随"拿",白读随"多"的类型,陕西有5个方言点(佳县、宜川、韩城、合阳、临县),根据材料只有随"多"的一种读法,但实际上,随着普通话的影响,越来越多的年轻人读"大"为ta。如此,今后这5个方言点也会融入文读随"拿",白读随"多"的类型;广州、阳江粤语的情况跟陕西佳县等5个方言点类似,即今后也会融入武汉、扬州、长沙的文读随"拿",白读随"败"类型;而吴堡、温州、苏州、厦门4个方言点是文读随"败",白读随"多"的类型。如此,我们对上文"大"字读音分类进行二次加工,如下:

"大"字今读
- 文读随"拿",白读随"多"的:忻州等22个方言点、佳县等5个方言点(趋势)
- 文读随"拿",白读随"败"的:武汉等3个方言点、广州等2个方言点(趋势)
- 文读随"败",白读随"多"的:温州等4个方言点

---

① 合阳方言中"多"韵母读[o],"拖、挪、罗"等字韵母读[uo],故本书认为"大"字韵母也是随歌韵一起演变的。

② 厦门方言中"多"韵母读[o],"拖"等有文白读[tʰo/tʰua],"大"的白读音与"拖"的白读音韵母相同。故本书把它归为文读随"败",白读随"多"类。

③ 《山西方言调查研究报告》第391页清徐音系中没有ɑ这个韵母,例字中"他、打、马"等字的韵母均标注为ɒ,故而我们认为,第138页字音对照表里"拿"韵母ɑ可能是录入音标时失误所致,实为ɒ。故本书把它归为文读随"拿",白读随"多"类。

④ 临猗方言中"多"韵母读[uo],但"歌、河"等字韵母读[ɤ]。故本书把它归为文读随"拿",白读随"多"类。

文读和白读往往同处一个语音系统，呈互补关系，各自承担着自己的交际任务。通常认为，白读音是当地人口耳相传，纵向传承下来的，是当地方言底层的、固有的、自身演变而来的语音形式；而文读音是通过书本上的字音，横向接受而来的，是外来的、与其他方言接触而受影响后的语音形式。因此，山西、陕西的27个方言点"大"字白读音来自唐佐切，其文读音则是受普通话影响；武汉、扬州、长沙、广州、阳江5个方言点"大"字白读音来自徒盖切，文读音则是受普通话影响；温州、苏州、吴堡、厦门4个方言点"大"字白读音也来自唐佐切，而文读音则来自徒盖切。北京话"大"[ta]的读音到底来自哪里？王力先生说可能直接来自上古，经过了浊音清化和韵尾失落的过程；平山久雄以"强调论"解释了"大"字从上古 *dɑi 到近代的 dɑ，再到现代的 ta 发生的两次例外音变。这些都是假设，毕竟我们都不曾见过发生音变的现场，在出现更好的说明以前，我们暂且可以这样去理解。

晋冀太行山沿麓晋语"大"字的今读没有文白读现象。"大小"的"大"韵母全部读作 [a] 系。这个语音形式既不跟"多"字合流，也不跟"败"字合流；"大夫"（医生）、"山大王"（土匪）中的"大"都读 [ai] 系。我们认为，[ai] 音来自徒盖切无疑，而 [a] 音是受普通话影响的外来音，还是各方言自身由上古音演变而来的，暂时无法确定。

## 二、假摄开口三等

从中古到近代再到现代汉语，假摄二等字的主元音基本没有发生变化，开口二等读作 [a][ia]，合口二等读作 [ua]，但假摄三等在北方官话大部分地区都发生了变化。（见表5–2）

表5–2 假开三的韵母今读①

| 方言点 | 姐精 | 借精 | 写心 | 斜邪 | 爹知 | 夜以 | 爷以 | 遮章 | 车昌 | 蛇船 | 惹日 |
|---|---|---|---|---|---|---|---|---|---|---|---|
| 北京 | ˬtɕie | tɕieˎ | ˬɕie | ˌɕie | ˌtie | ieˎ | ˌie | ˌtʂɤ ˌtʂɤ | ˌtʂʰɤ | ˌʂɤ | ˬʐɤ |
| 济南 | ˬtɕie | tɕieˎ | ˬɕie | ˌɕie | ˌtie | ieˎ文 ia白 | ˌie | ˌtʂɤ | ˌtʂʰɤ | ˌʂɤ文 ˌʂa白 | ˬʐɤ |
| 西安 | ˬtɕie | tɕieˎ | ˬɕie | ˌɕie | ˌtie | ieˎ | ieˎ ˌie | ˌtʂɤ | ˌtʂʰɤ | ˌʂɤ | ˬʐɤ |

---

① 表5–2中的字音材料均采自北京大学中国语言文学系语言学教研室编，王福堂修订《汉语方音字汇》（语文出版社2003年版）。

续表 5-2

| 方言点 | 姐精 | 借精 | 写心 | 斜邪 | 爹知 | 夜以 | 爷以 | 遮章 | 车昌 | 蛇船 | 惹日 |
|---|---|---|---|---|---|---|---|---|---|---|---|
| 太原 | ˈtɕie | tɕieˀ | ˈɕie | ˌɕie | ˈtie | ieˀ | ˌie | ˌtsɤ | ˌtsʰɤ | ˌsɤ | ˈzɤ |
| 武汉 | ˈtɕie | tɕieˀ | ˈɕie | ˌɕie | ˈtie | ieˀ | ˌie | ˌtsɤ | ˌtsʰɤ | ˌsɤ | ˈnɤ |
| 成都 | ˈtɕie | tɕieˀ | ˈɕie | ˌɕie文 / ˌɕia白 | ˈtie | ieˀ | ˌie | ˌtse | ˌtsʰe | ˌse | ˈze |
| 合肥 | ˈtɕi | tɕiˀ | ˈɕi文 / ˈse白 | ˌɕi | ˈti文 / ˌte白 | iˀ / ɿˀ | ˌi | ˌtʂe | ˌtʂʰe | ˌʂe | ˈʐe / a |
| 扬州 | ˈtɕiI | tɕiIˀ | ˈɕiI文 / ˈɕia白 | ˌɕiI文 / ˌtɕʰiI白 | ˈtiI文 / ˌtia白 | iIˀ | ˌiI | ˌtɕiI | ˌtɕʰiI | ˌɕiI | ˈiI |

除了济南的"夜、蛇"、成都的"斜"、合肥的"惹"、扬州的"写、斜、爹"等韵母白读为 [a][ia] 外，其余都已没有读 [a][ia] 的痕迹。

王力（2004：178）在谈现代汉语 ie、ye 的来源时说道："麻韵的主要元音本来是个 a……在现代许多方言里，即使是齐齿呼，也全部保存着，或基本上保存着这个 a。全部保存的，如客家、闽南、闽北等方言；基本上保存的，如吴方言。吴方言一般对于这一类字有白话音和文言音的分别，白话音一律念 a（上海'谢'zia，'夜'ɦia），文言音念 ie（上海'且'tsʻie 或 tsʻI，'也'ɦie 或 ɦI）。"该现象在山西汾河片中原官话中也普遍存在。今晋语并州、吕梁片中的个别方言点仍保留有麻韵三等读 [a][ia] 的痕迹，多以白读音形式存在。如"爷"，孝义并州片读 [iɛ/ia]，石楼吕梁片读 [iə/ia]，临县吕梁片读[iæ/iɑ]；又如"姐"，临县吕梁片读 [tsiɛ/tsiA]，汾西吕梁片读 [tɕi/tɕiɑ]。① 本书所研究的方言属晋语边缘，处在晋语跟官话的过渡带上，假开三字在各地的今读又各有不同，详见表 5-3。以下将从 3 个方面来探讨假开三的韵母今读情况。

表 5-3 假开三在晋冀太行山沿麓晋语中的韵母今读

| 方言点 | 姐精 | 借精 | 写心 | 斜邪 | 爹知 | 夜以 | 爷以 | 遮章 | 车昌 | 蛇船 | 惹日 |
|---|---|---|---|---|---|---|---|---|---|---|---|
| 灵丘 | ˌtɕie | tɕieˀ | ˌɕie | ˌɕie | ˌtie | ieˀ | ˌie | ˌtsə / ˌtsʔə | ˌtsʰə | ˌsə | ˈzə |
| 五台 | ˌtɕie | tɕieˀ | ˌɕie | ˌɕie | ˌtie | ieˀ | ˌie | ˌtsa | ˌtsʰɿe | ˌsɿe | ˈzɿe |

---

① "爷、姐"的字音材料来自侯精一、温端政主编《山西方言调查研究报告》（山西高校联合出版社 1993 年版，第 152～153 页）。

续表 5-3

| 方言点 | 姐精 | 借精 | 写心 | 斜邪 | 爹知 | 夜以 | 爷以 | 遮章 | 车昌 | 蛇船 | 惹日 |
|---|---|---|---|---|---|---|---|---|---|---|---|
| 孟县 | ꞌtɕie | tɕieꞌ | ꞌɕie | ₌ɕiɛ | ꞌtiɛ | iɛꞌ | ₌iɛ | ꞌtsə | ꞌtsʰə | ₌sə | ꞌzə |
| 平定 | ꞌtɕie | tɕieꞌ | ꞌɕie | ₌ɕiɛ | ꞌta / ꞌtiɛ | iɛꞌ | ₌iɛ | ꞌtʂɤ | ꞌtʂʰɤ | ₌ʂɤ | ꞌʐɤ |
| 昔阳 | ꞌtɕie | tɕieꞌ | ꞌɕie | ₌ɕiɛ | ꞌtiɛ | iɛꞌ | ₌iɛ | ꞌtʂɤ | ꞌtʂʰɤ | ₌ʂɤ | ꞌʐɤ |
| 和顺 | ꞌtɕi | tɕiꞌ | ꞌɕi | ₌ɕi | ꞌtA / ꞌti | iꞌ | ₌i | ꞌtʂɯ | ꞌtʂʰɯ | ₌ʂɯ | ꞌʐɯ |
| 左权 | ₌tɕi | tɕiꞌ | ꞌɕi | ₌ɕi | ꞌti | iꞌ | ₌i | ꞌtʂɤ | ꞌtʂʰɤ | ₌ʂɤ | ꞌʐɤ |
| 黎城 | ꞌtɕie | tɕieꞌ | ꞌɕie | ɕieꞌ | ꞌta / ꞌtiɛ | iɛꞌ | ieꞌ | ꞌtɕie | ꞌtɕʰie | ɕieꞌ | ieꞌ |
| 平山 | ꞌtsie | tsieꞌ | ꞌsie | ₌sie | ꞌtiɛ | iɛꞌ | ₌iɛ | ꞌtʂɤ | ꞌtʂʰɤ | ₌ʂɤ | ꞌʐɤ |
| 井陉 | ꞌtɕie | tɕieꞌ | ꞌɕie | ₌ɕie | ꞌtiɛ | iɛꞌ | ₌iɛ | ꞌtsɛ / ꞌtsə | ꞌtsʰɛ / ꞌtsʰə | ₌sɛ | ꞌzɛ |
| 赞皇 | ꞌtsie | tsieꞌ | ꞌsie | ₌sie | ꞌtie | ieꞌ | ₌ie | ꞌtʂɤ | ꞌtʂʰɤ | ₌ʂɤ | ꞌʐɤ |
| 邢台 | ꞌtsie | tsieꞌ | ꞌsie | ₌sie | ꞌtie | ieꞌ | ₌ie | ꞌtʂə | ꞌtʂʰə | ₌ʂə | ꞌʐə |
| 涉县 | ꞌtɕie | tɕieꞌ | ꞌɕie | ₌ɕie | ꞌtie | ieꞌ | ₌ie | ꞌtsɛʔ | ꞌtsʰə | ₌sə | ꞌie |

### 1. 精组和影组字的韵母

晋冀太行山沿麓晋语方言中，中古假开三精组和影组字的韵母今读没有[a] [ia] 的迹象，都已发生了变化。从音值差异上可以分为以下 3 种情况：

(1) [ie] 型：灵丘、五台、赞皇、邢台、涉县。

(2) [iɛ] 型：孟县、平定、昔阳、黎城、平山、井陉。

(3) [i] 型：和顺、左权。

从中古的 a 系列到 e 系列再到 i，说明假开三麻韵字的主元音在一步步高化。这是一种渐移的语音发展方式，其高化过程可以描述为：*ia→iɛ→ie→i。

### 2. 章组和日组字的韵母

晋冀太行山沿麓晋语中，中古假开三章组和日组字的韵母今读也都发生了变化。从音值差异上也可以分为 3 种情况：

(1) 今读开口呼单韵母。根据各方言点实际音值可分为 4 种类型：[ɛ] 型（井陉）、[ə] 型（灵丘、孟县、涉县、邢台）、[ɤ] 型（平定、昔阳、左权、平山、赞皇）、[ɯ] 型（和顺）。

(2) 今读开口呼复合韵母 [ɿe]（五台）。
(3) 今读齐齿呼韵母 [iɛ]（黎城）。

中古假摄开口三等字的韵母都是有 [i-] 介音的，为什么章组字韵母只有黎城方言中仍保留有 [i-] 介音，而其他方言今读都没有了呢？我们认为，这跟章组声母的演变轨迹有关，黎城方言的章组今读舌面音 [tɕ] [tɕʰ] [ɕ]，从声韵拼读和谐的角度来讲，这有利于 [i-] 介音的保留，而其他方言的章组或读 [ts] [tsʰ] [s]，或读 [tʂ] [tʂʰ] [ʂ]，ts 组或 tʂ 组跟 [i-] 介音发音上的不和谐导致了两种情况：其一，丢掉 [i-] 介音，主元音 [a] 高化；其二，[i-] 介音和主元音 [a] 同时高化，于是，就形成了以上所列的今读开口呼单韵母和开口呼复合韵母的两种类型。由此，我们可以大致勾勒出假开三章组字韵母的演变过程，即：

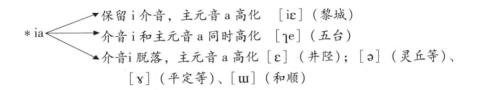

从表 5-3 中我们还发现，在五台方言中"遮"字韵母读作 [a]，其他字韵母都读作 [ɿe]。乔全生（2008：149）在谈及麻韵三等字演变史时提到，"……今晋方言从南至北由 [a] [ia] 逐渐变为 [e] [ie]，南部汾河片方言与关中片韩城、合阳、华阴、潼关等方言白读仍然保留着 [a] [ia] 的读音，如精组：借 *tsĭa→tɕia，写 *sĭa→ɕia，斜 *zĭa→ɕia。或者失落韵尾，主要元音读 [a]，如章组：车 *tɕʰĭa→tʂʰa，舍 *ɕĭa→ʂa。越往北越少。并州片偶有所见，北部已无"。五台方言"遮" [₋tsa] 的读法正是古音残存，邢台方言中"蛇、惹"二字的单元音韵母读法说明假开三章组字正处在由 [ʅɤ] 到 [ə] 的演变过程当中，今后假开三章组字的演变趋势是全部读作 [ə] 韵母。

### 3. 知组的"爹"字

除了精、影、章、日组，假开三在知组里也有分布，尽管只有一个字——"爹"，但这个方言核心词可以说明一些问题。从表 5-3 中，我们发现大多数点的"爹"字的韵母跟精组、影组字一道主元音发生了高化，今读 [ie] 或 [iɛ]。而平定、和顺、黎城 3 个方言点分别有两个读音，当地人口语中称呼父亲叫 [ta] 或 [tʌ]，只有在念"爹"这个字的时候才读作 [tiɛ] 或 [ti]，这无疑是古音的残留现象。另外，灵丘方言中，面称父亲、姐姐、哥哥分别叫"爹爹" [₋tie tia]、"姐姐" [₋tɕie tɕia]、"哥哥" [₋kə ka]。背称则分别叫

"爹"[ˬtie]/"爸"[paˀ]、"姐"[ˬtɕie]/"姐姐"[ˬtɕie tɕie]、"哥"[ˬkə]/"哥哥"[ˬkə kə]。我们认为，面称中处于后字的"爹、姐、哥"韵母主元音[a]的读法也是古音残留性质。① 现在这种面称在年轻人中越来越少听到，笔者从父辈、哥哥、姐姐那里还可以听到这样的叫法，而笔者以及更多的年轻人都管父亲叫"爸"[paˀ]，管姐姐叫"姐"[ˬtɕie]或"姐姐"[ˬtɕie tɕie]，管哥哥叫"哥"[ˬkə]或"哥哥"[ˬkə kə]，没有了面称和背称的区别。

总之，假摄开口三等字在晋冀太行山沿麓晋语中都发生了主元音高化的音变，零星地存有[a][ia]古音的残留形式。因为各方言韵母主元音高化程度不同，所以表现为共时层面上的不同今读类型。

## 三、遇摄和流摄

### 1. 遇合一泥组字和流摄帮系字的韵母

晋方言中很多地方的遇合一泥组、精组字韵母跟流摄同韵，一般读作[ou]或[əu]韵母。"这种语言事实在二百多年前反映晋方言并州片方言的《杂字》里记载下来了。用流摄字注遇摄字，如：粗愁，路露，鲁篓，租邹。用遇摄字注流摄字，如陋路。"（乔全生，2008：154）《山西方言调查研究报告》(1993)共收录了42个方言点的272个单字音，来自遇合一泥、精组的字有4个，即"鲁、路、租、祖"。中区10个方言点中有4个点（平遥、文水、孝义、娄烦）是"鲁、路"="租、祖"≠"土"，3个点（太原、清徐、祁县）是"鲁、路"≠"租、祖"="土"；西区7个方言点全部是"鲁、路"="租、祖"≠"土"；北区8个方言点全部是"鲁、路"≠"租、祖"="土"；南区8个方言点全部是"鲁、路"="租、祖"≠"土"；东南区只有沁县一个点是"鲁、路"≠"租、祖"="土"。可见，南区和西区保留此项特征最为完整，泥组和精组至今仍读同流摄韵母；中区的泥组还有所保留，但精组字韵母已经向"土"靠拢，太原、清徐、祁县三地都是中心城市，只剩下泥组字同流摄同韵；北区所选8个方言点全部是泥组仍跟流摄同韵，但精组已不见跟流摄同韵的痕迹了，甚至有些地方泥组字中仅个别常用字今仍读[əu]，其他字也随"土"读为[u]韵母了；东南区保留最少，仅有沁县"鲁、路"二字读[ləu]。《河北省志·方言志》(2005)中所列河北方言遇合一泥组、精组韵母没有跟流摄同韵的情况。本书所涉及的13个方言点中，太

---

① "哥"字是歌韵见母字，古歌、戈韵在《切韵》时代也是读[a]的。

行山以西的五台和盂县泥组字整体都跟流摄同韵，灵丘和平定只有常用字"炉"仍保留着 [əu]／[ou] 的读法，其他方言全部都读为 [u]。

同时，流摄帮系也有几个字不读 [ou]／[əu]／[ao] 韵母，而是跟遇摄同韵，读作 [u] 韵母。如"某"字在河北平山方言中读侯韵，在其他方言中读模韵；"否"字在河北的平山、赞皇、井陉方言中读侯韵，在其他方言中读模韵；"谋"字在河北的平山、井陉方言中既可以读侯韵也可以读模韵，在其他方言中读模韵。

下面列出遇、流两摄一些代表字在晋冀太行山沿麓晋语中的今读情况。（见表5–4）

**表5–4　遇、流两摄代表字在晋冀太行山沿麓晋语中的今读**

| 方言点 | 奴泥 | 怒泥 | 炉来 | 鲁来 | 路来 | 祖精 | 土透 | 楼来 | 某明 | 否非 | 谋明 |
|---|---|---|---|---|---|---|---|---|---|---|---|
| 灵丘 | ₅nu | nuꜗ | ₅ləu | ꜛlu | luꜗ | ꜛtsu | ꜛtʰu | ₅ləu | ꜛmu | ₅fu | ₅mu |
| 五台 | neiꜗ | neiꜗ | ₅lei | ₅lei | lei | ꜛtsu | ꜛtʰu | ₅lei | ₅mᵇu | ₅fu | ₅mᵇu |
| 盂县 | ₅nəu | nəuꜗ | ₅ləu | ₅ləu | ləu | ꜛtsu | ꜛtʰu | ₅ləu | ꜛmu | ₅fu | ₅mu |
| 平定 | ₅nu | nuꜗ | ₅lou | ꜛlu | luꜗ | ꜛtsu | ꜛtʰu | ₅lou | ꜛmᵇu | ₅fu | ₅mᵇu |
| 昔阳 | ₅nu | nuꜗ | ₅lu | ꜛlu | luꜗ | ꜛtsu | ꜛtʰu | ₅ləu | ꜛm̩ | ₅fu |  |
| 和顺 | ₅nu | nuꜗ | ₅lu | ꜛlu | luꜗ | ꜛtsu | ꜛtʰu | ₅ləu | ꜛmu | ₅fu | ₅mu |
| 左权 | ₅nu | nuꜗ | ₅lu | ꜛlu | luꜗ | ꜛtsu | ꜛtʰu | ₅lao | ꜛmu | ₅fu | ₅mu |
| 黎城 | nuꜗ | nuꜗ | luꜗ | ꜛlu | ꜛlu | ꜛtsu | ꜛtʰu | ləuꜗ | ꜛmu | ꜛfu | muꜗ |
| 平山 | ₅nu | nuꜗ | ₅lu | ꜛlu | luꜗ | ꜛtsu | ꜛtʰu | ₅lao | ꜛmao | ₅fao | ꜛmu / mao |
| 井陉 | ₅nu | nuꜗ | ₅lu | ꜛlu | tsuꜗ | tsuꜗ | ꜛtʰu | ₅lao | ꜛmu | ₅fao | ꜛmu / mao |
| 赞皇 | ₅nu | nuꜗ | ₅lu | ꜛlu | luꜗ | ꜛtsu | ꜛtʰu | ₅lou | ꜛmu | ₅fou | ₅mu |
| 邢台 | ₅nu | nuꜗ | ₅lu | ꜛlu | luꜗ | ꜛtsu | ꜛtʰu | ₅ləu | ꜛmu | ₅fu | ₅mu |
| 涉县 | ₅nu | nuꜗ | ₅lu | ꜛlu | luꜗ | ꜛtsu | ꜛtʰu | ₅lou | ꜛmu | ₅fu | ₅mu |

遇摄模韵泥组字转入流摄，读 [ou]／[əu]／[ei]；流摄侯尤韵唇音字转入遇摄，读 [u]，这两种情况均可发生在同一方言中。这也说明，在晋语中，遇、流两摄有着极其密切的关系，存在相互转化的条件，即 [u] ↔ [ou]／[əu]／[ei]。遇摄模韵转入流摄可能是受方言内部元音高化的语言变化规律的制约，"元音高化是最常见的事实。……鱼部一等（'模图狐'）的

发展是后高化，即［a］（先秦）→［ɔ］（汉）→［o］（南北朝）→［u］隋至现代"①。音变都是渐变的，鱼部一等从上古的［a］发展到［u］，是元音逐步高化的过程。当高化到元音舌位图最顶端位置［u］以后，还会继续发展变化，"图"字在苏州话中读作［dəu］，在广州话中读作［tʰou］就是实例，晋语中模韵泥组、精组字的韵母读如流摄的复合韵母也是实例。而流摄侯尤韵转入遇摄则是受一般语言规律的制约。因为唇音声母拼［ou］/［əu］，声韵拼合过程中有 o 或 ə 的存在，会造成发音上的拗口，故而吞掉 o 或 ə，直接变复合韵母为单韵母，于是表现为流摄唇音字韵母读同遇摄。

2. 黎城方言遇合三庄组和知、章组字的韵母

北京话中，遇摄合口三等庄组字和知、章组字韵母的读音是一样的，都读［u］。但在有些方言里，它们的读音不一样。"在汉口、长沙、广州、梅县等地方言里，鱼虞韵字的庄系字和知照系有不同的发展。……在厦门话里，庄系的影响特别明显。庄系和知照系在许多地方分道扬镳，各不相混。"② 而且，这种现象在晋语上党片方言中也较为普遍。根据各方言具体音值的不同，庄组字韵母和知、章组字韵母的区别体现在以下几组音的对立上：锄［u］/猪、书［y］（陵川）；锄［uo］/猪、书［y］（黎城、平顺、潞城等）；锄［uo］/猪、书［u］（长治、壶关、沁县、长子等）；锄［ei］/猪、书［u］（沁源）。③

晋冀太行山沿麓13个晋语方言点中只有属于上党片的黎城方言有此特征，即：遇合三庄组字的韵母今读［uɤ］，与果开一端系字和果合一字韵母相同；遇合三知、章组字韵母今读［y］，与遇合三泥组、精组、见系字韵母相同。知、章组韵母跟陵川一样，读撮口［y］，是其音系内部声韵和谐的结果（详见第四章第二节"古知系的声母"），而庄组字韵母的表现却跟陵川不同，没有随遇合一合流同读［u］，而是与果摄合流，读作［uɤ］。我们推测它应该是经历了并入遇合一模韵读［u］的阶段，然后［u］又发生了裂变，成为［uɤ］，进而表现为今读与果摄读音相同。（见表5-5）

---

① 王力：《汉语语音史》，商务印书馆2010年版，第606页。
② 王力：《汉语语音史》，商务印书馆2010年版，第652～653页。
③ "锄、猪、书"的字音材料来自王利《晋东南晋语语音研究》（山东大学2008年博士学位论文）。

表5-5 黎城方言遇摄合口三等字的今读

| 锄崇<br>遇合三 | 箩来<br>果开一 | 锅见<br>果合一 | 猪知<br>遇合三 | 主章<br>遇合三 | 女泥<br>遇合三 | 徐邪<br>遇合三 | 句见<br>遇合三 |
|---|---|---|---|---|---|---|---|
| tsʰuɤ² | luɤ² | ₌kuɤ | ₌tɕy | ᶜtɕy | ᶜny | ᶜɕy | tɕy² |

其他12处方言都跟北京话一样，庄、知、章组韵母相同，都读作[u]。例如，锄＝除、助＝住、梳＝书、数＝树。

## 四、止开三、蟹开三、蟹开四来母字的韵母

蟹、止摄开口三、四等的来母字韵母在大多方言中读作[i]，但在山西的盂县、平定、昔阳、和顺4个方言点读为[ei]，如"例蟹开三、丽蟹开四、荔止开三、吏止开三"读为[lei²]。更多例字见表5-6。

表5-6 盂县、平定、昔阳、和顺方言蟹开三、蟹开四、止开三的韵母今读

| 方言点 | 蟹开三 | | | | 蟹开四 | | 止开三 | | | | | |
|---|---|---|---|---|---|---|---|---|---|---|---|---|
| | 厉 | 励 | 犁 | 黎 | 礼 | 隶 | 离 | 梨 | 利 | 厘 | 李 | 里 | 理 |
| 盂县 | lei² | lei² | ₌lei | ₌lei | ᶜlei | lei² | ₌lei | ₌lei | lei² | ₌lei | ᶜlei | ᶜlei | ᶜlei |
| 平定 | lei² | lei² | ₌lei | ₌lei | ᶜlei | lei² | ₌lei | ₌lei | lei² | ₌lei | ᶜlei | ᶜlei | ᶜlei |
| 昔阳 | lei² | lei² | ₌lei | ₌lei | ᶜlei | lei² | ₌lei | ₌lei | lei² | ₌lei | ᶜlei | ᶜlei | ᶜlei |
| 和顺 | lei² | lei² | ₌lei | ₌lei | ᶜlei | lei² | ₌lei | ₌lei | lei² | ₌lei | ᶜlei | ᶜlei | ᶜlei |

## 五、蟹合一、蟹合三、止合三端、知系字（"摔、帅"除外）的韵母

《方言调查字表》中，蟹摄合口一等没有知系字，端系字有"堆、对、推、腿、退、队、内、雷、偎、累、催、罪、碎、蜕、兑、最"等；蟹摄合口三等端系字有"脆、岁"两个，知系字有"缀、赘、税、芮"4个；止摄合口三等端系字有"累、嘴、髓、随、垒、类、泪、醉、翠、虽、绥、粹、隧、穗"，知系字有"吹、炊、垂、睡、瑞、蕊、追、锤、坠、锥、水、谁"。这些字的韵母在河北的平山、井陉、赞皇（仅端、泥组），山西的灵丘（仅泥组）、五台（仅泥母）、盂县（仅泥母）不读合口呼，而是读开口呼；在其他方

言中全部读为合口呼。具体读音详见表 5-7。

表 5-7 平山、井陉等方言蟹合一、蟹合三、止合三的韵母今读

| 方言点 | 蟹合一 | | | | | 蟹合三 | | 止合三 | | | |
|---|---|---|---|---|---|---|---|---|---|---|---|
| | 对端 | 腿透 | 内泥 | 雷来 | 罪从 | 脆清 | 缀知 | 嘴精 | 泪来 | 吹昌 | 瑞禅 | 水书 |
| 平山 | tai⁼ | ᶜtʰai | nai⁼ | ₌lai | tsai⁼ | tsʰai⁼ | tʂai⁼ | ᶜtsai | lai⁼ | ₌tʂʰai | ẓai | ᶜʂai |
| 井陉 | tai⁼ | ᶜtʰai | nai⁼ | ₌lai | tsai⁼ | tsʰai⁼ | tsai⁼ | ᶜtsai | lai⁼ | ₌tsʰai | zai | ᶜsai |
| 赞皇 | tei⁼ | ᶜtʰei | nε⁼ | ₌lei | tsuei⁼ | tsʰuei⁼ | tʂuei⁼ | ᶜtsuei | lei⁼ | ₌tʂʰuei | ẓuei | ᶜʂuei |
| 灵丘 | tuei⁼ | ᶜtʰuei | nai⁼ | ₌lai | tsuei⁼ | tsʰuei⁼ | tsuei⁼ | ᶜtsuei | lai⁼ | ₌tsʰuei | zuei | ᶜsuei |
| 五台 | tuei⁼ | ᶜtʰuei | nᵈei⁼ | ₌luei | tsuei⁼ | tsʰuei⁼ | tsuei⁼ | ᶜtsuei | luei⁼ | ₌tsʰuei | zuei | ᶜsuei |
| 盂县 | tuei⁼ | ᶜtʰuei | nei⁼ | ₌luei | tsuei⁼ | tsʰuei⁼ | tsuei⁼ | ᶜtsuei | luei⁼ | ₌tsʰuei | zuei | ᶜsuei |
| 涉县① | tuei⁼ | ᶜtʰuei | nuei⁼ | ₌luei | tsuei⁼ | tsʰuei⁼ | tsuei⁼ | ᶜtsuei | luei⁼ | ₌tsʰuei | luei | ᶜsuei |

## 六、平山方言效摄字的韵母——兼论灵丘方言中表"男孩"义[₌ɕie]的本字

平山方言效摄字有等的区别：一、二等今读 [ɔ] [iɔ]，三、四等今读 [ɔ] [iɔ] 和 [ɤ] [iɛ]。（见表 5-8）

表 5-8 平山方言效摄字今读情况

| 效开一 | | | | 效开二 | | | 效开三 | | | | 效开四 | | | |
|---|---|---|---|---|---|---|---|---|---|---|---|---|---|---|---|
| | | | | 见系 | | 其他 | 知系 | | 其他 | | | | | | |
| 堡 | 抱 | 老 | 嫂 | 交 | 咬 | 闹 | 捎 | 少~年 | 少多~ | 腰 | 耀 | 叫 | 侥 | 尿 | 鸟 |
| ᶜpu白 ᶜpɔ文 | puᵒ白 pɔᵒ文 | ᶜlɔ | ᶜsɔ | ᶜtɕiɔ | ᶜiɔ | nɔᵒ | ᶜʂɔ | ʂɔᵒ | ʂɤᵒ | iɛ | iɔᵒ | tɕiɔᵒ | ᶜtɕiɔ | niɛᵒ | ᶜniɔ |

很明显，三、四等中读 [ɤ] [iɛ] 的多是方言中的常用字、口语字，而读 [ɔ] [iɔ] 的多是非口语字。例如，同一个"少"字，在"多少"一词中读作 [ʂɤᵒ]，而在"少年"一词中却读作 [ʂɔᵒ]。同样，"尿"读 [niɛᵒ]，而"鸟"读 [ᶜniɔ]（平山方言中，当地人称呼"鸟"为"鹊"或"雀"，不

---

① 涉县代表了平定、昔阳、和顺、左权、黎城、邢台的读音情况。

会说"鸟")。

平山方言中，效摄细音前[iɛ]的读法，让我们联想到灵丘方言中的一个极为口语化且极为常用的表示"男孩"义的词：[˛ɕie zəʔ˛]。灵丘方言中，[˛ɕie zəʔ˛]和"女子"[˛ny zəʔ˛]相对应，"儿子"和"闺女"相对应。例如：

甲："照了么？是个[˛ɕie zəʔ˛]呀女子？"

乙："照[læ]，人说是个[˛ɕie zəʔ˛]。"（"照"指做B超，[læ]是个语气词，相当于"了"）

对于[˛ɕie]字，当地人是会说会用但不会写，更不会联想到[˛ɕie]的本字就是"小"，[˛ɕie zəʔ˛]即"小子"①。因此，书面上常常用同音字"写"来代替。

表示"男孩"义在晋北的一些方言中就用"小子"一词，如大同、怀仁等方言。本书调查的晋冀太行山沿麓晋语中，除了平山方言，还有盂县、井陉、赞皇、邢台、涉县方言也是说"小子"，平定、昔阳、和顺、左权、黎城方言说"小"或"小小"，五台方言说"小的"。

乔全生（2006、2008：121~124）曾注意到山西吕梁片的中阳方言表示"小孩儿"义有个词叫[ɕiɛˀ ɕiɛˀ]，临县方言表示"小孩儿"义叫"戏儿"[ɕiər⁵³]，汾河片洪洞一带表示"男孩"义叫"厮"[˛sɿ]，"男孩儿"叫[˛sɿr]，陕北晋语清涧方言"孩"字读[˛ɕi]。比照"孩"字在清涧方言中[˛ɕi]的读音，乔全生认为，中阳、临县、洪洞、孝义等地的音的本字都是同一个字，即"孩"。音理上的理据是，清涧的[˛ɕi]是见系匣母一等韵字读细音后腭化的结果，而洪洞的[˛sɿ]是舌面元音[i]高化变成舌尖元音[ɿ]，随之，舌面前擦音声母[ɕ]相应变为舌尖前擦音声母[s]的结果。其演变过程为 *xɒi→˛xɑi→˛xɛi、xei→˛xɛ→˛xi→˛ɕi→˛sɿ。文献上的理据是，元曲中多有"厮儿"表示"男孩儿"义的用例。②

从语音演变链条上看，根据上述5个方言点的情况，乔全生的观点应该是准确的。但是，该观点对于灵丘方言中的[˛ɕie zəʔ˛]，解释起来尚有困难。问题的关键在于，灵丘方言中[˛ɕie zəʔ˛]只表示"男孩"义，跟"女孩"相对。如果说灵丘方言的[˛ɕie]本字是"孩"，那么，[˛ɕie zəʔ˛]"孩子"

---

① 灵丘方言有"子"尾，读作[zəʔ˛]。
② 参见乔全生《从晋方言看古见系字在细音前腭化的历史》，载《方言》2006年第3期，第239~244页；乔全生《晋方言语音史研究》，中华书局2008年版，第121~124页。

明显不符合当地人使用该词语的规则。所以，我们认为[ˬɕie]的本字是"小"。当然，这种推断也尚存在不足之处，那就是灵丘方言中整个效摄再无其他字韵母有读[ie]的旁证。

## 七、和顺方言流摄字的[-m]尾

调查和顺方言时，我们发现发音人在读流摄字时，末尾总有一个收口的动作，即[-m]尾，上下嘴唇闭合，但鼻音色彩并不浓重。经向多位当地人核对，发现确存有该现象。除帮组今读[u]韵母的"某、亩、母、否、富、副、浮、妇、负、阜、谋"和今读[o][io]韵母的"剖、贸、矛、彪"等字外，其他流摄字都有一个[-m]尾。例如，头[ˬtʰəum]、豆[tuem˒]、口[ˬkʰəum]、沟[ˬkəum]、柳[ˬliəum]、修[ˬɕiəum]、牛[ˬniəum]。

众所周知，中古汉语咸、深两摄的阳声韵是收[-m]尾的，但如今在和顺方言中，[-m]尾出现在阴声韵的流摄，不免有些奇怪。根据目前所搜集到的材料，我们了解到以下一些方言也有类似的现象：

山西祁县方言今有[-m]尾。收[-m]尾的有[om]和[iom]两个韵母，这些字来自山、臻、曾、梗、通五摄的合口呼阳声韵字。（潘家懿，1982；徐通锵，1984）

山东平度、昌邑两县交界地带，平邑县今有[-m]尾。收[-m]尾的有[om]和[iom]两个韵母，这些字都来自中古收[-ŋ]尾的阳声韵字。（钱曾怡，1987）

吴语处衢片的缙云方言今有[-m]尾，收[-m]尾的有[ium][ɔm][mɔi]3个韵母。其中，韵母[ium]来自流摄字（帮系和见系一等除外），韵母[ɔm][mɔi]来自通摄阳声韵字（个别钟韵字除外）。（冯力，1989）

福建闽中方言永安话今有[-m]尾，收[-m]尾的有[um][ɔm][mɔi][am][iam][m]6个韵母。例如，炭[tʰum]、汤[tʰɔm]、江[kɔm]、中[tam]，等等。这些字来自山、宕、江、通摄阳声韵的一部分字。（周长楫，1990）

江苏中部扬州市宝应县（氾光湖）方言中今有[-m]尾。收[-m]尾的有[əm][uəm][yəm][am][iam][uam][om][iom][im]9个韵母。这些字来自深、臻、宕、江、曾、梗、通摄的全部阳声韵字和咸、山摄的个别阳声韵字。（黄继林，1992）

江苏南通市如东县（掘港）方言今有[-m]尾。收[-m]尾的有[ɔm]和[mɔi]两个韵母，这些字都来自通摄东、冬、钟三韵的阳声韵。（季明珠，1993）

徽语中婺源和严州四县今有［-m］尾。其中，婺源的［-m］尾来自通摄、咸摄开口一等、二等知系；山摄开口一、二等，合口一等，合口三等非组阳声韵字。淳安、建德、寿昌的［-m］尾来自通摄阳声韵字。绥安的［-m］尾来自宕、江摄阳声韵的一部分字。（赵日新，2003）

苏北隶属江淮官话洪巢片的 13 个方言今有［-m］尾。收［-m］尾的有［um］［muɐ］和［muəi］3 个韵母，这些字主要来自遇、流、果摄，以遇摄字居多。（顾劲松，2011）

以上所说的收［-m］尾现象，不同于广州话等来自中古咸、深两摄阳声韵字今保留［-m］尾的情况。这些［-m］尾的共性特征有二：一是通常都不是来自古咸、深两摄①，它们有的来自咸、深以外的其他阳声韵，有的来自阴声韵；二是收［-m］尾的韵母，一般［-m］前面都是高元音，如上文所见的 o、ɔ、u②。

关于这类［-m］尾现象的产生原因，徐通锵（1984）从语音的生理基础方面找到合理的解释，指出："新韵尾 -m 和 -β 的出现是高元音 -u- 的发音部位的前移和发音方法的擦化的结果。-m 韵尾不是摩擦音，但那是双唇接触和原韵母中的鼻音成分融为一体的结果，因为气流已从鼻腔中出来，双唇自然不可能有摩擦。""在半高、后、圆唇元音后产生的新的韵尾 -m……自然是后来语音发展的结果，不会是原韵尾的保留。"周长楫（1990）指出："永安话的 -m 尾是一种有条件的地域音变现象。"古阳声韵在永安话里只保留了［-m］和［-ŋ］两套鼻音韵尾。周长楫认为，［-ŋ］尾变［-m］尾的音变，跟［-ŋ］尾前韵母的高舌位的主要元音有关。汪如东（1997）认为，［-m］尾的形成与韵母中的主要元音和音素的鼻化关系极为密切。赵日新

---

① 徽语婺源的［-m］尾有一部分是来自中古咸摄的，但文中认为，"婺源的咸开一和咸开二知系字在历史演变中失去鼻韵尾，读作开尾或元音尾韵，后来因为主要元音的后圆唇化，因而衍生出一个［-m］尾"。详见赵日新《中古阳声韵徽语今读分析》（载《中国语文》2003 年第 5 期，第 446 页）。另外，宝应氾光湖方言的［-m］尾有个别字是咸摄的，深摄字则是和臻、曾、梗三摄字相混，同为［-m］尾。详见黄继林《宝应氾光湖方言中的 -m 尾》（载《方言》1992 年第 2 期，第 124 页）。

② 江苏扬州市的宝应县（氾光湖）方言收［-m］尾的有 9 个韵母。其中，除了［om］［iom］［im］3 个韵母 m 尾前面是高元音以外，其他的都是中低元音。详见汪如东《汉语部分方言阳声韵 -m 尾述评》[载《河南大学学报》（社会科学版）1997 年第 2 期，第 81 页]。另外，福建永安话收［-m］尾的 6 个韵母中，来自通摄阳声韵字今读［am］［iam］，作者推测："早期永安话通摄阳声韵三等韵母是一个复合元音加鼻音韵尾 ŋ 的情况，这个复合元音的元音韵尾也是一个高圆唇元音 -u- 或 -y-。同样，鼻音韵 ŋ 的强势使韵母结构里的元音变为带有鼻音的鼻化韵，这个元音鼻化韵的强势特别是元音韵尾高元音鼻化后与 m 音相近音的影响而使鼻音韵尾 -ŋ 发生同化而合成 -m 尾。"详见周长楫《永安话的 -m 尾问题》（载《中国语文》1990 年第 1 期，第 45 页）。

（2003）指出："徽语[-m]尾不大可能是上古音的遗留，而与元音的后圆唇化有着密切的关系……从音理上来说，后高圆唇元音双唇收束后收[-m]尾是最符合发音'省力'原则的。"顾劲松（2011）指出："苏北江淮官话 u、y 韵母的实读读音为何分别成了 m 尾韵母 um、əum 和 iəum？我们认为，音系内部的元音推链式高化，迫使本来已是高元音的 u 韵母高顶出位、产生擦化现象，u 的这种变化又同化了同是高元音的 y 一起高顶出位，最终擦化了的 u 和 y 又进一步发生闭口效应，导致口腔气流受阻改道鼻腔，从而带上 m 尾。"尽管各家对[-m]尾的成因解释不完全相同，但大家都认为它是一种新的、后起的音变，而非古音遗存。晋语和顺方言流摄字今读[əum][iəum]，我们认为即与[-m]尾前面的高、后、圆唇元音[u]有着极大关系。

正如顾劲松（2011）所言，"中古阴声韵字收 m 尾在方言中实属罕见，冯力（1989）曾提及浙江缙云方言（吴语）里流摄字收 m 尾，然而在其他汉语方言中尚未发现，像苏北江淮官话如此大范围成片的古阴声韵字收 m 尾现象更未见报道"。本书报道的晋语和顺方言阴声韵流摄字今收[-m]尾的现象，当是对非咸、深两摄字今收[-m]尾现象的一种有益补充。

## 第二节 阳声韵韵尾的今读类型及消变

中古阳声韵韵尾的格局是咸、深两摄收[-m]尾，山、臻两摄收[-n]尾，宕、江、曾、梗、通五摄收[-ŋ]尾。这一格局经过历史的发展，在如今汉语方言中已经或多或少发生了变化。本节内容在考察阳声韵在晋冀太行山沿麓晋语方言中的今读类型和分布的基础上，探求阳声韵韵尾的消变过程。

### 一、阳声韵韵尾的今读类型和分布

1. 咸、山摄韵尾的今读类型和分布

中古汉语咸摄收[-m]尾，山摄收[-n]尾。跟其他北方官话一样，晋语中的[-m]尾早已消失，咸、山摄合并，同收[-n]尾，甚至[-n]尾也在很多方言中已经弱化为鼻化音，更有甚者[-n]尾脱落后变为口元音。晋冀两省太行山沿麓晋语咸、山摄的[-n]韵尾都已消失，今读情况大体有如下 3 种类型。

（1）开、齐、合、撮四呼整齐分布，且主元音相同，山西的盂县、平定、昔阳、和顺和河北的平山、井陉、赞皇、邢台、涉县都属于该类型。各方言点咸、山摄的今读音值见表 5-9。

## 表5-9 盂县、平定、邢台、昔阳等9个方言点咸、山摄的韵母今读情况

| 方言点 | 开口呼 | | | | | | 合口呼 | | | | | | |
|---|---|---|---|---|---|---|---|---|---|---|---|---|---|
| | 一等 | 二等 | | 三等 | | 四等 | 一等 | | 二等 | 三等 | | | 四等 |
| | | 见系 | 其他 | 知系 | 其他 | | 帮组 | 其他 | | 非组 | 精组 | 知系 | 见系 | |
| | 贪 | 眼 | 产 | 善 | 尖 | 店 | 搬 | 短 | 惯 | 范 | 泉 | 穿 | 权 | 渊 |
| 盂县 | ã | iã | ã | ã | iã | iã | ã | uã | uã | ã | ã | uã | yã | yã |
| 平定 | æ̃ | iæ̃ | æ̃ | æ̃ | iæ̃ | iæ̃ | æ̃ | uæ̃ | uæ̃ | æ̃ | uæ̃ | uæ̃ | yæ̃ | yæ̃ |
| 邢台 | a | ia | a | a | ia | ia | a | ua | ua | a | ua | ua | ya | ya |
| 昔阳① | æ | iæ | æ | æ | iæ | iæ | æ | uæ | uæ | æ | uæ | uæ | yæ | yæ |

（2）开、齐、合、撮四呼整齐分布，但齐、撮口和开、合口的主元音不同，普遍表现为齐、撮口主元音舌位高于开、合口主元音舌位，山西的灵丘、左权、黎城属于该类型。各方言点咸、山摄的今读音值见表5-10。

## 表5-10 灵丘、左权、黎城方言咸、山摄的韵母今读情况

| 方言点 | 开口呼 | | | | | | 合口呼 | | | | | | |
|---|---|---|---|---|---|---|---|---|---|---|---|---|---|
| | 一等 | 二等 | | 三等 | | 四等 | 一等 | | 二等 | 三等 | | | 四等 |
| | | 见系 | 其他 | 知系 | 其他 | | 帮组 | 其他 | | 非组 | 精组 | 知系 | 见系 | |
| | 贪 | 眼 | 产 | 善 | 尖 | 店 | 搬 | 短 | 惯 | 范 | 泉 | 穿 | 权 | 渊 |
| 灵丘 | æ̃ | ie | æ̃ | æ̃ | ie | ie | æ̃ | uæ̃ | uæ̃ | æ̃ | uæ̃地名/ye | uæ̃ | ye | ye |
| 左权 | æ | iɛ | æ | æ | iɛ | iɛ | æ | uæ | uæ | æ | uæ白/yɛ文 | uæ | yɛ | yɛ |
| 黎城 | æi | ie | æi | ie | ie | ie | æi | uei | uei | æi | ye | uei | ye | ye |

（3）五台方言的表现有点特殊。第一，开口二等见系字和开口三等（知系除外）主元音并不相同，即，监 [ₒtɕiã] ≠ 尖 [ₒtɕiẽ]、减 [ₒtɕiã] ≠ 俭 [ₒtɕiẽ]；第二，合口一等、三等知系字有文白读，白读为 [õ] [uõ] 韵母，

---

① 和顺、平山、井陉、赞皇、涉县5个方言点的咸、山摄韵母读音跟昔阳方言相同，此处不再繁列，以昔阳代之。

文读为［ã］［uã］韵母。见表 5-11。

表 5-11 五台方言咸、山摄的韵母今读

| | 开口呼 | | | | | 合口呼 | | | | | | |
|---|---|---|---|---|---|---|---|---|---|---|---|---|
| 一等 | 二等 | | 三等 | | 四等 | 一等 | | 二等 | 三等 | | | 四等 |
| | 见系 | 其他 | 知系 | 其他 | | 帮组 | 其他 | | 非组 | 精组 | 知系 | 见系 | |
| 贪 | 眼 | 产 | 善 | 尖 | 店 | 搬 | 短 | 惯 | 范 | 泉 | 穿 | 权 | 渊 |
| ã | iã | ã | ã | iẽ | iẽ | õ/ã | uõ/uã | uã | ã | yẽ | uõ/uã | yẽ | yẽ |

### 2. 宕、江摄韵尾的今读类型和分布

中古宕、江摄都收后鼻音［-ŋ］尾，在语音演变过程中，晋冀太行山沿麓晋语宕、江两摄的共时面貌大体有如下 5 种类型，详见表 5-12。

（1）收［-ŋ］尾，分布在平山、邢台和黎城，但黎城在保留［-ŋ］尾的同时，主元音也有鼻化色彩。

（2）［-ŋ］尾脱落，主元音发生鼻化，变为鼻化韵。该类型最为普遍，分布在平定、昔阳、和顺、井陉、赞皇和涉县。

（3）［-ŋ］尾脱落，一部分主元音鼻化，变为鼻化韵，还有一部分当前存在两种读法：鼻化韵和口元音。该类型分布在五台和盂县。

（4）［-ŋ］尾脱落，开口呼和齐齿呼变为鼻化韵，合口呼变为口元音。该类型分布在灵丘。

（5）［-ŋ］尾脱落，全部变为口元音。该类型分布在左权。

表 5-12 晋冀太行山沿麓晋语中宕、江摄的韵母今读

| 类型 | 方言点 | 开口 | | | | | | | 合口 | | | |
|---|---|---|---|---|---|---|---|---|---|---|---|---|
| | | 一等 | 二等 | | 三等 | | | | 一等 | | 三等 | |
| | | | 帮组 | 知系 | 见系 | 知章 | 日组 | 庄组 | 其他 | 见晓 | 其他 | 见晓 | 其他 |
| | | 帮 | 胖 | 窗 | 江 | 张 | 让 | 床 | 梁 | 光 | 汪 | 筐 | 忘 |
| (1) | 平山 | aŋ | aŋ | uaŋ | iaŋ | aŋ | aŋ | uaŋ | iaŋ | uaŋ | aŋ | uaŋ | aŋ |
| | 邢台 | aŋ | aŋ | uaŋ | iaŋ | aŋ | aŋ | uaŋ | iaŋ | uaŋ | aŋ | uaŋ | aŋ |
| | 黎城 | ãŋ | ãŋ | uãŋ | iãŋ | iãŋ | ãŋ | uãŋ | iãŋ | uãŋ | ãŋ | uãŋ | ãŋ |

续表 5-12

| 类型 | 方言点 | 开口 | | | | | | | | 合口 | | | |
|---|---|---|---|---|---|---|---|---|---|---|---|---|---|
| | | 一等 | 二等 | | | 三等 | | | | 一等 | | 三等 | |
| | | | 帮组 | 知系 | 见系 | 知章 | 日组 | 庄组 | 其他 | 见晓 | 其他 | 见晓 | 其他 |
| | | 帮 | 胖 | 窗 | 江 | 张 | 让 | 床 | 梁 | 光 | 汪 | 筐 | 忘 |
| (2) | 平定 | ã | ã | uã | iã | ã | ã | uã | iã | uã | ã | uã | ã |
| | 昔阳 | ɔ̃ | ɔ̃ | uɔ̃ | iɔ̃ | ɔ̃ | ɔ̃ | uɔ̃ | iɔ̃ | uɔ̃ | ɔ̃ | uɔ̃ | ɔ̃ |
| | 和顺 | ɔ̃ | ɔ̃ | uɔ̃ | iɔ̃ | ɔ̃ | ɔ̃ | uɔ̃ | iɔ̃ | uɔ̃ | ɔ̃ | uɔ̃ | ɔ̃ |
| | 井陉 | ã | ã | uã | iã | ã | ã | uã | iã | uã | ã | uã | ã |
| | 赞皇 | ã | ã | uã | iã | ã | ã | uã | iã | uã | ã | uã | ã |
| | 涉县 | ã | ã | uã | iã | ã | iã | uã | iã | uã | ã | uã | ã |
| (3) | 五台 | ã | ã | uo/uã | iã | ã | ã | uo/uã | iã | uo/uã | ã | uo/uã | o/ã |
| | 盂县 | o/ã | ã | uo/uã | iã | ã | ã | o/ã | io/iã | uo/uã | ã | uo/uã | o/ã |
| (4) | 灵丘 | ɒ̃ | ɒ̃ | ɐŋ | iɒ̃ | ɒ̃ | ɒ̃ | ɐŋ | iɒ̃ | ɐŋ | ɒ̃ | ɐŋ | ɒ̃ |
| (5) | 左权 | ɔ | ɔ | ɔ | ɕiɔ | ɔ | ɔ | ɔ | ɕiɔ | ɔ | ɔ | ɔ | ɔ |

注：表 5-12 所列例字中，有文白两读的，"/"前是白读音，"/"后是文读音。

## 3. 深、臻、曾、梗、通摄韵尾的今读类型和分布

中古深摄，臻摄，曾、梗、通摄分别收 [-m] [-n] [-ŋ] 尾，各不相混，但晋语区的绝大部分方言五摄合并，只保留舌根音韵尾 [-ŋ]。侯精一（1999：18）在论及晋语区发音特点时也曾提到这一点，故将其放在一起讨论。太行山沿麓的山西、河北晋语的深、臻、曾、梗、通摄的韵尾今读情况有如下 4 类。

（1）收 [-ŋ] 尾。该类型分布在灵丘、平定、昔阳、和顺、左权、平山、井陉、涉县。这是最为普遍的一种类型。

（2）深、臻摄收 [-n] 尾，曾、梗、通摄收 [-ŋ] 尾。该类型分布在赞皇和邢台。

（3）收 [-ŋ] 尾，但曾、梗摄存在文白异读现象。该类型分布在五台和盂县。

（4）曾、梗、通摄收 [-ŋ] 尾，深、臻摄的鼻音韵尾脱落，主元音鼻化，演变为鼻化韵，而且臻摄合口今读开口呼和合口呼的字今读口元音。该类型分布在黎城。

## 二、阳声韵韵尾的消变

### （一）消变类型

中古阳声韵都是以鼻音做韵尾的，演变到现代汉语方言中，大体有鼻音韵尾、鼻化音、口元音三大类，鼻音韵尾又包括3个——[-m] [-n] 和 [-ŋ]，这些具体音值又可以组合成各种各样的读音类型。很明显，本书所关注的13个晋语方言点的鼻音韵尾数目减少了许多，原因有三：一是3个鼻音韵尾之间的内部合并，二是鼻音韵尾弱化导致的主元音鼻化，三是鼻音韵尾脱落导致的纯口音化。这既是如今鼻音韵尾数量减少的原因，也可以说是鼻音韵尾在晋语方言音节中的地位逐步弱化乃至最终消失的过程。

中古阳声韵在晋冀太行山沿麓晋语中的韵母今读情况见表5-13。

表5-13　中古阳声韵在晋冀太行山沿麓晋语中的韵母今读

| 方言点 | 咸、山 | 宕、江 | 深、臻 | 曾、梗、通 |
|---|---|---|---|---|
| 灵丘 | æ—ie—uæ—ye | õ—iõ—uə | əŋ—ieŋ—ueŋ—yeŋ | |
| 五台 | õ/ã—iã/iẽ—uõ/uã—yẽ | ɔ/o/ã—iɔ/iã—uo/uã | əŋ—ieŋ—ueŋ—ye | ɤ/əŋ—i/ieŋ—ueŋ—yeŋ |
| 盂县 | ã—iã—uã—yã | o/ã—io/iã—uo/uã | əŋ—ieŋ—ueŋ—ye | ɤ/əŋ—i/ieŋ—ueŋ—yeŋ |
| 平定 | æ̃—iæ̃—uæ̃—yæ̃ | ã—iã—uã | əŋ—ieŋ—ueŋ—ye | |
| 昔阳 | æ—iæ—uæ—yæ | õ—iõ—uõ | əŋ—ieŋ—ye | |
| 和顺 | æ—iæ—uæ—yæ | õ—iõ—uõ | əŋ—ieŋ—ye | |
| 左权 | æ—iɛ—uæ—ɜy | ɔ—iɔ—uɔ | əŋ—ieŋ—ye | |
| 黎城 | æi—ie—uæi—ye | āŋ—iāŋ—uāŋ | ei/ẽ—ĩ—uei—ỹ | əŋ—ieŋ—ueŋ—yeŋ |
| 平山 | æ—iæ—uæ—yæ | aŋ—iaŋ—uaŋ | ŋ—iŋ—oŋ—yŋ | |
| 井陉 | æ—iæ—uæ—yæ | ã—iã—uã | əŋ—iŋ—uŋ—yŋ | |
| 赞皇 | æ—iæ—uæ—yæ | ã—iã—uã | ən—in—uen—uɛŋ | ɛŋ—iŋ—ueŋ—yeŋ |
| 邢台 | a—ia—ua—ya | aŋ—iaŋ—uaŋ | ən—iən—uən—yən | ɛŋ—ieŋ—uoŋ—yoŋ |
| 涉县 | æ—iæ—uæ—yæ | ã—iã—uã | əŋ—iŋ—uŋ—yŋ | |

张燕芬（2012）曾根据北京语言大学"汉语方言地图集数据库"所收录的930个方言点的165540个阳声韵字的音值，总结出中古阳声韵在现代汉语

方言中的八大类型,即:①

一、-m、-n、-ŋ 三分型
二、-n、-ŋ 二分型
三、-n 或 -ŋ 一个韵尾型
四、鼻音韵尾与鼻化元音共存型
五、鼻音韵尾与口元音共存型
六、鼻音韵尾与鼻化元音、口元音共存型
七、鼻化元音与口元音共存型
八、口元音型

对照此八大类型,我们把表 5-13 中 13 个方言点的古阳声韵今读类型归纳如下:

第四种类型(鼻音韵尾与鼻化元音共存型):平定。
第五种类型(鼻音韵尾与口元音共存型):左权和平山。
第六种类型(鼻音韵尾与鼻化元音、口元音共存型):其余 10 个方言点。

中古阳声韵的三分格局发展到如今,晋语所表现出来的一致性远远不及其他方言,这也是鼻辅音韵尾在不断弱化、脱落的过程中,各韵摄重新组合带来的新局面,而且存在文白读的方言(如五台和孟县)在这一点上就会显得更为复杂。阳声韵在晋语中今读鼻化音和纯口音的现象比比皆是,这也说明晋语在阳声韵韵尾消变的进程中比别的方言快了许多,其速度可谓遥遥领先。本书所考察的 13 个方言点,绝大多数正处在鼻音韵尾与鼻化音、纯口音三者共存的阶段。

## (二)消变途径

中古阳声韵尾发展到现代各地方言,经历了鼻辅音韵尾的归并、弱化、消失的自然过程。归并是最早的,是第一阶段;弱化而导致的鼻化音是第二阶段;最后鼻化脱落导致韵母变为阴声韵是第三阶段。3 个阶段在不同的方言中都可得到验证。结合表 5-13,我们可以把中古阳声韵尾的消变途径示图如下:

---

① 参见张燕芬《中古阳声韵韵尾在现代汉语方言中的读音类型》,载《语言研究》2012 年第 4 期,第 89~98 页。

$$中古阳声韵尾\begin{cases}归并\begin{cases}-m\\-n\end{cases}\begin{cases}咸、山\xrightarrow{弱化}\tilde{æ}\xrightarrow{脱落}æ\\深、臻\begin{cases}保留\xrightarrow{}en\xrightarrow{弱化}\tilde{e}\\归并\xrightarrow{}eŋ\end{cases}\end{cases}\\-ŋ\begin{cases}宕、江\xrightarrow{保留}aŋ\xrightarrow{弱化}\tilde{a}\xrightarrow{脱落}a\\曾、梗\begin{cases}\gamma/eŋ;i/ieŋ（文白读）\\保留\xrightarrow{}eŋ\end{cases}\\通\xrightarrow{保留}eŋ\end{cases}\end{cases}$$

上面图示中，en、eŋ、ieŋ、aŋ代表鼻音韵，æ̃、ẽ、ã代表鼻韵尾弱化后的鼻化韵，æ、a、ɣ、i代表鼻韵尾脱落后的纯口音。晋冀太行山沿麓晋语的阳声韵今读状态在图示中均可找到自己的位置。尽管各地今读表现不一，但主流是咸、山、宕、江摄读鼻化音或纯口音，深、臻摄并入曾、梗、通摄同收[-ŋ]尾的类型。这种差异性正是语言发展不平衡的表现：有的方言走得快，如左权方言，有的方言走得慢，如平山、赞皇和邢台方言；有的韵摄走得快，如咸、山、宕、江摄，有的韵摄走得慢，如深、臻、曾、梗、通摄，尤其是通摄。同时，我们也看到，同一阳声韵在各地的读音也有所不同。这是各地方言语音演变的不同步造成的，其音值的差异正是各个不同消变阶段音值的具体反映。

### （三）消变条件

汉语音节由声母、韵母、声调3个部分构成，韵母又可以分作韵头、韵腹和韵尾。在纯语音层面上，这些构成要素之间会相互影响、相互制约。对于鼻辅音韵尾的演变来讲，哪些要素会造成对鼻辅音韵尾的影响呢？对于此问题，国内研究最早、一直以来学界论及该问题时最常引用的是张琨（1983），此外，还有曹志耘（2002）、冉启斌（2005）、张吉生（2007）、徐丽丽（2010）、张燕芬（2012）、牟成刚（2018）等成果。学者们普遍认为，鼻音韵尾的演变跟鼻音韵尾发音部位的前后、主元音舌位的高低有关。

#### 1. 鼻韵尾发音部位的前后

鼻音韵尾消变的先后顺序与鼻音韵尾的发音部位有很大的关系，其次序通常是由前往后，即双唇鼻音[-m]→舌尖中鼻音[-n]→舌根鼻音[-ŋ]。

就目前所见的材料，完整保留［-m］［-n］［-ŋ］三分格局的只有粤语和客、赣语的一些方言，保留二分格局的方言绝大多数是［-n］［-ŋ］共存，只有一个鼻音韵尾的方言往往是［-ŋ］多于［-n］。可见，［-m］最不稳定、最易消失，而［-ŋ］是最为稳固的韵尾。

## 2. 主元音舌位的高低

鼻音韵尾消变的先后顺序与韵母中主元音舌位的高低也有极大的关系，其次序通常是由低到高，即低元音 a→中低元音 ɛ→中高元音 e→高元音 i、u、y。并且，前低元音较后低元音更容易引起鼻韵尾的变化。从各方言古阳声韵演变情况来看，咸、山摄韵尾往往先于其他韵摄发生鼻音化甚至脱落，宕、江摄次之，曾、梗、通三摄再次之，但曾、梗摄往往存在文白读现象，文读［-ŋ］韵尾，白读纯元音。综观中古九摄的阳声韵，通摄的［-ŋ］尾是最稳固的，也是鼻音韵尾的主要阵地、最后阵地。

以上两点是公认的阳声韵韵尾消变的语音条件，也即张琨（1983）所说，"最保存的一组韵母是后高（圆唇）元音后附舌根鼻音韵尾（*oŋ），其次是前高（不圆唇）元音后附舌根鼻音韵尾（*eŋ），最前进的一组韵母是低元音后附舌头鼻音韵尾（*a/an）。在吴语方言中，低元音后附舌根鼻音韵尾这一组韵母（*a/ɑŋ）在受鼻化作用的可能性上仅次于 *a/ɑn 组。在官话方言中，前高（不圆唇）元音后附舌头鼻音韵尾这一组韵母（*en）在受鼻化作用的可能性上仅次于 *a/ɑn 组"。也就是说，汉语方言中，低元音后的鼻尾较高元音后的鼻尾易消失，前鼻音［-n］尾较后鼻音［-ŋ］尾易消失。[①]

除了这两点，我们认为，中古阳声韵在历经归并、弱化、脱落的 3 个阶段中，［-m］尾向［-n］尾的归并和［-n］尾向［-ŋ］尾的归并还涉及主元音相同和语音演变过程中的异化作用这两个因素。咸、山摄和深、臻摄，深、臻摄和曾、梗、通摄的区别仅在于所收韵尾的不同，相同的韵身为它们的归并提供了充分的条件和可能，而且归并的结果是［-m］→［-n］、［-n］→［-ŋ］，而不是［-n］→［-m］、［-ŋ］→［-n］。[②] 关于［-m］→［-n］，据《中原音韵》记载，当时的咸、深摄唇音字已经基本混入山、臻

---

[①] 事实上，此观点并非张琨先生最早提出来的。正如张琨先生在文章开头提到的，"1975 年 Matthew Chen（陈渊泉）曾经发表过一篇汉语方言鼻音韵尾消失的问题的文章，*An Areal Study of Nasalization in Chinese*……陈氏这篇文章说汉语方言中鼻化作用发生在低元音后边比较普遍，另外一方面，鼻化作用多半先发生在带舌头鼻音韵尾的韵母上。这两点的确是可以证明的"。

[②] 目前所见材料，未见有 -n→-m 的方言，但 -ŋ→-n 的情况倒是有见报道，如安徽南部休宁县的白际话中古阳声韵只收［-n］韵尾。这种现象很少见，是一种非主流趋势。参见徐丽丽《中古阳声韵白际方言今读分析》，载《清华大学学报》（哲学社会科学版）2010 年增 2 期，第 14～25 页。

摄，收［-n］尾了。王力（2004：244）认为，唇音声母和双唇鼻音韵尾［-m］放在同一个音节会造成发音上的不便，所以发生了语音异化，"语音的演变，往往由局部带动全面。……起初只是唇声母的-m尾起了异化作用，变了-n尾（'凡'fam→fan，'品'pʻim→pʻin，见中原音韵），后来带动全面，所有的-m尾字都变了-n尾了"。那么，汉语音节中也不乏舌尖中音n同时出现在声母和韵尾的情况，为什么没有像m那样发生语音异化呢？张吉生（2007）运用当代音系学的成分理论和标记性理论，探讨了汉语韵尾辅音历史演变的音系理论以及音系变化规则，研究认为，"现代汉语各方言不同的韵尾辅音多数是中古汉语韵尾辅音由于历时磨损而引起的非口腔化①的结果"，塞音韵尾非口腔化的结果就是-p、-t、-k→-ʔ→∅，鼻音韵尾非口腔化的结果就是-m、-n、-ŋ→ã②→∅。根据标记性理论③，m比ŋ出现在声母位置更自然、更普遍；ŋ比m出现在汉语韵尾位置更具自然性；而n具有明显的无标记性，而且它具有两面性，即在具体的语言或方言中，它可以被赋值，此时它出现在韵尾就很自然、很普遍；也可以不赋值，此时它就很容易被非口腔化影响而产生鼻化或脱落。冯法强（2014）同样指出："从标记理论看，作韵尾时m是有标记的，n是无标记的。……音变的一般规则是标记的消失，有标记项转化为无标记项，m＞n的音变符合这一规则。"标记性理论或许很好地解释了同样是归并，为什么目前看到的都是-m→-n，而不是相反；为什么-n→-ŋ是主流，却也存在-ŋ→-n的非主流音变。

此外，冉启斌（2005）通过实验研究论证了汉语鼻音韵尾的发音时长跟鼻韵尾消变之间的关系，得出"鼻尾的时长越短则越容易弱化、脱落，而-n尾时长往往短于-ŋ尾，这等于说前鼻音韵尾更易于弱化、脱落"的结论。我们认为，这一点也很重要。从笔者本人的语感来说，因为笔者母语灵丘话是深、臻、曾、梗、通五摄韵母今读同收［-ŋ］尾，咸、山、宕、江四摄韵母今读鼻化音或纯元音的类型，所以在学习普通话发音的过程中，区分前后鼻音、发前鼻音n的时候就会很困难。尽管我们没有做n、ŋ发音时长的对比实验，但很明显感觉到，发n时必须留意及时收音，即舌头轻轻上扬，只要接触

---

① "非口腔化"指辅音音段失去口腔发音机制的音系过程。辅音与元音的区别就在于前者发音时必定包含口腔某个发音部位对气流的明显阻碍。如果一个辅音音段失去了口腔发音机制，即失去了发音部位，也就失去了辅音性。详见张吉生《汉语韵尾辅音演变的音系理据》，载《中国语文》2007年第4期，第291～297页。
② 这里用ã泛指主元音的鼻音化。
③ 标记性理论认为，越具标记性的，越是不自然的；越是自然的，越是无标记性的。详见张吉生《汉语韵尾辅音演变的音系理据》，载《中国语文》2007年第4期，第291～297页。

到上齿龈即可。从这一点上来讲，前鼻音弱化可能并不太引起人们的注意。

综上，我们认为，中古阳声韵韵尾由起初的三分格局演变到现代纷繁复杂的局面，经历了归并—弱化—脱落的过程，这也是语音发展简单—复杂—简单的过程。究其音变条件，多数人往往只停留在鼻韵尾发音部位的前后和主元音舌位的高低与鼻音韵尾的弱化、脱落之间关系的层面上，而张吉生和冯法强的文章从音系学角度论证了非口腔化对鼻音韵尾弱化、脱落的影响，冉启斌从实验语音学角度论证了鼻韵尾的发音时长与鼻韵尾消变之间的关系。此3人的观点为我们进一步探讨这个问题开拓了新的思路。另外，以往谈及中古阳声韵尾的演变，关注点往往更多地放在弱化和脱落上，而最早完成的归并阶段却鲜有人提及。我们认为，相同的韵身是韵尾归并的前提条件，语音演变过程中的首尾异化作用对 -m→-n 的归并方向有一定引导作用。标记性理论在解释 -m→-n、-n→-ŋ 归并方向问题上也有很强的说服力。

语言是不断变化的，而且语音演变有一条极具普遍性的法则——省力原则、经济原则。对于语言或方言的特定使用群体来说，只要鼻音韵尾的存留与否不影响当地人的正常交流，那么，鼻音韵尾的归并、弱化和脱落都是再正常不过的音理演变。

### （四）消变趋势

李巧兰（2012）曾提到："阳声韵是方言中很不稳定的一类韵母，在河北方言中，阳声韵的读音情况比较复杂……通过对它演变过程的推测，我们可以预见到随着方言的不断发展，最终阳声韵将消失，而混同于阴声韵，但这可能是一个漫长的过程。"我们并不认同这一观点。阳声韵是以鼻辅音韵尾的标志而区别于阴声韵和入声韵的。中古阳声韵鼻辅音韵尾的弱化甚至脱落引起的今读鼻化音和纯口音现象在现代汉语各大方言中都存在，晋语、吴语、闽语、北方官话中尤其普遍，湘语、客家、赣语、徽语、土话、平话中也都有少量分布，甚至粤语中也有阳声韵尾丢失的现象。[①] 如此众多方言中都表现出鼻音韵尾弱化或脱落的现象，这无疑是语音发展演变过程中的一个自然规律。但我们也应该注意到普通话作为我国现代汉民族共同语、国家通用语言在过去、现在以及未来所充当的角色和所起到的作用。中古阳声韵在当前普通话中是[-n][-ŋ] 两分的，它体现的是鼻音韵尾的归并，尚未进入弱化甚至脱落的阶段。正因如此，我们认为，它的规范性作用会对各方言中由于语音发展自身原因

---

① 参见陈晓锦《广西玉林白话古阳声韵尾、入声韵尾脱落现象分析》，载《中国语文》1999年第1期，第30～33页。

（如发音和谐）而产生的鼻音韵尾弱化、脱落现象产生一种反向力，即：一方面，口语中、年长者、文化水平较低者、乡下人等仍然存在大量鼻化音甚至纯口音；另一方面，书面语中、年轻人、文化水平较高者、城市人等又会学习普通话，回到 -n、-ŋ 二分的格局。或许不久的将来，普通话将会成为所有方言的文读音，与各地方言自身系统的白读音一起构成崭新的文白读系统语音面貌。所以，在阳声韵今后的发展演变趋势问题上，我们认同张燕芬（2012）的观点："大多数汉语方言的鼻音韵尾系统都不再是中古 [-m] [-n] [-ŋ] 三分的格局，其中少数方言的鼻音韵尾已经完全消失。古鼻音韵尾是否会在更多的方言中走向弱化和消失，只能由历史的发展证明。"

## 第三节　入声韵的今读类型及消变

入声韵跟阴声韵、阳声韵相对，是音韵学上根据韵尾类型对韵母进行的一种划分。《切韵》系韵书入声韵韵尾跟阳声韵韵尾在发音部位上整齐配对，咸、深摄收 [-p] 尾，山、臻摄收 [-t] 尾，宕、江、曾、梗、通五摄收 [-k] 尾。入声韵尾 [-p] [-t] [-k] 的三分格局发展到现代汉语方言中大致有 3 种形式：一是保留古入声韵尾，如粤语、客家话等；二是收喉塞韵尾，如吴语、晋语、江淮官话和西南官话的部分地区等；三是韵尾消失，变为阴声韵，如湘语和绝大部分官话。这既是入声韵的 3 种存在形式，也是入声韵由古至今演变的 3 个阶段。当然，各方言中的具体情况又各有不同。入声韵的演变往往涉及塞音韵尾的合并和丢失、韵类的分合、声调的派向等问题，本节从晋冀太行山沿麓晋语入声韵的类型及其分布、晋语入声韵的区别性特征在晋冀太行山沿麓晋语中的今读表现、入声韵尾的消变 3 个方面进行探讨。

### 一、晋冀太行山沿麓晋语入声韵的类型及其分布

古入声韵在今晋冀两省太行山沿麓晋语中有两种存在类型：

(1) 保留塞音韵尾，但古入声 3 个不同发音部位的塞音韵尾 [-p] [-t] [-k] 已合并为一个喉塞尾 [-ʔ]。按照各方言的具体情况又可分为如下 4 个小类：

第一小类，3 组 8 个，如五台（aʔ、iaʔ、uaʔ、ɔʔ、əʔ、ieʔ、ueʔ、yəʔ）。

第二小类，两组 8 个，如孟县（ɐʔ、iɐʔ、uɐʔ、yɐʔ、əʔ、iɛʔ、uəʔ、yɤʔ）、黎城（ɐʔ、iɐʔ、uɐʔ、yɐʔ、əʔ、iəʔ、uəʔ、yəʔ）、涉县（ɐʔ、iɐʔ、uɐʔ、yɐʔ、əʔ、iəʔ、uəʔ、yəʔ）。

第三小类，两组 7 个，如平定（aʔ、iaʔ、uaʔ、əʔ、iəʔ、uəʔ、yəʔ）、左权（aʔ、iaʔ、uaʔ、əʔ、iɛʔ、uəʔ、yɛʔ）。

第四小类，一组 4 个，如灵丘（əʔ、iəʔ、uəʔ、yəʔ）、昔阳（ɐʔ、iaɪ、uaʊ、yɐʊ）、和顺（ɐʔ、iɛ、ʔaʊ、yɛʔ）、邢台（ʌʔ、iʌʔ、uʌʔ、yʌʔ）。

晋语中入声韵今分 3 组韵母的并不太多，但它可以代表一种很重要的类型。这 3 组韵母往往是由低、中、高 3 组元音构成，呈 aʔ（或 ɐʔ）/ɔʔ/əʔ（或 ʌʔ）的对立格局。此类型在忻州及周边的原平、阳曲、河曲、定襄、偏关等方言集中分布。其中，忻州、偏关方言的 3 组韵母对立最为完整，河曲方言中中元音一组只有齐齿呼和撮口呼，原平和阳曲方言中中元音一组只有开口呼和合口呼，定襄方言中元音一组只有合口呼和撮口呼。① 五台县隶属忻州市，其方言在入声韵方面也表现出跟忻州市及周边方言相一致的特点，尽管五台方言中元音 ɔʔ 组只有开口呼，辖字也非常有限（仅"鸽、割、葛、渴、喝、络、乐<sub>快</sub>～各、搁、鄂、鹤、拆"12 个字），但它足以说明入声韵演变过程中的简化趋势以及韵类归并的情况。很明显，在韵类归并的道路上，中元音这一组是最不稳定的。

两组韵母的类型是晋语分布最广的一种类型。我们对《山西方言调查研究报告》（1993）一书中的 76 个晋语方言点的入声韵数量进行统计，其中有 64 个方言点是两组韵母的类型，由此可见一斑。两组韵母的类型通常由一组低元音 aʔ（或 ɐʔ）和一组高元音 əʔ（或 ʌʔ）各自配上开、齐、合、撮构成，但有时候并不一定全部配套整齐，所以如上面我们所做的分类，两组韵母型又有 7 个韵母和 8 个韵母的情况。入声韵韵母的主元音也跟阳声韵一样，咸、山、宕、江摄配低元音，深、臻、曾、梗、通摄配中、高元音。根据调查材料我们发现，两组韵母型的方言中，低元音 aʔ（或 ɐʔ）组往往配咸、山两摄，中、高元音 əʔ（或 ʌʔ）组往往配深、臻、曾、梗、通摄，呈互补状态。而宕、江摄韵母的读法则表现出各种姿态，既有读 aʔ（或 ɐʔ）类的，又有读 əʔ（或 ʌʔ）类的。本书调查所用的入声字中有 58 个字来自宕、江两摄。我们对入声韵属于两组韵母类型的方言，如盂县、平定、左权、黎城、涉县的低元音韵母出现在宕、江两摄入声字中的字数进行了统计，结果如下：左权 12 个，平定 23 个，涉县 35 个，黎城 37 个，盂县 42 个。可见，在左权方言中，宕、江两摄入声字倾向于读高元音组，在涉县、黎城和盂县方言中则相反，而平定

---

① 忻州、原平、阳曲、定襄的材料来源于《山西方言调查研究报告》（山西高校联合出版社 1993 年版），河曲、偏关的材料来源于王洪君《入声韵在山西方言中的演变》（载《语文研究》1990 年第 1 期）。

方言中是高低两组韵母大致参半。

一组韵母的类型是保留塞音韵尾中最简单的一种类型,它是走保留塞音韵尾、韵类合并演化道路的极端代表。入声韵由两组变为一组应该是较晚近发生的一种音变。这一点可以从灵丘方言 20 多年来入声韵的变化得到印证。1996 年出版的《灵丘方言志》一书中描写了灵丘方言音系。关于入声韵,书中记载的是两套 8 个韵母,分别是 aʔ、iaʔ、uaʔ、yaʔ、əʔ、iəʔ、uəʔ、yəʔ。① 而现在的灵丘话是一套 4 个入声韵母,即 əʔ、iəʔ、uəʔ、yəʔ。②

总而言之,保留塞音韵尾的方言,其入声韵的演变基本上有两条路径:一是韵尾脱落,入声韵转化为阴声韵的同时,入声调也转派为舒声调,即"舒化";二是韵类合并,如上文中提到的五台方言中的中元音 ɔ 组入声韵的情况。这两种路径在入声韵的演化过程中不存在先后次序,往往同时进行。总的趋势是 3 组入声韵的类型会演变为两组的类型,两组入声韵的类型会继续演变为一组入声韵的类型,韵类会越来越少,越来越简化。

(2)不保留塞音韵尾,入声韵变为阴声韵,如河北的平山、井陉、赞皇方言。但该类型与同样丢失了塞音韵尾的其他北方官话,如山西南部的中原官话、河北中南部的冀鲁官话等又不一样。官话中大多数是入声韵和入声调都已经消失了的类型。《切韵》系韵书,入声韵和入声调是严丝合缝相匹配的,即入声韵只在入声调里出现,而入声调只配入声韵。语音发展到如今,这种关系基本已不复存在。通常来说,有入声韵就一定有入声调,而有入声调却不一定有入声韵。河北的平山、井陉、赞皇方言没有入声韵却保留独立入声调的情况跟今长沙话是一个类型。

晋冀太行山沿麓晋语入声韵今读情况详见表 5 – 14。

表 5 – 14　晋冀太行山沿麓晋语入声韵今读

| 韵摄 | 例字 | 灵丘 | 五台 | 盂县 | 平定 | 昔阳 | 和顺 | 左权 | 黎城 | 平山 | 井陉 | 赞皇 | 邢台 | 涉县 |
|---|---|---|---|---|---|---|---|---|---|---|---|---|---|---|
| 咸 | 接 | tɕiəʔ˧ | tɕiəʔ˧ | tɕiaʔ˧ | tɕiaʔ˧ | tɕiɛʔ˧ | tɕiɛʔ˧ | tɕiɛʔ˧ | tɕiɛ˧ | tɕiɛ˧ | tsie˧ | tsiʌʔ˧ | tɕiəʔ˧ |
|   | 法 | fəʔ˧ | faʔ˧ | fəʔ˧ | faʔ˧ | fɛʔ˧ | fɛʔ˧ | faʔ˧ | fɛʔ˧ | fa˧ | fʌ˧ | faʔ˧ | fʌʔ˧ | fɛʔ˧ |
| 深 | 湿 | səʔ˧ | səʔ˧ | səʔ˧ | ʂəʔ˧ | ʂaʂ˧ | ʂaʂ˧ | ɕiəʔ˧ | ʂʅ˧ | ʂʅ˧ | ʂʅ˧ | ʂʌʔ˧ | səʔ˧ |
|   | 吸 | ɕiəʔ˧ | ɕiəʔ˧ | ɕiəʔ˧ | ɕiəʔ˧ | ɕiɛʔ˧ | ɕiɛʔ˧ | ɕiəʔ˧ | ɕiəʔ˧ | ɕi˧ | ɕi˧ | ɕi˧ | ɕiʌʔ˧ | ɕiəʔ˧ |

---

① 参见江荫褆、李静梅《灵丘方言志》,山西高校联合出版社 1996 年版,第 5 页。
② 参见李欢《灵丘方言音韵特点》,载《西藏民族大学学报》(哲学社会科学版)2016 年第 6 期,第 121 页。

续表 5-14

| 韵摄 | 例字 | 灵丘 | 五台 | 盂县 | 平定 | 昔阳 | 和顺 | 左权 | 黎城 | 平山 | 井陉 | 赞皇 | 邢台 | 涉县 |
|---|---|---|---|---|---|---|---|---|---|---|---|---|---|---|
| 山 | 八 | pəʔ˧ | paʔ˧ | peʔ˧ | paʔ˧ | peʔ˧ | pɐʔ˧ | paʔ˧ | pɐ˧ | pʌ˧ | pa˧ | pʌʔ˧ | peɐ˧ |
| | 铁 | tʰiəʔ˧ | tʰiəʔ˧ | tʰiɐʔ˧ | tʰiaʔ˧ | tʰiɐʔ˧ | tʰiɛʔ˧ | tʰiɛʔ˧ | tʰiɛ˧ | tʰie˧ | tʰie˧ | tʰiʌʔ˧ | tʰiɐ˧ |
| | 雪 | ɕyəʔ˧ | ɕyəʔ˧ | ɕyaʔ˧ | ɕyaʔ˧ | ɕyɐʔ˧ | ɕyɛʔ˧ | ɕyɐʔ˧ | ɕiɜ˧ | ɕyɛ˧ | sye˧ | syʌʔ˧ | ɕyɐ˧ |
| 臻 | 七 | tɕʰiəʔ˧ | ɕiəʔ˧ tɕʰi˧ | tɕʰiɛʔ˧ | tɕʰiəʔ˧ | tɕʰiɛʔ˧ | tɕʰiɜʔ˧ | tɕʰiəʔ˧ | tsʰɿ˧ | tɕʰi˧ | tɕʰi˧ | tsʰiʌʔ˧ | tɕʰiəʔ˧ |
| | 没 | məʔ˧ | mᵇəʔ˧ | məʔ˧ | məʔ˧ | məʔ˧ | mᵇəʔ˧ | məʔ˧ | mu˧ | məʔ˧ | muo˧ | mʌʔ˧ | məʔ˧ |
| | 骨 | kuəʔ˧ | kuəʔ˧ | kuəʔ˧ | kuəʔ˧ | kɐɤ˧ kuɐɤ˧ | kuəʔ˧ | kuəʔ˧ | ku˧ | ku˧ | ku˧ | kuʌʔ˧ | kuəʔ˧ |
| 宕 | 搁 | kəʔ˧ | kəʔ˧ | keʔ˧ | kaʔ˧ | keʔ˧ | kɐʔ˧ | keʔ˧ | kɣ˧ | kə˧ | kɣ˧ | kʌʔ˧ | kɐʔ˧ |
| | 药 | iau˧ | iəʔ˧ iou˧ | iəʔ˧ | io˧ | ɕi˧ | iɛʔ˧ | ɯ˧ | yɐ˧ | ɕi˧ | ei˧ | io˧ | iau˧ | ye˧ |
| | 郭 | kuə˧ | kuəʔ˧ | kuəʔ˧ | kuəʔ˧ | kuɐʔ˧ | kuɐʔ˧ | kuɐʔ˧ | kuɤ˧ | kuə˧ | kuo˧ | kuʌʔ˧ | kuɐʔ˧ |
| 江 | 桌 | tsuəʔ˧ | tsuəʔ˧ | tsuɐʔ˧ | tsua˧ | tsuɐʔ˧ tsuɑ˧ | tsuːʌ˧① | tsuɐʔ˧ | tsuɣ˧ | tsuə˧ | tsuo˧ | tsuʌʔ˧ | tsuɐʔ˧ |
| | 握 | vəʔ˧ | vəʔ˧ | vɐʔ˧ | vaʔ˧ | vɐʔ˧ | vɐʔ˧ | vaʔ˧ | vəʔ˧ | uɣ˧ | uə˧ | uo˧ | uʌʔ˧ | vɐʔ˧ |
| 曾 | 北 | piəʔ˧ | piəʔ˧ pei˧ | piɜʔ˧ | piaʔ˧ | piaʔ˧ | piɛʔ˧ | iɜ˧ | piə˧ | pai˧ | pai˧ | pei˧ | pei˧ | piə˧ |
| | 克 | kʰəʔ˧ | kʰəʔ˧ | kʰaʔ˧ | kʰaʔ˧ | kʰaʔ˧ | kʰəʔ˧ | kʰəʔ˧ | kʰɣ˧ | kʰə˧ | kʰɣ˧ | kʰʌʔ˧ | kʰər˧ |
| | 测 | tsʰəʔ˧ | tsʰaʔ˧ | tsʰɐʔ˧ | tsʰɐʔ˧ | tsʰɐʔ˧ | tsʰəʔ˧ | tsʰəʔ˧ | tʂʰɛ˧ | tsʰə˧ | tsʰɣ˧ | tsʰʌʔ˧ | tsʰə˧ |
| 梗 | 麦 | mai˧ | mᵇiəʔ˧ | miəʔ˧ | mɛ˧ | mɛ˧ | miːɯ˧ miɜʔ˧ mɛɯ˧ | miɜʔ˧ | mɛ˧ | mɛ˧ | mɛ˧ | mai˧ | mie˧ |
| | 革 | kəʔ˧ | kəʔ˧ | keʔ˧ | kaʔ˧ | kɐʔ˧ | kɐʔ˧ | kɐʔ˧ | kɣ˧ | kə˧ | kɣ˧ | kʌʔ˧ | kɐʔ˧ |
| | 石 | sʔ˧ tsɿ˧ | səʔ˧ | səʔ˧ | ʂʅ˧ | ʂɐʂ˧ | ʂaʂ˧ | ɕiəʔ˧ | ʂʅ˧ | tsʅ˧ | ʂʅ˧ | ʂʌʔ˧ | səʔ˧ |
| | 吃 | tsʰəʔ˧ | tsʰəʔ˧ | tsʰəʔ˧ | tʂʰaʔ˧ | tsʰɐʔ˧ | tsʰaʔ˧ | tɕʰiəʔ˧ | tʂʰʅ˧ | tsʰʌ˧ | tʂʰʅ˧ | tʂʰʌʔ˧ | tsʰəʔ˧ |

① 此处记录的和顺方言中"桌、麦"二字，实际上是发音人发的是"桌子、麦子"的音，和顺方言没有"子"尾，通过拉长主元音来实现"子"尾功能。

续表 5-14

| 韵摄 | 例字 | 灵丘 | 五台 | 盂县 | 平定 | 昔阳 | 和顺 | 左权 | 黎城 | 平山 | 井陉 | 赞皇 | 邢台 | 涉县 |
|---|---|---|---|---|---|---|---|---|---|---|---|---|---|---|
| 通 | 读 | tuaʔ₅ | tuəʔ₅ | tuəʔ₅ | tɜuʔ₅ | tɜuʔ₅ | tɜuʔ₅ | tuəʔ₅ | tu₅ | tu₅ | ₅tu | ₅tu | tuəʔ₅ |
| | 谷 | kuəʔ₅ | kuəʔ₅ | kuəʔ₅ | kuəʔ₅ | kuəʔ₅ | kuəʔ₅ | kuəʔ₅ | ku₅ | ku₅ | ku₅ | kuʌʔ₅ | kuəʔ₅ |
| | 绿 | ly⁵ | luəʔ₅ | luəʔ₅ | lyəʔ₅ / luʔ₅ | lu⁵ | lɜuʔ₅ | luəʔ₅ / lyʔ₅ / luʔ₅ | li₅ | ly⁵ | ly⁵ | ly⁵ | ly⁵ |
| | 局 | ₅tɕy | tɕyəʔ₅ | tɕyəʔ₅ | ₅tɕy | ₅tɕy | ₅tɕyɜʔ | ₅tɕyɜʔ | tɕyəʔ₅ | ₅tɕi | ₅tɕy | ₅tɕy | ₅tɕy | tɕyəʔ₅ |

## 二、晋语入声韵的区别性特征在晋冀太行山沿麓晋语中的今读表现

"晋语入声韵的区别性特征"是侯精一（1999）提出的，共有两点：一是通摄一等入声精组字和通摄三等入声精组字的读法，二是曾摄开口一等入声帮组字和梗摄开口二等入声帮组字的读法。以下将罗列这些字在本书考察的13个方言点中的读音，以此来观察这两项入声韵母的特征在晋冀太行山沿麓晋语和冀鲁官话的过渡带上的表现。

### 1. 通合一和通合三的精组入声字

《方言调查字表》中通摄精组入声字收了9个字，其中，"族、速"来自通合一，"足、促、肃、宿、粟、俗、续"来自通合三。北京话中通合一和通合三的精组入声字今韵母没有区别，除了"续"，其他字都念合口呼；冀鲁官话如济南话也有"族"［tsu］和"足"［tɕy］的区别，但是没有入声；江淮官话跟晋语一样都有喉塞尾［-ʔ］，但"族"和"足"没有区别。（见表5-15）

表 5-15 "族、足"在冀鲁官话、江淮官话中的读音[①]

| 方言点 | | 族通合一 | 足通合三 |
|---|---|---|---|
| 冀鲁官话 | 济南 | ₅tsu | ₅tɕy / ₅tsu新 |
| | 保定 | ₅tsu | |
| | 唐山 | ₅tsu | |

---

[①] 表 5-15 中，济南的字音材料来自《汉语方音字汇》（语文出版社 2003 年版，第 114 页），保定、唐山"族"字的读音来自《河北省志·方言志》（方志出版社 2005 年版，第 163 页），保定、唐山"足"字的读音来自笔者调查，江淮官话的字音材料来自侯精一《晋语入声韵母的区别性特征与晋语区的分立》（载《中国语文》1999 年第 2 期，第 104 页）。

续表 5-15

| 方言点 | | 族通合一 | 足通合三 |
|---|---|---|---|
| 江淮官话 | 南京 | tsʰuʔ | tsuʔ |
| | 扬州 | tsʰɔʔ | tsɔʔ |
| | 高邮 | tsʰɔʔ | tsɔʔ |
| | 淮阴 | tsʰɔʔ | tsɔʔ |
| | 泰兴 | tsʰɔʔ | tsɔʔ |
| | 如皋 | tsɔʔ | tsɔʔ |
| | 合肥 | tsʰuəʔ | tsuəʔ |

而晋语中却有通合一、通合三精组入声字的区别，一等读合口呼，三等读撮口呼。我们选取山西晋语中东、西、北、中部各代表方言"族、速、足、俗"4 个字的今读，见表 5-16。

表 5-16 "族、速、足、俗"在山西北部、西部、中部、东南部代表方言中的读音①

| 方言点 | 族通合一 | 速通合一 | 足通合三 | 俗通合三 |
|---|---|---|---|---|
| 大同北部 | tʂʰuəʔ₂ | ʂuəʔ | tɕyəʔ | ɕyəʔ |
| 临县西部 | tsuəʔ | — | tɕyəʔ | ɕyəʔ |
| 太原中部 | tsʰuəʔ₂/tsuəʔ₂ | suəʔ₂ | tɕyəʔ₂ | ɕyəʔ₂ |
| 长治东南部 | tsuəʔ₂ | suəʔ₂ | tɕyəʔ₂ | ɕyəʔ₂ |

注：表 5-16 所列例字中，有文白两读的，"/"前的是白读音，"/"后的是文读音。

晋冀太行山沿麓晋语通合一、通合三精组入声字的今读见表 5-17。

表 5-17 晋冀太行山沿麓晋语通合一、通合三精组入声字今读

| 方言点 | 族通合一 | 速通合一 | 足通合三 | 促通合三 | 肃通合三 | 宿通合三 | 俗通合三 | 续通合三 |
|---|---|---|---|---|---|---|---|---|
| 灵丘 | tsʰuəʔ₂ | suəʔ₂ | tɕyəʔ₂ | tsʰuəʔ₂ | ɕyəʔ₂ | ɕyəʔ₂ | ɕyəʔ₂ | ɕy˙ |
| 五台 | tsuəʔ₂ | ɕyəʔ₂ | tɕyəʔ₂ | tsʰuəʔ₂ | ɕyəʔ₂ | ɕyəʔ₂ | ɕyəʔ₂ | ɕyəʔ₂ |

---

① 表 5-16 中，大同、临县的字音材料来自侯精一《晋语入声韵母的区别性特征与晋语区的分立》（载《中国语文》1999 年第 2 期，第 103 页），太原的字音材料来自王琼《并州片晋语语音研究》（北京大学 2012 年博士学位论文，第 166 页），长治的字音材料来自王利《晋东南晋语语音研究》（山东大学 2008 年博士学位论文，第 300～304 页）。

续表 5-17

| 方言点 | 族通合一 | 速通合一 | 足通合三 | 促通合三 | 肃通合三 | 宿通合三 | 俗通合三 | 续通合三 |
|---|---|---|---|---|---|---|---|---|
| 盂县 | tsuəʔ˒ | ɕyəʔ˒ | tɕyəʔ˒ | tsʰuəʔ˒ | ɕyəʔ˒ | ɕyəʔ˒ | ɕyəʔ˒ | ɕyˀ |
| 平定 | tsuəʔ˒ | suəʔ˒ | tɕyəʔ˒ | tɕʰyəʔ˒ | ɕyəʔ˒ | ɕyəʔ˒ | ɕyəʔ˒ | ɕyˀ |
| 昔阳 | tsuɐʔ˒ | suɐʔ˒ | tɕyɐʔ˒ | tsʰuɐʔ˒ | ɕyɐʔ˒ | ɕyɐʔ˒ | ɕyɐʔ˒ | ɕyˀ |
| 和顺 | tsʰuɐʔ˒ | suɐʔ˒ | tsuɐʔ˒ | tsʰuɐʔ˒ | ɕyɜʔ˒ | ɕyɜʔ˒ | ɕyɜʔ˒ | ɕyˀ |
| 左权 | tsʰuɐʔ˒ | suɐʔ˒ | tsuɐʔ˒ | tsʰuɐʔ˒ | suɐʔ˒ | suɐʔ˒ | suɐʔ˒ | suɐʔ˒ |
| 黎城 | tsʰuɐʔ˒ | suəʔ˒ | tɕyəʔ˒ | tsʰuɐʔ˒ | suˀ | ɕyəʔ˒ | ɕyəʔ˒ | ɕyˀ |
| 平山 | ˪tsu | su˒ | tsu˒ | tsʰu˒ | su˒ | su˒ | su˒ | ˪ɕi |
| 井陉 | ˪tsu | su˒ | tsu˒ | tsʰu˒ | su˒ | su˒ | ˪su | ɕyˀ |
| 赞皇 | ˪tsu | su˒ | tsu˒ | tsʰu˒ | su˒ | su˒ | su˒ | syˀ |
| 邢台 | ˪tsu | ˪su | tsyʌʔ˒ | ˪tsʰu | suʌʔ˒ | suʌʔ˒ | ˪sy | ˪sy |
| 涉县 | tsuəʔ˒ | suəʔ˒ | tɕyəʔ˒ | tsʰuəʔ˒ | suˀ | suəʔ˒ | ɕyəʔ˒ | ɕyˀ |

从表 5-17 可以看出：平定方言一等和三等保持整齐对立，左权方言一等和三等没有区别，平山、井陉、赞皇也是一等和三等没有区别，但已全部舒化，跟北京话相同①；一等的"速"在五台和盂县方言中读作撮口呼是例外；三等的"促"除了平定方言读撮口呼，其他方言点都读合口呼。很明显，一等读合口呼的情况要比三等读撮口呼的情况稳定得多，这是北京话一等、三等都读作合口呼的缘故。所以，三等字"足、促、肃、宿、俗"读合口还是撮口往往是新老派的区别多于地域区别，即不论哪个方言点，都是年轻人读合口呼的现象越来越多。由此可见，晋冀太行山沿麓晋语入声韵的这个区别特征整体保持较好。

2. 曾开一和梗开二的帮组入声字

《方言调查字表》中收录曾开一帮组入声字有"北、墨、默"3 个，收录梗开二帮组入声字有"百、柏、伯、迫、拍、魄、白、帛、陌、麦、脉"11 个。北京话中这些入声字舒化后韵母多与果合一、蟹开一合流，今读 [ai] 或 [o] 韵母。此外，"北"读 [ei] 韵母。晋语中这两组字的读音在整个汉语方言中较为特殊，见表 5-18。（方便比较，此表所选方言点与表 5-16 的一致）

---

① 平山方言"续"读 [˪ɕi] 是因为该方言有 y 介音但没有 y 韵母的缘故，赞皇、邢台方言"续"读 [syˀ] 是因为它们的精组今细音前读 ts 组声母的缘故。

表 5-18  "北、墨、迫、麦"在山西北部、西部、中部、东南部代表方言中的读音①

| 方言点 | 北曾开一 | 墨曾开一 | 迫梗开二 | 麦梗开二 |
|---|---|---|---|---|
| 大同北部 | piəʔ | miaʔ | pʰiaʔ | miaʔ |
| 临县西部 | piəʔ | miəʔ | pʰiɑʔ | miɑʔ |
| 太原中部 | pieʔ˨/˨pei新 | mieʔ˨ | pʰieʔ˨/pai˨新 | mieʔ˨ |
| 长治东南部 | pəʔ˨/pei˨新 | miəʔ˨ | pʰiəʔ˨ | miəʔ˨/mæ˨新 |

桥本万太郎早在1982年就注意到了这个现象，"就是 -i- 介音只莫名其妙地出现在晋语的一等和二等的入声字音中"②。为什么晋语曾开一和梗开二帮组入声字今读有[-i]介音，目前我们还没有看到相关的解释。另，闽语福建话和湘语双峰话也有曾开一和梗开二帮组入声字今读齐齿呼的现象，粤语的广州话、阳江话，客家的梅县话也有零星出现，见表5-19。

表 5-19  曾开一、梗开二帮组入声字在厦门、双峰等地的读音③

| 方言点 | 梗开二 | | | | | | | | | | 曾开一 | | |
|---|---|---|---|---|---|---|---|---|---|---|---|---|---|
| | 伯 | 迫 | 魄 | 陌 | 白 | 百 | 柏 | 拍 | 麦 | 脉 | 北 | 墨 | 默 |
| 厦门 | pikʔ文 | pikʔ文 | pʰikʔ | bikʔ | pikʔ文 | pikʔ文 | pʰikʔ文 | bikʔ文 | bikʔ文 | | bikʔ文 | bikʔ文 | |
| 双峰 | | ₅pia白 | | ₅pia白 | ₅pia白 | ₅pia白 | | | | | ₅pia白 | | |
| 广州 | pikʔ | | | | | | | | | | | | |
| 阳江 | pikʔ | | | | | | | | | | | | |
| 梅县 | pitʔ | | | | | | | | | | | | |
| 太原 | pieʔ˨ | pʰieʔ˨ | pʰieʔ˨ | mieʔ˨ | pieʔ˨ | pieʔ˨ | pieʔ˨ | pʰieʔ˨ | mieʔ˨ | mieʔ˨ | pieʔ˨ | mieʔ˨ | mieʔ˨ |

---

① 表5-18中，大同、临县的字音材料来自侯精一《晋语入声韵母的区别性特征与晋语区的分立》（载《中国语文》1999年第2期，第104页），太原的字音材料来自王琼《并州片晋语语音研究》（北京大学2012年博士学位论文，第161～162页），长治的字音材料来自王利《晋东南晋语语音研究》（山东大学2008年博士学位论文，第292～295页）。

② 桥本万太郎：《西北方言和中古汉语的硬软腭音韵尾——中古汉语的鼻音韵尾和塞音韵尾的不同作用》，载《语文研究》1982年第1期，第24页。

③ 表5-19中，字音材料全部来自《汉语方音字汇》（语文出版社2003年版）。表5-19中只标读齐齿呼的音，其他音从省；为了方便比较，太原读音也列于其中。

看得出来，除了太原话，曾开一和梗开二帮组入声字今读齐齿呼的现象在厦门话的文读系统中存在，在双峰话中的白读系统中少量存在，在广州、阳江、梅县话中只出现在个别字中，不成规模。这样的入声韵特征为何在晋语中广泛存在？为何湖南的双峰和福建的厦门也有同样的语音现象？晋语方言中还有一些语音特征往往和闽语能够遥相呼应，如歌、戈和鱼、模同韵现象等。今并州片的太谷方言来自果摄的"左、坐"等字和来自遇摄的"土、鲁、租"等字韵母是相同的，同读[uo]；上党片的武乡方言也有此类现象，例如，搓＝初[tsʰuɤ¹¹³]，锁＝数[suɤ²¹³]。① 福州话歌、模也是同韵的。因而乔全生（2008：146）在考察了大量共时方音材料和历时文献的基础上，认为"晋方音的残余现象与闽方音的同类现象当属同源异流，宋代闽方音同韵现象与晋方音同韵的残余现象当是平行变化。是早期西北地区的汉人南下时带过去的"。正如表5-19所列，曾开一和梗开二的帮组入声字韵母读作齐齿呼的特点在晋语和厦门话中也有着高度一致性。这使得我们更有理由相信晋语可能早在唐宋之际就已经与北方官话分道扬镳，由于山西特殊的自然地理条件、封闭的环境使得它保留了唐五代西北方音的很多特点。而闽语应该也有西北方音的源头。如果说晋语的特点跟其四周环山的地理特征有很大的关系，那么闽语的特点可能与移民脱不了干系。

那么，处在晋语边缘地带的晋冀太行山沿麓晋语的曾开一、梗开二帮组入声字又是怎样的状态呢？见表5-20。

表 5-20 曾开一、梗开二帮组入声字在晋冀太行山沿麓晋语中的今读

| 方言点 | 梗开二 | | | | | | | | | 曾开一 | | |
|---|---|---|---|---|---|---|---|---|---|---|---|---|
| | 伯 | 迫 | 魄 | 陌 | 白 | 百 | 拍 | 麦 | 脉 | 北 | 墨 | 默 |
| 灵丘 | pəʔ₅ ₅pai | pʰəʔ₅ | pʰəʔ₅ | məʔ₅ | ₅pai | ₅pai | pʰeiʔ₅ ₅pʰai | mai⁵ | mai⁵ | piəʔ₅ | mei⁵ | məʔ₅ |
| 五台 | piəʔ₅ | pʰiəʔ₅ | pʰo⁵ | mᵇəʔ₅ | pʰeiʔ₅ ₅pɛ | piəʔ₅ ₅pɛ | pʰeiʔ₅ ₅pʰɛ | mᵇiəʔ₅ | mᵇɛ⁵ | piəʔ₅ ₅pei | mᵇiəʔ₅ mᵇo⁵ | mᵇo⁵ |
| 盂县 | piɐʔ₅ | pʰiəʔ₅ | pʰiəʔ₅ | ₅mo | piəʔ₅ | piəʔ₅ | pʰiəʔ₅ | miəʔ₅ | miəʔ₅ | piəʔ₅ | miɛʔ₅ | miɛʔ₅ |
| 平定 | piəʔ₅ | pʰiəʔ₅ | pʰiaʔ₅ | mᵇaʔ₅ | ₅pɛ | piəʔ₅ | pʰiaʔ₅ | mɛ⁵ | mɛ⁵ | piəʔ₅ | mᵇiəʔ₅ | mᵇəʔ₅ |
| 昔阳 | piɐʔ₅ | pʰiəʔ₅ | pʰiɐʔ₅ | mɤ⁵ | ₅pɛ | piəʔ₅ | pʰiɐʔ₅ | mɛ⁵ | mɛ⁵ | piəʔ₅ | mi⁵ | mɤ⁵ |

---

① 材料来自乔全生《晋方言语音史研究》（中华书局2008年版，第146页）。

续表 5-20

| 方言点 | 梗开二 | | | | | | | | | 曾开一 | | |
|---|---|---|---|---|---|---|---|---|---|---|---|---|
| | 伯 | 迫 | 魄 | 陌 | 白 | 百 | 拍 | 麦 | 脉 | 北 | 墨 | 默 |
| 和顺 | ₌pɛ | pʰiɛʔ₌ | pʰɛʔ₌ | mɛʔ₌ | piɛʔ₌ / ₌pɛ | piɛʔ₌ | pʰiɛʔ₌ | ₌mi:ɯ | miɛʔ₌ | piɛʔ₌ | miɛʔ₌ | miɛʔ₌ |
| 左权 | ₌pei | pʰiɛʔ₌ | pʰəʔ₌ | mɤ₌ | piɛʔ₌ / ₌pei | piɛʔ₌ | pʰiɛʔ₌ | miɛ₌ / mɛ₌ | mi₌ / mei₌ | ₌pei | miɛ₌ | miɛ₌ |
| 黎城 | piɛʔ₌ | pʰiɛʔ₌ | pʰiɛʔ₌ | miəʔ₌ | piɛʔ₌ | piɛʔ₌ | pʰiɛʔ₌ | miɛ₌ | piəʔ₌ | miəʔ₌ | miəʔ₌ |
| 平山 | pɛ₌ | pʰɛ₌ | pʰɛ₌ | ɛ₌ | pɛ₌ | pɛ₌ | pʰɛ₌ | mɛ₌ | mɛ₌ | pai₌ | mai₌ | mɤ₌ |
| 井陉 | pɛ₌ | pʰɛ₌ | pʰɛ₌ | mə₌ | pɛ₌ | pɛ₌ | pʰɛ₌ | mɛ₌ | mɛ₌ | pei₌ | mai₌ | mə₌ |
| 赞皇 | pɛ₌ | pʰɛ | pʰɤ₌ | muo₌ | pɛ₌ | pɛ₌ | pʰɛ₌ | mɛ₌ | mɛ₌ | pei₌ | mei₌ | muo₌ |
| 邢台 | ₌pai | ₌pʰai | ₌pʰai | ₌muə | ₌pai | ₌pai | ₌pʰai | mai₌ | mai₌ | ₌pei | mei₌ | ₌muə |
| 涉县 | pɛʔ₌ | pʰɛʔ₌ | pʰɛʔ₌ | ₌muɤʔ | ₌pɛʔ / pai | ₌pɛʔ | pʰiɛʔ₌ | mie₌ | mai₌ | piəʔ₌ | məʔ₌ | muɤʔ₌ |

注：表 5-20 所列例字中，有新老差异的，居上的是老派读音，居下的是新派读音。

我们发现：

（1）就晋冀太行山沿麓这条南北纵贯线而言，位于最北端的山西灵丘和位于最南端的河北涉县保留曾开一和梗开二帮组入声字读齐齿呼的很少，灵丘方言只有"拍、北"两个字，涉县方言只有"拍、麦、北"3个字。

（2）河北晋语只有涉县"拍、麦、北"3个字今读齐齿呼，其他 4 个方言点都已经没有读齐齿呼的痕迹了。今读韵母从音值上看，跟冀鲁官话相似。

（3）表 5-20 所列的 12 个字，山西晋语除了灵丘以外，其他 7 个方言点今读齐齿呼的字数分别为黎城 12 个，盂县 11 个，和顺 9 个，五台、平定、左权 8 个，昔阳 6 个。可见，这些地方都很好地保留了晋语入声韵母的这一区别于其他方言的特征。

## 三、入声韵尾的消变

古代音系有一个很重要的特点——阳入对应，即同一韵摄的阳声韵和入声韵，其主元音相同或相近，韵尾的发音部位也相同，此两者在音系中是相互依存的关系。但这种情形发展到唐后期，入声韵尾就开始相混，宋代发生巨变。① 再到后来的近代汉语、现代汉民族共同语以及现在的绝大多数北方方言，入声韵的［-p］［-t］［-k］3种塞音韵尾已经完全消失。至此，以塞音韵尾为标志的中古入声韵不复存在。但入声韵在今南方方言中还有大面积保留，而且现在的入声韵跟之前的情况又有所不同。一方面，如今的"阳入对应"规则不再像中古时期那样严密、整齐；另一方面，除了［-p］［-t］［-k］3个韵尾以外，又产生了新的韵尾——喉塞尾［-ʔ］、边音尾［-l］、鼻音尾［-m］［-n］。喉塞尾［-ʔ］广泛存在于江淮官话和晋语中，闽语的一些方言中也有；边音尾［-l］主要分布在赣江中下游、抚河流域及鄱阳湖地区的赣语核心区昌靖片、抚广片等，以及洪泽湖和巢湖附近的江淮官话中②；鼻音尾［-m］目前仅见福建的光泽、邵武方言有报道③；鼻音尾［-n］目前仅见湖北东南部的通城方言有报道④。一般认为，边音韵尾和鼻音韵尾都是旁转的结果，喉塞韵尾是塞音韵尾弱化的表现。

关于入声韵尾的消变问题，学界探讨较多。一般认为，中古时期的［-p］［-t］［-k］先经历了合并为［-ʔ］的阶段，再由［-ʔ］进一步演变，直到入声韵尾完全消失。至于第一阶段中［-p］［-t］［-k］3个韵尾又是如何合并，通过怎样的途径、步骤，孰先孰后，最终弱化为［-ʔ］的，需要在保留有这几种塞音韵尾的方言中去考察。晋语入声韵今统统收喉塞尾［-ʔ］，处于整个入声韵尾演变链条的第二阶段。因此，我们只能下推，即入声韵尾［-ʔ］的消变问题。

本书所涉13个晋语方言点中，河北的平山、井陉、赞皇是没有入声韵，但有独立入声调的类型。该类型的入声韵尾消失前是怎样的状态？有没有经历过收喉塞尾［-ʔ］的阶段呢？我们认为，这三地方言经历过收喉塞尾［-ʔ］的阶段，理由如下：

首先，井陉方言中有［-ʔ］的极少量残余。本书所调查单字共有2630个，只发现有几个极常用字有喉塞韵尾，例如，不［puᵊ／pəʔ˰］、可［ᶜkʰə／

---

① 刘青松通过考察白居易《琵琶行》的用字用韵情况，发现在唐后期，-p、-t、-k 3个入声韵尾已有了相混演变的萌芽，而在《七音略》《四声等子》《切韵指掌图》《皇极经世解起数诀》等宋代韵书里更是以入声兼配阴阳，表明宋代中晚期时候，入声韵发生了巨大的变化。详见刘青松《宋元时期入声韵尾的消变》，载《广西师范大学学报》（哲学社会科学版）1998年第2期，第64～67页。

② 参见童为光《湘鄂赣三界方言的"l"韵尾》，载《语言研究》1987年第1期，第49～59页；栗华益《试析汉语方言入声韵尾边音化》，载《方言》2013年第4期，第356～367页。

③ 参见熊正辉《光泽、邵武话里的古入声字》，载《中国语文》1960年第10期，第310页。

④ 参见曹志耘《湖北通城方言的语音特点》，载《语言研究》2011年第1期，第106～122页；张勇生《鄂东南通城方言入声韵尾演变研究》，载《语言科学》2012年第6期，第628～634页。

kʰəʔ]、没［məʔ］、指~头［tsəʔ］、趾脚~头［tʂəʔ]、石~头［ˌsʅ/səʔ］、触接~［tsuəʔ］，有的是在语流中，有的是在特定词语中有短促的喉塞韵尾［-ʔ］。

其次，紧挨山西的河北晋语不论从哪一方面来讲，跟山西大本营晋语的关系还是很密切的。晋语的语音特征是有入声，地域特征是山西及其周边地区。晋语的入声收［-ʔ］尾，地域上隔太行山相毗邻的河北晋语有的有入声韵，收［-ʔ］尾，有的没有入声韵。但按照语音演变的一般规律，没有入声韵的方言应该是经历了入声韵收［-ʔ］的阶段，只是演变速度快的方言提前实现了入声韵的消失，而保留了独立的入声调，使得它们划归在晋语区范围内。该类型的方言往往过渡性特征非常明显，既有晋语的特征，又有冀鲁官话的特征。

最后，如果说这几处方言是由中古的塞音韵尾［-p］［-t］［-k］直接脱落而成为现今的状态，于音理演变来说也是讲不通的。语音的发展变化是渐变的。一般情况下，脱落不会突然发生，在此之前应该会经历一个较长时间的渐变过程，即语音学上所说的"弱化"。对于晋语入声韵尾的演变来说，［-ʔ］韵尾的存在正是［-p］［-t］［-k］韵尾消失过程中一个必不可少的弱化环节。

除了上述平山、井陉、赞皇三地方言，其他均为有入声调和入声韵，入声韵收［-ʔ］的类型。我们将从入声舒化字的角度来考察这些方言中［-ʔ］尾的消变问题，以灵丘与和顺方言为代表。①

我们所设计的调查字表里有477个中古入声字，灵丘、和顺方言中完全舒化的字数分别是153个和74个。关于灵丘方言入声舒化的规律，拙作《灵丘方言入声舒化现象调查》中已有谈及。②声母上，来自浊声母的舒化字数量上占绝对优势，清声母尤其是次清声母字舒化字数量极少；韵母上，来自宕、梗、通三摄的舒化字数居多，通摄尤其多，深、江两摄舒化字数极少；声调上，舒化字派入去声的最多，其次是阴平、阳平，上声最少。和顺以及其他方言的入声舒化也大抵如此，出入不大。在这里，我们将考察灵丘方言的儿化和"子"尾，以及和顺方言中的"子"变韵跟［-ʔ］尾脱落之间的关系。

灵丘方言中存在大量的儿化和"子"尾。入声字儿化后，喉塞韵尾［-ʔ］

---

① 灵丘方言是笔者的母语，较其他方言有更为直接、精准的语感；和顺方言有"子"变韵，便于说明［-ʔ］尾的消变问题。
② 参见李欢《灵丘方言入声舒化现象调查》，载《西藏民族学院学报》（哲学社会科学版）2014年第6期，第128~132页。

就会脱落。例如：

格 [kəʔ˳]　　格格儿 [kəʔ˳ kər]　　歇 [ɕiəʔ˳]　　歇歇儿 [ɕiəʔ˳ ɕiər]
钵 [pəʔ˳]　　钵钵儿 [pəʔ˳ pər]　　刷 [suəʔ˳]　　刷刷儿 [suəʔ˳ suər]

灵丘方言中，还有跟儿化表达相近语义功能的"子"尾。与儿化不同的是，它有独立的音节 [zəʔ˳]。入声字带"子"尾后，入声字的 [-ʔ] 尾不会脱落。例如：

桌 [tsuəʔ˳]　　桌子 [tsuəʔ˳ zəʔ˳]　　夹 [ɕiəʔ˳]　　夹子 [tɕiəʔ˳ zəʔ˳]
镊 [niəʔ˳]　　镊子 [niəʔ˳ zəʔ˳]　　褶 [tsəʔ˳]　　褶子 [tsəʔ˳ zəʔ˳]
瞎 [ɕiəʔ˳]　　瞎子 [ɕiəʔ˳ zəʔ˳]　　鸽 [kəʔ˳]　　鸽子 [kəʔ˳ zəʔ˳]
钵 [pəʔ˳]　　钵子 [pəʔ˳ zəʔ˳]　　刷 [suəʔ˳]　　刷子 [suəʔ˳ zəʔ˳]

灵丘方言中，"格、歇、钵、刷"单念时都读作入声，而一旦进入儿化韵，后字的入声韵尾 [-ʔ] 都会脱落，入声韵和入声调同时消失；"桌、夹、镊、褶、瞎、鸽、钵、刷"不论单念还是进入"子"尾，[-ʔ] 尾都不会脱落，入声韵完整保留。

山西中东部太行山巅的和顺方言儿化并不发达，我们所调查的入声字中没有可以儿化的字，但"子"尾很有特色。与灵丘方言的"子"尾不同，它没有独立的音节，相关的语义功能是通过拉长韵母中的主元音来实现的。例如：

桌 [tsuɐʔ˳]　　桌子 [tsu:ʌ]　　麦 [miɐʔ˳]　　麦子 [mi:ɯ]
褥 [zuɐʔ˳]　　褥子 [zu:ɯ]　　脖 [pɐʔ˳]　　脖子 [pʌ:]

和顺方言中，"桌、麦、褥、脖"单念时都读作入声，而一旦进入"子"变韵，韵母主元音就会拉长，[-ʔ] 尾就会脱落，从而导致入声韵和入声调的消失。

除灵丘、和顺方言外，其他方言也存在这样的现象。只要是没有独立音节的词尾出现在入声字后面，就会造成韵尾 [-ʔ] 的脱落；相反，有独立音节的词尾则不会。这与周磊（2003）所提出的入声韵尾的脱落和非音节性词尾有很大关系的观点是吻合的。而且周磊认为，汉语的儿化现象出现在元明时期，而北方地区的入声韵尾消失的起始时间基本上也是元末明初，与儿化产生的时间刚好相符。我们认同周先生的观点，至少对于北京话来说，儿化的产生和入声韵尾的消失同步的观点是站得住脚的。非音节性词尾是入声韵尾脱落的一个原因,但是更多的不能带儿化或"子"尾的入声字,它们的入声韵尾又是缘于何故消失的呢?可能这是语音发展过程中韵尾弱化乃至脱落的自然轨迹。

汉语语音的发展大体趋势是由繁至简,入声韵从有［-p］［-t］［-k］3个塞音韵尾逐步简化为只有［-ʔ］一个喉塞尾,这应该是［-k］韵尾的同部位弱化造成的,而［-ʔ］也正处在逐步消失过程中。入声字舒化后,入声韵和入声调最终退出当地方言音系,退出历史舞台。任何一种语言的发展演变都是既有其自身语言内部因素的原因,又有来自外部因素的影响。如今社会,经济飞速发展,社会交往更加频繁,权威的方言,尤其是普通话对各方言自身演变规律的冲击力是非常大的。这种冲击力可能会使得很多正在按照自身演变规律进行着的语音变化突然终止,从而使得方言极速向普通话靠拢。而且,这种影响、变化会更多地体现在新老交替的过程当中。

# 第六章 声调的特征及演变

## 第一节 声调的演变类型及分布

古调类在今晋冀太行山沿麓晋语中的分合情况比较复杂,除了全浊上声今归去声是一致性特征以外,其他方面各有特色。(见表6-1)

(1) 平声和入声都不分阴阳,呈平、上、去、入4个调类的格局,如平山、井陉。

(2) 平声分阴阳,入声不分阴阳,呈阴平、阳平、上声、去声、入声5个调类的格局,如昔阳、和顺、赞皇、邢台、涉县。

(3) 平声分阴阳,入声不分阴阳,清上、次浊上与阴平合流,全浊上与去声合流,呈阴平上、阳平、去声、入声4个调类的格局,如灵丘、左权。

(4) 平声和入声各分阴阳,呈阴平、阳平、上声、去声、阴入、阳入6个调类的格局,如盂县、平定。

(5) 平声和入声各分阴阳,且清上、次浊上与阴平合流,全浊上与去声合流,呈阴平上、阳平、去声、阴入、阳入5个调类的格局,如五台。

(6) 平声和去声分阴阳,入声不分阴阳,浊平与阳去合流,呈阴平、上声、阴去、阳平去、入声5个调类的格局,如黎城。

表6-1 晋冀太行山沿麓晋语调类分合及今调值

| 类型 | 方言点 | 平声 | | 上声 | | | 去声 | | | 入声 | | |
|---|---|---|---|---|---|---|---|---|---|---|---|---|
| | | 浊平 | 清平 | 清上 | 次浊上 | 全浊上 | 全浊去 | 次浊去 | 清去 | 清入 | 次浊入 | 全浊入 |
| (1) | 平山 | 31 | | 44 | | | 52 | | | 24 | | |
| | 井陉 | 41 | | 44 | | | 51 | | | 34 | | |

续表 6-1

| 类型 | 方言点 | 平声 | | 上声 | | | 去声 | | | 入声 | | |
|---|---|---|---|---|---|---|---|---|---|---|---|---|
| | | 浊平 | 清平 | 清上 | 次浊上 | 全浊上 | 全浊去 | 次浊去 | 清去 | 清入 | 次浊入 | 全浊入 |
| (2) | 赞皇 | 342 | 42 | 24 | | | 51 | | | 13 | | |
| | 邢台 | 42 | 34 | 55 | | | 212 | | | 34 | | |
| | 涉县 | 41 | 31 | 52 | | | 44 | | | 32 | | |
| | 昔阳 | 31 | 41 | 45 | | | 223 | | | 3 | | |
| | 和顺 | 331 | 41 | 54 | | | 23 | | | 21 | | |
| (3) | 灵丘 | 31 | | 343 | | | 51 | | | 3 | | |
| | 左权 | 332 | | 5342 | | | 52 | | | 31 | | |
| (5) | 五台 | 31 | | 313 | | | 52 | | | 31 | | 313 |
| (4) | 盂县 | 31 | 41 | 52 | | | 342 | | | 32 | | 5 |
| | 平定 | 32 | 41 | 52 | | | 23 | | | 3 | 22 | 3 |
| (6) | 黎城 | 53 | 33 | 314 | | | 53 | | 512 | 4 | | |

## 第二节　几种主要的声调演变类型分析

跟北京话的声调类型相比较，晋冀太行山沿麓晋语的声调演变情况在平、上、去、入4个方面都有其特殊的一面，下面将对平声、上声、去声、入声4个方面逐一述之。

### 一、平声

古平声在晋冀太行山沿麓晋语中的演变情况总的来说有4种类型：

第一种，平分阴阳，古清声母平声字今读阴平，古浊声母平声字今读阳平。该类型分布最广，有11个点属于此类型。

第二种，平不分阴阳，中古平声字不论声母清浊，今单字调都读如一个调。河北的平山和井陉两个方言点属于此类型。

第三种，平分阴阳，但古清平和古清上、次浊上合流，称之为"阴平上声"，浊平（即今阳平）独立。该类型我们放在下文"上声"里分析。

第四种，平分阴阳，但古浊平和古全浊上声、浊去合流，今读阳去，清平（即今阴平）独立。该类型只出现在黎城一地。

我们着重分析第二种和第四种类型。

## 1. 平山和井陉方言的平不分阴阳现象

"清浊分调"是汉语方言语音演变史上很重要的一条音变规律，如以古声母的清浊为条件的"平分阴阳"就是古浊声母字从古平声字中分化出来，从而形成独立的阳平调，与原来的平声（即阴平）相对立。王莉宁（2012）曾利用北京语言大学语言研究所"汉语方言地图集数据库"中的930个汉语方言点的材料对"平分阴阳"和"平不分阴阳"的方言点分布情况进行统计。结果如下：有886个点是系统分化的类型，即平声依古声母的清浊整齐地分化为两个调类；有15个点是部分分化的类型，即整体上古清平字和古浊平字较为整齐地分化为不同的声调，但仍有一定数量的字存在调类相混现象；有29个点是今平声不分阴阳的类型，主要分布在晋语并州片、张呼片、大包片、五台片、志延片，中原官话陇中片、南疆片，兰银官话，冀鲁官话少数方言点中。

晋语之所以在整个北方官话的大环境中显得特殊，除了入声、古全浊声母今读等跟北方官话发展不一致以外，"平不分阴阳"也是很重要的一条，而且"平不分阴阳"现象在晋语中的分布情况较王莉宁（2012）统计的数量还要多。据乔全生（2007）统计，晋语平声不分阴阳的方言主要分布在晋语核心地区并州片（14个点）、东北部张呼片河北晋语（19个点）、北部张呼片内蒙古晋语（5个点）、东南部上党片（2个点）。他们统计所用材料不同，故数量上多寡不一。但王莉宁、乔全生的数据显示，"平不分阴阳"现象单在晋语的分布就绝不少于40个点。

关于晋语"平不分阴阳"现象的性质，学界讨论不休，见仁见智。一派认为该现象是平声经历分化后又进行了合并的循环演变，一派则认为该现象是一种存古现象，即平声从未分化过。我们对这两种观点进行简单的梳理：

王士元（1988）认为，山西太原等地方言平声不分阴阳的现象是一种返古合并演变。

何大安（1994）认为，在音韵结构的变迁中存在着几种特殊的演变方向，其中之一就是"回头演变"，汉语方言中不乏回头演变的案例。他指出："山西方言单字调阴、阳平不分而变调二分的现象，综合不同的类型，推论单字调的不分，乃是阴、阳平二分以后的再合流。经历（一）平声分阴阳，（二）阴阳平合并的声调完全回头演变。"在谈到祁县方言单字调平声不分阴阳的现象时，他指出："由于相当于阴平调的字和相当于阳平调的字在任何情况下都读得一样：个读是33，连读时在上声后与上、入声同为35，在去声后与上、入声同为21，在入声后仍为33，我们完全没有线索说明二者调值上的分别何在。

然而我们又必须假设这两类平声之潜在的分别是调上的分别,而不是声母带音与否的分别。因为如果是声母带音不带音的分别的话,这种分别并不见于其他的声调,所以一定是声母的清浊引起各调分化为阴阳后,清浊对立消失,然后阴平与阳平的阴阳调分立又进一步消失,但消失前的对后字的影响却保留下来,才成为祁县那么特殊的情况。"

沈明(1999)也曾说:"这种现象有两种可能:一种是古平声原本只有一个。另一种是平声根据清阴浊阳已经分了出来,后来又合并成了一个。山西晋语中平声不分阴阳的现象可能属于先分后合这种情况,因为有的古清平和古浊平在连调中能够区分,有的在儿尾、子尾前能够区分。……我们把古清平和古浊平在连调中能区分,单字调不分看作是一种合流现象。"沈明认为,诸如文水、清徐、平遥等地的单字调不分,但连调中有所区别的情况是一种合流现象,但她也指出,像太原等另外9个点在连调中也不能区分古清平和古浊平的情况,还需要进一步考察。

温端政(2000)恰恰针对太原方言的情况做了适当的推测补充。他认为,"在不分阴阳平的方言里,有的可以通过连调区分,如平遥、清徐、文水、孝义、介休等……当然,还有若干点(包括太原)在连调中也不能区分古清平和古浊平,这很可能是因为合并的时间较早"。

王福堂(2005:23)在讨论语音变化的过程时,谈到了太原等方言平声不分阴阳的问题:

语言变化从起点到终点的过程,有时会出现一种反向的变化。比如山西晋中地区太原、文水、娄烦等方言平声不分阴阳,古清平浊平字同调。如太原"钦" = "琴"$_{清}$tɕ'iŋ$_{浊}$。就太原话来说,这究竟是古平声从未分化,还是曾经分化为阴平、阳平两调而后来重又合并,不易判断。但邻近娄烦话连读中清平浊平字在上声、阴入字后不同调:

每天 mie$_{11}^{213}$ tʰiɛ$_{44}^{22}$　井绳 tɕi$^{213}$ ʂʅ$^{22}$　陆勾$_{(连枷)}$ luə$^{2}$kiəu$_{44}^{22}$　鸭梨 iaʔ$^{2}$li$^{22}$

文水话清平浊平字后的"儿"尾也不同调:

猪儿 tsu$^{22}$e$_{35}^{22}$　　牛儿 ŋiou$^{22}$e$^{22}$

上述现象反映了这些方言中的清平浊平曾经是不同的声调。因为语音变化需要条件,只有不同调类的字才有可能在连读中发生不同的变调,或使前后同调的字有不同的变调。这就说明,太原等方言目前平声字不分阴阳,并不是没有发生过分化,而是曾经分化为阴平、阳平两调以后重又合流了。这是一种回头演变的现象。它的音变过程可以表示如下:

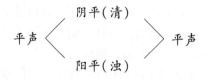

以上是持第一种观点的代表,持第二种观点的学者们也提出了自己的看法:

丁邦新(1998:123~124)认为,从历史的角度看,山西平声应是一种存古现象,"绪言中提到山西方言平声只有一类,要从历史的角度来观察,现在我们也许可以认为山西的平声是存古的现象,从方言亲属树的看法立论,晋语本来和北方官话就可能是平行的姊妹方言,前者平声一类,后者两类,并不冲突","一个声调分而为二,后来又原封回头合而为一,在语音学的理论上应该尽量避免"。

王临惠(2001)指出:"在太原型的方言中,平声存在着连调分阴阳的现象,如娄烦、古交、清徐、文水、平遥、孝义、介休等。这种现象当是全浊声母对调值的影响在方言中的残存形式,既不能作为平声调先分后合的佐证,因为没有合并的条件,也不能支持'变调即本调'的理论。"

王临惠(2003:100)又一次提到,"有人认为汾河中游的平声不分阴阳是晚期形式,它曾经历过一个由分到合的过程,今方言连调中可以区分部分阴阳平就是分化的残留。这一观点值得商榷:第一,平分阴阳的条件是声母的清浊,合并的条件是什么很难说得清。第二,连调中区分阴、阳平的现象在方言中大都是零散的、不系统的,这不是平声曾经分阴阳的残留,而是声母的清浊对调值影响的痕迹。……在声母的清浊对声调的调值影响还未达到形成不同调类的程度时,这种影响就因全浊声母的清化而中断了,目前方言里这些零散的、不系统的区分阴、阳平的形式正是这种中断形式的具体表现"。

乔全生(2007)同意王临惠的看法,并指出:"如果认为晋语核心地区并州片的平声是先分阴阳,而后又合流,起码缺乏足够的历史记载和演变的机制条件。"

通过以上梳理不难看出,两种观点交锋的关键在于对连读中可以区分阴平、阳平的现象有着不同的认识。前者认为,单字调不分,而在连读、儿化、"子"尾中有所区分正是历史上平声曾分化为阴平、阳平的证据,如今的面貌乃是分化后又进行了合并的演变结果;后者则认为,一些零散的连调中可以区分阴平、阳平的现象并不是平声曾经分化的残留证据,而是古声母的清浊对调值影响的痕迹。

关于晋语核心区并州片的平不分阴阳现象的性质,我们赞同第二种观点,即存古。理由有二:

其一,该区域具备语音特征存古的地理条件。细看并州片的地形,它四周环山的自然地理环境是相当封闭的:北边有云中山、系舟山与五台片相隔;南边有吕梁山和太岳山的余脉阻挡,与中原官话汾河片遥望;西边凭借吕梁山与吕梁片分界;东边有太岳山与上党片隔离。本来山西就有太行山和黄河作为天然的屏障,这种封闭的自然地理环境对晋语的形成就有着不可替代的影响,而晋语核心地带的并州片又处于更加封闭的地形地势之中,我们就不难理解何以在这片区域尤其多地保留了许多晋语的特征,从而保证了晋语的稳定性。

其二,在汉语方言语音演变史上,声母的清浊对声调的分化的确起着非常重要的作用。综观整个汉语方言,由古四声分化为今八调的方言在今东南方言中屡见不鲜。但我们认为,清浊和声调之间并没有必然的联系,在语音发展演变的长河中,并不是每一个声调都必须要经过清声母配阴调,浊声母配阳调这样的一个分化过程。如果说晋语中平不分阴阳曾经经历分化,而后又进行了合并的演变,那么,我们如何解释诸多方言中上声、去声、入声不分阴阳的现象呢?难道都是先经历且必须经历一个分化的步骤后再次进行合并吗?正如丁邦新(1998:123)所说,"北方官话中的去声始终未见分化的痕迹,没有分读阴去、阳去的现象,我们是认为去声从未分化呢?还是分化以后又合并了呢?正确的态度应该是看材料说话,如果没有证据,还是不作空洞的推断。因为要说一个声调分而为二,后来又原封回头合而为一,在语音学的理论上应该尽量避免"。

具体到本书所关注的13个晋语方言点,由于切入点为太行山,不论是山以西的8个山西晋语方言点还是山以东的5个河北晋语方言点,地域上同处晋冀两省边缘相交的地带,远离晋语核心圈①,所以晋语的一些语音特征随着地理位置由西向东的渐移也会逐渐磨损。例如,在并州片有着广泛分布的"平不分阴阳"现象,在太行山西麓的山西晋语点中就没有。不过,调查中我们发现在有些方言(如和顺、昔阳、平定方言)中尽管有阴平、阳平两个独立的调类,但有些古清平字和古浊平字今读音相混。太行山东麓的河北晋语则是另外一种情况。平山和井陉属于系统的"平不分阴阳"的类型,而赞皇方言有阴平、阳平两个调类,但也有跟和顺、昔阳、平定方言一样的表现。平山、井陉方言平不分阴阳现象例字见表6-2。

---

① 一般认为晋语的核心地带在并州片和吕梁片。

表6-2 平山、井陉方言古平声字今读情况

| 方言点 | 疤帮 | 爬並 | 初初 | 锄崇 | 冰帮 | 评並 | 通透 | 同定 | 留来 | 人日 |
|---|---|---|---|---|---|---|---|---|---|---|
| 平山 | ₋pɑ | ₋pʰɑ | ₋tʂu | ₋tʂu | ₋piŋ | ₋pʰiŋ | ₋tʰoŋ | ₋tʰoŋ | ₋liao | ₋ʐəŋ |
| 井陉 | ₋pA | ₋pʰA | ₋tʂu | ₋tʂu | ₋piŋ | ₋pʰiŋ | ₋tʰuŋ | ₋tʰuŋ | ₋liao | ₋zəŋ |

和顺、昔阳、平定方言古清平、浊平混读现象详列如下：

和顺：华［₋xuA］奇岐［₋tɕʰi］词［₋tsʰʅ］葵逵［₋kʰuei］熬［₋ŋo］球［₋tɕʰiəu］邮游［₋məu］潭［₋tʰæ］填［₋tʰiæ］芹［₋tɕʰiəŋ］亭［₋tʰiəŋ］赢［₋iəŋ］；乌污［₋vu］趋［₋tɕʰy］需［₋ɕy］期［₋tɕʰi］抛［₋pʰo］川［₋tsʰuæ］参［₋tsʰæ］

昔阳：奇［₋tɕʰi］逵［₋kʰuei］求球［₋tɕʰiəu］尤邮游［₋iəu］谈［₋tʰæ］潜［₋tɕʰiæ］填［₋tʰiæ/₋tʰiæ］仍［₋zəŋ］；乌［₋u］区［₋tɕʰy］酬［₋xæ］餐［₋tsʰæ］攀［₋pʰæ］渊［₋yæ］殷［₋iəŋ］昌［₋tʂʰɔ］匆［₋tsʰuəŋ］烘［₋xuəŋ］厅［₋tʰiəŋ］

平定：葵逵［₋kʰuei］球［₋tɕʰiou］游［₋iou］

和顺、昔阳、平定方言中只是一小部分古清平和浊平字阴、阳平读音相混，绝大部分都是依循古声母的清浊今阴、阳平二分，而赞皇方言的古清平、浊平字今声调情况又表现出另外一番姿态。本书调查所用的单字音调查表中，古浊平字有400多个，赞皇方言中今读阳平的古浊平字共有202个，详列如下：

挪罗锣箩蛾鹅俄磨~刀磨~石骡麻拿牙芽爷模~子奴炉吴驴如鱼余于盂榆来排牌柴涯崖迷泥犁倪梅煤媒雷离移尼梨姨而危为~作维遗唯微威围劳牢捞熬茅挠苗描妖腰要~求摇窑姚聊辽撩尧吆某楼谋矛流刘留囚棉连联然延言年怜莲研烟瞒馒玩完丸顽圆员缘沿元原源袁园渊民邻人银门轮匀允文蚊闻吻云忙芒郎狼昂娘凉量粮梁羊洋杨扬阳汪亡王能陵凌菱仍凝应鹰蝇盲樱鸣明盟迎英名婴盈赢铭宁灵零铃荣营萤蒙聋翁农脓浓隆绒融龙容柔揉牛油游男南蓝篮岩镰炎盐严嫌凡林淋临任姓难~易兰拦栏蛮颜

另有219个古浊平字今读阴平，详列如下：

河何荷茄婆和~面瘸爬茶查邪斜蛇华划~船菩脯涂图胡湖壶徐除锄渠扶厨瞿台抬才材财栽孩埋谐鞋题提蹄啼齐脐培陪赔回茴怀皮池驰儿奇骑岐鼻眉瓷迟祁慈磁词持时其棋旗疑髓随垂锤谁葵肥毛桃逃淘陶曹豪壕毫巢瓢朝~代潮乔桥荞条调头投侯喉猴浮便~宜钱缠蝉田填前贤弦盘桓还~原~有环全泉旋传~达橡船拳权玄悬贫频秦陈尘神晨勤芹盆臀魂唇纯坟群裙旁堂唐糖藏行航杭墙详祥肠床常尝黄簧皇房防狂庞朋誊疼曾层恒凭澄橙绳弘彭膨衡行品~棚萌平评情晴程成城盛~饭瓶屏萍亭停形型邢陉宏琼蓬同铜童丛红洪鸿冯虫穷熊雄逢缝从重

在202个古浊平今读阳平调的字中，有179个字来自古次浊声母，只有9个字来自古全浊声母，另有14个字来自古清平影母。在219个古浊平今读阴平调的字中，除了8个字（"儿、埋、眉、毛、萌、疑、熊、雄"）来自古次浊声母，其余都是全浊声母字。调查赞皇方言时，单字2570个，词汇510条，主要发音合作人有两位。调查发现阴平和阳平调确有不同。我们分别从202个古浊平今读阳平调和219个今读阴平调的字中各提取20个例字①，利用声调归一法做出赞皇方言单字阴平和阳平的绝对时长基频曲线图（如图6-1所示），以观察它们的调型、时长差别，并拟定它们的调值②。

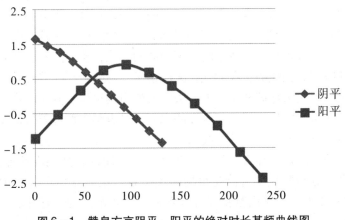

图6-1 赞皇方言阴平、阳平的绝对时长基频曲线图

---

① 阴平的20个例字分别为"涂、图、台、抬、题、提、啼、皮、桃、逃、淘、陶、头、投、平、评、萍、停、亭、廷"，阳平的20个例字分别为"罗、锣、萝、牙、芽、爷、如、鱼、余、姨、妖、腰、要、摇、窑、柔、揉、林、淋、临"。
② 声调归一法采用朱晓农（2004）的Lz-Score法。选择例字时尽量选取塞音声母字或零声母字，避开鼻音声母字，录音时的采样率统一为11025Hz。采用Praat处理语音数据，做língua标注、提取基频值（提取11个百分时刻点的数据），并去掉"弯头降尾"。图6-1中的横坐标轴代表时长，单位是毫秒，纵坐标轴代表归一后的Lz-Score值。

由图 6-1 可见，赞皇方言确存在阴平和阳平两个调类，它们的调型、时长、调值都大不相同。结合赞皇方言整个声调系统，我们拟定阴平调值为 [42]，阳平调值为 [342]。关于赞皇方言的资料极少，目前所见《河北方言概况》(1961：65) 中描述赞皇声调是 4 个调类：平 (54)、上 (55)、去 (31)、入 (34)；《赞皇县志》(1998：603) 中描述赞皇声调也是 4 个调类：平 (54)、上 (55)、阴去 (213)、阳去 (41)。两处记载虽说在有无入声和去声分不分阴阳两个问题上有异，但平不分阴阳是一致的。因此，我们认为，早期的赞皇方言中平声是不分阴阳的，随着时间的推移，一部分字，尤其是古次浊平声字开始从原来的平声里剥离、分化，量变引起质变，从而出现了新的阳平调，而且这个变化是较晚近才发生的。

依据以上和顺、昔阳、平定方言，尤其是赞皇方言古平声的情况，我们推断古平声在晋语中的演变大致有 3 种情况：

(1) 平不分阴阳，而且也从未分化过，一直保持着一个调类的格局。这种情况是发展速度最慢的，也是最为久远、古老的一种类型。

(2) 平分阴阳，但有些字存在阴平、阳平混读情况。这种情况发展较第一种快一些，平声已经分化为阴平、阳平两个调类，但仍有历史上平声未曾分化时留下的痕迹。而且，赞皇方言的实例告诉我们，古次浊声母字先行一步从古平声中独立出来，而古全浊声母字仍读阴平调，正处在平分阴阳的半路上。

(3) 依据古声母清浊系统地平分阴阳。这种情况是发展速度最快，走在最前面的。这些方言早已完成了阴、阳调类的分化，至于这种分化是何时开始的，又是几时彻底完成的，我们现在无法稽考。另外，河北晋语的平山和井陉方言至今保持着极为精简的平、上、去、入的声调格局。其中，古全浊上声归去声，一些入声字发生了舒化。这样的声调格局也是山西境外晋语张呼片区别于其他晋语方言片的主要特征。我们认为，和并州片一样，此两地方言的平不分阴阳现象的性质也是存古，但和并州片缘于封闭的自然地理环境有所不同，张呼片的平不分阴阳现象可能是早期移民所致。正如盖林海 (2000) 所指出的，"河北省中西部的平山县在方言区划上属于晋语区的张呼片，境内居民多为明初之后山西移民，语音古朴，就声调系统来说，共有平、上、去、入四个调类，与《切韵》音系基本相类"。

2. 黎城方言的阳平去

古平声的演变还有一种类型是平分阴阳，但古浊平和古全浊上声、浊去合流，即今阳平和阳去同调，称之为"阳平去"，古清平即今阴平调独立。该类型只出现在黎城一地。我们试图结合整个山西方言中去声分阴阳且平声分阴阳的其他方言来考察黎城方言中阳平去的性质。

根据《山西方言调查研究报告》(1993)，去声和平声均分阴阳的方言点共有17个，集中分布东南区和南区。西区的汾西方言去声也分阴阳与它的地理位置有极大的关系，隶属临汾市的汾西西接蒲县，南邻洪洞，东与霍州隔汾河相望，正处于西区方言和南区方言的交界地带，其方言特征具有明显的过渡性质。事实上，《山西方言调查研究报告》(1993)把汾西方言归为西区，而《中国语言地图集》(第1版)把汾西方言归为中原官话汾河片，《中国语言地图集》(第2版)又把汾西方言的归属调整为吕梁片的隰县小片。[①]以下是我们对这17个方言点的声调情况所做的汇总。(见表6-3)

表6-3 山西境内平分阴阳、去分阴阳的方言及今调值

| 方言点 | | 古平声 | | 古上声 | | 古去声 | | 古入声 | | |
|---|---|---|---|---|---|---|---|---|---|---|
| | | 清 | 浊 | 清、次浊 | 全浊 | 浊 | 清 | 清 | 次浊 | 全浊 |
| | | 开 | 人床 | 古马 | 近厚 | 帽病 | 菜 | 笔七 | 入麦 | 读服 |
| 东南区 | 黎城 | 33 | **53** | 213 | **53** | 512 | | 4 | | |
| | 潞城 | 213 | 13 | 535 | 343 | 53 | | 12 | 43 | |
| | 长治 | 213 | 24 | 535 | 53 | 44 | | 54 | | |
| | 平顺 | 313 | 22 | 424 | 53 | 353 | | 2 | 212 | |
| | 壶关 | 33 | 13 | 535 | 353 | 42 | | 2 | 21 | |
| | 屯留 | 313 | **13** | 535 | **13** | 53 | | 45 | | 54 |
| | 长子 | 213 | 24 | 324 | 53 | 45 | | 4 | 212 | |
| 南区 | 沁水 | 31 | 13 | 44 | 53 | 31 | 53 | | | 13 |
| | 闻喜 | 31 | **213** | 45 | **213** | 51 | | 213 | | |
| | 襄汾 | 21 | 213 | 33 | 51 | 412 | | 213 | | |
| | 临汾 | 21 | 13 | 51 | 55 | | | 21 | 13 | |
| | 翼城 | 31 | 13 | 55 | 51 | 33 | | 31 | 13 | |
| | 浮山 | 31 | 24 | 33 | 51 | 34 | | 31 | 24 | |
| | 古县 | 21 | 13 | 41 | | 13 | | 21 | 13 | |
| | 洪洞 | 21 | 24 | 42 | 53 | 33 | | 21 | 24 | |
| | 霍州 | 213 | 35 | 33 | 51 | 55 | | 213 | 35 | |
| 西区 | 汾西 | 22 | 35 | 33 | 55 | 53 | | 22 | 33 | |

---

[①] 《山西方言调查研究报告》把山西方言分为六大区：北区、东北区、中区、西区、东南区、南区；《中国语言地图集》(B1-13晋语)将分布在晋、陕、冀、蒙、豫的晋语分为八大片：大包片、张呼片、五台片、并州片、吕梁片、上党片、邯新片、志延片。单就山西境内方言分布情况而言，《中国语言地图集》中的"片"和《山西方言调查研究报告》中的"区"大体相当。表6-3中，我们沿用《山西方言调查研究报告》中"区"的提法。

根据表6-3，我们可以看到阳平和阳去合流的情况只出现在3处方言中，东南区的黎城、屯留和南区的闻喜（表6-3中用加粗标识）。以上所列方言中，绝大部分阳平的调型是低升调，阳去的调型是高降调。黎城方言阳平、阳去呈高降调，调值为53。故而，我们推测黎城方言阳平和阳去的合流是阳平并入阳去。而屯留方言的阳平、阳去呈低升调，调值为13。我们推测其阳平和阳去的合流路径跟黎城方言恰恰相反，应是阳去并入阳平。闻喜方言的阳平、阳去跟黎城、屯留的表现稍有不同，调型呈曲折调，调值为213。结合闻喜周围的方言（垣曲、万荣、夏县、侯马、绛县方言），去声调型多是高降调，阳平有曲折调也有低升调。故而，我们推测闻喜方言的阳平、阳去的合流可能跟屯留的情况一样，也是阳去并入阳平。

## 二、上声

晋冀太行山沿麓晋语的声调演变在"全浊上声归去声"上具有一致性，而清上和次浊上却有两种归向：一是有独立调值，保留上声调；二是跟清声母平声字单字调读音相同，合流后上声调丢失。这也是晋语五台片的特征之一，灵丘、五台、左权方言属于此类型。（见表6-4）

表6-4 灵丘、五台、左权方言的清声母平声字和清、次浊声母上声字

| 方言点 | 果=锅 | 苦=枯 | 寡=瓜 | 洗=西 | 有=优 | 喊=憨 | 短=端 | 绑=帮 | 养=央 | 桶=通 |
|---|---|---|---|---|---|---|---|---|---|---|
| 灵丘 | ₋kuə | ₋kʰu | ₋kua | ₋ɕi | ₋iəu | ₋xæ̃ | ₋tuæ̃ | ₋pɔ̃ | ₋iɔ̃ | ₋tʰuəŋ |
| 五台 | ₋kuo | ₋kʰu | ₋kua | ₋ɕi | ₋iei | ₋xã | ₋tuõ白/₋tuã文 | ₋pã | ₋iã | ₋tʰuəŋ |
| 左权 | ₋kuɤ | ₋kʰu | ₋kuA | ₋ɕi | ₋iao | ₋xæ | ₋tuæ | ₋pɔ | ₋iɔ | ₋tʰuəŋ |

另外，当下的盂县方言有大批字阴平和上声单字调读音相同，呈现出古清上、次浊上和古清平合流的趋势。尽管音系中我们仍然为盂县方言单列了独立的上声调，但这种趋势不容小觑，可以为我们解析阴平上的形成机制提供一些思路。

《山西方言调查研究报告》（1993）记录盂县方言单字调有6个调类，分别是阴平、阳平、上声、去声、阴入、阳入。书中对上声调专门做了说明："上声单字调调值不很稳定，拖长后会出现曲折，有与阴平调合流的倾向。连调时上声调值较稳定，读高降调53。上声单念时往往带有紧喉的现象。"[1]《盂

---

[1] 侯精一、温端政主编：《山西方言调查研究报告》，山西高校联合出版社1993年版，第419页。

县志》(1995) 中所记录的盂县方言单字调也是 6 个调类。针对上声调也有类似描述:"单字调上声调值不太稳定,拖长后有的出现曲折的降升调,甚至同阴平调合流。在连读中除了上声与上声相连产生变调外,上声调值比较稳定。上声单字调带有紧喉的现象。"① 可见,盂县方言很早以前就有了上声与阴平合流的迹象。本书对盂县方言的调查共有 2630 个单字,今读上声的仅 21 个字,分别是"我、亚、鼓、美、丑、碾、恳、垦、忍、滚、捆、莽、躺、朗、长、嚷、鸟、惩、影、领、岭"。我们对其阴平和上声调做了绝对时长基频曲线图(如图 6-2 所示)。从图 6-2 可以发现,两者调型完全一致。调型一致、调值相近的特点使得这两个调很容易混在一起。盂县方言跟灵丘、五台、左权方言相比,上声和阴平的合流在时间上应该是晚了一些。所以,我们还可以看到残留的上声单字,而灵丘、五台、左权方言的单字调中早已没有上声这个调类的痕迹,只在连读变调系统中有所区别。

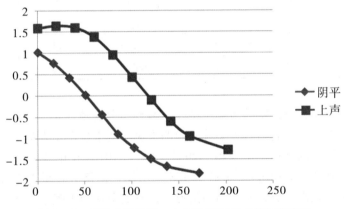

图 6-2 盂县方言阴平、上声的绝对时长基频曲线图

## 三、去声

晋冀太行山沿麓晋语的去声绝大多数不分阴阳,而且很多方言的去声里还包括不等数量的入声舒化字,尤其是清入和次浊入。去不分阴阳是整个晋语去声演变的主流类型。

晋冀太行山沿麓晋语中,以古声母清浊为条件,今去声分读阴阳两调的只有处于南端的黎城一地,其中阳去还包括古全浊上声字和古浊平字。黎城在方

---

① 盂县史志编纂委员会编:《盂县志》,方志出版社 1995 年版,第 603 页。

言归属上属于晋语上党片,除了黎城,去分阴阳现象在上党片的其他方言点(长治、潞城、平顺、壶关、屯留、长子)和晋南的中原官话汾河片的一些方言点(侯马、曲沃、闻喜、洪洞、临汾_郊区_、霍州、翼城、浮山、襄汾、古县、汾西)也有分布。各方言阴去、阳去的具体调值见表6-5。

表6-5 山西境内去分阴阳的方言及调值①

| 方言点 | 阴去 | 阳去 | 方言点 | 阴去 | 阳去 |
| --- | --- | --- | --- | --- | --- |
| 黎城 | 512 | 53 | 闻喜② | 51 | 213 |
| 长治 | 44 | 53 | 洪洞 | 33 | 53 |
| 潞城 | 53 | 343 | 临汾_郊区_ | 55 | 51 |
| 平顺 | 353 | 53 | 霍州 | 55 | 51 |
| 壶关 | 42 | 353 | 翼城 | 21 | 51 |
| 屯留③ | 53 | 13 | 浮山 | 34 | 51 |
| 长子 | 45 | 53 | 襄汾 | 412 | 51 |
| 侯马 | 21 | 51 | 古县④ | 13 | 41 |
| 曲沃 | 31 | 53 | 汾西⑤ | 55 | 53 |

总的来说,去分阴阳的声调类型在地域分布上也是自成一片。这在整个山西方言以及整个北方官话区去不分阴阳的主流演变中显得尤为特别。关于山西方言中去分阴阳的性质,王临惠(2003:100~101)在论及汾河流域方言的声调演变及其条件时说道:"下游的霍州、洪洞、曲沃方言里去声分阴阳则是声母的清浊影响声调分化的一种超前形式,它的形成当不晚于全浊声母清化的时间,否则,它就失去了分化的条件了。"乔全生(2008:259)则认为集中分布在山西南部和东南部的去声分阴阳现象与历史上去声曾经分阴阳的古官话

---

① 表6-5中,黎城材料来自笔者调查,其他17个方言点材料均来自《山西方言调查研究报告》(1993)。

② 闻喜方言去声分阴、阳,但浊去派入阳平。《山西方言调查研究报告》(1993:634)描写闻喜方言的声调格局为阴平、阳平、上声、去声4个调类。此去声实为阴去。

③ 屯留方言跟黎城方言一样,去声分阴阳,除了古浊去和古浊上以外,阳去还包括古浊平声母字。诸如此类今方言调类发生合流的现象,到底是谁派入谁,如今描述声调格局时如何命名调类,仍是个问题。闻喜、古县等方言同样如此。

④ 古县方言去声分阴阳,但清去派入阳平,浊去派入上声,没有单独的去声调。《山西方言调查研究报告》(1993:684)描写古县方言的声调格局为阴平、阳平、上声3个调类。

⑤ 汾西方言属于吕梁片的隰县小片,其地理位置紧挨南区汾河片的霍州,去声分阴阳。

有关系,"南部汾河片属中原官话区,东南部的上党片虽不是官话区,但其东面、南面与西面紧靠中原官话区,或者说处于中原官话区的半包围之中。中原官话和以北京为代表的古官话原分阴阳去,后来慢慢合流了,但处于官话边缘的山西这两片方言却保留了下来"。而且,对于以北京音为代表的古官话历史上去声曾分阴阳的假设,乔全生从今河北方言去声的表现中找到例证。此一问题,我们在下文还会另行论及。此二人在讨论去声问题时的切入点并不同。王临惠认为,汾河片去声分阴阳是自身演变的结果;而乔全生则更着眼于地理位置,把汾河片和上党片去声分阴阳现象与中原官话和古官话连成一片,认为山西这两片方言的去声分阴阳恰恰是整个这片区域历史上曾经去分阴阳的残留。在没有相应历史文献证据表明古官话确曾存在阴去、阳去的情况下,我们认为王临惠先生的观点更为可取。古声母的清浊的确对声调的格局有着很重要的影响,但清浊作为声调演变的一种条件,并非在任何时候、对任何方言都起作用。音变是有时间和条件限制的,正因为这样,我们才可以解释为什么晋语上党片和中原官话汾河片共有40多个方言点,而只有18个方言点存在去分阴阳现象,而在其他方言点找不到去分阴阳的痕迹,这正是古声母的清浊对声调调值从而对调类产生不同程度影响的结果。去不分阴阳的方言,当初应该是声母清浊对其调值的影响尚未达到足以分化为两个调类的时候,这种影响就随着浊音清化的彻底完成而中断了;而去分阴阳的方言,当初声母的清浊对其调值产生的影响较大并依清浊而分化为阴阳两个调类,这种音变必须在浊音清化之前完成,因此,才形成如今在同一方言片区中有两种去声演变类型的现状。

综上,我们认为就晋冀太行山沿麓晋语的去声而言,去不分阴阳的主流演变模式如同晋语并州片的平不分阴阳一样,是一种存古的性质;黎城方言的去分阴阳现象则是受古声母清浊影响而分化的表现。接下来,我们再谈两个相关问题:一是黎城方言去声演变趋向的推测,二是河北方言个别方言点的去分阴阳现象。

黎城方言阴去是个凹调,阳去是个降调,我们拟其调值分别为[512]和[53]。通过对所调查的2630个单字音的统计,目前读阴去的有248个字,除去34个古入声字舒化后今读阴去,余下的214个今读阴去的字基本都来自古清声母去声字,有7个字("械$_{匣去}$、逝$_{禅去}$、艺$_{疑去}$、忌、轿$_{群去}$、舰$_{匣上}$、叛$_{並去}$")属例外;读阳去的有868个字,除去来自古浊声母平声字今读阳去的那部分字(约390个),余下今读阳去的478个字中,有121个字来自古清声母去声字。① 这就说明,黎城方言的两个去声调类中,存在阴去调合流到阳去调的现象,目前的态势是"阳盛阴衰"。这是基于主要发音合作人杨本立老师

---

① 该统计只针对舒声字,一些入声字舒化后今读阴去和阳去的情况不在统计范围内。

（男，1936年出生）的材料所得出的统计结果。针对此问题，我们在之前使用过的2630单字调查表的基础上专门整理出一份去声调查表，对发音合作人李娜（女，1992年出生）进行了专项调查，调查结果显示：读阴去调的有140个字，全部来自古清声母去声字，6个字（"丽<sub>来去</sub>、耀<sub>以去</sub>、善<sub>禅去</sub>、肉<sub>日去</sub>、象<sub>邪去</sub>、上<sub>禅上、去</sub>"）例外；读阳去调的有1045个字，除去来自古浊声母平声字今读阳去的那部分字（约460个），余下今读阳去的有488个字。这573个阳去字中，有211个字来自古清声母去声字。①

发音合作人杨本立读阴去而发音合作人李娜读阳去的字有：

个借著赛贝带盖拜界芥戒械世势艺闭屉细契辈背～<sub>面</sub>配对退碎怪挂卦岁冀忌季报倒～<sub>水</sub>到灶泡笨觉<sub>睡</sub>～透奏凑嗷够沤秀绣锈瘦救暗舰剑欠店禁旦散～<sub>会</sub>看～<sub>见</sub>汉按案扮盼献半绊判叛锻钻～<sub>子</sub>算蒜贯灌罐篡惯劝进亲～<sub>家</sub>趁衬印劲浆酱将～<sub>领</sub>帐唱放胖降～<sub>低</sub>秤应～<sub>付</sub>镜映性姓正～<sub>面</sub>钉<sub>动词</sub>订冻粽贡空～<sub>闲</sub>众种～<sub>树</sub>

该专项调查的结果告诉我们，黎城方言中有阴去向阳去"跑调"的现象，而且愈是年轻人，"跑调"现象愈是严重。我们认为，此现象跟其调值有直接关系，并且符合社会语言学规律。[53]的阳去降调相比[512]的阴去凹调更接近普通话去声的调值，强势的官方通用语言在长期的推广普通话政策的影响下，势必影响并且会持续影响一地方言本来的语音格局。可以预见，在今后几代人的时间里，阴去极有可能完全跟阳去合流，直到去声又重新合并为一个调类。我们认为这种循环式的回头演变是极有可能发生的。

据李思敬（1995），河北宁河方言存在去分阴阳现象，而且阴盛阳衰，阳去调正逐渐并入阴去调从而逐步走向消亡。据陈淑静（2002），河北的无极和深泽两县方言今单字调去声也分阴阳，跟宁河方言一样，阳去呈衰败趋势。另外，保定的清苑、满城、安国等20多个县市的方言普遍存在去声字在轻声字前可分阴阳去的现象。我们认为该现象与明朝洪武、永乐年间山西（主要是晋东南）往河北移民有关系。河北以及京师地区本来去声不分阴阳②，明朝时期，随着山西垦民的大规模出现，去分阴阳的方言也被带到移民目的地。于是，两种方言在长期的接触、交融中留下痕迹。故而，我们认为，河北部分方言今仍存有去分阴阳的现象，应是晋语上党片去分阴阳特征的境外延伸。

---

① 该统计只针对舒声字，一些入声字舒化后今读阴去和阳去的情况不在统计范围内。
② 详见乔全生（2008：259）："明代陆容《菽园杂记》卷四记载：京师人以'步'为'布'，以'谢'为'卸'，以'郑'为'正'，以'道'为'到'，皆谬也。"可见，明代京师地区去声是不分阴阳的。

## 四、入声

### （一）晋冀太行山沿麓晋语入声的演变类型

入声作为判断是否属于晋语的一项重要标准，有无保留入声调，有几个入声调对山西及周边方言来说显得尤为重要。晋冀太行山沿麓晋语的入声演变有3种类型。①有入声韵入声调，且调分阴阳。山西的五台、盂县、平定3个方言点属于该类型。②有入声韵入声调，但调不分阴阳，只有一个入声调。山西的灵丘、昔阳、和顺、左权、黎城和河北的邢台、涉县7个方言点属于该类型。③没有入声韵，但有独立的入声调。河北的平山、井陉、赞皇3个方言点属于该类型。

五台、盂县、平定今读阴入和阳入的字分别是363个和8个、364个和67个、296个和72个。显然，阳入字所占比例甚微，这正是晋语并州片入分阴阳语音特征在这3个方言点的余力波及。随着时间的推移，在不久的将来，阳入字会进一步向阴入合拢，直到阳入调消失，完成二调合一的格局；而灵丘、昔阳、和顺、左权、黎城、邢台、涉县这7个方言点在入声的演变方面相对于五台、盂县和平定来说，速度上快了一些，早已完成了阴阳入的合并；隶属石家庄市的平山、井陉、赞皇3个方言点处于晋语和冀鲁官话的交叉带上，其入声的演变情况也正显示出过渡性的特征，入声韵已经完全消失，仅保留独立的入声调类，呈低升调型。由以上3种类型，再联系整个山西晋语入声的情况，我们可以看到较为清晰的入声演变历程：

首先是入声韵母主元音多组系向单一组系演化的过程，表现为入声越是稳定的地区，其入声韵类别越多，相反，则入声韵类别越少。故而，在从晋语核心区向四周扩散的过程中，入声韵母类别逐渐减少，主元音单一化。

其次是喉塞尾［-ʔ］的脱落过程，入声韵和舒声韵合并，进而导致入声韵整体消失，只保留入声调。

最后是入声调的消失过程。入声调类的消失可能走自身演变的道路，即跟自身声调系统内部调型、调值相近的调类进行合并，也可能走跟随强势方言的道路，即不受自身声调系统的制约。

### （二）入声舒化及其规律探求

衡量入声的稳定程度时，离不开一个词——"舒化"。一地方言入声字舒化程度愈高，那就代表该方言的入声愈不稳定。而且，入声舒化的程度有地域区别，只有一个入声调的方言的舒化程度往往要高于入分阴阳的方言。例如，晋语核心地区分阴阳入的并州片和吕梁片的方言虽然也存在入声舒化现象，但它们的舒化程度相对于非核心地区的方言要低得多。处于山西边缘地带的方言入声往往只有一个调，地域上也总是与其他官话相邻相傍，受入声已经舒化了的官话之影响，所毗邻的山西晋语入声消变的速度必然会比其他方言点要快一些。除此以外，入声舒化程度还与使用者年龄有极大的关系，不论是哪个方言点都呈现出这样的一个特点，那就是越是年轻人，舒化字所占比例越高；相反，老年人保留入声的读法会多一些。例如，同样一个"俗"字，在老派中读作入声，而新派则读作舒声。最后，入声舒化现象还与文白读有关。一般来说，方言中固有的词汇中的入声字仍读入声，而随着社会的发展，随着新事物、新现象的产生而产生的新词汇中的入声字却多受普通话影响，读作舒声。例如，灵丘话中的"客、服"二字，单念的话都读作入声 [kʰəʔ˨] [fəʔ˨]，在"做客、服装厂"等词中也都读作入声，而在"客服"一词中就都读作舒声 [kʰə˨ fu˨]。在对晋冀太行山沿麓晋语的调查过程中，我们发现普遍存在入声舒化现象。下文将以各方言点的入声舒化字数统计为基础①，从古声母、韵摄、舒化后声调归派3个方面行文，以期观察各点的舒化程度并探求入声舒化的规律。

晋冀太行山沿麓晋语入声舒化字见表6-6。

表6-6 晋冀太行山沿麓晋语入声舒化字统计

| 方言点 | 全清 | 次清 | 全浊 | 次浊 |
|---|---|---|---|---|
| 灵丘<br>(153个) | 眨腌挟给泄屑膝卒率蟀忆亿抑百益粥粟<br>(17个) | 恰妾匹猝错栅剔酷畜<br>(9个) | 杳杂盒闸峡洽匣叠碟蝶谍乏拾拔铡舌杰截夺猾伐筏罚穴侄秩术述倔铎踱凿鹤嚼勺芍雹浊镯贼白宅剧席笛敌划瀑犊毒轴熟续赎蜀局<br>(56个) | 纳腊蜡业叶页立笠粒入捋辣热孽末沫捋悦阅袜月越密蜜栗日律物膜幕寞摸诺烙骆若弱药钥跃墨肋匿力翼域麦脉逆亦译易液觅溺历疫役木鹿目牧六肉育绿辱褥玉狱欲<br>(71个) |

---

① 《方言调查字表》中古入声字共收录了608个，本书调查所设计字表去掉部分晋语中不常用字，共调查476个入声字。本节对入声舒化字的统计仅指完全舒化字。

续表 6-6

| 方言点 | 全清 | 次清 | 全浊 | 次浊 |
|---|---|---|---|---|
| 五台<br>(84个) | 眨鸭压腌挟给萨泄屑率蟀塞鲫忆亿抑摘沃粥粟（20个） | 妾怯匹错绰剔（6个） | 闸洽匣别叠蝶碟谍乏截侄述倔踱凿鹤嚼勺芍雹贼剧划轴淑赎蜀（27个） | 笠孽捋劣栗律膜幕诺烙骆洛略掠跃默匿翼脉逆亦易液觅溺牧六肉育辱玉（31个） |
| 孟县<br>(60个) | 眨鸭押压汁给萨泄屑挖率蟀饰忆亿抑沃粥粟（19个） | 掐撒错栅（4个） | 洽匣倔踱嚼勺缚贼剧寂划轴续蜀（14个） | 拉捋劣膜幕寞摸落骆鄂跃翼陌亦易液牧六肉育玉狱欲（23个） |
| 平定<br>(114个) | 眨鸽鸭押压劫腌挟给萨泄憋屑挖刷卒率蟀桌鲫忆亿抑窄益屋幅粥粟（29个） | 恰匹猝泊错拆栅畜（8个） | 闸峡洽匣碟蝶谍拔铡别截佛倔薄踱凿嚼着勺芍雹贼直值白宅剧席笛划伏轴熟续赎蜀局（37个） | 纳拉腊蜡抹劣袜律膜幕诺落烙骆弱药钥跃岳匿翼域麦脉亦译易液觅溺历疫役牧六肉育玉狱欲（40个） |
| 昔阳<br>(160个) | 鸽鸭押压腌挟给萨泄憋屑挖刮虱卒率蟀博爵塞忆亿抑窄益屋沃粥粟（29个） | 恰掐匹猝泊错绰栅（8个） | 闸峡洽匣碟蝶铡别穴倔薄踱凿鹤嚼着勺芍雹贼白宅剧籍席笛寂划犊轴熟续局（33个） | 纳拉腊蜡聂镊猎叶页业立笠粒入辣抹灭列裂热孽捏末沫劣悦阅袜月越密蜜栗日律物莫膜幕寞摸诺落烙骆洛络乐鄂略掠若弱药钥跃岳墨默肋匿力翼陌麦脉逆译易液觅溺历疫役木鹿禄目牧六陆肉绿录辱褥玉狱欲（90个） |
| 和顺<br>(74个) | 眨鸽鸭押压腌给萨泄屑挖虱卒率蟀桌忆亿抑伯幅粟（22个） | 匹猝错壳栅畜（6个） | 闸峡匣铎踱凿鹤嚼勺雹镯贼宅剧划犊轴续蜀（19个） | 袜幕诺烙骆鄂钥跃岳匿翼麦亦译易液觅溺疫役牧六肉育玉狱欲（27个） |

续表 6-6

| 方言点 | 全清 | 次清 | 全浊 | 次浊 |
|---|---|---|---|---|
| 左权 (84个) | 眨鸭腌给萨泄挖戍率蟀北忆忆抑伯碧益壁屋幅粥（21个） | 妾匹猝错绰剔（6个） | 峡匣碟辖嚼勺芍雹贼核剧棘轴赎（14个） | 拉叶页辣抹沫捋月蜜日膜幕寞摸诺落烙骆药钥跃匿翼域陌脉亦译觅液历疫役目牧六肉育辱玉狱欲（43个） |
| 黎城 (81个) | 鸽眨夹胁腌挟萨葛泄屑挖戍恤率蟀恶忆忆抑益肃粥叔粟（24个） | 恰掐妾渴匹错绰栅酷（9个） | 合盒闸峡洽拔鹤嚼芍雹贼宅剧划轴续蜀（17个） | 笠捋抹捋栗日膜幕寞烙鄂郝匿翼域额逆亦译易液历疫役六肉育辱玉狱欲（31个） |
| 平山 (169个) | 眨腌涩给萨别泄设屑洁掇挖毕必悉乙卒戍率蟀各雀削驳啄媳饰忆忆伯赫碧壁沃幅腹肃筑祝畜蓄粟束（43个） | 察撒撒匹窟屈错鹊朴赤斥剔戚扑哭酷畜触曲（19个） | 杂合盒闸匣叠碟蝶谍乏袭蛰十拾及拔铡别舌截夺活滑猾绝伐筏罚穴侄实勃术述佛偈薄凿昨嚼勺芍缚雹浊镯学贼直值或惑白择宅核剧夕石笛敌获划瀑族毒伏轴熟淑续赎蜀属局（76个） | 拉粒抹捋密栗律幕寞络乐弱跃翼域亦译易液觅溺疫役目牧陆育辱玉狱欲（31个） |
| 井陉 (228个) | 压劫胁腌给萨泄掇豁挖悉乙一卒忽戍率蟀恶雀削霍驳啄朔角握塞即识式饰忆忆抑迫赫碧壁迹释益壁速督沃肃宿祝菊畜蓄嘱束（54个） | 塔恰妾怯缉撒撒阔匹猝出屈错鹊绰朴魄栅赤斥剔戚扑哭酷畜促触曲（29个） | 沓杂合盒闸洽匣叠碟蝶谍协乏十拾拔铡辖别舌截夺活绝筏罚穴侄秩实突术佛偈薄鹤嚼勺芍雹镯学贼直值食蚀或惑白择宅核剧籍席笛敌寂获划独族毒伏轴熟淑俗续赎蜀属局（77个） | 拉笠粒捋抹裂孽捋劣密蜜栗日律物莫膜幕寞诺落烙骆洛络乐鄂略掠若弱药钥岳乐墨默肋匿力翼域麦逆亦译液觅溺历疫役木鹿禄目牧六陆肉育绿录褥玉狱欲（68个） |

续表6-6

| 方言点 | 全清 | 次清 | 全浊 | 次浊 |
|---|---|---|---|---|
| 赞皇<br>(216个) | 眨胁腌涩给萨薛泄设屑掇挖毕必卒忽戍率蟀郝恶爵雀蕮塞式忆亿抑壁炙益壁滴督沃幅肃筑祝畜蓄粟嘱束（45个） | 妾怯彻撤匹猝窟屈错绰朴拍栅僻赤剔戚哭酷畜触（22个） | 杂合盒闸峡匣捷叠碟蝶谍协蛰十拾达拔铡辖别舌截夺活滑猾绝伐筏罚侄秩实突术述佛倔嚼着勺芍雹镯学贼直极或惑白宅核剧石笛划瀑读犊族毒逐轴熟淑俗续赎蜀属局（73个） | 拉腊蜡聂业立笠粒入辣抹热孽末沫劣悦袜密蜜栗日没律物莫幕寞诺落烙骆洛络略若弱药钥乐墨肋勒匿力翼域陌麦脉逆亦译易液觅溺历疫役木鹿禄目牧六陆肉育绿录辱褥玉狱欲（76个） |
| 邢台<br>(275个) | 答眨甲押劫胁腌跌涩执汁给泄哲浙设噎拨掇括挖笔毕必悉膝质失室乙卒率蟀博郝约朔北得德则色式忆亿抑百伯迫窄摘责碧积迹惜昔只益壁绩锡析击激速屋督幅腹筑缩祝粥叔蓄粟烛束（79个） | 踏察彻撤阔匹托错鹊扩朴刻魄拆客策册僻赤斥戚酷促触（25个） | 杳合盒闸峡匣乏集习袭蛰拔辖别舌杰截夺活滑猾绝伐筏罚疾侄秩实术述薄鹤嚼勺芍雹浊镯学贼直值食蚀殖植极或择宅剧籍席夕笛敌寂获犊独读犊族毒服伏逐轴熟淑俗续赎蜀属局（85个） | 拉腊蜡聂镊猎叶页业立笠粒入辣抹灭列裂热孽末沫捋劣阅袜月越蜜密栗日律物莫膜幕烙洛络乐鄂略若弱虐药钥跃岳乐墨默肋匿力翼域陌麦脉逆亦译易液觅溺历疫役木鹿牧目六陆肉育绿录辱褥玉狱欲（86个） |
| 涉县<br>(141个) | 胁腌汁给萨别泄挖率蟀恶雀削朔塞即色式饰忆亿抑赫碧壁惜益壁屋督沃幅肃粥叔蓄（36个） | 恰妾察撤匹猝泊错鹊绰壳克册栅僻斥剔酷（18个） | 盒闸峡洽碟蝶谍协别滑猾秩鹤芍雹贼宅剧夕寂划瀑轴淑续（25个） | 纳拉聂镊猎叶页业粒辣抹裂热捏沫捋袜密蜜日物莫膜幕寞摸诺落骆乐鄂若虐药钥跃匿翼域额麦脉逆亦译易液觅力疫役木目六肉育绿辱褥玉狱欲（62个） |

晋语有入声是不争的事实，而且入声调的演变情况比较复杂，以上所列晋

冀两省太行山沿麓各晋语方言点的入声字舒化情况是根据笔者实地调查所得的数据进行的统计。由于每个人使用语言的背景不同，能读准的字也不尽相同，所以文中计量分析所得来的数据只能是个大概轮廓，不可视作绝对，也不能纠结于个别字音读法，但晋冀太行山沿麓晋语的入声舒化样貌大抵如此。我们从以下5个方面来认识入声舒化现象。

1. 从地域来看入声舒化现象

入声舒化的速度和数量跟地域有一定的关系。首先，河北的方言点较山西的舒化程度要高，这无疑与地理位置有很大的关系。一般来说，只有一个入声调的方言在地域上往往与某官话方言相接。河北的5个方言点处于晋语和冀鲁官话的过渡地带，晋语语音特征在自西向东的蔓延过程中逐渐减少。受冀鲁官话的影响，这些方言点的入声调演变速度也会较太行山以西的8个方言点更快。其次，地处晋北的灵丘方言舒化字153个，远远多于太行山以西其他山西方言点，我们认为也是与它所处的地理位置（距离北京近、交通极其方便）有很大关系。

2. 从入声状态来看入声舒化现象

一般来说，一个入声调的方言的入声舒化程度会高于两个入声调的方言。晋语核心地区如太原方言虽然也存在入声舒化现象，但数量较晋语非核心地区的其他方言要少得多。本书所涉及的13个方言点中，有两个入声调的方言只有五台、盂县和平定，其舒化字数分别是84个、60个、114个；大多数方言点只有一个入声调，其舒化字数基本都在100个以上；而平山、井陉、赞皇三个方言点只有入声调而没有入声韵，其舒化字数分别是169个、228个、216个。所以，总体来看，入声舒化的数量和各方言本身的入声状态也有很大关系。入声愈稳定，舒化字愈少，反之则多。

3. 从古声母的清浊来看入声舒化现象

基于表6-6入声舒化字的罗列，我们特按照古声母清浊整理见表6-7。

**表6-7 晋冀太行山沿麓晋语舒化字的声母清浊比例**

| 方言点 | 舒化字数量 | 全清 | 次清 | 全浊 | 次浊 | 清浊比例 |
| --- | --- | --- | --- | --- | --- | --- |
| 灵丘 | 153个 | 17个（11%） | 9个（6%） | 56个（37%） | 71个（46%） | 17∶83 |
| 五台 | 84个 | 20个（24%） | 6个（7%） | 27个（31%） | 31个（38%） | 31∶69 |

续表6-7

| 方言点 | 舒化字数量 | 全清 | 次清 | 全浊 | 次浊 | 清浊比例 |
|---|---|---|---|---|---|---|
| 灵丘 | 153个 | 17个（11%） | 9个（6%） | 56个（37%） | 71个（46%） | 17:83 |
| 孟县 | 60个 | 19个（32%） | 4个（7%） | 14个（23%） | 23个（38%） | 39:61 |
| 平定 | 114个 | 29个（25%） | 8个（7%） | 37个（33%） | 40个（35%） | 32:68 |
| 昔阳 | 160个 | 29个（18%） | 8个（5%） | 33个（20%） | 90个（56%） | 23:77 |
| 和顺 | 74个 | 22个（30%） | 6个（8%） | 19个（26%） | 27个（36%） | 38:62 |
| 左权 | 84个 | 21个（25%） | 6个（7%） | 14个（17%） | 43个（51%） | 32:68 |
| 黎城 | 81个 | 24个（30%） | 9个（11%） | 17个（21%） | 31个（38%） | 41:59 |
| 平山 | 169个 | 43个（26%） | 19个（11%） | 76个（45%） | 31个（18%） | 37:63 |
| 井陉 | 228个 | 54个（23%） | 29个（13%） | 77个（34%） | 68个（30%） | 36:64 |
| 赞皇 | 216个 | 45个（21%） | 22个（10%） | 73个（34%） | 76个（35%） | 31:69 |
| 邢台 | 275个 | 79个（29%） | 25个（9%） | 85个（31%） | 86个（31%） | 38:62 |
| 涉县 | 141个 | 36个（25%） | 18个（13%） | 25个（18%） | 62个（44%） | 38:62 |

尽管各地舒化程度不一，数量各异，但有一个共同规律，即来自古浊声母的舒化字在数量上占绝对优势，清声母尤其是次清声母字舒化字数量极少。来自次清声母的舒化字基本都是方言非常用字，如舒化率极高的"恰、妾、匹、畜、猝、绰、剔"等字。"恰"字在普通话中不单用，往往组词"恰好、恰逢、恰恰"等，调查词汇的过程中，我们发现这类意思在这些方言点中大多说"正好"；"妾"表示"小妾、侍妾"之义，随着新社会、新制度的产生，这个字在方言中也不常用；"匹"这个量词在这些方言中也不用，而是用"个"来代替；表示"六畜、畜生"的"畜"字，在这些方言中往往说"牲口"；"猝、绰、剔"三字口语中也鲜少使用。这几个舒化率极高的来自古次清的入声字随着普通话的读音率先完成了舒化演变。另外，"错"字在所有调查点也读作舒声，这与该字的两个音韵地位（一个是遇合一清声模韵去声，一个是宕开一清声铎韵入声）有关。查阅资料并未发现晋语区"错"字读作入声的痕迹，故而，我们猜测该读音正是其本来的去声读法，而非入声舒化。

从古声母清浊角度来讲，晋冀太行山沿麓晋语入声舒化途径有四：一是次浊—全浊—全清—次清，如灵丘、五台、平定、昔阳、赞皇；二是次浊—全清—全浊—次清，如孟县、和顺、左权、黎城、涉县；三是全浊—次浊—全清—次清，如井陉；四是全浊—全清—次浊—次清，如平山。

事实上，每个途径链条上处于第二位和第三位的，往往在数量上差距并不大，所以以上4条途径也可以笼统归并为两条，即次浊—全浊（全清）—全清（全浊）—次清、全浊—次浊（全清）—全清（次浊）—次清。

我们发现，绝大多数方言点都是次浊声母入声字优先舒化，只有河北的平山和井陉是全浊声母入声字优先。这恰恰与钱曾怡（1999）提到的"河北方言的入声区，全部存在入声舒化现象，舒化的声母条件是，清声母字保留入声最多，浊声母字则是由北向南，以次浊舒化较多而转向全浊多于次浊"观点相吻合。

### 4. 从古韵摄角度来看入声舒化现象

我们设计的调查字表中，中古入声字有476个（咸摄55个，深摄21个，山摄88个，臻摄45个，宕摄56个，江摄21个，曾摄44个，梗摄77个，通摄69个）。13个方言点的入声舒化字按照古韵摄整理如下：

灵丘（153个）：眨腌挟恰妾沓杂盒闸峡洽匣叠碟蝶谍乏纳腊蜡叶页业（咸摄23个）给拾立笠粒入（深摄6个）泄屑拔铡舌杰截夺猾伐筏罚穴捺辣热薛末沫捋悦阅袜月越（山摄25个）膝卒率~蟀匹狎侄秩术述倔密蜜栗日律物（臻摄17个）错铎踱凿鹤嚼勺芍膜幕寞摸诺烙骆若弱药钥跃（宕摄20个）雹浊镯（江摄3个）忆亿抑贼墨肋匿力翼域（曾摄10个）百益栅别白宅剧席笛敌划麦脉逆亦译易~液觅溺历疫役（梗摄23个）粥粟酷畜牲~瀑狭毒轴熟续赎蜀局木鹿目牧六肉育绿辱褥玉狱欲（通摄26个）

五台（84个）：眨鸭压腌挟妾怯闸洽匣叠碟蝶谍乏（咸摄15个）给笠（深摄2个）萨泄屑别离~截薛捋劣（山摄8个）率~蟀匹侄述倔栗律（臻摄8个）错绰踱凿鹤嚼勺芍膜幕诺烙骆洛略掠跃（宕摄17个）雹（江摄1个）塞鲫忆亿抑贼默匿翼（曾摄9个）摘别剧划脉逆亦易~液觅溺（梗摄11个）沃粥粟轴淑赎蜀牧六肉育辱玉（通摄13个）

盂县（60个）：眨鸭押压掐洽匣拉（咸摄8个）汁给（深摄2个）萨泄屑挖撒捋劣（山摄7个）率~蟀倔（臻摄3个）错踱嚼芍缚膜幕寞摸落骆鄂跃（宕摄13个）饰忆亿抑贼翼（曾摄6个）栅剧寂划陌亦易~液（梗摄8个）沃粥粟轴续蜀牧六肉育玉狱欲（通摄13个）

平定（114个）：眨鸽鸭押压劫腌挟恰闸峡洽匣碟蝶谍纳拉腊蜡（咸摄20个）给（深摄1个）萨泄憋屑挖刷拔铡别离~截抹劣袜（山摄13个）卒率~领蟀匹狎佛~像倔律（臻摄8个）泊错薄踱凿嚼着勺芍膜幕诺落烙骆弱药钥跃（宕摄19个）桌雹岳（江摄3个）鲫忆亿抑贼直值匿翼域（曾摄10个）窄益

拆栅白宅剧席笛划麦脉亦译易<sub>交</sub>~液觅溺历疫役（梗摄21个）屋幅粥粟畜<sub>牲</sub>~伏轴熟续赎蜀局牧六肉育玉狱欲（通摄19个）

昔阳（160个）：鸽鸭押压腌挟恰掐闸峡洽匣碟蝶纳拉腊蜡聂镊猎叶页业（咸摄24个）给立笠粒入（深摄5个）萨泄憋屑挖刮铡别<sub>万</sub>~穴辣抹灭列裂热薛捏末沫劣悦阅袜月越（山摄25个）虱卒率~<sub>领</sub>蟀匹猝偍密蜜栗日律物（臻摄13个）博爵泊错绰薄蹼凿鹤嚼着勺芍莫膜幕窦摸诺落烙骆洛络乐<sub>快</sub>~鄂略掠若弱药钥跃（宕摄33个）雹岳（江摄2个）塞忆亿抑贼墨默肋匿力翼（曾摄11个）窄益栅白宅剧籍席笛寂划陌麦脉逆译易<sub>交</sub>~液觅溺历疫役（梗摄23个）屋沃粥粟犊轴熟续局木鹿禄目牧六陆肉绿录辱褥玉狱欲（通摄24个）

和顺（74个）：眨鸽鸭押压腌闸峡匣（咸摄9个）给（深摄1个）萨泄屑挖袜（山摄5个）虱卒率~<sub>领</sub>蟀匹猝（臻摄6个）错铎蹼凿鹤嚼勺幕诺烙骆鄂钥跃（宕摄14个）桌壳雹镯岳（江摄5个）忆亿抑贼匿翼（曾摄6个）伯栅宅剧划麦亦译易<sub>交</sub>~液觅溺疫役（梗摄14个）幅粟畜<sub>牲</sub>~犊轴续蜀牧六肉育玉狱欲（通摄14个）

左权（84个）：眨鸭腌妾峡匣碟拉叶页（咸摄10个）给（深摄1个）萨泄挖辖辣抹沫捋月（山摄9个）戌率~蟀匹猝蜜日（臻摄7个）错绰嚼勺芍膜幕窦摸诺落烙骆药钥跃（宕摄16个）雹（江摄1个）北忆亿抑贼匿翼域（曾摄8个）伯碧益壁别核剧陌脉亦译易<sub>交</sub>~液觅历疫役（梗摄17个）屋幅粥犊轴赎目牧六肉育辱玉狱欲（通摄15个）

黎城（81个）：鸽眨夹胁腌挟恰掐妾合盒闸峡洽（咸摄14个）笠（深摄1个）萨葛泄屑挖渴拔捺抹捋（山摄10个）戌恤率~<sub>领</sub>蟀匹栗日（臻摄7个）恶错绰鹤嚼芍膜幕窦烙鄂郝（宕摄12个）雹（江摄1个）忆亿抑贼匿翼域（曾摄7个）益栅宅剧划额逆亦译易<sub>交</sub>~液历疫役（梗摄14个）肃粥叔粟酷轴续蜀六肉育辱玉狱欲（通摄15个）

平山（169个）：眨腌杂合盒闸匣叠碟蝶谍乏拉（咸摄13个）涩给袭蛰十拾及粒（深摄8个）萨别<sub>区</sub>~泄设屑洁掇挖察撒撇拔铡别<sub>万</sub>~舌截夺活滑猾绝伐筏罚穴抹捋（山摄27个）毕必悉乙卒戌率~<sub>领</sub>蟀匹窟屈侄实勃术述佛~<sub>像</sub>偍密栗律（臻摄21个）各雀削错鹊薄凿昨嚼着勺芍缚幕窦络乐<sub>快</sub>~弱跃（宕摄19个）驳琢朴雹浊镯学（江摄7个）媳饰忆亿伯贼直值或惑翼域（曾摄12个）赫碧壁赤斥别咸白择宅核剧夕石笛敌获划亦译易<sub>交</sub>~液觅溺疫役（梗摄26个）沃幅腹肃筑祝畜~<sub>牧业</sub>蓄粟束扑哭酷畜<sub>牲</sub>~触曲瀑族毒伏轴熟淑续赎蜀属局目牧陆育辱玉狱欲（通摄36个）

井陉（228个）：压劫胁腌塌恰妾怯沓杂合盒闸洽匣叠碟蝶谍协乏拉（咸摄22个）给绰十拾笠粒（深摄6个）萨泄掇豁挖撒撇阔拔铡辖别<sub>万</sub>~舌截夺活绝筏罚穴捺抹裂薛捋劣（山摄26个）悉乙一卒忽戌率~<sub>领</sub>蟀匹猝出屈侄秩实突

术述佛~僾佝密蜜栗日律物（臻摄26个）恶~雀削霍错鹊绰薄鹤嚼着勺芍莫膜幕寞诺落烙骆洛络乐快~鄂略掠若弱药钥（宕摄31个）驳琢朔角握朴雹镯学岳乐音~（江摄11个）塞即识式饰忆亿抑迫贼直值食蚀或惑墨默肋匿力翼域（曾摄23个）赫碧璧迹释益壁魄栅赤斥别戚白择宅核剧籍席笛敌寂获划麦逆亦译易交~液觅溺历疫役（梗摄36个）速督沃肃宿祝菊畜~牧业蓄嘱束扑哭酷畜牲~促触曲独族毒服伏轴熟淑俗续赎蜀属局木鹿禄目牧六陆肉育绿录褥玉狱欲（通摄47个）

赞皇（216个）：贬胁腌妾怯杂合盒闸狭匣捷叠碟蝶谍协拉腊蜡聂业（咸摄22个）涩给蛰十拾立笠粒入（深摄9个）萨薛泄设屑掇挖彻撒达拔铡辖别万~舌截夺活滑猾绝伐筏罚辣抹热薛末沫劣悦袜（山摄33个）毕必卒忽戍率~领蟀匹狞窟屈侄秩实突术述佛~祖佝密蜜栗日没律物（臻摄26个）郝恶善~爵雀霍错绰嚼着勺芍莫幕寞诺落烙骆洛络略若弱药钥（宕摄25个）朴雹镯学乐（江摄5个）塞式忆亿抑贼直极或惑墨肋勒匿力翼域（曾摄17个）璧炙益壁滴拍栅僻赤斥别戚白宅核剧石笛划陌麦脉逆亦译易交~液觅溺历疫役（梗摄32个）督沃幅肃筑祝畜~牧业蓄粟嘱束哭酷畜牲~触瀑独读狭族毒逐轴熟淑俗续赎蜀属局木鹿禄目牧六陆肉育绿录辱褥玉狱欲（通摄47个）

邢台（275个）：答贬甲押劫胁腌跌踏沓合盒闸狭匣捷叠碟蝶谍协乏拉腊蜡聂镊猎叶页业（咸摄31个）涩执汁给集习袭蛰立笠粒入（深摄12个）泄哲浙设噎拨掇括挖察彻撒阔达拔辖别舌杰截夺活滑猾绝伐筏罚辣抹灭列裂热薛末沫捋劣阅袜月越（山摄43个）笔毕必悉膝质失室乙卒率蟀匹疾侄秩实术述密蜜栗日律物（臻摄25个）博郝约托错鹊扩薄鹤嚼勺芍莫膜幕烙洛络乐鄂略若弱虐药钥跃（宕摄27个）朔朴雹浊镯学岳乐（江摄8个）北得德则色式忆亿抑刻贼直值食蚀殖植极或墨默肋匿力翼域（曾摄26个）百伯迫窄摘责碧积迹惜昔只益壁绩锡析击激拍魄折客策册僻赤斥戚白择宅剧籍席夕笛敌寂获陌麦脉逆亦译易液觅溺历疫役（梗摄53个）速屋督幅腹筑缩祝粥叔蓄粟烛束酷促触瀑独读狭族毒服伏逐轴熟淑俗续赎蜀属局木鹿牧目六陆肉育绿录辱褥玉狱欲（通摄50个）

涉县（141个）：胁腌恰妾盒闸狭洽碟蝶谍协纳拉聂镊猎叶页业（咸摄20个）汁给粒（深摄3个）萨别区~泄挖察撒别万~滑猾辣抹裂热捏抹捋袜（山摄17个）率~领蟀匹狞秩密蜜日物（臻摄9个）恶~雀削泊错鹊绰鹤芍莫膜幕寞摸诺落骆乐鄂若虐药钥跃（宕摄24个）朔壳雹（江摄3个）塞即色式饰忆亿抑克贼匿翼域（曾摄13个）赫碧璧惜益壁册栅僻斥别宅剧夕寂划额麦脉逆亦译易~液觅力疫役（梗摄28个）屋督沃幅肃粥叔蓄酷瀑轴淑续木目六肉育绿辱褥玉狱欲（通摄24个）

根据以上材料的整理，我们进一步统计各方言各韵摄中舒化字所占的比例，由此来观察舒化现象和古韵摄的关系。（见表6-8）

### 表6-8 晋冀太行山沿麓晋语各韵摄舒化字比例

| 方言点 | 咸摄 | 深摄 | 山摄 | 臻摄 | 宕摄 | 江摄 | 曾摄 | 梗摄 | 通摄 |
|---|---|---|---|---|---|---|---|---|---|
| 灵丘 | 42%① | 29% | 28% | 38% | 36% | 14% | 23% | 30% | 39% |
|  | 15%② | 4% | 16% | 11% | 13% | 2% | 7% | 15% | 17% |
| 五台 | 27% | 9% | 9% | 18% | 30% | 5% | 20% | 14% | 19% |
|  | 18% | 2% | 10% | 10% | 20% | 1% | 11% | 13% | 15% |
| 盂县 | 15% | 9% | 8% | 6% | 23% | 0 | 14% | 10% | 19% |
|  | 13% | 3% | 12% | 5% | 22% | 0 | 10% | 13% | 22% |
| 平定 | 36% | 5% | 15% | 18% | 34% | 14% | 23% | 27% | 28% |
|  | 18% | 1% | 11% | 7% | 17% | 3% | 9% | 18% | 16% |
| 昔阳 | 44% | 24% | 28% | 29% | 59% | 10% | 25% | 30% | 36% |
|  | 15% | 3% | 16% | 8% | 21% | 1% | 7% | 14% | 15% |
| 和顺 | 16% | 5% | 6% | 13% | 25% | 24% | 14% | 18% | 21% |
|  | 12% | 1% | 7% | 8% | 19% | 7% | 8% | 19% | 19% |
| 左权 | 18% | 5% | 10% | 16% | 29% | 5% | 18% | 22% | 22% |
|  | 12% | 1% | 11% | 8% | 19% | 1% | 10% | 20% | 18% |
| 黎城 | 25% | 5% | 11% | 16% | 21% | 5% | 16% | 18% | 22% |
|  | 17% | 1% | 12% | 9% | 15% | 1% | 9% | 17% | 19% |
| 平山 | 24% | 38% | 30% | 47% | 34% | 33% | 27% | 34% | 54% |
|  | 8% | 5% | 16% | 12% | 11% | 4% | 7% | 15% | 22% |
| 井陉 | 40% | 29% | 29% | 58% | 55% | 52% | 52% | 47% | 70% |
|  | 10% | 3% | 11% | 11% | 13% | 5% | 10% | 16% | 21% |

---

① 指灵丘方言中咸摄舒化字在整个咸摄入声字中所占比例。调查表中，咸摄中古入声字共55个，有23个咸摄入声字今读舒声，即 $23/55 = 0.4181 \approx 42\%$。下同。

② 指灵丘方言中咸摄舒化字在整个舒化字中所占比例。灵丘方言入声完全舒化的有153个字，其中有23个来自咸摄，即 $23/153 = 0.1503 \approx 15\%$。下同。

续表6-8

| 方言点 | 咸摄 | 深摄 | 山摄 | 臻摄 | 宕摄 | 江摄 | 曾摄 | 梗摄 | 通摄 |
|---|---|---|---|---|---|---|---|---|---|
| 赞皇 | 40% | 43% | 37% | 58% | 45% | 24% | 39% | 42% | 70% |
|  | 10% | 4% | 15% | 12% | 12% | 2% | 8% | 15% | 22% |
| 邢台 | 73% | 60% | 61% | 61% | 64% | 50% | 68% | 80% | 79% |
|  | 11% | 4% | 16% | 9% | 10% | 3% | 10% | 19% | 18% |
| 涉县 | 36% | 14% | 19% | 20% | 43% | 14% | 30% | 36% | 36% |
|  | 14% | 2% | 13% | 6% | 17% | 2% | 9% | 20% | 17% |

由表6-8的统计结果，可以得到各方言点舒化字在各韵摄所占比例关系：

灵丘：通17%，山16%，咸、梗15%，宕13%，臻11%，曾7%，深4%，江2%。

五台：宕20%，咸18%，通15%，梗13%，曾11%，山、臻10%，深、江1%。

盂县：宕、通22%，咸、梗13%，山12%，曾10%，臻5%，深3%，江0%。

平定：咸、梗18%，宕17%，通16%，山11%，曾9%，臻7%，江3%，深1%。

昔阳：宕21%，山16%，咸、通15%，梗14%，臻8%，曾7%，深3%，江1%。

和顺：宕、梗、通19%，咸12%，臻、曾8%，山、江7%，深1%。

左权：梗20%，宕19%，通18%，咸12%，山11%，曾10%，臻8%，深、江1%。

黎城：通19%，咸、梗17%，宕15%，山12%，臻、曾9%，深、江1%。

平山：通22%，山16%，梗15%，臻12%，宕11%，咸8%，曾7%，深5%，江4%。

井陉：通21%，梗16%，宕13%，山、臻11%，咸、曾10%，江5%，深3%。

赞皇：通22%，山、梗15%，臻、宕12%，咸10%，曾8%，深4%，江2%。

邢台：梗19%，通18%，山16%，咸11%，宕、曾10%，臻9%，深

4%，江 3%。

涉县：梗 20%，宕、通 17%，咸 14%，山 13%，曾 9%，臻 6%，深、江 2%。

很明显，深、江两摄舒化程度是最低的，而宕、梗、通三摄舒化程度最高，通摄尤其高。总体来看，晋冀太行山沿麓 13 个晋语方言点各韵摄入声消变次序为：通、宕、梗—咸、山—曾、臻—深、江。

## 5. 从舒化后的调类归并看入声舒化现象

灵丘（153 个）：眨腌挟给膝百粥(全清)匹(次清)電蜀(全浊)捋摸辱(次浊)（阴平上 13 个）辛(全清)沓杂盒闸峡匣叠碟蝶谍乏拾拔铡舌杰截夺猾伐筏罚穴任铎踱凿嚼勺芍(浊)镯贼白宅席笛敌划挟毒轴熟赎局(全浊)膜(次浊)（阳平 47 个）泄屑率蟀忆亿抑益粟(全清)洽妾猝错栅别酷畜(次清)洽秩术述倔鹤剧瀑续(全浊)纳腊蜡叶页业立笠粒入捺辣热萼末沫悦阅袜月越密蜜栗日律物幕寞诺烙骆若弱药钥跃墨肭匿力翼域麦脉逆亦译易液觅溺历疫役木鹿目牧六肉育绿褥玉狱欲(次浊)（去声 93 个）

五台（84 个）：眨腌给屑摘粥(全清)闸凿嚼電贼轴赎蜀(全浊)捋亦辱(次浊)（阴平上 17 个）鸭挟萨(全清)匹(次清)洽匣别叠碟蝶谍乏截勺芍(全浊)膜略掠(次浊)（阳平 18 个）压泄率蟀塞鲫忆亿抑沃粟(全清)妾怯错绰别(次清)倔述倔踱鹤剧划淑(全浊)笠孽劣栗律幕诺烙骆洛跃默匿翼脉逆易液觅溺牧六肉育玉(次浊)（去声 49 个）

盂县（60 个）：眨汁给萨屑挖粥(全清)掐撒(次清)缚蜀(全浊)拉捋(次浊)（阴平 13 个）鸭押(全清)匣嚼芍贼轴(全浊)膜寞摸陌(次浊)（阳平 11 个）压泄率蟀饰忆亿抑沃粟(全清)错栅(次清)洽倔踱剧寂划续(全浊)劣幕落骆鄂跃翼亦易液牧六肉育玉狱欲(次浊)（去声 36 个）

平定（114 个）：鸽腌挟萨憋挖刷桌粥(全清)拆(次清)拉(次浊)（阴平 11 个）眨鸭劫辛猝鲫窄屋(全清)匹泊(次清)闸峡匣碟蝶谍拔铡别截佛薄踱凿嚼着勺芍電贼直值白宅席笛伏轴熟赎局(全浊)膜(次浊)（阳平 42 个）给(全清)蜀(全浊)抹(次浊)（上声 3 个）押压泄屑率蟀忆亿抑益幅粟(全清)恰错栅畜(次清)洽倔剧划续(全浊)纳腊蜡劣袜律幕诺落烙骆弱药钥跃岳匿翼域麦脉亦译易液觅溺历疫役牧六肉育玉狱欲(次浊)（去声 58 个）

昔阳（160 个）：鸽腌挟萨憋屑挖刮虱屋粥(全清)匹猝(次清)拉捏摸(次浊)（阴平 16 个）鸭辛博爵窄(全清)泊(次清)闸峡匣碟蝶铡别穴薄凿嚼着勺芍電贼白宅席笛熟局(全浊)莫膜(次浊)（阳平 30 个）给(全清)恰掐(次清)洽轴(全浊)抹辱(次浊)（上声 7 个）押压泄率蟀塞忆亿抑益沃粟(全清)错绰栅(次清)倔踱鹤剧籍寂划挟续(全浊)纳腊蜡聂镊猎叶页业立笠粒入辣灭列裂热萼末沫劣悦阅袜月越密蜜栗日律物幕寞诺烙骆洛络乐鄂略掠若弱药钥跃岳墨默肭匿力翼陌麦脉逆译易液觅溺历疫役木鹿禄目牧六陆肉绿录

· 151 ·

褥玉狱欲(次浊)（去声107个）

和顺（74个）：鸽眨腌萨挖虱桌(全清)匹(次清)鹤勺镯(全浊)袜岳麦(次浊)（阴平14个）鸭(全清)壳(次清)闸峡匣凿嚼贼狭(全浊)（阳平9个）给卒伯粟(全清)猝畜(次清)轴蜀(全浊)（上声8个）押压泄屑率蟀忆亿抑幅(全清)错册(次清)铎鹾電宅剧划续(全浊)幕诺烙骆鄂钥跃匿翼亦译易液觅溺疫役牧六肉育玉狱欲(次浊)（去声43个）

左权（84个）：眨腌给挖北伯屋粥(全清)匹(次清)電(全浊)拉抹捋辱(次浊)（阴平上14个）鸭(全清)峡匣碟辖嚼勺芍贼核狭轴(全浊)膜(次浊)（阳平13个）萨泄戍率蟀忆亿抑碧壁益幅(全清)妾猝错绰别(次清)剧赎(全浊)叶页辣沫月蜜日幕窦摸诺落烙骆药钥跃匿翼域陌脉亦译易液觅历疫役目牧六肉育玉狱欲(次浊)（去声57个）

黎城（81个）：鸽夹腌挟萨挖戍粥(全清)掐(次清)峡電(全浊)（阴平11个）眨葛(全清)渴(次清)蜀(全浊)抹捋郝辱(次浊)（上声8个）错(次清)肉(次浊)（阴去2个）胁泄屑恤率蟀恶忆亿抑益肃叔粟(全清)恰妾匹绰册酷(次清)合盒闸洽拔鹤嚼芍贼宅剧划轴续(全浊)笠捺栗日膜幕窦烙鄂匿翼域额逆亦译易液历疫役六育玉狱欲(次浊)（阳去60个）

平山（169个）：眨萨别屑掇挖悉卒戌削驳媳赫(全清)察匹窟屈赤斥戚哭曲(次清)杂合盒匣叠碟蝶谍乏蛰十拾及拔别舌截夺活滑猾绝伐筏罚穴侄实勃佛倔薄凿嚼着勺芍缚電镯学贼直值白择宅核石笛敌获毒伏轴熟续局(全浊)拉粒络亦易觅(次浊)（平声86个）腌给洁乙各雀琢腹畜蓄束(全清)撒鹊朴扑畜(次清)闸袭铡昨或夕瀑族淑赎蜀(全浊)抹捋栗翼辱(次浊)（上声32个）涩泄设毕必率蟀饰忆亿伯碧壁沃幅肃筑祝粟(全清)撒错别酷触(次清)术述倔惑剧划属(全浊)密律幕窦乐弱跃域译液溺疫役目牧陆育玉狱欲(次浊)（去声51个）

井陉（228个）：劫胁掇豁挖一卒忽削琢识督菊(全清)缉匹屈哭(次清)沓杂合盒闸匣叠碟蝶谍协乏十拾拔铡别舌截夺活绝筏罚穴侄实突佛薄嚼着勺芍電镯学贼直值食蚀白宅核籍席笛独毒轴熟淑俗赎局(全浊)拉膜(次浊)（平声75个）腌给乙角即嘱(全清)塔撒朴扑(次清)洽铡择敌族服伏蜀属(全浊)抹捋(次浊)（上声21个）压萨泄悉戌率蟀恶雀霍驳朔握塞式饰忆亿抑迫赫碧壁迹释益壁速沃肃宿祝畜蓄束(全清)恰妾怯撒阔猝出错鹊绰魄册赤斥别戚酷畜促触曲(次清)秩术述倔鹤或惑剧寂获划续(全浊)笠粒捺裂孽劣密蜜栗日律物莫幕窦诺落烙骆洛络乐鄂略掠若弱药钥岳乐墨默肋匿力翼域麦逆亦译易液觅溺历疫役木鹿禄目牧六陆肉育绿录褥玉狱欲(次浊)（去声132个）

赞皇（216个）：眨胁腌萨薛挖卒忽爵滴(全清)匹猝窟屈拍册畜(次清)杂合盒匣捷叠碟蝶谍协蛰十拾拔铡别舌截夺活滑猾绝伐筏罚侄实突佛倔嚼着勺芍電镯学贼直极宅核石笛划独毒轴熟淑赎蜀局(全浊)拉没骆勒(次浊)（阴平75个）督(全清)白读狭族(全浊)钥(次浊)（阳平6个）给雀束(全清)朴哭触(次清)闸峡达辖属(全浊)抹辱(次浊)（上声13个）涩泄设屑掇毕必戍率蟀郝恶蘖塞式忆亿抑壁炙益壁沃幅肃筑祝畜蓄粟

嘱<sub>全清</sub>妄怯彻撒错绰僻赤斥别戚酷<sub>次清</sub>秩术述或惑剧瀑逐俗续<sub>全浊</sub>腊蜡聂业立笠粒入辣热孽末沫劣悦袜密蜜栗日律物莫幕寞诺落烙洛络略若弱药乐墨肋匿力翼域陌麦脉逆亦译易液觅溺历疫役木鹿禄目牧六陆肉育绿录褥玉狱欲<sub>次浊</sub>（去声122个）

邢台（275个）：答甲押腌跌涩执汁浙设喧拨掇括挖笔悉膝质失室郝约朔迫窄摘责积迹惜昔只绩锡析击激速屋督幅腹北得德则色百伯筑蓄缩祝粥叔粟烛束<sub>全清</sub>踏匹托扩朴拍魄客折策册赤斥戚刻促触<sub>次清</sub>沓捷达疾秩鹤籍寂夕获瀑服或逐淑赎<sub>全浊</sub>拉页入抹末沫捋劣莫鄂若<sub>次浊</sub>（阴平103个）胁哲乙辛博益忆亿抑<sub>全清</sub>察<sub>次清</sub>合盒闸峡匣叠碟蝶谍协乏集习袭垫拔辖别舌杰截夺活滑猾绝伐筏罚侄实薄嚼勺芍電浊镯白择宅席笛敌独读犊族毒伏学贼直值食蚀殖植极轴熟俗续局<sub>全浊</sub>膜弱跃陌亦译易溺疫役翼<sub>次浊</sub>（阳平85个）贬给<sub>全清</sub>鹊醋<sub>次清</sub>蜀属<sub>全浊</sub>（上声6个）劫泄毕必率蟀碧壁式<sub>全清</sub>彻撒阔错僻<sub>次清</sub>术述剧<sub>全浊</sub>腊蜡聂镊猎叶业立笠粒辣灭列裂热孽阅袜月越蜜密栗日律物幕烙洛络乐略虐药钥麦脉逆液觅历木鹿目牧六陆岳乐墨默肋匿力域肉育绿录辱褥玉狱欲<sub>次浊</sub>（去声81个）

涉县（141个）：腌汁挖削惜督粥<sub>全清</sub>匹<sub>次清</sub>電<sub>全浊</sub>拉摸<sub>次浊</sub>（阴平11个）胁别幅<sub>全清</sub>察泊壳<sub>次清</sub>盒闸峡协别滑猾芍贼宅夕划轴<sub>全浊</sub>膜额<sub>次浊</sub>（阳平21个）给<sub>全清</sub>抹裂捋辱<sub>次浊</sub>（上声5个）萨泄率蟀恶雀朔塞即色式饰忆亿抑赫碧壁益壁屋沃肃叔蓄<sub>全清</sub>恰妄撒猝错鹊绰克册栅僻斥别酷<sub>次清</sub>洽碟蝶谍秩鹤剧寂瀑淑续<sub>全浊</sub>纳聂镊猎叶页业粒辣热捏沫袜密蜜日物莫幕寞诺落骆乐鄂若虐药钥跃匿翼域麦脉逆亦译易液觅历疫役木目六肉育绿褥玉狱欲<sub>次浊</sub>（去声104个）

以下是对晋冀太行山沿麓晋语入声舒化字的声调归派情况的统计。（见表6-9）

表6-9 晋冀太行山沿麓晋语入声舒化后调类归并情况

| 方言点 | 调类归并情况 | | | | |
|---|---|---|---|---|---|
| | 调类 | 全清（17个） | 次清（9个） | 全浊（56个） | 次浊（71个） |
| 灵丘（153个） | 阴平上（13个） | 7个 | 1个 | 2个 | 3个 |
| | 阳平（47个） | 1个 | 0个 | 45个 | 1个 |
| | 去声（93个） | 9个 | 8个 | 9个 | 67个 |

续表 6-9

| 方言点 | 调类归并情况 | | | | |
|---|---|---|---|---|---|
| | 调类 | 全清（20个） | 次清（6个） | 全浊（27个） | 次浊（31个） |
| 五台<br>(84个) | 阴平上（17个） | 6个 | 0个 | 8个 | 3个 |
| | 阳平（18个） | 3个 | 1个 | 11个 | 3个 |
| | 去声（49个） | 11个 | 5个 | 8个 | 25个 |
| | 调类 | 全清（21个） | 次清（2个） | 全浊（14个） | 次浊（23个） |
| 盂县<br>(60个) | 阴平（13个） | 7个 | 2个 | 2个 | 2个 |
| | 阳平（11个） | 2个 | 0个 | 5个 | 4个 |
| | 去声（36个） | 12个 | 0个 | 7个 | 17个 |
| | 调类 | 全清（30个） | 次清（7个） | 全浊（37个） | 次浊（40个） |
| 平定<br>(114个) | 阴平（11个） | 9个 | 1个 | 0个 | 1个 |
| | 阳平（42个） | 8个 | 2个 | 31个 | 1个 |
| | 上声（3个） | 1个 | 0个 | 1个 | 1个 |
| | 去声（58个） | 12个 | 4个 | 5个 | 37个 |
| | 调类 | 全清（29个） | 次清（8个） | 全浊（33个） | 次浊（90个） |
| 昔阳<br>(160个) | 阴平（16个） | 11个 | 2个 | 0个 | 3个 |
| | 阳平（30个） | 5个 | 1个 | 22个 | 2个 |
| | 上声（7个） | 1个 | 2个 | 2个 | 2个 |
| | 去声（107个） | 12个 | 3个 | 9个 | 83个 |
| | 调类 | 全清（22个） | 次清（6个） | 全浊（19个） | 次浊（27个） |
| 和顺<br>(74个) | 阴平（14个） | 7个 | 1个 | 3个 | 3个 |
| | 阳平（9个） | 1个 | 1个 | 7个 | 0个 |
| | 上声（8个） | 4个 | 2个 | 2个 | 0个 |
| | 去声（43个） | 10个 | 2个 | 7个 | 24个 |
| | 调类 | 全清（21个） | 次清（6个） | 全浊（14个） | 次浊（43个） |
| 左权<br>(84个) | 阴平上（14个） | 8个 | 1个 | 1个 | 4个 |
| | 阳平（13个） | 1个 | 0个 | 11个 | 1个 |
| | 去声（57个） | 12个 | 5个 | 2个 | 38个 |

续表 6-9

| 方言点 | 调类归并情况 | | | | |
|---|---|---|---|---|---|
| | 调类 | 全清 (24 个) | 次清 (9 个) | 全浊 (17 个) | 次浊 (31 个) |
| 黎城 (81 个) | 阴平 (11 个) | 8 个 | 1 个 | 2 个 | 0 个 |
| | 上声 (8 个) | 2 个 | 1 个 | 1 个 | 4 个 |
| | 阴去 (2 个) | 0 个 | 1 个 | 0 个 | 1 个 |
| | 阳去 (60 个) | 14 个 | 6 个 | 14 个 | 26 个 |
| | 调类 | 全清 (43 个) | 次清 (19 个) | 全浊 (76 个) | 次浊 (31 个) |
| 平山 (169 个) | 平声 (86 个) | 13 个 | 9 个 | 58 个 | 6 个 |
| | 上声 (32 个) | 11 个 | 5 个 | 11 个 | 5 个 |
| | 去声 (51 个) | 19 个 | 5 个 | 7 个 | 20 个 |
| | 调类 | 全清 (54 个) | 次清 (29 个) | 全浊 (77 个) | 次浊 (68 个) |
| 井陉 (228 个) | 平声 (75 个) | 13 个 | 4 个 | 56 个 | 2 个 |
| | 上声 (21 个) | 6 个 | 4 个 | 9 个 | 2 个 |
| | 去声 (132 个) | 35 个 | 21 个 | 12 个 | 64 个 |
| | 调类 | 全清 (45 个) | 次清 (22 个) | 全浊 (73 个) | 次浊 (76 个) |
| 赞皇 (216 个) | 阴平 (75 个) | 10 个 | 7 个 | 54 个 | 4 个 |
| | 阳平 (6 个) | 1 个 | 0 个 | 4 个 | 1 个 |
| | 上声 (13 个) | 3 个 | 3 个 | 5 个 | 2 个 |
| | 去声 (122 个) | 31 个 | 12 个 | 10 个 | 69 个 |
| | 调类 | 全清 (79 个) | 次清 (25 个) | 全浊 (85 个) | 次浊 (86 个) |
| 邢台 (275 个) | 阴平 (103 个) | 59 个 | 17 个 | 16 个 | 11 个 |
| | 阳平 (85 个) | 9 个 | 1 个 | 64 个 | 11 个 |
| | 上声 (6 个) | 2 个 | 2 个 | 2 个 | 0 个 |
| | 去声 (81 个) | 9 个 | 5 个 | 3 个 | 64 个 |
| | 调类 | 全清 (36 个) | 次清 (18 个) | 全浊 (25 个) | 次浊 (62 个) |
| 涉县 (141 个) | 阴平 (11 个) | 7 个 | 1 个 | 1 个 | 2 个 |
| | 阳平 (21 个) | 3 个 | 3 个 | 13 个 | 2 个 |
| | 上声 (5 个) | 1 个 | 0 个 | 0 个 | 4 个 |
| | 去声 (104 个) | 25 个 | 14 个 | 11 个 | 54 个 |

由表 6-9 可以看出，入声字舒化后，其声调归派大体遵循以下两条原则：

（1）方言系统内部按照调型、调值相近的原则进行归并。例如，五台方言有 27 个古全浊声母入声字发生了舒化，其中 11 个今读作阳平，8 个读作阴平上，8 个读作去声。"闸、凿、嚼、雹、贼、轴、赎、蜀"这 8 个今读阴平上的字在今普通话中除了"蜀"字读上声以外，其他都读阳平；在五台以北的灵丘方言中，除了"雹、蜀"读阴平上，其他都读阳平；在五台以南的盂县方言中"闸、凿、雹、赎"仍读入声，"蜀"读阴平，其他也都读阳平。所以，我们认为此现象与五台方言自身的声调系统有关。五台方言阴入调值 [31]，与阳平调对应，阳入调值 [313]，与阴平上对应。古全浊声母入声字在舒化的过程中，有一部分跟随北京话演变规律读作阳平，另有一部分按照调值对应情况读作阴平上。邢台方言也是这种情况，邢台方言入声的喉塞尾 [-ʔ] 本身就不明显，入声调值跟阴平相同，同为 [34]。相同的调值使得它在舒化后的调类归并过程中优先派入阴平调。例如，来自古全浊声母的"沓、捷、达、疾、秩、鹤、籍、寂、夕、获、瀑、服、或、逐、淑、赎"和来自古次浊声母的"拉、页、入、抹、末、沫、挣、劣、莫、鄂、若"等字都读作阴平，这些字在北京话中多读作阳平和去声。

（2）不受方言自身声调系统的制约，而是受其他强势方言（北京话）的影响，全浊声母入声字舒化后归入阳平[①]，次浊声母入声字舒化后归入去声，清声母入声字舒化后归派其他各调类，按字数多少统计结果是：去声[②] > 阴平 > 阳平 > 上声。除了五台和邢台方言，其他方言都遵循这一原则。

以上对入声舒化现象的分析，主要采取了数据统计的方法，从数量上说明中古入声字在晋冀两省太行山沿麓晋语区的今读情况，由此来观察方言特征的地域性差异以及入声舒化的一些共性演变规律，可得出如下几点：

第一，入声舒化的数量、速度与地域有一定的关系。河北几个方言点的舒化程度明显高于山西方言点，地处晋北的灵丘方言舒化程度也高于山西其他几个方言点，我们认为都与其地理位置有关。

第二，入声舒化的数量、速度与方言自身入声的生存状态有一定关系。舒化程度和入声生存状态关系可表述为：只有入声调没有入声韵的方言（平山、井陉、赞皇方言）> 有入声调和入声韵且入不分阴阳的方言（灵丘、昔阳、

---

① 不分阴阳平的方言，如平山和井陉方言，全浊入声舒化字基本归平声。另外，赞皇方言虽平分阴阳，但我们认为，阳平是从平声分离出来的新晋调类，阳平辖字也很少，所以舒化后的全浊入声字有 74% 归入阴平，只有 5% 归入阳平。这也证明阳平仍处在不断分化的过程中。

② 黎城方言分阴去、阳去，清入字舒化后读阳去的有 20 个，阴去 1 个，阴平 9 个，上声 3 个，共计 33 个。

和顺、左权、黎城、涉县方言）＞有入声调和入声韵且入分阴阳的方言（五台、孟县、平定方言）。即入声越稳定，舒化程度越低，反之则越高。邢台方言的羊范话是既有入声调又有入声韵的方言，按理说，它的舒化数量应该居中，但从我们的统计结果来看，邢台羊范话以275个完全舒化字居于首位，而只有入声调没有入声韵的井陉、赞皇、平山方言分别排第二、第三、第四位，这个情况与邢台方言的特殊性有关。一直以来，关于邢台方言的归属都存有争议（第二、第三章已有介绍），邢台县方言分属晋语和冀鲁官话的状况使得其入声较其他方言更加不稳定，"入声区只分布在邢台县南部与沙河市交界的羊范镇、南石门镇、太子井乡、龙泉寺乡、城计头乡、路罗镇、白岸乡一线……这个地区虽有入声，但数量较少，都是一些口语中常用的古清声母入声字，入声的喉塞尾基本已经消失，只是调子稍短，与阴平同调值。入声韵只有一组：ʌʔ、iʌʔ、uʌʔ、yʌʔ（ʔ只表示入声韵尾喉头稍微的紧张），因与舒声韵稍有区别而未合入舒声韵"①。

第三，从古声母清浊来看，来自古次浊声母的入声字在整个舒化字中所占比例最大，来自古次清声母的入声字所占比例最小。即在入声舒化的过程中，次浊入的变化最快，舒化程度最高；次清入的变化最慢，舒化程度最低。

第四，从古韵摄来看，宕、梗、通三摄的入声字最为活跃，舒化比例最高；深、江两摄的入声字最为稳定，舒化比例最低。

第五，从舒化后的调类归并来看，绝大多数方言都遵循古全浊入归阳平，次浊入归去声，清入归平上去的规则。只有五台方言的全浊入和邢台方言的清入遵循与自身声调系统中调型、调值相近的调类相合并的原则。这也说明，汉语普通话或权威方言的强势影响已经使得方言自身系统内部的封闭式的演变变得越来越不可能。

## （三）入声调的演变趋势

王力（2004：44）指出："近代汉语的特点是：（1）全浊声母在北方话里的消失；（2）-m尾韵在北方话里的消失；（3）入声在北方话里的消失，等等。"相比较前两点，入声的消变是最复杂的。一是入声舒化后，入声韵归入阴声韵，入声调归入舒声调，各地各方言归并情况错综复杂；二是到现在入声的消失这一语音演变规律在北方话中也还没有完成。江淮官话、处在官话包围中的晋语以及官话次方言的某些点仍然保留着入声，可见其演变过程之旷日

---

① 李于平：《中古入声字在邢台方言中的读音研究》，北京语言大学2007年硕士学位论文，第8～9页。

持久。

入声是检验山西及其周边方言是不是晋语的一项最重要标准。有入声的方言都伴随有入声舒化现象。那么，入声调在这些方言中将会是怎样的发展趋势呢？表6-10是各调查点舒化字在调查表全部入声字中所占比例情况。

表6-10 晋冀太行山沿麓晋语方言舒化字比例

| 灵丘 | 五台 | 盂县 | 平定 | 昔阳 | 和顺 | 左权 | 黎城 | 平山 | 井陉 | 赞皇 | 邢台 | 涉县 |
|---|---|---|---|---|---|---|---|---|---|---|---|---|
| 32% | 18% | 13% | 24% | 34% | 16% | 18% | 17% | 36% | 48% | 46% | 68% | 30% |

尽管晋语区都存在入声舒化现象，而且有些地方舒化程度还比较高，舒声化趋势也仍在继续，但舒化毕竟是一部分，入声仍是主体。短时间内，入声是不会消亡的。首先，很多方言口语中特别常用的中古入声字的入声读法已根深蒂固，甚至已内化为一地方音较为突出的区别性语音特征，短期内很难受外界方言的影响而改变。其次，晋语区普遍存在的舒声字促化现象，词头"圪"和词尾"子"的入声化现象，对入声舒声化会形成一种反向力。正如李如龙（2001：42）中所写的，"这种种特征充分说明了入声在晋语并没有表现出弱化的趋势。如所周知，从纵向说，自从《中原音韵》以来，入声就明显走向弱化了；从横向说，现代方言中不但大多数官话入声消失了，在湘语中大多只有入声调类而没有塞音韵尾，甚至连闽语和客语这些比较保守的方言里也有一些点入声消失了……而在晋语，入声不但没有消磨减弱，反而呈扩大的趋势：舒声促化、词头词尾（圪、子）入声化，部分入声音节不是简化而是繁化（别义不别义两分，及通、曾、梗的部分入声音节韵母变读都是一种繁化）。这说明了晋语的入声不但没有弱化、简化，反而还在强化、繁化着。这种情况不但与江淮官话的入声有别，甚至和其他东南方言的入声也有区别"。

变是永恒的。放眼整个汉语的语音演变长河，入声舒声化是汉语历史演变的总趋势，是必然的，但这一语音演变需要相当长的一段时间去完成。无疑，在这个过程中，河北晋语的入声将会先于山西晋语完成这一演变。

## 第三节 舒促转化——以灵丘方言为例

晋语中普遍存在着入声舒化和舒声促化两种看似矛盾的现象。灵丘方言是笔者的母语，较调查的其他方言，笔者有更为直接、准确的语感，故本节将对灵丘方言中的入声舒化字和舒声促化字做一个全面的梳理、罗列，并在此基础上做一些规律性的探讨。

### 一、入声舒化

我们设计的灵丘方言调查字表中有474个中古入声字。其中，约280个字在今灵丘方言中仍读作入声（指仅读入声，不包括舒入两读的那部分字），其余约194个字都已不同程度地舒化。有些字仅有舒声一种读法，呈完全舒化状态；有些字是有舒声和入声两种读法，呈舒入两读状态。

#### （一）完全舒化字（153个）

灵丘方言各韵摄的完全舒化字见表6-11。

表6-11 灵丘方言各韵摄的完全舒化字

| 韵摄 | 舒化字 |
| --- | --- |
| 咸摄（23个） | 沓纳腊蜡杂盒眨闸恰洽峡匣妾业叶页腌叠碟蝶谍挟乏 |
| 深摄（6个） | 立笠粒拾入给 |
| 山摄（25个） | 捺辣拔铡泄舌热杰孽截屑末沫夺捋猾伐筏罚袜月悦阅越穴 |
| 臻摄（17个） | 匹密蜜栗膝侄秩日卒猝律率蟀术述物倔 |
| 宕摄（20个） | 膜幕寞摸铎踱诺烙骆错凿鹤嚼勺芍若弱药钥跃 |
| 江摄（3个） | 雹浊镯 |
| 曾摄（10个） | 墨肋贼匿力忆亿抑翼域 |
| 梗摄（23个） | 百白宅麦脉栅剧逆席益亦译易液觅嫡笛敌狄溺历疫役 |
| 通摄（26个） | 瀑木犊鹿毒酷目牧六畜轴粥熟肉育绿粟续赎蜀辱褥局玉狱欲 |

可见，完全舒化字在各韵摄均有分布，只是多寡的不同。

（1）从古声母来看，来自古次浊声母的完全舒化字最多，其次是古全浊声母，再次是古全清声母，而来自古次清声母的最少；来自端系和见系的完全舒化字最多，而来自帮系的最少。另外，见系比帮系仅多了一个声类，而舒化字却多出了不少，尤其是见系的影组字舒化情况很突出。

（2）从古韵母来看，来自通摄、山摄、咸摄、梗摄、宕摄的完全舒化字最多，而来自江摄的最少；相较于一、二、四等韵的舒化情况，来自三等韵的完全舒化字特别多，这也可能与三等字本身数量庞大有关。

（3）从舒化后的声调走向来看，舒化后的入声字今读去声的最多，其次是阳平，上声最少。可见，灵丘方言入声字舒化后的声调演变情况与北京话一致，即古次浊声母字读去声，古全浊声母字读阳平，古清声母字读阴平上、阳平、去声的都有，其中读去声的居多。

## （二）舒入两读字（41个）

拉：[ləʔ˳] ～稀、～肚子；[˗la] ～面、～倒、马～松。
甲：[tɕiəʔ˳] ～乙丙丁、～骨文、装～车；[tɕia²] 圪～ 指甲。
压：[iəʔ˳] ～岁钱儿；[ia²] ～力、～迫。
集：[tɕiəʔ˳] ～合、～中、～体；[˗tɕi] 赶～。
急：[tɕiəʔ˳] ～诊、～救、～性子；[˗tɕi] 着～、救～。
萨：[səʔ˳] 菩～；[sa²] 拉～、～其马。
抹：[məʔ˳] ～腻子；[˗mə] ～药、～油。
别：[piəʔ˳] 差～、特～；[˗piɛ] ～人、～针儿。
列：[liəʔ˳] ～举；[lie²] 摆～。
裂：[liəʔ˳] 分～、四分五～；[lie²] ～开、墙上～了个缝儿。
活：[xuəʔ˳] ～养、忙～；[˗xuə] 死～、～该、～动。
滑：[xuəʔ˳] 擦～；[˗xua] ～冰、打～儿。
挖：[vəʔ˳] ～土；[˗va] ～苦、～掘机。
刮：[kuəʔ˳] ～风、～腻子；[˗kua] ～胡子。
毕：[piəʔ˳] ～业、～竟；[pi²] 姓。
悉：[ɕiəʔ˳] 熟～；[˗ɕi] ～尼。
实：[səʔ˳] ～在、～际；[˗ʂʅ] ～心儿。
不：[pəʔ˳] ～好、～行、～过；[pə²]（用在句末或单说）你去～? ～。
没：[məʔ˳] ～有、～收；[mə²]（用在句末或单说）你吃～? ～。
薄：[pəʔ˳] 日～西山；[˗pau] ～厚。
莫：[məʔ˳] ～非、～名其妙；[mə²] 姓。
落：[luəʔ˳] ～后、～款；[lau²] ～枕、～下。

雀：[tɕʰyəʔ˨] ~斑；[˧tɕʰiau] 家~子_麻雀_、~儿窝。
削：[ɕyəʔ˨] ~皮、剥~；[˧ɕiau] 刀~面。
角：[tɕiəʔ˨] 前山~_地名_、后山~_地名_；[˧tɕiau] 直~、~度。
学：[ɕyəʔ˨] ~习、~校、文~；[˧ɕiau] 上~、他给我~了一遍。
直：[tsəʔ˨] ~接、~角；[˧tsʅ] 捋~、站~。
值：[tsəʔ˨] ~日、~班儿；[˧tsʅ] ~钱儿、~得。
食：[səʔ˨] 粮~、伙~；[˧ʂʅ] 猪~、猫儿~。
伯：[pəʔ˨] 叔~兄弟；[˧pai] 大~。
拍：[pʰiəʔ˨] ~打、蝇~子；[˧pʰai] 球~子。
择：[tsəʔ˨] 选~、不~手段；[˧tsai] ~菜。
摘：[tsəʔ˨] ~黄瓜、~帽子；[˧tsai] ~抄、~要。
石：[səʔ˨] ~头；[˧ʂʅ] ~灰、花岗~。
划：[xua˨] 规~；[xuəʔ˨] ~拉 [la˨]_写：快考试呀，你把那书再好好儿~拉~拉。_
幅：[fəʔ˨] ~度；[fu˨] 一~画；[˧fu] ~脸_布的幅面、宽度。_
伏：[fəʔ˨] 埋~、起~；[˧fu] 三~天、数~。
独：[tuəʔ˨] 单~、~生子；[˧tu] ~个儿。
叔：[suəʔ˨] ~伯兄弟；[˧sou] ~~。
俗：[ɕyəʔ˨] 乡~、风~；[˧su] ~哩~气。
属：[suəʔ˨] ~于；[˧su] ~狗。

以上这些舒入两读字在与古声母、古韵母的关系上，在舒声调的今读上都与之前提到的完全舒化情况相同，即来自古浊声母的字多，来自次清声母的字少；来自咸、山、梗、通、宕摄的多，来自江摄的少；读去声、阳平的多，读上声的少。这也正是灵丘方言入声字逐步向舒声演变，直到入声完全消失（入声→舒入两读→舒声）的演变过程、演变痕迹，舒入并存的阶段也是声调演变规律渐变性的一种表现。

首先，新老读是灵丘方言古入声字舒入两读的一个很重要的生存状态。受整个大的语言使用环境的影响，越来越多的年轻人入声字舒声读，而入声的读法仅存在于老年人当中。例如，"俗"字不论单念还是在"风俗、乡俗、俗气"等词汇当中，老年人多读作入声［ɕyəʔ˨］，而年轻人却读作阳平［˧su］。"弱、足、族"等入声字亦然。

其次，文白读也是灵丘方言古入声字舒入两读的一个很重要的生存状态。徐通锵（1991：384）指出："'文'与'白'代表两种不同的语音系统，大体说来，白读代表本方言的土语，文读则是以本方言的音系所许可的范围吸收某一标准语（现代的或古代的）的成分，从而在语音上向这一标准语靠拢。"土语中的白读音往往是本方言语音的固有层、原始层，这类口语读音往往使用频繁，在当地语言系统中也早已根深蒂固，很难再受其他因素的影响而发生改变；而非本土的、来自其他方面影响而接收的新词语读音地位往往不稳固，极易受到外来影响而直接"拿来"或者后来发生改变。例如，"压"字在"压岁钱儿"一词中读作入声［iəʔ̥］，而在"压力、压迫"等词中却读作去声［iaˀ］，而且这两种读法是不存在年龄差异的，只存在词汇差异。"拉、挖、萨、摘、石"等字亦然。有趣的是，灵丘方言中还存在着与此相反的情况，即白读是舒声调，而文读却是入声调。例如，"伏"字在本土特别常用的"数伏、初伏、末伏"等词中读作阳平［₅fu］，而在书面语"起伏、伏击、埋伏"等不常用词中却读作入声［fəʔ̥］，诸如此类的还有"急、集、列、裂"等字。这种情况产生的原因还需要我们进一步考究。总而言之，不论是白读入声、文读舒声，还是文读入声、白读舒声，在灵丘方言舒入两读的中古入声字中都是一种稳定的互补状态。

再次，不同的义项可能会成为一个入声字两读的条件。例如，"食"表示"人吃的东西"时读作入声［səʔ̥］，表示"动物的饲料"时却读作阳平［₅ʂʅ］；又如，"别"表示"别人"或"用别针等把一样东西附着或固定在纸、布等物体上面"这两个义项时读阳平［₅pie］，表示其他意思，如"特别、差别、分别、别离"等时则仍读作入声［piəʔ̥］。

最后，轻声、儿化、"圪"头词等语法功能也可能对舒入两读产生影响。例如，"萨"字在"菩萨"一词中的入声读法就等同于普通话中轻声的功能，只是灵丘方言中有的轻声并不轻读。"活"字在"养活、活该、活动"中的两读也是此种情况。"格"字在单念或在"格式"等词中都读作入声，而在"格格儿"中，第二个"格"字受后面儿化音节的影响却读作舒声。"甲"字在单念或者其他词语组合中都读作入声，而在表示"指甲"义的"圪甲"一词中却读作舒声。"不、没"二字用在句末或是单说的时候读作舒声。

## 二、舒声促化

### （一）舒声促化详例

灵丘方言中，有70个舒声字发生了促化。除了9个（"弹、还、唤、上、裳、王、往、两、慌"）由阳声韵促化为入声韵的字以外，其他促化字都来自阴声韵，详列如下：

个 [kəʔ˳]：一~人　　可 [kʰəʔ˳]：~冷咧　　戈 [kəʔ˳]：~壁
河 [xuəʔ˳]：东~南 地名　搓 [tsʰuəʔ˳]：揉~　　和 [xuəʔ˳]：软~
砌 [tɕʰiəʔ˳]：~墙　　火 [xuəʔ˳]：灶~　　麝 [səʔ˳]：~香
遮 [tsəʔ˳]：~阳伞　　蔗 [tsəʔ˳]：甘~　　赦 [səʔ˳]：~免
厕 [tsʰəʔ˳]：~所　　提 [tʰiəʔ˳]：~溜　　璃 [liəʔ˳]：玻~
基 [tɕiəʔ˳]：根~　　谋 [məʔ˳]：思~ 考虑　每 [məʔ˳]：天~ 天天
母 [məʔ˳]：王~娘娘　拇 [məʔ˳]：大~指头　父 [fəʔ˳]：外~
夫 [fəʔ˳]：姐~　　傅 [fəʔ˳]：师~　　腐 [fəʔ˳]：豆~
塑 [suəʔ˳]：~料　　糊 [xuəʔ˳]：~涂　　葫 [xuəʔ˳]：~芦
呼 [xuəʔ˳]：~啦圈儿　土 [tʰuəʔ˳]：白~ 石灰　狐 [xuəʔ˳]：~臭
虎 [xuəʔ˳]：老~　　负 [fəʔ˳]：欺~　　户 [xuəʔ˳]：庄~人家
把 [pəʔ˳]：~门关上　布 [pəʔ˳]：~衫子 衬衣　麻 [məʔ˳]：芝~
是 [səʔ˳]：你~谁？　打 [təʔ˳]：拍~　　他 [tʰəʔ˳]：不用管
家 [tɕiəʔ˳]：亲~　　稼 [tɕiəʔ˳]：庄~　　那 [nəʔ˳]：~是谁？
下 [ɕiəʔ˳]：底~　　瓜 [kuəʔ˳]：西~　　花 [xuəʔ˳]：棉~
话 [xuəʔ˳]：笑~　　午 [xuəʔ˳]：晌~　　股 [xuəʔ˳]：屁~
置 [tsʰəʔ˳]：安~　　措 [tsʰuəʔ˳]：~施　　被 [piəʔ˳]：~迫
帚 [tsʰuəʔ˳]：扫~　　都 [təʔ˳]：你~来了？　也 [iəʔ˳]：我~不知道
取 [tɕʰyəʔ˳]：~灯子 火柴　瞿 [tɕʰyəʔ˳]：姓　　去 [ɕiəʔ˳]：出~
子 [zəʔ˳]：桌~、儿~　指 [tsəʔ˳]：~头　　死 [səʔ˳]：热~了
弹 [tʰəʔ˳]：动~　　还 [xəʔ˳]：那~用说咧？　唤 [xuəʔ˳]：叫~
往 [vəʔ˳]：~西走　　王 [vəʔ˳]：阎~爷　　裳 [səʔ˳]：衣~
上 [səʔ˳]：拿~　　两 [liəʔ˳]：买~个果子 约数　慌 [xuəʔ˳]：冷得~
裹 [kuəʔ˳]：包~ 做动词用，如："包裹严，休感冒咯。"

## (二) 声韵特点

这些舒声字发生促化后，韵母都会有一些改变：有的是直接加上喉塞尾 [－ʔ]；有的是经过增音、更替、脱落等音变后再加上喉塞尾 [－ʔ]；还有的不仅韵母发生变化，声母也伴随有变；等等。

（1）韵母是 ə 或 uə 的舒声字，促化后直接加喉塞尾 [－ʔ]。例如：

一个人 kə˧→kəʔ˳　　可冷咧 kʰə→kʰəʔ˳　　戈壁滩 kə→kəʔ˳
麝香 sə˧→səʔ˳　　遮阳伞 tsə→tsəʔ˳　　甘蔗 tsə→tsəʔ˳

赦免 sə⌒→səʔ。　　厕所 tsʰuə→tsʰuəʔ。　　揉搓 tsʰuə→tsʰuəʔ。
包裹 kuə→kuəʔ。　　措施 tsʰuə→tsʰuəʔ。　　东河南₅xə→xəʔ。
灶火 xuə→xuəʔ。　　软和₅xuə→xuəʔ。　　养活₅xuə→xuəʔ。
冷得慌₅xuə→xuəʔ。

(2) 韵母是 i、u、y 的舒声字促化后变 i、u、y 为韵头，先增加央元音 ə，再加喉塞尾 [ -ʔ ]。例如：

提溜₅tʰi→tʰiəʔ/tiəʔ。　　玻璃₅li→liəʔ。　　根基宅基地 tɕi→tɕiəʔ。
砌墙 tɕʰi→tɕʰiəʔ。　　塑料 su⌒→suəʔ。　　呼啦圈₅xu→xuəʔ。
葫芦₅xu→xuəʔ。　　白土石灰₅tʰu→tʰuəʔ。　　糊涂₅xu→xuəʔ。
狐臭₅xu→xuəʔ。　　老虎₅xu→xuəʔ。　　庄户人 xu⌒→xuəʔ。
晌午₅vu→xuəʔ。　　屁股₅ku→xuəʔ。　　取灯子₅tɕʰy→tɕʰyəʔ。
瞿姓₅tɕʰy→tɕʰyəʔ。

(3) 声母是唇音，韵母是单元音 u 的舒声字，促化后先变 u 为 ə，再加喉塞尾 [ -ʔ ]。例如：

姐夫、外父、师傅、豆腐、欺负 fu→fəʔ。
布衫子 pu→pəʔ。
思谋、王母娘娘、大拇指头 mu→məʔ。

(4) 韵母是 ɿ、a、ia、ua、ie 的舒声字，促化后先变 ɿ、a、e 为 ə，再加喉塞尾 [ -ʔ ]。例如：

手指头₅tsɿ→tsəʔ。　　热死了₅sɿ→səʔ。　　你是谁 sɿ⌒→səʔ。
安置 tsɿ→tsʰəʔ。　　芝麻₅ma→məʔ。　　把书拿上 pa⌒→pəʔ。
拍打₅ta→təʔ。　　不要管他₅tʰa→tʰəʔ。　　那是谁 na⌒→nəʔ。
亲家 tɕia→tɕiəʔ。　　庄稼 tɕia→tɕiəʔ。　　底下 ɕia⌒→ɕiəʔ。
黄瓜₅kua→kuəʔ。　　笑话 xua⌒→xuəʔ。　　棉花 xua→xuəʔ。
我也不懂得₅ie→iəʔ。

(5) 韵母是 æ̃、uæ̃、ɒ̃、iɒ̃ 的阳声韵舒声字，促化后先变 æ̃、ɒ̃ 为 ə，再加喉塞尾 [ -ʔ ]。例如：

你还不知道 xæ̃˨→xəʔ˨。 动弹 ˬtʰæ̃→tʰəʔ˨。 叫唤 xuæ̃˨→xuəʔ˨。
往西走 ˬvɒ̃→vəʔ˨。 阎王爷 ˬvɒ̃→vəʔ˨。 衣裳 sɒ̃˨→səʔ˨。
拿上 sɒ̃˨→səʔ˨。 剥两个橘子 ˬliɒ̃→liəʔ˨。

（6）有些舒声字促化后，不仅韵母发生了变化，声母也有变化。例如：

屁股 ku→xuəʔ˨。 晌午 ˬvu→xuəʔ˨。 桌子 ˬtsʅ→zəʔ˨。
出去 tɕʰy˨→ɕiəʔ˨。 扫帚 tsəu˨→tsʰuəʔ˨。 安置 tsʅ˨→tsʰəʔ˨。

通过以上罗列，我们发现舒声字促化后的声韵变化会受到方言自身音韵系统的制约。灵丘方言只有 əʔ、iəʔ、uəʔ、yəʔ 4 个入声韵，所以促化后变化的趋势就是主元音央化，向 ə 靠拢，然后加上喉塞尾 [ -ʔ ]。

## （三）促化类别

借鉴贺巍、马文忠[①]等人的研究成果，我们把灵丘方言中的舒声促化字大体分为只读入声和舒促两读两大类。

### 1. 只读入声

灵丘方言中有 12 个字促化后只有入声一种读法，不论是单念还是跟其他词组合，详列如下：

蔗[tsəʔ˨]甘～　　戈[kəʔ˨]干～、～壁　　麝[səʔ˨]～香
赦[səʔ˨]～免、～放　　厕[tsʰəʔ˨]～所、公～　　措[tsʰuəʔ˨]～施、～辞
置[tsəʔ˨]装～、设～　　葫[xuəʔ˨]～芦、甜～芦　　帚[tsʰuəʔ˨]扫～、笤～
砌[tɕʰiəʔ˨]～墙、砖　　瞿[tɕʰyəʔ˨]～秋白　　裳[səʔ˨]衣～

### 2. 舒促两读

绝大多数的促化字都呈舒促两读状态，具体情况如下：

（1）有些舒声字在今灵丘方言中发生促化，跟它在词中所处位置有关。一般来说，处在词尾或词中的舒声字容易促化。例如：

---

① 参见贺巍《晋语舒声促化的类别》，载《方言》1996 年第 1 期，第 49～51 页；马文忠《大同方言舒声字的促变》，载《语文研究》1985 年第 3 期，第 64～65 页。

搓：[ₑtsʰuə] ~手；[tsʰuəʔ˳] 揉~、捏~。
和：[ₑxuə] ~面、~泥；[xuəʔ˳] 暖~、软~。
麻：[ₑma] ~绳、~烦；[məʔ˳] 芝~、胡~。
花：[ₑxua] ~钱儿；[xuaʔ˳] 棉~、白~。
瓜：[ₑkua] ~子儿；[kuaʔ˳] 西~、黄~。
股：[ₑku] ~票、一~；[xuaʔ˳] 屁~。
腐：[ₑfu] ~败、~竹；[fəʔ˳] 豆~、豆~干。
负：[fuˀ] ~担、~数；[fəʔ˳] 欺~。
父：[fuˀ] ~亲；[fəʔ˳] 外~。
母：[ₑmu] ~亲、父~；[məʔ˳] 外~娘。
每：[ₑmei] ~天、~回；[məʔ˳] 天~。
王：[ₑvṽ] ~法、~叔；[vəʔ˳] 阎~爷。

(2) 有的促化字跟它在词中所处位置并无直接关系，大多时候读舒声，在个别词中读入声。例如：

遮：[ₑtsə] ~住、~羞布子；[tsəʔ˳] ~阳伞。
糊：[ₑxu] 浆~、~~；[xuəʔ˳] ~涂。
狐：[ₑxu] ~狸、~朋狗友；[xuəʔ˳] ~臭。
土：[ₑtʰu] 黄~、~话；[tʰuəʔ˳] 白~石灰。
户：[xuˀ] 门当~对；[xuəʔ˳] 庄~人农民。
午：[ₑvu] ~休；[xuəʔ˳] 晌~。
布：[puˀ] 棉~、~置；[pəʔ˳] ~袋子、~衫子。
塑：[suˀ] ~造、雕~；[suəʔ˳] ~料。
谋：[ₑmu] ~反；[məʔ˳] 思~。
话：[xuaˀ] 说~、~题；[xuəʔ˳] 笑~。
提：[ₑtʰi] ~醒、前~；[tʰiəʔ˳/tiəʔ˳] ~溜。
基：[ₑtɕi] ~础、~本；[tɕiəʔ˳] 根~。
指：[ₑtsʅ] ~望、~挥；[tsəʔ˳] 大拇~头。
取：[ₑtɕʰy] ~东西；[tɕʰyəʔ˳] ~灯子。
璃：[ₑli] 琉~瓦；[liəʔ˳] 揩玻~。
被：[peiˀ] ~动、~告；[piəʔ˳] ~迫。
科：[ₑkʰə] ~学；[kʰəʔ˳] 柳~地名。
水：[ₑsuei] 喝~；[səʔ˳] 落~河地名。

河：[ˌxə] ～北、黄～；[ˌxuə] 落水～地名；[xuəʔ˳] 东～南地名、沙～漕地名。

呼：[ˌxu] ～吸科；[xuəʔ˳] ～哧、～啦象声词、～啦圈儿。

（3）有的舒促两读字，不同的读法跟它在词中或句中所表达的词性、意义、语法功能有关。例如：

可 $\begin{cases} [ˌkʰə] & \text{表示同意、许可、可能、值得等。例如，认～、～大～小、～爱。} \\ [kʰəʔ˳] & \text{副词，表示强调、转折等意义。例如，～好咧、这～咋闹（弄）呀！} \end{cases}$

个 $\begin{cases} [kəˀ] & \text{表示单独的、身高等意义。例如，～别、她的～儿挺高。} \\ [kəʔ˳] & \text{量词。例如，三～苹果、见～面儿。} \end{cases}$

裹 $\begin{cases} [ˌkuə] & \text{包～，名词。例如，到邮局取个包～。} \\ [kuəʔ˳] & \text{包～，动词。例如，天气冷，你把孩包～好。} \end{cases}$

把 $\begin{cases} [ˌpa] & \text{名词，例如，车～。动词，例如，～关。量词，例如，抓～米。} \\ [paˀ] & \text{名词，例如，刀～子。} \\ [pəʔ˳] & \text{介词，例如，～孩抱起来。} \end{cases}$

还 $\begin{cases} [ˌxæ] & \text{表示现象继续存在或动作持续进行。例如，她～那么年轻。} \\ [xəʔ˳] & \text{表示在某种程度之上有所增加或某个范围之外有所补充。} \\ & \text{例如，今儿比夜儿昨天～冷咧。} \end{cases}$

都 $\begin{cases} [ˌtu] & \text{名词，例如，首～。副词，表示"全部"，例如，他们全家～来了。} \\ [təʔ˳] & \text{副词，表示"已经"，例如，菜～冷了，还不快吃。} \end{cases}$

是 $\begin{cases} [sʅˀ] & \text{对、正确，与"非"相对，例如，自以为～、实事求～。} \\ [səʔ˳] & \text{作谓语动词，例如，这～谁的？～小李的。} \end{cases}$

子 $\begin{cases} [ˌtsʅ] & \text{表示子女、种子、粒状物、对男子的美称等意义，例如，} \\ & \text{～女、瓜～、枪～儿、庄～。} \\ [zəʔ˳] & \text{放在名词、形容词、动词、数量词后面做词缀，没有实} \\ & \text{际意义。例如，凳～、胖～、掸～、一下～。} \end{cases}$

死 $\begin{cases} [ˌsʅ] & \text{形容词，例如，～脑筋。动词，例如，～心。} \\ [səʔ˳] & \text{补语，表示死亡或程度达到极点，例如，打～、笑～了。} \end{cases}$

慌 $\begin{cases} [ˌxuə] & \text{形容词，例如，心～。动词，例如，～忙。} \\ [xuəʔ˳] & \text{补语，表示状态、情况等达到很高的程度，例如，饥} \\ & \text{得～、冷得～。} \end{cases}$

往 $\begin{cases} [ˌvɒ̃] & \text{动词，例如，～返。形容词，例如，～事。} \\ [vəʔ˳] & \text{介词，"向"的意思，例如，～西拐、～前走。} \end{cases}$

两 $\begin{cases}[\text{₋liŋ}] \text{ 数词，表示确数，例如，～回。量词，例如，三斤六～。}\\ [\text{liəʔ₌}] \text{ 数词，表示约数，例如，上街买～个果子。}\end{cases}$

（4）处在轻声位置上的舒声字，今轻读读舒声，重读读入声。贺巍（1996）称此现象为"类入声或类促化"。例如：

他：[₋tʰa]～们、～的；[tʰəʔ₌] 你问问～。
打：[₋ta]～架、～雷；[təʔ₌] 拍～。
家：[₋tɕia] 回～、那～超市；[tɕiəʔ₌] 公～。
下：[ɕiaˀ]～楼、～蛋；[ɕiəʔ₌] 底～、躺～。
夫：[₋fu] 功～、～妻；[fəʔ₌] 姐～、妹～。
虎：[₋xu]～头～脑；[xuəʔ₌] 老～。
火：[₋xuə] 点～；[xuəʔ₌] 红～、柴～。
弹：[₋tʰæ̃]～簧、～琴；[tʰəʔ₌] 动～。
上：[sɒ̃ˀ]～山、～课；[səʔ₌] 墙～、炕～。
去：[tɕʰyˀ]～哪呀；[ɕiəʔ₌] 出～、走过～。

（5）还有极个别字，在地名或象声词中读入声，其他情况读舒声。例如：

科：[₋kʰə] 儿～、～学；[kʰəʔ₌] 柳～<sub>地名</sub>。
河：[₋xə]～北、黄～；[₋xuə] 黑龙～<sub>地名</sub>、落水～<sub>地名</sub>；[xuəʔ₌] 东～南<sub>地名</sub>。
水：[₋suei]～池子、滚～<sub>开水</sub>；[səʔ₌] 落～河<sub>地名</sub>。
呼：[₋xu] 欢～；[xuəʔ₌]～哧、～啦<sub>象声词</sub>、～啦圈儿。

## （四）促化成因

灵丘方言中的舒声促化现象与方言自身的语音系统和轻声两个因素有密切关系。

### 1. 方言自身的语音系统

灵丘方言有入声韵和入声调，入声的短促读法会影响到相邻的舒声字，从而使得一些字发生促化后具有一定的区别意义，承担一定的语法功能。促化后的舒声字声调改读入声调，韵母主元音向央元音 ə 靠拢，或直接，或音变后加上塞音韵尾 [-ʔ]，从而完成舒声促声化的转变。在入声完全消失的方言中是不存在舒声促化现象的。如邢台方言，它的归属性质是二分。羊范镇话（晋语）和皇寺镇话（冀鲁官话）中都有分音词，本字相同的分音词"拨拉"羊范话读作 [pʌʔ˳la]，而皇寺话却读作 [pu la]，"拨"读为舒声。

2. 轻声

（1）从韵母变化上来看，灵丘方言的 70 个促化字中有不带韵尾的，有带元音韵尾的，还有带鼻辅音韵尾的。不管是何种类型，这些舒声字促化后都会受到灵丘方言本身入声系统的制约，主元音趋于央化。这种变化让我们联想到普通话中的轻声现象。黄伯荣、廖序东（2002：105～106）提到，"轻声音节不仅引起音高、音长、音强的变化，而且引起音色的变化，有的还影响字音的声母和韵母，引起变化。……使一些韵母中较高、较低的元音向央元音靠拢，韵母变得比较含混"。灵丘方言的舒声字促化后和普通话轻声音节对韵母主元音的影响都是向央元音靠拢，这种重合现象绝非偶然。众所周知，央元音 ə 的发音，舌位不高不低、不前不后，音长较短，口腔肌肉放松，舌头也处于一种最自然的状态，特别容易出现在轻声音节中，而灵丘方言发生促化的字很多正是处于轻声位置上的字。

（2）从词类上来看，灵丘方言中的促化字有实词也有虚词。促化了的实词或实词素大多出现在复合词中，如"黄瓜、红火、暖和、动弹、狐臭、指头、布衫子、布袋子、庄户人、外母娘"等，尽管促化字在词中出现的位置不同，但都处在轻读的音节；虚词出现在句子中也往往轻读，如"把袄穿上、你都来了"等；另外，词缀，尤其是后缀在构词的过程中也往往轻读，如"本子、杯子、他们、孩们"等。

（3）从区分词性、区别意义上来看，灵丘方言中促化字的功能和普通话中的轻声功能也是相通的。例如，"包裹"一词在灵丘方言中有 [˳pau˳kuə] 和 [˳pau kuəʔ˳] 两种读法。前者是名词，等同于在普通话中"包扎成件的包裹"的意思；后者是动词，侧重于"包"义，如"你把东西包裹 [˳pau kuəʔ˳] 好，看撒（掉）了的"。又如，"子"做实词，表"子女、种子、粒状物、古代对男子的美称"等意义时读作 [˳tsɿ]；做词缀，不表示实际意义时读作 [zəʔ˳]，如"桌子、凳子、锁子"等。

综上，我们对灵丘方言中存在的入声字舒化和舒声字促化现象做了较为详尽、深入的介绍和探讨。总的来说，儿化往往引起入声字的舒化，而轻声和"子"尾则往往引起舒声字的促化。这两种语音现象在晋语各方言点中普遍存在，只是笔者对其他方言点的语感不及对灵丘母语如此这般精确、敏锐，我们希望通过对灵丘方言的微观考察，起到窥一斑而知全豹的效果。各方言点入声舒化和舒声促化程度不尽相同，字数多少各异，但总的来说，舒声促化现象短期内并不会对入声强大的态势造成影响，入声仍然稳定地存在于晋语各方言中。

## 第四节　异调分韵——以黎城方言为例

黎城方言作为晋语上党片长治小片的一个方言点，语音方面很有特色，例如：系统地保留了尖团音区别（精组的 ts 组和见、晓组的 c 组形成对立）；知、庄、章两分，知二、庄今读 [ts] [tsʰ] [s]，知三、章今读 [tɕ] [tɕʰ] [ɕ]；日母字今读 [l] 或 [∅]；深、臻摄韵母的前鼻音韵尾 [-n] 丢失，分别读作 [ẽ] [ĩ] [ỹ]①；宕、江摄韵母的后鼻音韵尾 [-ŋ] 已不太明显，有丢失的迹象，主元音开始鼻化，分别读作 [ãŋ] [iãŋ] [uãŋ]；去分阴阳；古浊声母平声字与古浊声母去声字混同，都读作阳去调等。本节要讨论的是黎城方言中古蟹、效两摄以今上声调为条件的一种异调分韵现象。

中古同一韵母因声调的不同而引起韵母的差异，这种现象学界有着不同的叫法。闭克朝（1991）指出："中古的一个韵母，在今横县平话中随着声调的不同而有单元音和复元音两种不同的音质。为了表述的方便，我们把这种现象称为韵随调转现象。"刘勋宁（1993）指出："隰县方言咸、山两摄的舒声和宕摄舒声文读，今韵母依今声调的不同而分为整齐的两类，逢今阳平和上声……韵尾是 [-n] ……；逢今阴平和去声……韵尾是 [-i]。我们管这种韵尾随声调不同而变化的特点叫做分调交替现象。"曹志耘（2009）描写了溆浦县桥江镇的异调变韵现象，指出："阴平、阴上、阳平（非去声类）调的元音比较接近，阳去、阴去（去声类）调的元音比较接近，而去声类和非去声类之间则差异很明显。"根据已有的报道，曹志耘（2009）对汉语方言中存在的调值分韵现象进行了全面梳理，并做出类型归纳和理论解释，指出："'调值分韵'是指由声调的长短、高低等因素而使韵母产生分化的现象。"瞿建慧（2009）指出："异调变韵指的是某些调类可以使韵母发生变异，比如：韵腹舌位高低或前后移位，韵尾脱落或变化，元音的滋生以及鼻化元音、元音韵尾和鼻韵尾之间的转换等等。"陈泽平（2012）称之为"变韵"；支建刚（2013），徐国莉、庄初升（2017）称之为"异调分韵"。本书亦称之为"异调分韵"，原因有二：一是该现象的产生到底是否源于今调值的高低、长短等因

---

① 臻摄合口一、三等的部分 ẽ 和 ũ 的全部今和蟹、止摄合口读 ei、uei 的音混同。例如，门＝梅 [mei²]，昆＝亏 [₋kʰuei]。

素，目前尚无定论。二是"变韵"跟"本韵"相对，除了声调引起的变韵，更易让人联想到儿化、轻声、"子"尾等变韵。故本书认为叫"异调分韵"更为妥帖。

据曹志耘（2009）报道，在汉语方言中，现已发现在北京话、中原官话、晋语、吴语、徽语、湘语、乡话、闽语、粤语、平话等方言中都不同程度地存在异调分韵现象。晋语黎城方言的异调分韵现象，作为首次报道，我们希望可以为方言研究者提供更多的样本，也有助于对异调分韵现象做进一步的解释。

## 一、黎城方言的异调分韵现象

黎城方言的异调分韵现象集中表现在蟹、效两摄，声调条件是今上声调。

### （一）蟹摄部分字的异调分韵情况

蟹摄开口一、二等字（二等见系除外）和合口二等部分见系字，逢今阴平、阴去、阳去韵母读作［ɛ］［uɛ］，逢今上声韵母读作［æi］［uæi］，与咸、山摄今韵母混同。详例见表6-12。

表6-12 黎城方言蟹摄的异调分韵情况

| 音韵地位 | 韵母对比 | 阴平 | 阴去 | 阳去 | 上声 |
|---|---|---|---|---|---|
| 蟹开一 | ɛ→æi | 栽 ctsɛ | 菜 tsʰɛᵓ | 才 tsʰɛᵓ | 乃ᶜnæi 宰载 ctsæi 彩 ctsʰæi 改 ckæi |
|  |  | 该 ckɛ | 盖 kɛᵓ | 孩害 xɛᵓ | 凯ᶜkʰæi 海ᶜxæi |
| 蟹开二 | ɛ→æi | 斋 ctsɛ | 拜 pɛᵓ | 排 pʰɛᵓ | 楷ᶜkʰæi 摆ᶜpæi 买ᶜmæi |
|  |  | 差出~ctsʰɛ | 债 tsɛᵓ | 卖 mɛᵓ | 奶ᶜnæi/ᶜnɛ 矮ᶜæi |
| 蟹合二 | uɛ→uæi | 乖 ckuɛ | 怪 kuɛᵓ | 怀坏 xuɛᵓ | 拐ᶜkuæi |
| 咸摄 | æi | 三 csæi | 糁 tsæiᵓ | 谈 tʰæiᵓ | 感ᶜkæi 砍ᶜkʰæi 揽ᶜlæi 喊ᶜxæi |
| 山摄 | æi | 山 csæi | 碳 tʰæiᵓ | 慢 mæiᵓ | 懒ᶜlæi 产ᶜtsæi 满ᶜmæi |
|  | uæi | 关 ckuæi | 蒜 suæiᵓ | 完 uæiᵓ | 短ᶜtuæi 款ᶜkʰuæi 碗ᶜuæi |

在上声条件下，蟹摄开口一、二等（二等见系除外）和合口二等的部分见系字，韵母由 ɛ、uɛ 变为 æi、uæi。首先是增音，即增加了 i 韵尾。其次是韵腹由 ɛ 变为 æ，主元音舌位有所降低。参见以下两张语图。（如图6-3、图6-4所示）

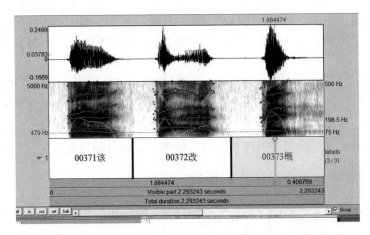

图6-3 该 [ₑkE] —改 [ᶜkæi] —概 [kE²] 的F1

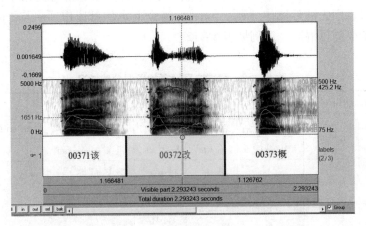

图6-4 该 [ₑkE] —改 [ᶜkæi] —概 [kE²] 的F2

元音的第一共振峰（F1）代表元音舌位的高低，且舌位的高低与F1的高低成反比关系；第二共振峰（F2）代表元音舌位的前后，且舌位的前后与F2的高低成正比关系。我们反复对比了几组蟹摄存在异调分韵的上声和非上声例字，正如图6-3、图6-4所示，上声字"改"的F1数值明显高于"该、概"的F1数值；上声字"改"的F2数值稍低于"该、概"的F2数值。在舌位元音图中，E和æ都属于前元音，æ比E较低略后，这也与我们听感上的感知印象相一致。

值得一提的是，调查过程中，当地发音合作人往往对这些差异习焉不察，这就需要调查者通过模仿、比字、实验等方法对其仔细甄别，于繁乱的表象之中寻求规律。① 调查黎城方言时，我们发现蟹摄有一些字的发音很"怪"、很"夸张"，即有些字的发音开口度较大，时长也相对较长。但发音人不觉得，我们模仿其发音，他们又说不像，故而心存疑虑。直到调查至咸、山摄单字时，我们发现，其韵母的听感跟蟹摄的部分字十分相像，于是通过比字（如：害—海—喊），再次询问发音人，此时他们非常肯定地说："'海、喊'这两个字一样，'害'跟它们不一样。"正如图6-5所示，"改"和"感"的F1、F2完全一致。

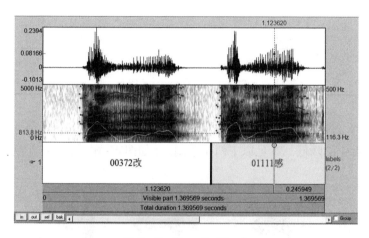

图6-5　改＝感［ᶜkæi］

### （二）效摄的异调分韵情况

效摄字逢今阴平、阴去、阳平去韵母读作［o］［io］，逢今上声调韵母读作［ɔ］［iɔ］，不与其他韵摄读音混同。详例见表6-13。

---

① 在《黎城县志》（2006：683～717）的方言章节和《山西方言调查研究报告》（1993：503～504）中，不论音系还是文字说明中都没有提到蟹、效两摄的分韵现象；山东大学2008年博士学位论文《晋东南晋语语音研究》（王利：247～305）所附晋东南16个方言点的单字音对照材料中，黎城方言蟹摄开口一、二等韵母非上声字记为ɛ，上声字记为æ，而效摄一律记为ɔ。这说明：第一，作者并没有发现效摄异调分韵的情况；第二，作者发现了蟹摄韵母的不同，但没有挖掘出其中的规律。《山西方言音韵研究》（韩沛玲，2012：256）指出，"山西方言调类分韵现象目前只见于永济、隰县、襄垣等少数方言点"，可见也没有注意到黎城异调分韵的情况。

表6-13 黎城方言效摄的异调分韵情况

| 音韵地位 | 韵母对比 | 阴平 | 阴去 | 阳平去 | 上声 |
|---|---|---|---|---|---|
| 效开一 | o→ɔ | 掏 ₍c₎tʰo | 报 poˀ | 桃 tʰoˀ | 保 ᶜpɔ、讨 ᶜtʰɔ、老 ᶜlɔ、草 ᶜtsʰɔ |
| | | 高 ₍c₎ko | 套 tʰoˀ | 扫～帚 soˀ | 扫～地 ᶜsɔ、考 ᶜkʰɔ、袄 ᶜɔ |
| 效开二 | o→ɔ<br>io→iɔ | 包 ₍c₎po | 炮 pʰoˀ | 巢 tsʰoˀ | 饱 ᶜpɔ、炒 ᶜtsʰɔ、搞 ᶜkɔ |
| | | 交 ₍c₎cio | 孝 cioˀ | 效 cioˀ | 搅 ᶜtɕiɔ、巧 ᶜtɕʰiɔ、咬 ᶜiɔ |
| 效开三 | io→iɔ | 膘 ₍c₎pio | 票 pʰioˀ | 庙 mioˀ | 表 ᶜpiɔ、秒 ᶜmiɔ、小 ᶜɕiɔ |
| | | 腰 ₍c₎io | 笑 cioˀ | 少～年 cioˀ | 少～多 ᶜɕiɔ、绕、舀 ᶜiɔ |
| 效开四 | io→iɔ | 刁 ₍c₎tio | 跳 tʰioˀ | 条 tʰioˀ | 鸟 ᶜniɔ、挑～担 ᶜtʰiɔ、了～结 ᶜliɔ |
| | | 箫 ₍c₎cio | 叫 cioˀ | 尿 nioˀ | 侥 ᶜɕiɔ、晓 ᶜɕiɔ |

在上声条件下，效摄韵母今读由 [o] [io] 到 [ɔ] [iɔ] 的变化，表现为主元音舌位的降低。参见以下两张语图。（如图6-6、图6-7所示）

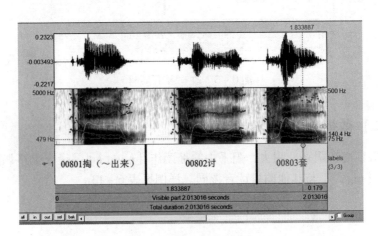

图6-6 掏 [₍c₎tʰo] —讨 [ᶜtʰɔ] —套 [tʰoˀ] 的F1

第六章 声调的特征及演变

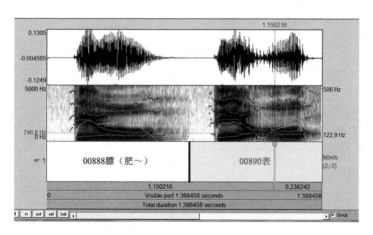

图6-7 膘 [ˬpio] —表 [ˊpiɔ] 的F1

通过对效摄上声字和非上声字的大量对比实验，我们发现，它们之间F2的高低差别并不显著，但上声字的F1数值明显大于非上声字的F1数值。这说明，上声字的主元音比非上声字的主元音舌位要低。故而，笔者记效摄上声字的韵母为 [ɔ] [iɔ]，记非上声字的韵母为 [o] [io]，以示区别。

## 二、其他方言中的异调分韵现象

异调分韵现象出现在黎城方言中绝非偶然，距黎城县不足50千米，同属长治市管辖的襄垣县也有此现象，早在1985年曾被报道。[①] 它们分韵的条件同为今上声，且两县方言的上声调调型和调值相一致，分韵也都发生在蟹摄和效摄。不同的是，襄垣韵母的变化在韵尾，而黎城韵母的变化在韵腹。这个情况很容易让我们"认定"调型是导致分韵的直接原因。正如袁家骅等（2001：284、286）谈到福州话的韵母和声调时所提到的，"福州话的韵母系统跟声调系统是互相依存的：在升调、升降调或降升调的条件下，单元音变成复元音，较高较关的元音变成较低较开的元音，较低较前的元音变成较后的元音"，"升调、降升调和升降调都能影响元音的性质，使单元音复化，使半高半低的单元音或复元音变得低些开些，使低元音变得后些"。结合福州方言的分韵情况，袁家骅认为闽东方言里的韵随调转现象可能是调型影响了韵母元音。为了进一步探究异调分韵现象背后规律性的东西，我们对目前已经报道了的异调分

---

[①] 参见金有景《襄垣方言效摄、蟹摄（一、二等韵）字的韵母读法》，载《语文研究》1985年第2期，第58～62页。

韵现象的文章进行搜集，并整理如下。（见表6-14）

表6-14 目前所见汉语方言的异调分韵现象①

| 方言 | 方言点 | 今调类及调值 | 声调条件 | 分韵韵摄及韵母变化 |
|---|---|---|---|---|
| 山西晋语 | 襄垣 | ①33、②11、③213、⑤55 | 上声 | 蟹摄 ai→an；效摄 au、iau→aŋ、iaŋ |
| | 隰县 | ①312、②34、③22、⑤52 | 阴平去声 | 咸、山、宕摄 an、ian、uan、yan→ai、iai、uai、yai |
| | 黎城 | ①33、③314、⑤512、⑥53 | 上声 | 蟹摄 ɛ、uɛ→iæ、uæi；效摄 o、io→ɔi、ɔi |
| 豫北晋语 | 新乡小冀 | ①34、②41、③54、⑤212 | 阳平去声 | 蟹摄 ai、uai→æ、uæ；效摄 au、iau→ɔi、ɔi；咸、山摄 ɛŋ、uɛn、iɛn、yɛn→æ̃、uæ̃、iæ̃、yæ̃；宕、江摄 ɑŋ、iɑŋ、uɑŋ→ẽŋ、iẽŋ、uẽŋ（以上以阳平、去声为条件）蟹摄 uei→uæŋ；止摄 ei→æŋ；流摄 ou、iou→uɔi、iɔi；深、臻摄 ən、in、uən、yn→ɐŋ、iɐŋ、uɐŋ、yɐŋ；曾、梗、通摄 əŋ、iŋ、uŋ、yŋ→ɑŋ、iɑŋ、uɑŋ、yɑŋ（以上以去声为条件） |

---

① 表6-14 材料来源详见参考文献，本书所探讨的黎城方言也列于表中；入声一般不构成异调分韵，故表6-14所列有入声的方言均未列出入声。用①②③④⑤⑥分别代表阴平、阳平、阴上、阳上、阴去、阳去。上声、去声不分阴阳的方言，用③代表上声，用⑤代表去声；分韵各韵摄中具体的等呼、小韵等，此处一概省略，未列。

续表 6-14

| 方言 | 方言点 | 今调类及调值 | 声调条件 | 分韵韵摄及韵母变化 |
|---|---|---|---|---|
| 豫北晋语 | 获嘉亢村 | ① 44、② 41、③ 53、⑤ 21 | 阳平去声 | 蟹摄 ai、uai→æ、uæ；<br>效摄 ɑo、iɑo→ɔ、iɔ；<br>宕、江摄 ɑŋ、iɑŋ、uɑŋ→ēŋ、iēŋ、uēŋ（以上以阳平、去声为条件）<br>蟹摄 uei→uæ；止摄 ei→ɜɛ；<br>流摄 ou、iou→ɔ、iɔ；<br>深、臻摄 ə̃、uə̃、in、uen、yn→ɜn、iɜn、uɜn、yɜn；<br>曾、梗、通摄 ŋe、iŋ、uŋ、yŋ→ʌŋ、iʌŋ、uʌŋ、yʌŋ（以上以去声为条件） |
| | 获嘉城关 | ① 44、② 411、③ 52、⑤ 13 | 去声 | 蟹摄 uei→uæ；止摄 ei→ɜɛ；<br>流摄 ou、iou→ɔ、iɔ；<br>深、臻摄 ə̃、uə̃→ɜn、uɜn；<br>曾、梗、通摄 ŋe、iŋ、uŋ、yŋ→ʌŋ、iʌŋ、uʌŋ、yʌŋ |
| | 获嘉徐营 | ① 44、② 41、③ 53、⑤ 13 | 阳平去声 | 蟹摄 ai、iai→ɐ、uɐ |
| | 济源下冶 | ① 45、② 52、③ 43、⑤ 212 | 阳平去声 | 蟹摄 e→ɜɛ；<br>效摄 ɔ、iɔ→ɑo、iɑo；<br>咸、山摄 æ、iæ、uæ、yæ→ã、uã、iã、yã；<br>深、臻摄 ə̃、iə̃、uə̃、yə̃→ɜ̃、iɜ̃、uɜ̃、yɜ̃（以上以阳平、去声为条件）<br>曾、梗、通摄 ŋe、iŋ→ɜŋ、iɜŋ（以去声为条件） |
| | 济源邵原 | ① 51、② 423、③ 44、⑤ 24 | 阳平去声 | 蟹摄 ɛ→æ；效摄 ɔ、iɔ→ɑo、iɑo |
| | 济源王屋 | ① 55、② 212、③ 52、⑤ 24 | 阳平去声 | 蟹摄 ɛ、uɛ→æ、uæ |

续表 6-14

| 方言 | 方言点 | 今调类及调值 | 声调条件 | 分韵韵摄及韵母变化 |
|---|---|---|---|---|
| 中原官话 | 山西永济 | ① 21、② 24、③ 42、⑤ 33 | 去声 | 咸、山摄 æ、iæ、uæ、yæ→ai、iai、uai、yai |
| | 陕西洛川 甘杰 | ① 31、② 23、③ 52、⑤ 44 | 上声 去声 | 蟹摄 ɛ、iɛ、uɛ→ɜɛ、iɜɛ、uɜɛ；效摄 ɔ、iɔ→ɜɔ、iɜɔ |
| 湘语辰溆片 | 泸溪浦市镇 | ① 35、② 13、③ 42、⑤ 213、⑥ 55 | 阴去 阳去 | 果摄 ɯ→ɒ；假摄 ɔ→ɒ；蟹摄 ɛi→æe；咸摄 ɛ→æ；通摄 oŋ→ɐŋ |
| | 溆浦两丫坪 | ① 44、② 213、③ 24、⑤ 35、⑥ 53 | 阴去 阳去 | 咸、山摄 ɛ、uɛ→a、ua |
| | 溆浦低庄 | ① 44、② 213、③ 24、⑤ 35、⑥ 45 | 阴去 阳去 | 咸、山摄 iẽ→iã |
| | 辰溪火马冲 | ① 35、② 13、③ 42、⑤ 213、⑥ 55 | 阴去 阳去 | 宕摄 aɯ、iaɯ、uaɯ→a、ia、ua |
| | 泸溪兴隆场 | ① 35、② 13、③ 42、⑤ 213、⑥ 55 | 阴去 | 深、臻、曾、梗摄 ẽ、uẽ→ai、uai |
| | 沅陵"死客子"话① | ① 55、② 13、③ 42、⑤ 22、⑥ 24 | 阳去 | 蟹、流摄 ɛ、uɛ、a、ua→æ、uæ；效摄 ɛu、iɛu→au、iau |
| 徽语严州片 | 杭州淳安话 | ① 224、② 445、③ 55、⑥ 535 | 上声 | 蟹、止摄 ue→ui |
| 闽语闽东片 | 福州话 | ① 55、② 53、③ 33、⑤ 213、⑥ 242 | 阴去 阳去 | 蟹、止摄 i→ei；效摄 o、io→ɔ、iɔ；通摄 uŋ→ouŋ |
| | 屏南话② | ① 2、① 42、② 221、③ 21、⑤ 24、⑥ 324 | 阳平 阳去 | 蟹、止摄 i→ei；遇摄 u、y→ou、øy |

---

① 据蒋于花《湖南沅陵"死客子"话语音研究》（湖南师范大学 2012 年硕士学位论文），沅陵"死客子"话属于湘语辰溆片。

② 屏南方言阴平有开阴平和尾阴平之分，调值分别为 [2] 和 [42]。

续表 6-14

| 方言 | 方言点 | 今调类及调值 | 声调条件 | 分韵韵摄及韵母变化 |
|---|---|---|---|---|
| 西部粤语 | 开建话 | ① 44、② 24、③ 52、④ 242、⑤ 32、⑥ 21 | 阴去 阳去 | 蟹、止摄 ɐi、uɐi→ei、uei；效摄 ɛu→iu；流摄 ɐu→ou；咸摄 ɔm、ɐm→om、im；深摄 ɐm→om；山摄 ɔn、ɛn→un（øn）、in；臻摄 ɐn→in；梗摄 iʰŋ→iŋ；通摄 oŋ→uŋ |
| | 四会话 | ① 42、② 21、③ 33、⑤ 24 | 古去声 | 蟹摄 ai→iɐ；止摄 ɐi→i；流摄 au→ɐu |
| | 横县方言县城 | ① 55、② 232、③ 33、④ 24、⑤ 52、⑥ 22 | 阴去 阳去 | 止摄 i→ɐi；遇摄 u、y→ou、ɔi |
| 平话 | 横县方言 | ① 44、② 13、③ 33、④ 22、⑤ 55、⑥ 42 | 阴去 阳去 | 止摄 i→ɐi；遇摄 u、y→əu、ɔi |
| 土话 | 临桂县（今临桂区）六塘 | ① 34、② 33、③ 22、④ 13、⑤ 54、⑥ 21 | 阳平 | 果摄 au→ou；假摄 o→u；遇摄 au→ou；蟹摄 ua→a；效摄 au→ou；流摄 o、au、iau→u、ou、iou；咸、山摄 o、æi→u、ei；臻摄 aŋ→eŋ；宕、江摄 aŋ→əŋ；曾摄 aŋ→eŋ/ei/ŋe；梗摄 a→ei；通摄 aŋ、iaŋ→ŋe、ŋei |

由表 6-14 可见，异调分韵现象在南北汉语方言中都有出现。相对来讲，南方更多、更集中些，而且分韵涉及的韵摄分布也更广一些。仔细观察表 6-14 各方言的今调类、调值情况，我们发现，袁家骅提出的调型（升调、降升调和升降调）影响韵母元音的说法并不具有普适性。单从各方言记音的五度调值来看，虽说构成分韵的声调中升调和曲折调稍多，但呈降调和平调调型的声调也不在少数。

### 三、异调分韵的成因

曹志耘(2009)认为,韵母产生分化现象的直接原因是声调的时长和音高等,并把汉语方言中的调值分韵现象归纳为长调与短调分韵、高调与低调分韵两大类。长调导致韵母元音复化、韵尾增生,低调则导致韵母元音低化、复化。关于"长调—短调""高调—低调",他也做了说明,"都是基于某个具体方言的声调系统而言的相对概念","'长调'是指音长较长、动程较大的调,一般而言,曲折调(包括降升调、升降调、平升调、平降调、升平调、降平调)以及跨度达4度以上的升调或降调(例如[14][51])往往是'长调'(有的降调虽然音长较短,但跨度较大时,动程较大,所以也具有'长调'的性质)"。而关于"高调—低调",他没有明确说如何界定,只是在一个表格中把含5或4度的调和含5度的调归为"高调",把含2或1度的调和含1度的调归为"低调"。该观点可以解释现今大部分的调值分韵现象,如:众所周知的北京话和表6-14中晋语襄垣话、黎城话等作为分韵条件的上声都是降升式曲折调;晋语隰县话、新乡小冀话、济源下冶话,中原官话的洛川话,湘语辰溆片的泸溪兴隆场话,闽语福州话、屏南话等作为分韵条件的声调,都是曲折调或跨度较大的降调。但徽语淳安话的阴平[224]、阳平[445]、阳去[535]都是曲折调,上声是高平调[55],而分韵的条件却恰恰是上声。这一现象跟他前文提出长调分韵机制和低调分韵机制不合,文中没有解释。以平调[55]或[33]作为分韵条件的方言不只淳安一地。从表6-14中我们发现,永济中原官话,浦市、火马冲、兴隆场的辰溆片湘语,广西横县的平话,临桂六塘土话亦是如此,所以作者在分析永济话时说,"从今读来看,去声[33]并不是一个明显的长调,它是不是由长调变来的尚难以断定";在分析横县平话时说,"横县平话的今调值可能也是后来变化的结果"。[①] 正因为有些方言中今调值和韵母之间的对应关系显得并不整齐甚至杂乱无绪,故而,作者在"余论"部分也提到,对待调值分韵现象,需要有历史的眼光和全局的眼光。

我们认为,曹文提出的声调的时长、音高等因素会导致分韵现象的观点以及长调导致分韵和低调导致分韵的两种音变机制理论上是有道理的,问题在于如何确定时长和音高。声调的高低长短本身就是一种听觉感知,调查、记录方言的人又各有各的记音习惯。表6-14中晋语的获嘉城关、徐营、邵原、王屋,湘语辰溆片的两丫坪、低庄、死客子等方言,作为分韵条件的声调都是升调,但它们的调值[13][24][35][45]又都没达到曹文所定义的"跨度

---

[①] 曹志耘:《汉语方言中的调值分韵现象》,载《中国语文》2009年第2期,第141～148页。

达4度以上",那么,这些分韵现象是不是属于长调分韵呢?再有,我们认为,把含2或1度的调和含1度的调归为低调的说法甚是含糊、费解。表6-14中,西部粤语的开建话,作为分韵条件的阴、阳去调值分别为[32]和[21],是不是属于低调分韵呢?

跟长调、低调论相反,侯兴泉(2012)认为,是升调的特征和韵母的结构导致了调值分韵。根据表6-14,西部粤语的调值分韵主要出现在去声(包括阴去和阳去),其次是阳上和阳平调。西部粤语各方言具体的去声、阳上、阳平调值差异甚大,如果用今调值去解释,会出现相互矛盾的说法。而且,四会话的分韵情况说明它跟今调值没有直接关系,而跟古调类有关。侯兴泉赞成曹文提到的对待调值分韵要有历史的眼光的观点。他认为,西部粤语的分韵现象很多是属于早期发生了调值分韵,后来调值又发生了变化的类型。但跟曹文对横县粤语、平话的解释不同的是,侯兴泉认为不是低调而是升调的特征导致了如今的分韵现象。他利用48个西部粤语方言点的材料构拟了原始西部粤语的声调系统,指出:"如果这种构拟是正确的话,则西部粤语的调值分韵现象很可能是由于其早期的升调特征导致的。原始西部粤语含有升调特征的声调主要是去声(含阴阳去)、阳上和阳平,而这些声调中都有分韵现象,尤以去声最为突出。"[1] 至于为何升调特征会导致韵母发生变化,他认为,GVG、GV、(G)VC[2]的韵母结构在升调的推动下,韵腹主元音就容易升高,而当它高到不能再高的时候,就会引发裂化,进而变为复元音。侯文试图从发音生理上寻求调值分韵的依据,但对原始西部粤语声调系统的构拟以及去声、阳上和阳平的升调特征的描写到底有多大的可信度,我们尚且存疑。

徐国莉、庄初升(2017)对临桂六塘土话中构成分韵的阳平调(今调值[33])从调型调值、时长、结构3个方面做了进一步的实验分析。调型上,六塘土话的阳平调是个中平调,既不升也不降。分韵发生在阳平,而没有发生在同是平调的阴上调(今调值[22]),说明分韵跟调型关系不大。时长上,通过实验统计发现,阳平与阴平在时长上并没有多大的差异,前者为0.4545秒,后者为0.4475秒。如果说时长较长的调是产生分韵的原因,那么,六塘土话里时长最长的阳上和阴上(分别是0.5866秒和0.5665秒)为什么没有分韵现象?韵母结构上,通过对六塘土话阳平分韵的韵母结构进行对比,也未发现阳平韵和非阳平韵有什么区别。从以上3个方面看,无法从今音值来探求六塘土话阳平分韵的原因。故而,作者认为,可能是历史上较早时期,是音变发

---

[1] 侯兴泉:《西部粤语的调值分韵》,载《语言科学》2012年第3期,第315页。
[2] "G"代表高元音韵头,"V"代表韵腹,"C"代表韵尾。

生当时的音值引起了音变。

## 四、几点认识

从目前所见的报道来看，异调分韵现象并不拘于某一个地域，也不拘于某一种方言，它们之间不存在相互接触、影响，它是一种方言内部自身的、普遍性的音变方式。由于这种音变并非发生于当下，我们现在所看到的音变现象都是历史演变后的结果，所以试图用今音的特征去阐释它的发生机制就不免捉襟见肘。各方言导致分韵现象的声调调型各异，调值五花八门，用简单的五度调值表去概括分韵调值的共同特征，力图找到一个普适于各点方言异调分韵现象的"标准答案"，事实证明是行不通的。闭克朝（1991）指出，"把这些方言的韵随调转现象都简单地归因于方言今调值对元音音质的影响，是很难令人信服的"。陈泽平（2012）指出，"变韵以调类为条件，声调分类的依据就是调值差异，变韵发生的机制必然是与构成特定调值的某个成素有关"，这个成素"未必只是相对音高或长短，5度标调法也许不足以表达这种调值成素。至于这个调值成素究竟是什么，在声学或发音生理机制上应该怎么描述，仍是一个有挑战性的课题"。我们认为，既然这种分韵现象是一种方言内部自身的、普遍性的音变方式，那么必然有一种共性的、规律性的东西存在，只是这种音变发生在过去，而我们无法获知音变当时的语音面貌，也就无法推知这个规律性的东西到底是什么。不过，从表6-14中，我们还可以得到以下几点认识。

（1）一种方言出现异调分韵现象往往不是单独的、偶然的。如山西晋语的襄垣和黎城同属山西东南部上党片、豫北晋语获嘉周围和济源西部一带、湘语辰溆片、西部粤语、闽东片闽语等。而且成片出现异调分韵现象的，它们的声调条件往往具有一致性，如山西晋语多发生在上声调，豫北晋语多发生在阳平和去声，辰溆片湘语、闽东片闽语和西部粤语以及横县平话都发生在去声。

（2）阴平、阳平、上声、去声（包括阴去和阳去）在各方言异调分韵现象的声调条件中出现的频次依次是1、9、4、21。且不去看各方言今调类的具体调值，异调分韵现象发生在去声的最多，其次是阳平。罗常培（1980：77）曾说："关于四声之性质，旧来说者每以'长短、轻重、缓急、疾徐'为言，笼统模糊，迄无的解。如唐释处忠《元和韵谱》曰：'平声哀而安，上声厉而举，去声清而远，入声直而促。'明释真空《玉钥匙歌诀》曰：'平声平道莫低昂，上声高呼猛烈强，去声分明哀远道，入声短促急收藏。'"旧时，去声常常被描述为"清而远"或"哀远道"，去声的这种"远"的特征是否有可能正是导致当时发生异调分韵音变的一个因素呢？如果这个推断成立，那么我们可以断定两点：一是异调分韵现象跟古调类有关，二是异调分韵现象跟声调的时长有关。如此,我们就不必纠结于现今各方言的声调共时面貌来考量异调分韵的现象了。

(3) 从古韵的角度来看,北方方言分韵现象主要发生在蟹、效两摄,南方方言分韵现象韵摄分布则较为广泛,几乎涉及全部韵摄,这可能与南方方言韵母系统本来就复杂有关。总体而言,不论南方还是北方,分韵现象在蟹、效两摄的发生频率是最高的,其次是咸、山、止摄,再次是流、深、臻、曾、梗、通、宕、江摄,果、假、遇摄出现频率最低。统计结果见表6-15。

表6-15　目前所见汉语方言异调分韵现象在各韵摄发生的频次

| 果 | 假 | 遇 | 蟹 | 止 | 效 | 流 | 咸山 | 深臻 | 宕江 | 曾梗 | 通 |
|---|---|---|---|---|---|---|---|---|---|---|---|
| 2 | 2 | 4 | 18 | 9 | 11 | 7 | 9 | 7 | 5 | 6 | 7 |

(4) 从今韵的角度来看,分韵现象带来的韵母变化主要有以下5种类型:主元音舌位的降低;增音;复合韵母变为单元音韵母或单元音韵母裂化为复元音韵母;鼻韵尾韵母(包括鼻化韵)和开韵尾韵母之间的相互转化;主元音舌位的升高。有趣的是,除了第一种类型出现最多,且南北方言都有出现以外,其他4种类型的分布呈互补状态。增音、鼻韵尾和开韵尾之间的相互转化多出现在北方方言,而单韵母发生裂化(主要是蟹、止、遇三摄的 i 和 u)和主元音舌位的升高只出现在南方方言中。

## 五、一些思考

一种音变的发生必然有一定的音变条件,但当音变条件具备时,并不一定会引起相应的音变。就异调分韵现象来讲,我们赞成曹志耘(2009)的说法:"从理论上说,只要一个方言声调系统内的调值长短、高低存在足够的差异,就有可能发生调值分韵——当然是否发生另当别论。"

黎城以及表6-14中所列有异调分韵现象的其他方言,分韵现象出现在蟹、效两摄的频率最高。我们认为,这可能与蟹、效两摄本身的发音特征有关。根据王力先生的拟音,中古的蟹摄和效摄都是复合韵母,蟹摄收 [-i] 尾,效摄收 [-u] 尾。i 和 u 都是高元音,而从发音的生理机制上来讲,由前低元音 a 瞬间上滑到前高元音 i 或后高元音 u,都是比较费时费力的。正因如此,很多方言的蟹摄和效摄发音并不稳定,如晋语的蟹、效两摄就呈单元音化趋势。我们认为,蟹、效两摄本身的这种不稳定情况,在声调因素的助推作用下,是极有可能发生音变的。

黎城方言有 5 个调类，各调调值的高低在前文的黎城方言单字调绝对时长基频曲线图中有所体现（见第二章"音系"），并且基于听感和语音实验，我们已对各调类进行了调值描写。调的长短虽说在基频曲线图中也有所体现，但为了更加直观，我们将再次通过实验求取各调的时长[①]，进一步实现数据化以观察声调的时长和分韵现象之间的关系，结果见表 6-16。

表 6-16  黎城方言各调类单字调时长

| 古调类 | 今调类 | | 今调值 | 时长/秒 | 例字 |
|---|---|---|---|---|---|
| 平声 | 清 | 阴平 | 33 | 0.451578 | 高猪专尊低边安开抽初粗天偏三飞 |
| | 浊 | 阳平去 | 53 | 0.134958 | 驮河贺婆惰骡擦坝爬斜谢铺菩芦路 |
| 上声 | 清 | 上声 | 314 | 0.481184 | 古纸走短碗口丑草体普手死五老买 |
| | 次浊 | | | | |
| 去声 | 全浊 | 阳平去 | 53 | 0.134958 | |
| | 浊 | | | | |
| | 清 | 阴去 | 512 | 0.286878 | 破剁过课怕把刀~锯句菜爱带盖拜闭替 |
| 入声 | 清 | 入声 | 4 | 0.110379 | 杂鸽合盒眨闸虱罚实朴桌泽择摘责 |
| | 浊 | | | | |

实验结果显示，黎城方言中 5 个调类的时长关系为：上声＞阴平＞阴去＞阳平去＞入声。黎城方言的分韵现象就发生在时长最长的上声调。因此，我们认为，异调分韵现象的发生与声调的时长是有一定关系的。类似黎城这种以今上声调分韵，而且上声调的时长确长于其他调类的情况，我们推测，它们的异调分韵现象发生得较晚；而类似西部粤语、闽东片闽语、临桂六塘土话等以今

---

[①] 方法：每个调类各选取 15 个例字，利用 Praat 语音软件，根据波形图、宽带或窄带语图，参照 Pitch Tier 窗口的音高曲线，并结合听感，对单字调样本进行声调段的切分和标注。每一个例字的声调段按时长分成 10 等分，分别为 1～10 共 10 个采样点，运行程序提取每一个点的基频值数据的同时也将获得每个例字的声调时长。最后对每个调类 15 个例字的时长求取平均值，从而获取各调类的时长值。

去声调（包括阴去和阳去）分韵，然而，从共时角度并未发现去声的时长长于其他调类的情况，我们推测，它们的异调分韵现象发生得较早，正是历史上发生该音变当时的去声声调的特征（可能也是时长因素）诱发了韵母的音变，而且该音变发生以后，作为分韵条件的某声调的调型、调值在时间长河中又发生了演变，从而导致了如今看似无从解释的异调分韵现象。

# 第七章 余 论

## 第一节 晋冀太行山沿麓晋语的分区再思考

根据《中国语言地图集》(2012),晋冀太行山沿麓的方言分属晋语和冀鲁官话两大类,具体到本书所涉的13个方言点,其归属情况如下:

灵丘、五台——晋语五台片
盂县——晋语并州片
平定、昔阳、和顺、左权——晋语大包片
黎城——晋语上党片
平山、赞皇——晋语张呼片
井陉——冀鲁官话石济片
涉县——晋语邯新片
邢台——晋语邯新片、冀鲁官话石济片

下面分别列出《山西方言调查研究报告》(1993)、《河北省志·方言志》(2005)、《中国语言地图集》(2012)中关于这13个方言点的归属情况如图7-1、图7-2、图7-3所示。

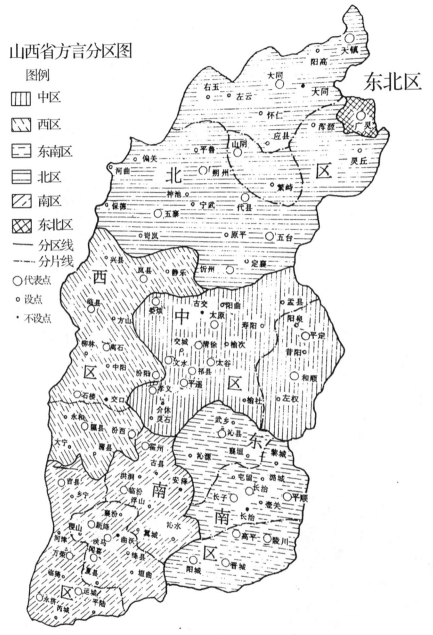

图 7-1　山西省方言的分区①

---

① 参见侯精一、温端政主编《山西方言调查研究报告》，山西高校联合出版社1993年版，第703页。

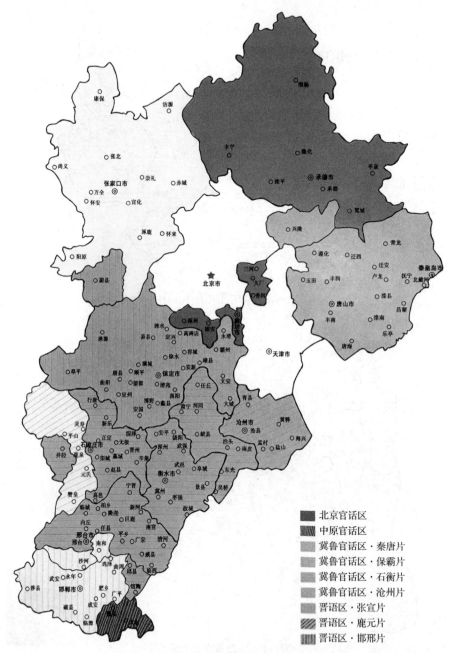

图7-2 河北省方言的分区①

---

① 参见河北省地方志编纂委员会编《河北省志》第89卷"方言志",方志出版社2005年版。

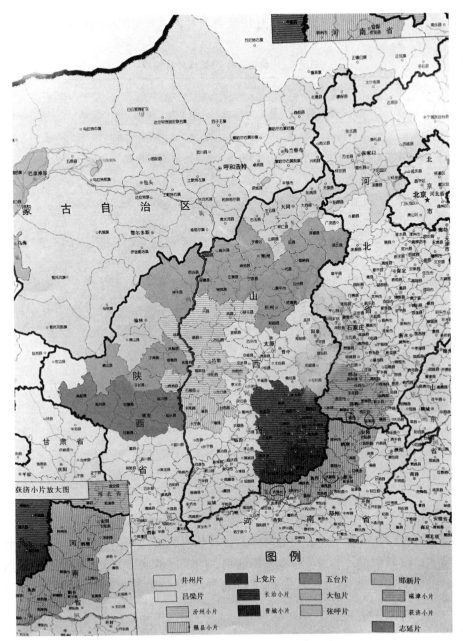

图 7-3 晋语分布（截图）①

---

① 参见中国社会科学院语言研究所、中国社会科学院民族学与人类学研究所、香港城市大学语言资讯科学研究中心编《中国语言地图集》（第 2 版）"汉语方言卷" B1-13 晋语，商务印书馆 2012 年版。

《中国语言地图集》（2012）是按照声调对晋语分类的。（见表7-1）

表7-1　晋语古今调类与分片情况

| 古声调 | 平声 | | 上声 | | | 去声 | | 入声 | | |
|---|---|---|---|---|---|---|---|---|---|---|
| 古声母 | 浊 | 清 | 清 | 次浊 | 全浊 | 浊 | 清 | 清 | 次浊 | 全浊 |
| 例字 | 麻陈 | 高 | 考 | 老 | 舅 | 日旧 | 救 | 失 | 热 | 实 |
| 大包片 | 阳平 | 阴平 | 上声 | | | 去声 | | 入声 | | |
| 张呼片 | 平声 | | 上声 | | | 去声 | | 入声 | | |
| 志延片 | 阳平 | 阴平 | 上声 | | | 去声 | | 入声深、臻、曾、梗、通 | | |
| 五台片 | 阳平 | 阴平上 | | | | 去声 | | 入声 | | |
| 并州片 | 平声 | | 上声 | | | 去声 | | 阴入 | | 阳入 |
| 吕梁片 汾州 | 阳平 | 阴平 | 上声 | | | 去声 | | 阴入 | | 阳入 |
| 吕梁片 隰县 | 阳平 | 阴平 | 上声 | | | 去声 | | 阴入 | | 阳入 |
| 上党片 长治 | 阳平 | 阴平 | 上声 | | | 阳去 | 阴去 | 阴入 | | 阳入 |
| 上党片 晋城 | 阳平 | 阴平 | 上声 | | | 去声 | | 入声 | | |
| 邯新片 磁漳 | 阳平 | 阴平 | 上声 | | | 去声 | | 入声 | | 阳平 |
| 邯新片 获济 | 阳平 | 阴平 | 上声 | | | 去声 | | 入声 | | 阳平 |

《中国语言地图集》（2012）依古今调类分合情况对晋语成功分区，说明声调这一单一分区标准在方言分区中有极高的有效度。结合晋冀太行山沿麓各方言点的实际情况，各地属片也基本清晰、明确。但从目前我们的调查材料所反映的语言事实来看，晋冀太行山沿麓晋语古今调类实际情况如下。（见表7-2）

表7-2 晋冀太行山沿麓晋语古今调类情况

| 古声调 | | 平声 | | 上声 | | | 去声 | | 入声 | | |
|---|---|---|---|---|---|---|---|---|---|---|---|
| 古声母 | | 浊 | 清 | 清 | 次浊 | 全浊 | 浊 | 清 | 清 | 次浊 | 全浊 |
| 例字 | | 麻陈 | 高 | 考 | 老 | 舅 | 日旧 | 救 | 失 | 热 | 实 |
| 山西 | 灵丘(4个) | 阳平 | | 阴平上 | | | 去声 | | 入声 | | |
| | 五台(4个) | 阳平 | | 阴平上 | | | 去声 | | 入声 | | |
| | 盂县(6个) | 阳平 | 阴平 | 上声 | | | 去声 | | 阴入 | | 阳入 |
| | 平定(6个) | 阳平 | 阴平 | 上声 | | | 去声 | | 阴入 | | 阳入 |
| | 昔阳(5个) | 阳平 | 阴平 | 上声 | | | 去声 | | 入声 | | |
| | 和顺(5个) | 阳平 | 阴平 | 上声 | | | 去声 | | 入声 | | |
| | 左权(4个) | 阳平 | | 阴平上 | | | 去声 | | 入声 | | |
| | 黎城(5个) | 阳平去 | 阴平 | 上声 | | | 阴去 | 阳平去 | 入声 | | |
| 河北 | 平山(4个) | 平声 | | 上声 | | | 去声 | | 入声 | | |
| | 井陉(4个) | 平声 | | 上声 | | | 去声 | | 入声 | | |
| | 赞皇(5个) | 阳平 | 阴平 | 上声 | | | 去声 | | 入声 | | |
| | 邢台(5个) | 阳平 | 阴平 | 上声 | | | 去声 | | 入声 | | |
| | 涉县(5个) | 阳平 | 阴平 | 上声 | | | 去声 | | 入声 | | |

根据表7-2，我们对盂县、平定、左权、井陉、赞皇、邢台6个方言点的特征及归属情况做如下探讨。

(1) 盂县。《中国语言地图集》(2012)把盂县划分到晋语并州片。本书调查结果显示，盂县方言调类6个，平声和入声各分阴阳。阴平是高降调，调值为［41］，阳平是低降调，调值为［31］，并且绝大多数的古清、次浊声母上声字和古清声母平声字合流，今读独立上声的也不过20个字左右（音系说明中已有提及）。因此，除了入分阴阳以外，盂县方言的这种声调格局以及古全浊声母今读情况并不符合并州片语音特征，但按照6个调类的声调格局把它归为晋语吕梁片也不甚科学。结合盂县方言阴平和上声合流的迹象，我们认为，处于并州片和五台片过渡地带的盂县方言兼有并州片和五台片的语音特征。事实上，除了声调，在宕、江摄的文白读上，盂县方言也更趋向于五台片特征。显然，盂县方言具有明显的过渡性质。

（2）平定。《中国语言地图集》（2012）把平定划到晋语大包片。关于平定方言入声有无分阴阳，目前所见材料记载不一。《山西方言调查研究报告》（1993：422）描写其单字调类5个（阴平、阳平、上声、去声、入声），《平定县志》（1992：590）描写其单字调类6个（阴平、阳平、上声、去声、阴入、阳入）。本书调查情况与后者一致，入声分阴阳，且阴盛阳衰，今读阳入的有70余字，多为来自古次浊声母的入声字。平定北接兼具并州片和五台片语音特征的盂县，西临并州片的寿阳，南靠大包片的昔阳，因此，在语音上不免具有杂糅性特点，跟盂县方言一样，呈现出过渡性质。

（3）左权。《中国语言地图集》（2012）依据"阴平、阳平、上声、去声、入声"的声调格局把左权连同依太行山北上的其他三县——和顺、昔阳、平定一并划到晋语大包片。就目前所见材料，王希哲《左权方言志》（1991：5）中列出阴平、阳平、上声、去声、入声5个调类，但阴平和上声的调值都标为［53］；《山西方言调查研究报告》（1993：430～431）把左权方言划到中区方言阳泉片，并提到左权方言声调的特殊性，只有4个调类，其中，古清上、次浊上与古清平合流；韩沛玲《山西方言音韵研究》（2012：217）认为，山西方言声调演变大致可分为5种演变类型，其中的五台型里面就包含左权点，特征就是清平与清上、次浊上合并，浊平独立，入声不分阴阳。我们的调查结果与《山西方言音韵研究》的观点相同，左权方言今阴平、上声不分，且调型奇特，呈双折调型，本书记为［5342］（详见第二章图2-14"左权方言单字调绝对时长基频曲线图"）。左权方言阴平上、阳平、去声、入声的声调格局无疑应归属晋语五台片，而非大包片。如果说盂县、平定看似特殊的声调格局缘于它们所处的特殊地理位置，那么，左权方言又是缘于何而表现出五台片的声调特征？这个问题有待我们进一步的研究。

（4）井陉。井陉方言的归属存在争议，《河北省志·方言志》（2005）和《中国语言地图集》1987年的第1版和2012年的第2版均将其划为冀鲁官话石济片；盖林海等人（2002、2005）认为，该方言中仍有超过50%的中古入声字保留着与其他三声明显有别的读法，声调有平、上、去、入4类。地图上显示，井陉正巧被几个同属晋语张呼片的县市包围。本书的调查结果显示，井陉跟平山方言一样，虽然已经没有入声韵，但它保留了独立的入声调，目前是"平、上、去、入"的声调格局。故而，本书支持盖林海的观点，认为井陉应划到晋语张呼片。

(5) 赞皇。《中国语言地图集》(2012) 把太行山东麓的赞皇方言跟平山方言一起划到晋语张呼片，理由有二："平不分阴阳"和"入不分阴阳"。而本书调查结果显示，赞皇方言的平声是分阴平、阳平的，但很多普通话中读作阳平的字在该方言中又读作阴平，如"时=诗""椽=穿"等。本次所调查的2630单字中，读作阳平的有226个单字，基本来自古次浊声母平声字，且多为常用字，如"鹅≠歌"等。所以，单就该声调特征来说，我们认为，赞皇既和同处太行山东麓的平山有着南北纵向的联系，又和太行山西麓的昔阳、和顺有着东西横向的瓜葛。结合赞皇周边方言平声的表现，我们推测赞皇方言早期存在平不分阴阳的阶段，后来古次浊声母平声字先行一步从原平声中分化出来，形成阳平调。这种平声分化的音变是一种较晚期的现象。

(6) 邢台。跟井陉方言一样，邢台方言的归属也存在争议。有把它划到晋语邯新片的，也有把它划到冀鲁官话石济片的。邢台县地形东西狭长，正处于晋语向冀鲁官话过渡的地带上。本书调查结果显示：其方言归属二分，西邻山西昔阳、和顺、左权的城西和南靠邯郸、武安的城南的乡镇多存有入声，属晋语邯新片；城东、城北的乡镇多为无入声区，属冀鲁官话石济片。本书以属晋语邯新片的羊范话作为材料基础。

综上所述，盂县、平定由于自身所处地理位置而在归属问题上具有杂糅、过渡的特点；左权、井陉、赞皇由于其他原因，在归属上与本书有不同。秉持不大动的原则，我们对晋冀太行山沿麓13个晋语方言点的归属情况做如下调整：

灵丘、五台、左权——晋语五台片
盂县（兼有并州片和五台片的特征）——晋语并州片
平定（兼有并州片和大包片的特征）、昔阳、和顺——晋语大包片
黎城——晋语上党片
赞皇（平分阴阳）、平山、井陉——晋语张呼片
涉县、邢台<sub>城西、城南</sub>——晋语邯新片

## 第二节　从东麓晋语看晋语与冀鲁官话的关系

　　本书以太行山为着眼点，关注的是晋冀两省沿山两麓的晋语。太行山西麓分布的只有晋语，而太行山东麓则既有晋语，又有冀鲁官话。河北的平山、井陉、赞皇、邢台、涉县5个方言点目前属晋语，但毕竟处于山西晋语和河北冀鲁官话的交接、过渡带上，在语音特征上往往具有杂糅性质，进而使得其方言性质变得含糊不清。本节试图从它们的语音特征上寻找晋语和冀鲁官话两种方言在长期的接触过程中的此消彼长的关系。

### 一、从井陉方言的归属争议上来看

　　1987年的第1版和2012年的第2版《中国语言地图集》均把井陉划到冀鲁官话的石济片。在第2版的《中国语言地图集》第47页"冀鲁官话的分区"中，作者把分布在河北省和山东省的共计162个方言点的冀鲁官话分为三大片（保唐片、石济片、沧惠片），13个小片，而井陉方言被划到石济片的赵深小片。

　　盖林海《河北井陉方言语音说略》（2002）中指出："井陉方言属于北方官话晋语区张呼片。由于它特殊的交通地理位置，古来官旅来往频繁，语言受周围影响很大，加之该县地处山区，境内4/5为丘陵、山地，因此方言内部情况比较复杂。西部和南部山区与山西话基本一致，北部一带接近平山话，东部则像鹿泉话。今县治微水镇从1958年至今，国有大中型企业林立，外来人口众多，语音变化更大。以往论述、描写井陉方言多以微水地点方言为代表，本文研究的方音系统是以原县治所在地城关（天长镇）及周围地域的语音为标准。考原县治城关历史为宋代古城，宋金元明清民国至1958年一直是井陉县治，城区古建筑遗迹颇多，文化氛围浓厚，城关话无论历史还是通行范围均可作井陉方言的代表。"盖林海、朱懋韫、张吉格《石家庄方言晋语区语音综述》（2005）中又一次指出："关于井陉、行唐方言的方言属性，多数人认为方言中的入声已经消失，中国社会科学院《中国语言地图集》B2将其划为北方官话石济片的赵深小片。虽然其声调系统中上声与入声调型相似，极易混淆，但当地人读入声调字与其他三声区却分得十分清楚。所以我们认为：此两地方言在性质上仍属于晋语，与河北省境内石家庄的元氏、赞皇、鹿泉（城关以西）、平山、灵寿话一样，入声韵尾消失（鹿泉、井陉的个别地点带喉塞音？），但读音自成调类。"2005年版的《河北省志》第89卷"方言志"把河北方言划分为北京官话、冀鲁官话、中原官话和晋语4个区,又把分布在101个县市的冀鲁官话划分为四片(秦唐片、保霸片、沧州片、石衡片),而井陉方言就被划分到石衡片。但该书概述部分第2页也对邢台、魏县、涞源、安国等12个县市的方言做出补充说明,其中就包括井陉,"井陉、阜平、涞源三县西部属晋语区,其中井陉晋语区面积更大些,但三县城关及绝大部分地区的方言都属冀鲁官话,所以将其划入冀鲁官话区"。

可见,关于井陉方言的性质到底是官话还是晋语,确存争议。本书的发音合作人有3位,两位是秀林镇人,一位是南峪镇人,调查结果显示,井陉方言有独立的入声调,且平声不分阴阳。平、上、去、入4个调类的声调格局跟相邻的平山、赞皇完全相同。故而,本书认同盖林海的观点,将其划分到晋语的张呼片。

争议源于复杂的语言事实,这种情况在方言交界地带尤其容易出现。我们特别留意到当地学者盖林海(2002)提到的,"今县治微水镇从1958年至今,国有大中型企业林立,外来人口众多,语音变化更大。以往论述、描写井陉方言多以微水地点方言为代表……",结合笔者实地调查时所了解到的情况,即井陉县有一个在当地很出名的石家庄市属的煤矿——井陉煤矿,该矿区人口众多,且人员混杂,当地人的语音也有受矿区人的影响。因此,我们认为,晋语是井陉方言的底层性质,而随着时代的变迁、社会的发展,冀鲁官话、北京官话等都会对晋语底层形成极大的冲击,晋语特征可能会一步步萎缩,乃至在当地消失。

## 二、从邢台方言的入声情况来看

邢台方言是二分的。邢台县东西狭长,县城[①]以西、以南的白岸、路罗、城计头、龙泉寺、太子井、羊范等乡镇为晋语区,其余以东、以北的大部分乡镇是冀鲁官话区,参见下面的邢台县地图(如图7-4所示)。

---

① "县城"通常就是县政府所在地。邢台县市同名,邢台县西、北、东三面包围邢台市主城区,其县城就直接设置在邢台市区,而没有设置在其县境内,所以邢台县也就成了一个没有县城的县。现在的地级邢台市主城区就是历史上的邢台老县城。

图 7-4 邢台地图①

  本书调查了南边的羊范镇话,作为晋语的代表,又调查了北边的皇寺镇话,作为冀鲁官话的代表。皇寺话单字调类 4 个 (阴平、阳平、上声、去声),入声已经全部舒化。舒化后的调类归派情况是古清入字多归入阴平,全浊入多归入阳平,次浊入多归入去声,这跟中古入声字在冀鲁官话区的分派规律是一致的。羊范话有入声,单字调类 5 个 (阴平、阳平、上声、去声、入声),且入声调值跟阴平相同,同为 [34]。入声韵 4 个 (ʌʔ、iʌʔ、uʌʔ、yʌʔ),且入声喉塞尾 [-ʔ] 并不明显,处于几乎消失的阶段。可见,羊范话的入声调、入声韵已经很不稳固了。而事实证明,羊范话也确实存在相当严重的入声舒化现象,275 个完全舒化字占本书所调查入声字的 58%,是河北五县方言中舒化率最高的,也是本书所关注的 13 个晋语方言点中舒化率最高的。从舒化后的调类归派情况来看,跟皇寺话大体相同,即古清入多读阴平,全浊入多读阳平,次浊入多读去声。但是,羊范话的两归字较皇寺话多一些,这种两归字多是古清入字。也就是说,同样一个古清入字,不同的人可能有不同的读法,有的人读阴平,有的人则读阳平、上声或去声。我们认为,这是羊范话晋语入声在舒化的过程中同时受到同城冀鲁官话和外界北京话的影响所致。李荣 (1989) 曾对冀鲁官话、北京官话等做了总的说明:"冀鲁官话的特性是古清音入声今读阴平,古次浊入声今读去声。(古清音入声读阴平与古次浊入声

---

① 图片来自 http://blog.sina.com.cn/s/blog_a654d5660100zg4c.html。

读去声蕴含古全浊入声读阳平。）前者是冀鲁和中原两区的共性，与其他五区分开。后者是冀鲁、兰银、胶辽、北京四区的共性，与其他三区分开。""北京官话的特性是古清音入声今分归阴平、阳平、上声、去声，与其他六区分开。（古清音声母分归四声蕴含古次浊入声读去声，古全浊入声读阳平。）"因此，羊范话的古清声母入声字在舒化的过程中，面对冀鲁官话和北京官话双方面的强势影响，表现出不知何去何从、摇摆不定的状态，但目前看来还是归入阴平的居多。

总之，从邢台方言的二分归属格局以及晋语羊范话今入声状况来看，我们推测，如果羊范话的入声消失，那么，将会变得和本县其他冀鲁官话方言一样。届时，晋语的入声特征将完全消失，从而实现冀鲁官话的西向扩张，完成冀鲁官话对晋语的取代、替换。

### 三、从平山、赞皇的语音特征来看

平山、赞皇、井陉方言有入声调，但没有入声韵，这是它们与其他河北晋语乃至山西晋语大不同的地方。相较于既有入声韵又有入声调的方言，此三地方言在入声的演变上较为超前。另外，此三地方言的完全舒化字数量（平山169个，赞皇216个，井陉228个）也较西麓山西晋语的数量更多，仅次于东麓邢台<sub>羊范</sub>（275个）。可见，这三地方言的入声也已经很不稳定，但跟邢台羊范话不同的是，它们的入声字舒化后的声调归派受北京官话影响更大（古全浊入声归阳平，次浊入声归去声，清入归四声），而非冀鲁官话。在这一点上，平山、赞皇、井陉和西麓的山西晋语是一致的。

平山、赞皇、邢台方言精组和见、晓组声母在今细音前读音不同，呈 ts 组和 tɕ 组的对立，即分尖团。精组声母在今细音前保持古读未见腭化的方言，在山西多分布在并州片和吕梁片，以这两片为核心向四周延伸开去，这一现象呈递减之势；在河北则集中分布在中南部，由南至北呈递减之势。本书关注的晋冀交界地带方言中，只有平山、赞皇、邢台三地完整地保留了精组 ts 类的读法，与见、晓组的 tɕ 类形成尖团音的对立。从地域分布上来看，在尖团音问题上，此三地方言表现出与本省冀鲁官话相一致的特点。

### 四、从涉县方言的语音特征来看

相较于其他四地河北晋语，涉县晋语的生命力是最为强劲的。入声韵有两套8个（ɿʔ、iəʔ、uəʔ、yəʔ、əʔ、ieʔ、ueʔ、yeʔ）；单字调有5个（阴平、阳平、上声、去声、入声）；完全舒化字是141个，在河北5个晋语方言点中舒化率最低。可见，入声在涉县方言中保留得较为完整。

入声之所以在涉县能够很好地保留下来，与涉县所处的地理位置有很大的关系。地处河北西南部的涉县是晋、冀、豫三省的交界地带，与它相邻的不论是东边的武安、磁县，西边的黎城、平顺，北边的左权，还是南边的林州、安阳，这些地方的方言都属于晋语区，尽管不是同一区片。目前看来，处于晋语上党片和邯新片包围中的涉县方言并没有受到河北冀鲁官话或河南中原官话的很大影响。

综上所述，从目前入声在河北5个晋语方言点中的生命力来看，只有涉县依然坚挺，而其他四地都已经不太稳固。这也就说明，处于晋冀交界地带上的河北晋语在与本省冀鲁官话接触、交融的过程中，处于弱势、保守的地位。在入声必然消失趋势的影响下，中古入声字还会不断地发生舒化。因此，我们推测晋冀太行山沿麓的河北晋语终将为冀鲁官话所取代。

## 第三节 影响晋冀太行山沿麓晋语分布格局的因素探析

### 一、晋语与太行山

20世纪80年代，李荣（1985、1989）提出了"晋语"的概念，"从上述三幅《语言区域图》看，官话区的范围随着研究的深入越来越小。徽州方言和湘语、赣语陆续从官话区分出来。现在我们还要把'晋语'从'北方官话'分出来"，"除有入声外，晋语还有一些共同点……这些共同点是晋语区别于官话（包括江淮官话）的特点。正因为晋语有这些特点，虽然晋语和江淮官话都有入声，本图集把晋语从官话分出来，江淮官话仍旧算是官话的一个区"。侯精一（1986）界定"晋语指山西省及其毗连地区有入声的方言，根据这条标准可以把晋语跟周围的官话分开"。尽管关于晋语该不该分立、分立的话该放在哪一层次的问题，学界一直存有争论，但侯精一"晋语"片区的范围界定已成为学界共识，如《中国语言地图集》（第1版）之"汉语方言卷"即采纳侯精一的观点绘制了晋语方言图，并在说明中指出："该图所说的晋语分布于山西省大部（南部28个市县及东北角广灵县除外），河北省西邻山西的地区，河南省黄河以北地区（其中孟县属中原官话），内蒙古自治区中、西部黄河以东地区，以及陕西省的北部地区，共175个市县。使用人口约4570万人。"后来，根据晋语的进一步调查研究成果，参照2004年行政区划的变更情况，《中国语言地图集》（第2版）之"汉语方言卷""对原B7图的内容作了必要的补充和更新。本图的晋语仍分布于上述五省区，共194个县市旗。其中山西省82个县市，河北省35个县市，河南省19个县市，内蒙古自治区39个县市旗，陕西省19个县市。据2004年《中华人民共和国行政区划简册》统计数据，晋语区人口共约6305万，其中山西省约2376万，河北省约1326万，河南省约1104万，陕西省约437万，内蒙古自治区约1062万"[1]。

侯精一（1999：45）指出，"现代晋语的划分与山西古代历史政区有很大的一致性"，"山西历史政区的划分与山西的山川盆地高原丘陵等自然地貌上的分区是一致的"。乔全生（2008：42）认为，"晋方言的源头当自晋国开国而始"。成王桐叶封弟叔虞于唐，"唐在河、汾之东，方百里"[2]，"唐叔子燮，是为晋侯"，《毛诗谱》称，"叔虞子燮父以尧墟南有晋水，改曰晋侯"[3]。由唐而改晋，当为晋国开国之始，也是晋国剪灭周边诸封国和诸狄而领属今晋语区的起始。晋献公时"并国十七，服国三十八"[4]，至晋文公城濮之战大败楚国，称霸中原。晋景公七年（前593），"晋使随会灭赤狄"[5]，晋国国土横跨太行山东西两麓，拥有山西中部、南部，河北中部、南部，东与齐鲁接境，南向管辖太行南麓河南诸地，西向渡河又有陕西之韩城、澄城、白水等县。周定王十六年（前453），三家分晋。周威烈王二十三年（前403）命晋大夫魏斯、韩虔、赵籍为诸侯，晋国亡。然魏、韩、赵三家所占区域大致涵盖了今晋语区和山西汾河片方言区的范围。即以太行山而言，东西两麓全部、南北两麓皆在魏、韩、赵所继承的晋地范围之内，也就是在今晋语区范围内。

秦始皇统一六国，实行郡县制，环太行山有上党郡、河内郡、邯郸郡、太原郡、代郡、上古郡、恒山郡、广阳郡等。西汉郡国并行，到了武帝时期，建立了刺史制度，环太行山的有并州刺史部、幽州刺史部、冀州刺史部；东汉全国设立十三州，环太行山有司州、并州、冀州、幽州。三国时期，太行山为曹魏所拥据。西晋初期，环太行山有司州、并州、冀州、幽州；东晋十六国时期，太行山一直为北方少数民族政权所把持。隋朝文帝时，实行州县二级行政体制，炀帝即位，改州为郡，实行郡县制，环太行山有长平郡、上党郡、河内郡、雁门郡、涿郡、上谷郡、恒山郡、博陵郡、赵郡、襄国郡、魏郡、太原郡等。唐代实行道、

---

[1] 参见中国社会科学院语言研究所、中国社会科学院民族学与人类学研究所、香港城市大学语言资讯科学研究中心编《中国语言地图集》（第2版）"汉语方言卷"B1-13晋语，商务印书馆2012年版，第92页。

[2] 〔西汉〕司马迁：《史记》，中华书局1959年版，第1635页。

[3] 〔西汉〕司马迁：《史记》，中华书局1959年版，第1636页。

[4] 〔清〕王先慎：《韩非子集解》，上海书店1998年版，第280页。

[5] 〔西汉〕司马迁：《史记》，中华书局1959年版，第1677页。

府、州、县制,太行山为河东道与河北道的界山。五代时期,太行山北部为契丹逐渐蚕食。北宋时期,宋与辽以今山西的河曲、岢岚、原平、代县、繁峙和河北阜平、满城、霸州为界,太行山分属两国。后,金灭北宋,采宋制,实行路、府(州)、县三级管理,环太行山有河东北路、河东南路和河北西路。元代实行行省、路、府(州)、县四级行政管理体制,太行山全属中书省。明代大致继承元代行政区划,采用省、道、府、县的行政规划,环太行山分别有南直隶、河南承宣布政使司、山西承宣布政使司。清代行政基本承袭明制,环太行山分别为直隶、河南、山西三省。民国时期,环太行山分别为察哈尔、河北、河南和山西。中华人民共和国成立后,太行山为山西与河北、河南的界山。由此可见,山西历史政区的变迁、游移和基本确立,使得太行山作为山西的东部边界与黄河作为山西的西部边界,一并构成山西"表里山河"的政区结构形态。

林语堂(1927)根据西汉扬雄《輶轩使者绝代语释别国方言》所载材料,划分方言为十四系,其中秦晋为一系,西秦为一系(杂入羌语),秦晋北鄙为一系(杂入狄语);李恕豪(1992)通过对《輶轩使者绝代语释别国方言》中秦晋并举和秦、晋单独出现频次的统计,认为"把秦晋划为一个方言区的理由是充足的";莫超(2014)整理了扬雄《輶轩使者绝代语释别国方言》中记载的西北方言,通行于"秦晋"或"秦晋之间"的方言词有50条,通行于"自关而西秦晋之间"的方言词有44条。而以上所说的"秦晋""秦晋之间""自关而西秦晋之间"的方言在唐五代时期衍化成为唐五代汉语西北方言。罗常培对唐五代西北方音与现代西北方音做比较时,指出:"我现在所采取的六种西北方音——兰州、平凉、西安、三水、文水、兴县——虽然不能算是它们的直接后代音,然而从几个特点来看,其间实在不无渊源可寻……"[①] 在谈到明、泥、疑三母的读音时,他认为,现代山西文水、兴县、平阳和陕北的安塞、延川、清涧、吴堡、绥德、米脂等地的读法"便是从唐五代沙州附近的方音一脉相传下来的"[②]。蒋冀骋(1997:22~23)认为,"兰州、平凉、三水、文水、兴县、西宁与敦煌有别,但同属西北音系则是可以肯定的"。李如龙、辛世彪(1999)指出,"今天关中晋南一带的方言与唐宋西北方言在送气音特征上是一脉相承的","唐宋时代秦晋方言的范围比现代晋南、豫西、关中、陇东要大。尽管历史上由于中原官话的强力影响而使一些固有特点丧失,但这一方言并没有完全消亡,许多重要特点依然保存,并成为我们考察其他相关问题的一个基础"。乔全生(2004)在前人研究的基础上,参照敦煌等文献,结合现代晋方言语音材料,提出:"唐五

---

① 罗常培:《唐五代西北方音》,科学出版社1961年版,第136页。
② 罗常培:《唐五代西北方音》,科学出版社1961年版,第143页。

代汉语西北方言的嫡系支裔就是现代晋方言。主要包括今山西、陕北等地方言。唐五代时的西北方言地盘较大，范围很广，西起敦煌、宁夏，东达陕北、山西……在后来的历史演进过程中，原来西北方言故地甘肃、宁夏等地方言均被由关中而来的中原官话以及兰银官话覆盖，这样，西北方言当年所占据的范围，其西半部丧失，而东半部仍保持。原来的西北方言，虽然地盘缩小、东移，但它的子嗣方言并未消失，这就是今天的'山西—陕北'一带的方言，简称'晋方言'。"

我们认为，晋语之所以"东半部仍保持"，一个重要的原因就是太行山东向、南向阻隔了官话的侵袭。正如侯精一（1999：44）所指出的，"晋语区的东边到河北与山西交界的太行山，西边和南边（中间有个过渡区）临黄河。北边一直延伸到内蒙古自治区黄河以东的中西部地区。这是一个相当封闭的地理环境，太行山和黄河以及山西南部的太岳山脉、中条山脉作为天然屏障阻止中原官话的北上与北京官话的西进，对于晋语区的稳定起了不小的作用"。所以说，就整个晋语区而言，太行山的存在对晋语语言特征的保留和晋语区的稳定起了很大的作用。

## 二、晋冀太行山沿麓晋语的形成因素

### （一）太行山的地貌特征对西麓山西晋语和东麓河北晋语的影响

太行山西麓有着众多支裔山脉，这些山脉大致呈东西走向，与太岳山环绕生成上党盆地，基本囊括了今晋语的上党片；太行山支裔的系舟山与五台山和北边的恒山、西边的云中山之间构成的是忻定盆地，涵盖了今晋语五台片的东部核心地区；而在上党盆地与忻定盆地之间则纵横着更多的支裔山脉，据明成化年间《山西通志》卷二"山川"，左权周边有箕山、辽阳山、五指山等，和顺周围有九原山、麻衣山、凤台山、石鼓岭、合山、石猴山、堇山、三尖山、八赋岭、孙膑坡等，昔阳周围有牛头山、少山、石马山、陡泉山、犀牙山、松子岭、荆山、石梯山、水谷山、横山、白严山、长寿山、画菴山等，平定周围有鹊山、冠山、嘉山、白鸡山、浦台山、四角山、浮华山、故关山、承天山等，这些支裔山脉环绕其间的左权、和顺、昔阳、平定四县属今晋语大包片。① 晋语大包片主要分布在山西东北部、内蒙古西部黄河以东和陕西北部，其区别于其他片区的特征主要

---

① 《中国语言地图集》（2012）依阴平、阳平、上声、去声、入声的声调格局把左权划到晋语大包片。但本书实地调查结果为左权方言阴平、上声不分，阴平上、阳平、去声、入声的声调格局属晋语五台片特征，故把左权方言处理为五台片的一个方言点。

是阴平、阳平、上声、去声、入声的声调格局。今和顺、昔阳隶属晋中市、平定隶属阳泉市，地域上远离大包片主营地，而语音上却表现出大包片特征。该现象至今未见学者给予关注。

太行山西麓的众多支裔山脉与山西境内的其他高山之间构造的相对封闭的山地自然环境也在一定程度上阻隔了官话沿临汾盆地向晋中、晋东南发展的可能性，保持了山西境内晋语的相对稳定态势，同时也使得上党盆地的晋语上党片、定襄盆地的晋语五台片以及这两个盆地与太原盆地并州片所环绕的类似于方言岛的大包片（平定、昔阳、和顺）得以延续各自片区的语言特色。因此，从太行西麓纵向的角度而言，太行山保障了晋语的独立发展，而太行山的西向支裔山脉之间的合围又使得夹在其中的晋语生成各自不同的片区特点。

曹志耘（2011）以"阿那线型"指称汉语方言的东西对立，并指出："除了整体性的东西对立以外，部分语言特征的东西对立只体现在北方地区。由于分界线的核心地段是太行山脉，也可称之为'太行山线型'。该类型也许与汉语方言早期的分布状况有关。"但恰恰是太行山东麓在强势的冀鲁官话的西向侵袭中依然存留了晋语张呼片（平山、井陉、赞皇）和晋语邯新片（邢台、涉县）方言，其中的缘由可能和太行山东麓的地貌结构有着密切关系。据王辉等（2018）太行山东麓为断层构造，"太行山脉与华北平原之间的山前断裂带的构造活动控制着太行山的断块隆升和华北盆地的沉降"[①]，而太行山东麓河北晋语的分布多处于太行山隆起带东部边缘附近，多为山地。这些地方方言归派上属晋语，而且不论方言口音还是生活习惯、文化民俗等，往往与河北平原地带多有区别，而与太行山西麓山西晋语区的情况多有相似。

### （二）太行山的水系、陉口、关隘对河北晋语形成的影响

太行山水系切割山体而东向流入河北省内，最终汇入海河水系，主要河流有滹沱河、清漳河、浊漳河等。"滹沱河源出繁峙县东秦戏山，即孤山，列如品字，名三泉，西南流三里至故福都，合玉斗泉亦名青龙泉，西流数里合三泉都之二泉，其泉亦列如品字，又西流至沙涧东合北楼口水，又西流至新兴村合华严岭水至县城，北经代州、崞县、五台、忻州、定襄、孟县入真定府平山县界"，"清漳水源出乐平县西少山之沾岭，北流十八里复折而南，土人名溯流水，文南入和顺县合乐榆水，经辽州东七十里，又南经黎城县北九十里，入河南涉县"[②]，

---

[①] 王辉、李江海、吴桐雯：《太行山地质遗迹特征与成因分析》，载《北京大学学报》（自然科学版）2018年第3期，第548页。

[②] 〔明〕胡谧：《（成化）山西通志》卷二，民国二十二年（1933）景钞成化十一年（1475）刻本。

浊漳河出襄垣、经黎城、入潞城最后出平顺而到达今河北涉县。

太行山有多个断裂峡谷，把山西与河南、河北连接了起来，素有"太行八陉"之称。其中井陉、滏口陉连通了晋冀两省的东西陆路通道，越过井陉可直达河北的井陉县，东向通石家庄，北向通平山县，南向通元氏、赞皇二县；穿过滏口陉直接进入邯郸地区，为晋冀两省的经贸往来、文化交流创造了条件。另据《（成化）山西通志》卷三所记录的晋冀之间的关隘，伏马关、石门口通平山县，井陉关通井陉县，厌谷口通元氏县，白城口通赞皇县，高洪口通阜平县，黄泽关通武安县，松子岭关通真定府（今河北正定县），黄榆岭关通顺德府（今河北邢台市）等，这些关隘为晋冀两省间的官方、民间交往提供了便利。

井陉是太行八陉之第五陉，被称为天下九塞之第六塞，自古以来就是交通要冲，也是兵家必争之地，井陉县也以此而得名。盖林海（2002）指出："井陉方言属于北方官话晋语张呼片。由于它特殊的交通地理位置，古来官旅来往频繁，语言受周围影响很大，加之该县地处山区，境内4/5为丘陵、山地，因此方言内部情况比较复杂。西部和南部山区与山西话基本一致。"可见，尽管在山西、河北之间延绵几百里的太行山成了晋冀两省的天然分割线，但我们也应看到这些关口的存在价值，它们打通山体东西，为山西晋语的东向扩散提供了可能。

### （三）历史上的移民活动对太行山东麓河北晋语形成的影响

历史上山西民众曾有过多次外迁。明洪武年间，为杜绝边患，明朝政府先后于洪武六年（1373）将"山西弘州、蔚州、定安、武、朔、天城、白登、东胜、丰州、云内等州县"的民众，"徙其民居于中立府"①，中立府即凤阳府；洪武八年（1375），"男女一万四百人送京师"②；洪武十一年（1378），"迁山西泽、潞二州民之无田者，往彰德、真定、临清、归德、太康诸处闲旷之地"③。以此为始，山西民众开始了大规模的迁徙北京、河北、山东、河南的移民活动。洪武三十五年（1402），"核实山西太原、平阳二府，泽、潞、辽、沁、汾五州丁多田少及无田之家，分其丁口以实北平各府州县"④，也就是迁往今北京市及河北省大部分地区。永乐十五年（1417），山西平阳、大同、蔚州、广灵等地遭受自然灾害，民众希望外迁于北京、河北等"宽闲之

---

① 《明太祖实录》卷八五。
② 《明太祖实录》卷九六。
③ 《明太祖实录》卷一九三。
④ 《明太宗实录》卷一二。

处",获准。① 其中河北迁入地有真定府、大名府、广平府、顺德府等,为晋语的河北播散提供了可能性。

今河北石家庄方言的晋语区②各地都不同程度的有关于祖籍是山西的民间传说或部分家谱记载。盖林海(2001)指出:"这种方音的形成及定性为晋语,与历史上的移民有关。根据平山县志的一些材料看,明洪武三年至永乐十四年(1370—1416),为恢复社会经济,治理战争创伤,先后七次迁山西居民往河南、河北等地屯垦荒田。迁至平山县之民,大致分布在今县城周围丘陵区和平川区、滹沱河两岸。这些移民至此之后,聚族而居,历经发展,在与当地语言交融、接触的同时占了绝对优势,比较完整地保留了原来的特点,成为今天的这种状况。"

总而言之,呈东北—西南走向的太行山纵贯在晋冀两省之间,不仅有效地阻隔了东边冀鲁官话的西扩入侵,而且晋语还占据了东麓的一些地盘,这与太行山的地貌特征以及太行山上东西向的陉口、水系的存在不无关系。此外,历史上来自西麓的山西移民扎根东麓河北以后,在与当地人接触、交往的过程中,也与西麓交往密切。因此,人口的流动也是山西晋语在太行山东麓的河北得以延伸的一个因素。正如盖林海、朱懋韫、张吉格(2005)所指出的,"石家庄方言的晋语区大致包括赞皇、元氏、井陉、平山、灵寿、行唐六个县和鹿泉一个县级市。从地理位置上看,它们均位于太行山的东部边缘,境内山路崎岖,交通不便。又根据各县的地方志和各地不同程度的关于祖籍是山西洪洞的民间传说以及部分家族谱系的记载等,可以判定该地区有相当多的人是明洪武、永乐之后山西移民的后代。从他们目前仍在使用的语言状况来看,与太行山西部的山西的晋语在语音系统、方言词汇、语法等方面都存在着许多共同之处"。

---

① 参见《明太宗实录》卷一八八。
② 此处所说"石家庄方言"指的是现行石家庄行政区划内的汉语方言。作为一个历史不足百年的城市,在市区,普通话是来自五湖四海的市民们的通用语言。除了市区,它周围的城中村和所辖各县市的方言主要有冀鲁官话和晋语两大类。据盖林海等《石家庄方言晋语区语音综述》(2005),石家庄方言晋语区主要分布在赞皇、元氏、井陉、平山、灵寿、行唐6个县和鹿泉一个县级市。

# 参考文献

## 一、志书类

[1]《井陉县志》编纂委员会．井陉县志［M］．石家庄：河北人民出版社，1986．

[2]《井陉县志》编纂委员会．井陉县志（1985—2004）［M］．北京：新华出版社，2006．

[3]《井陉县志》编纂委员会．井陉县志［M］．北京：中国文史出版社，2011．

[4] 陈淑静．获鹿方言志［M］．石家庄：河北人民出版社，1990．

[5] 陈淑静，许建中．定兴方言志［M］．北京：方志出版社，1997．

[6] 盖林海．平山方言志［M］．石家庄：河北教育出版社，2004．

[7] 和顺县志编纂委员会．和顺县志［M］．北京：海潮出版社，1993．

[8] 河北省地方志编纂委员会．河北省志：第3卷 自然地理志［M］．石家庄：河北科学技术出版社，1993．

[9] 河北省昌黎县县志编纂委员会，中国科学院语言研究所．昌黎方言志［M］．上海：上海教育出版社，1960．

[10] 河北省地方志编纂委员会．河北省志：第12卷 人口志［M］．石家庄：河北人民出版社，1991．

[11] 河北省地方志编纂委员会．河北省志：第89卷 方言志［M］．北京：方志出版社，2005．

[12] 河北省赞皇县地方志编纂委员会．赞皇县志［M］．北京：方志出版社，1998．

[13] 侯精一．长治方言志［M］．北京：语文出版社，1985．

[14] 江荫褆，李静梅．灵丘方言志［M］．太原：山西高校联合出版社，1996．

[15] 黎城县志编纂委员会．黎城县志：1991—2003［M］．北京：中华书局，2006．

［16］灵丘县志编纂委员会．灵丘县志［M］．太原：山西古籍出版社，2000．

［17］平定县志编纂委员会．平定县志［M］．北京：社会科学文献出版社，1992．

［18］平山县地方志编纂委员会．平山县志［M］．北京：中国书籍出版社，1996．

［19］山西省史志研究院．山西通志［M］．北京：中华书局，1996．

［20］涉县地方志编纂委员会．涉县志［M］．北京：中国对外翻译出版公司，1998．

［21］石家庄地区地方志编纂委员会．石家庄地区志［M］．北京：文化艺术出版社，1994．

［22］石家庄市地方志编纂委员会．石家庄市志：第1卷［M］．北京：中国社会出版社，1995．

［23］石家庄市地方志编纂委员会．石家庄市志：第5卷［M］．北京：中国社会出版社，1999．

［24］宋欣桥．盂县方言志［M］．太原：山西高校联合出版社，1991．

［25］田希诚．和顺方言志［M］．北京：语文出版社，1990．

［26］王希哲．左权方言志［M］．太原：山西高校联合出版社，1991．

［27］温端政．忻州方言志［M］．北京：语文出版社，1985．

［28］五台县志编纂委员会．五台县志［M］．太原：山西人民出版社，1988．

［29］昔阳县志编纂委员会．昔阳县志［M］．北京：中华书局，1999．

［30］邢台县地方志编纂委员会．邢台县志［M］．北京：新华出版社，1993．

［31］邢台县地方志编纂委员会．邢台县志：1979—2009［M］．石家庄：河北人民出版社，2012．

［32］盂县史志编纂委员会．盂县志［M］．北京：方志出版社，1995．

［33］赞皇县地方志编纂委员会．赞皇志：1991—2005［M］．石家庄：河北人民出版社，2013．

［34］左权县志编纂委员会．左权县志［M］．北京：高等教育出版社，1999．

## 二、专著类

[1] 贺登崧．汉语方言地理学［M］．石汝杰，岩田礼，译．上海：上海教育出版社，2003．

[2] 桥本万太郎．语言地理类型学［M］．北京：世界图书出版公司，2008．

[3] 高本汉．中国音韵学研究［M］．赵元任，罗常培，李方桂，译．北京：商务印书馆，1994．

[4] 安介生．山西移民史［M］．太原：山西人民出版社，1999．

[5] 北京大学中国语言文学系语言学教研室．汉语方音字汇［M］．2版．北京：语文出版社，2008．

[6] 曹志耘．汉语方言地图集：语音卷［M］．北京：商务印书馆，2008．

[7] 曹志耘．汉语方言的地理语言学研究［M］．北京：商务印书馆，2013．

[8] 丁邦新．丁邦新语言学论文集［M］．北京：商务印书馆，1998．

[9] 丁声树，李荣．古今字音对照手册［M］．北京：中华书局，1981．

[10] 郭校珍．山西晋语语法专题研究［M］．上海：华东师范大学出版社，2008．

[11] 韩沛玲．山西方言音韵研究［M］．北京：商务印书馆，2012．

[12] 何大安．规律与方向：变迁中的音韵结构［M］．北京：北京大学出版社，2004．

[13] 河北北京师范学院，中国科学院河北省分院语文研究所．河北方言概况［M］．石家庄：河北人民出版社，1961．

[14] 侯精一，温端政．山西方言研究［M］．太原：山西人民出版社，1989．

[15] 侯精一，温端政．山西方言调查研究报告［M］．太原：山西高校联合出版社，1993．

[16] 侯精一．现代晋语的研究［M］．北京：商务印书馆，1999．

[17] 黄伯荣，廖序东．现代汉语：增订本［M］．3版．北京：高等教育出版社，2002．

[18] 蒋冀骋．近代汉语音韵研究［M］．长沙：湖南师范大学出版社，1997．

[19] 康迈千．河北土语浅释［M］．石家庄：河北人民出版社，1986．

[20] 李如龙．汉语方言的比较研究［M］．北京：商务印书馆，2001．

[21] 李如龙．汉语方言学［M］．北京：高等教育出版社，2001．
[22] 李如龙．汉语方言研究文集［M］．北京：商务印书馆，2009．
[23] 李小凡，项梦冰．汉语方言学基础教程［M］．北京：北京大学出版社，2009．
[24] 刘淑学．中古入声字在河北方言中的读音研究［M］．保定：河北大学出版社，2000．
[25] 罗常培．唐五代西北方音［M］．北京：科学出版社，1961．
[26] 罗常培．汉语音韵学导论［M］．北京：中华书局，1980．
[27] 莫超．西北方言文献研究［M］．北京：北京大学出版社，2014．
[28] 平山久雄．平山久雄语言学论文集［M］．北京：商务印书馆，2005．
[29] 钱曾怡．汉语方言研究的方法与实践［M］．北京：商务印书馆，2002．
[30] 钱曾怡．汉语官话方言研究［M］．济南：齐鲁书社，2010．
[31] 乔全生．晋方言语法研究［M］．北京：商务印书馆，2000．
[32] 乔全生．晋方言语音史研究［M］．北京：中华书局，2008．
[33] 乔全生，李小萍，王晓婷．山西省分市县汉语方言文献辑要［M］．太原：北岳文艺出版社，2017．
[34] 司马迁．史记［M］．北京：中华书局，1959．
[35] 唐作藩．汉语音韵学常识［M］．上海：上海教育出版社，1958．
[36] 唐作藩．汉语语音史教程［M］．北京：北京大学出版社，2011．
[37] 王福堂．汉语方言语音的演变和层次［M］．修订本．北京：语文出版社，2005．
[38] 王理嘉．音系学基础［M］．北京：语文出版社，1991．
[39] 王理嘉．二十世纪现代汉语语音论著索引和指要［M］．北京：商务印书馆，2003．
[40] 王力．汉语音韵［M］．北京：中华书局，1963．
[41] 王力．汉语语音史［M］．北京：中国社会科学出版社，1985．
[42] 王力．汉语史稿［M］．北京：中华书局，2004．
[43] 王临惠．汾河流域方言的语音特点及其流变［M］．北京：中国社会科学出版社，2003．
[44] 王先慎．韩非子集解［M］．上海：上海书店，1986．
[45] 吴宗济，林茂灿．实验语音学概要［M］．北京：高等教育出版社，1989．
[46] 项梦冰，曹晖．汉语方言地理学：入门与实践［M］．北京：中国书

籍出版社，2012.

［47］邢向东，蔡文婷. 合阳方言调查研究［M］. 北京：中华书局，2010.

［48］邢向东，王临惠，张维佳，等. 秦晋两省沿河方言比较研究［M］. 北京：商务印书馆，2012.

［49］徐通锵. 历史语言学［M］. 北京：商务印书馆，2001.

［50］袁家骅，等. 汉语方言概要［M］. 2版. 北京：语文出版社，2001.

［51］詹伯慧. 汉语方言及方言调查［M］. 武汉：湖北教育出版社，1987.

［52］中国社会科学院，澳大利亚人文科学院. 中国语言地图集［M］. 香港：朗文（远东）有限公司，1987.

［53］中国社会科学院语言研究所，中国社会科学院民族学与人类学研究所，香港城市大学语言资讯科学研究中心. 中国语言地图集［M］. 2版. 北京：商务印书馆，2012.

［54］朱晓农. 语音学［M］. 北京：商务印书馆，2010.

［55］陈庆延，等. 首届晋方言国际学术研讨会论文集［C］. 太原：山西高校联合出版社，1996.

［56］陈淑静. 河北方言字词特殊读音试解［C］//李如龙. 汉语方言研究文集. 广州：暨南大学出版社，2002.

## 三、刊物论文类

［1］桥本万太郎. 西北方言和中古汉语的硬软颚音韵尾：中古汉语的鼻音韵尾和塞音韵尾的不同作用［J］. 孙以芳，陈庆延，温瑞政，译. 语文研究，1982（1）.

［2］闭克朝. 横县平话中的韵随调转现象［J］. 华中师范大学学报（哲学社会科学版），1991（1）.

［3］曹瑞芳. 山西阳泉方言入声舒化的初步分析［J］. 语文研究，1996（3）.

［4］曹瑞芳. 山西阳泉方言音系［J］. 吕梁教育学院学报，2005（2）.

［5］曹志耘. 吴徽语入声演变的方式［J］. 中国语文，2002（5）.

［6］曹志耘. 湘西方言里的特殊语音现象［J］. 方言，2009（1）.

［7］曹志耘. 汉语方言中的调值分韵现象［J］. 中国语文，2009（2）.

［8］曹志耘. 汉语方言的地理分布类型［J］. 语言教学与研究，2011（5）.

［9］陈庆延. 古全浊声母今读送气清音的研究［J］. 语文研究，1989（4）.

[10] 陈庆延．说前缀"日"：晋语构词特点研究之一［J］．语文研究，1999（4）．

[11] 陈庆延．晋语核心词汇研究［J］．语文研究，2001（3）．

[12] 陈庆延，文琴．晋语的声母特征［J］.语文研究，1994（1）．

[13] 陈淑静．河北保定地区方言的语音特点［J］.方言，1986（2）．

[14] 陈淑静．古四声在河北方言中的演变［J］.河北大学学报（哲学社会科学版），1994（2）．

[15] 陈晓锦．广西玉林白话古阳声韵尾、入声韵尾脱落现象分析［J］.中国语文，1999（1）．

[16] 陈泽平．福安话韵母的历史音变及其共时分析方法［J］.中国语文，2012（1）．

[17] 崔淑慧．山西北区方言入声韵的演变［J］.语文研究，2004（2）．

[18] 戴黎刚．闽东福安话的变韵［J］.中国语文，2008（3）．

[19] 董为光．湘鄂赣三界方言中的"l"韵尾［J］.语言研究，1987（1）．

[20] 都兴宙．汉民族共同语入声韵尾消变轨迹说［J］.青海师范大学学报（哲学社会科学版），1984（4）．

[21] 焦妮娜．晋城话中的入声字［J］.语言研究，2007（2）．

[22] 范慧琴．晋语五台片阴平和上声的分合及其演变［J］.语文研究，2015（3）．

[23] 冯法强．汉语南方方言韵尾"阳入对应"的类型学分析［J］.语言研究，2014（1）．

[24] 冯力．缙云话流通两摄读闭口韵尾字的分析［J］.中国语文，1989（5）．

[25] 盖林海．河北平山方言去声字入声调读音研究［J］.石家庄师范专科学校学报，2000（3）．

[26] 盖林海．河北平山方言入声流变考查［J］.语文研究，2001（2）．

[27] 盖林海．河北平山方言语音系统简论［J］.河北师范大学学报，2001（7）．

[28] 盖林海．河北井陉方言语音说略［J］.石家庄师范专科学校学报，2002（1）．

[29] 盖林海，朱懋韬，张吉格．石家庄方言晋语区语音综述［J］.石家庄学院学报，2005（2）

[30] 顾劲松．苏北江淮官话古阴声韵字收 m 尾现象考察［J］.语言科学，

2011（4）.

[31] 郭贞彦，张安生．山西中北部晋语的入声调［J］．宁夏社会科学，2016（2）.

[32] 韩沛玲．山西及其周边方言浊声母清化类型及历史层次［J］．语言科学，2006（4）.

[33] 何大安．声调的完全回头演变是否可能［J］."中研院"历史语言研究所集刊，1994（第65本第1分）.

[34] 贺巍．汉语方言研究的现状与展望［J］．语文研究，1991（3）.

[35] 贺巍．汉语官话方言入声消失的成因［J］．中国语文，1995（3）.

[36] 贺巍．晋语舒声促化的类别［J］．方言，1996（1）.

[37] 侯精一．平遥方言四字格释例［J］．语文研究，1980（1）.

[38] 侯精一．释"纠首"［J］．中国语文，1982（3）.

[39] 侯精一．释"头拾来"［J］．中国语文，1986（1-6）.

[40] 侯精一，温端政，田希诚．山西方言的分区（稿）［J］．方言，1986（2）.

[41] 侯精一．晋语的分区（稿）［J］．方言，1986（4）.

[42] 侯精一．晋语入声韵母的区别性特征与晋语区的分立［J］．中国语文，1999（2）.

[43] 侯精一，杨平．山西方言的文白异读［J］．中国语文，1993（1）.

[44] 侯兴泉．西部粤语的调值分韵［J］．语言科学，2012（3）.

[45] 胡安顺．汉语辅音韵尾对韵腹的稳定作用［J］．方言．2002（1）.

[46] 胡蓉，蒋于花．沅陵"死客子"话的语音借贷和调值分韵：以效摄、蟹摄、流摄为例［J］．怀化学院学报，2016（9）.

[47] 黄继林．宝应氾光湖方言中的 m 尾［J］．方言，1992（2）.

[48] 季明珠．江苏如东（掘港）方言古通摄阳声韵收 -m 尾［J］．中国语文，1993（4）.

[49] 蒋平，沈明．晋语的儿尾变调和儿化变调［J］．方言，2002（4）.

[50] 蒋平，谢留文．古入声在赣、客方言中的演变［J］．语言研究，2004（4）.

[51] 金有景．襄垣方言效摄、蟹摄（一、二等韵）字的韵母读法［J］．语文研究，1985（2）.

[52] 李冬香．平话、湘南土话和粤北土话鼻音韵尾脱落现象考察［J］．广西民族学院学报，2005（2）.

[53] 李欢．山西灵丘方言的舒声促化现象分析［J］．西藏民族学院学报

（哲学社会科学版），2012（2）.

［54］李欢. 灵丘方言入声舒化现象调查［J］. 西藏民族学院学报（哲学社会科学版），2014（6）.

［55］李欢. 灵丘方言音韵特点［J］. 西藏民族大学学报（哲学社会科学版），2016（6）.

［56］李惠，王宝红. "大"字读作［t$^h$uo$^{55}$］的语音现象探析［J］. 咸阳师范学院学报，2016（5）.

［57］李建校. 陕北晋语知庄章读音的演变类型和层次［J］. 语文研究，2007（2）.

［58］李建校. 山西晋语果摄字读音［J］. 语言科学，2008（2）.

［59］李建校. 陕北晋语假开三精组和以母字的读音［J］. 方言，2008（3）.

［60］李建校. 陕北晋语入声韵的读音类型和演变规律研究［J］. 晋中学院学报，2010（1）.

［61］李巧兰. 中古阳声韵在河北方言中的读音演变研究［J］. 唐山师范学院学报，2012（6）.

［62］李荣. 官话方言的分区［J］. 方言，1985（1）.

［63］李荣. 汉语方言分区的几个问题［J］. 方言，1985（2）.

［64］李荣. 汉语方言的分区［J］. 方言，1989（4）.

［65］李如龙，辛世彪. 晋南、关中的"全浊送气"与唐宋西北方音［J］. 中国语文，1999（3）.

［66］李如龙. 论汉语方言语音的演变［J］. 语言研究，1999（1）.

［67］李如龙. 晋语读书札记［J］. 语文研究，2004（1）.

［68］李恕豪. 扬雄《方言》中的秦晋方言［J］. 四川师范大学学报（社会科学版），1992（1）.

［69］李小平. 从音系的辅音含量看晋语保留入声的原因［J］. 语文研究，1998（4）.

［70］李小平. 入声调在秦晋黄河沿岸方言中的演变［J］. 语文研究，2006（4）.

［71］李思敬. 切韵音系上去二声全浊声母字和部分去声次浊声母字在河北宁河方言中的声调表现［J］. 中国语言学报，1995（5）.

［72］梁金荣，高然，钟奇. 关于汉语方言分区的几个问题：兼论晋语的归属［J］. 语文研究，1997（2）.

［73］林语堂. 西汉方言区域考［J］. 贡献，1927（2）.

[74] 刘青松. 宋元时期入声韵尾的消变 [J]. 广西师范大学学报（哲学社会科学版），1998（2）.

[75] 刘淑学. 大河北方言中的 [uɑu] 韵母 [J]. 中国语文，2000（5）.

[76] 刘淑学. 论古知庄章三组声母在冀州方言中的音变层次 [J]. 语言科学，2005（2）.

[77] 刘婷. 闻喜方言中的 da 和 te [J]. 山西师大学报（社会科学版），1991（1）.

[78] 刘勋宁. 晋语释词 [J]. 语文研究，1989（1）.

[79] 刘勋宁. 隰县方言古咸山宕三摄舒声字的韵尾 [J]. 方言，1993（1）.

[80] 刘勋宁. 再论汉语北方话的分区 [J]. 中国语文，1995（6）.

[81] 刘勋宁. 中原官话与北方官话的区别及《中原音韵》的语言基础 [J]. 中国语文，1998（6）.

[82] 刘勋宁. 文白异读与语音层次 [J]. 语言教学与研究，2003（4）.

[83] 刘勋宁. 黄土高原的方言是一个宝藏 [J]. 语文研究，2008（2）.

[84] 刘泽民. 汉语南方方言入声韵尾的类型及其演变 [J]. 上海师范大学学报（哲学社会科学版），2009（5）.

[85] 鲁国尧. 探赜索隐，钩深致远：平山久雄教授《"大"字 dà 音史研究》述论 [J]. 古汉语研究，2014（4）.

[86] 马冬梅. 晋语蟹摄的演变特征 [J]. 语言科学，2018（2）.

[87] 马文忠. 大同方言舒声字的促变 [J]. 语文研究，1985（3）.

[88] 马文忠. 大同方言入声字两读详例 [J]. 语文研究，1994（4）.

[89] 牟成刚. 阳声韵尾在滇东南方言中的类型分布及演变特点 [J]. 文山学院学报，2018（1）.

[90] 潘家懿. 晋中祁县方言里的 [m] 尾 [J]. 中国语文，1982（3）.

[91] 钱曾怡，曹志赟，罗福腾. 河北省东南部三十九县市方音概况 [J]. 方言，1987（3）.

[92] 钱曾怡. 简评《语文研究》创刊 10 年来的方言论文 [J]. 语文研究，1990（4）.

[93] 钱曾怡.《汾河流域方言的语音特点及其流变》"序" [J]. 语文研究，2003（3）.

[94] 钱曾怡. 古知庄章声母在山东方言中的分化及其跟精见组的关系 [J]. 中国语文，2004（6）.

[95] 乔全生. 山西方言中"V+将+来/去"结构 [J]. 中国语文，1992

（1）．

［96］乔全生．山西方言"子尾"研究［J］．山西大学学报（哲学社会科学版），1995（3）．

［97］乔全生．晋语附加式构词的形态特征［J］．山西大学学报（哲学社会科学版），1996（3）．

［98］乔全生．山西方言的几个晋词后缀［J］．方言，1996（2）．

［99］乔全生．山西方言人称代词的几个特点［J］．中国语文，1996（1）．

［100］乔全生．古浊塞音、浊塞擦音在山西方言今读中的第四种类型［J］．语文研究增刊，1998．

［101］乔全生．山西方言"儿化、儿尾"研究［J］．山西大学学报（哲学社会科学版），2000（2）．

［102］乔全生．晋语重叠式研究［J］．汉语学报，2001（3）．

［103］乔全生．晋语与官话非同步发展（一）［J］．方言，2003（2）．

［104］乔全生．晋语与官话非同步发展（二）［J］．方言，2003（3）．

［105］乔全生．现代晋方言与唐五代西北方言的亲缘关系［J］．中国语文，2004（3）．

［106］乔全生．论晋方言区的形成［J］．山西大学学报（哲学社会科学版），2004（4）．

［107］乔全生．晋方言研究综述［J］．山西大学学报（哲学社会科学版），2005（1）．

［108］乔全生．晋方言古全浊声母的演变［J］．山西大学学报（哲学社会科学版），2005（2）．

［109］乔全生．论晋方言中的"阴阳对转"［J］．晋中学院学报，2005（2）．

［110］乔全生．从晋方言看古见系字在细音前颚化的历史［J］．方言，2006（3）．

［111］乔全生．晋语的平声调及其历史演变［J］．中国语文，2007（4）．

［112］乔全生，张楠．晋方言所见近代汉语词汇选释［J］．山西大学学报（哲学社会科学版），2010（1）．

［113］乔全生．晋方言并州片古全浊声母的读音类型和层次［J］．山西大学学报（哲学社会科学版），2012（3）．

［114］乔全生，崔容．晋语与官话非同步发展（三）：见组细音字的超前演变［J］．汉语学报，2013（2）．

[115] 乔全生. 古无轻唇音述论 [J]. 古汉语研究, 2013 (3).

[116] 乔全生. 晋方言研究史之我见 [J]. 晋中学院学报, 2015 (1).

[117] 乔全生, 周怡帆. 论晋语语音研究在汉语音韵学中的重要价值 [J]. 山西大学学报（哲学社会科学版）, 2017 (6).

[118] 瞿建慧. 湘语辰溆片异调变韵现象 [J]. 中国语文, 2009 (2).

[119] 桑宇红.《中原音韵》知庄章声母研究中的几个问题 [J]. 语言研究, 2009 (7).

[120] 沈明. 山西晋语古清平字的演变 [J]. 方言, 1999 (4).

[121] 沈明. 山西方言韵母一二等的区别 [J]. 中国语文, 1999 (6).

[122] 沈明. 山西方言的小称 [J]. 方言, 2003 (4).

[123] 沈明. 晋东南晋语入声调的演变 [J]. 语文研究, 2005 (4).

[124] 沈明. 晋语的分区（稿）[J]. 方言, 2006 (4).

[125] 沈明. 山西方言宕江两摄的白读 [J]. 语文研究, 2006 (4).

[126] 沈明. 晋语五台片入声调的演变 [J]. 方言, 2007 (4).

[127] 沈明. 山西省的汉语方言 [J]. 方言, 2008 (4).

[128] 沈明. 晋语果摄字今读鼻音韵的成因 [J]. 方言, 2011 (4).

[129] 沈明, 秋谷裕幸. 吕梁片晋语的过渡性特征 [J]. 中国语文, 2018 (4).

[130] 石林, 黄勇. 论汉藏语系语言塞音韵尾的发展演变 [J]. 民族语文, 1997 (6).

[131] 孙建华. 洛川（甘杰村）方言的调值分韵 [J]. 黔南民族师范学院学报, 2014 (3).

[132] 孙小花. 五台方言的入声 [J]. 语文研究, 2004 (4).

[133] 孙玉卿. 山西晋语入声舒化情况分析 [J]. 山西师大学报（社会科学版）, 2005 (4).

[134] 唐健雄. 石家庄话入声字的新读与旧读 [J]. 河北师范大学学报（哲学社会科学版）, 2006 (6).

[135] 唐健雄. 河北省晋语区与官话区过渡地带入声舒化的模式之一：石家庄市区西片话入声研究 [J]. 河北师范大学学报（哲学社会科学版）, 2012 (4).

[136] 田希诚. 山西方言的尖团音问题 [J]. 语文研究, 1990 (2).

[137] 万波, 庄初升. 客、赣方言中古全浊声母今读不送气塞音塞擦音的性质 [J]. 方言, 2011 (4).

[138] 汪如东. 汉语部分方言阳声韵 –m 尾述评 [J]. 河南大学学报（社

会科学版),1997(2).

[139] 王海燕,李建校.陕北晋语效摄字的读音类型和演变层次[J].晋中学院学报,2018(4).

[140] 王洪君.山西闻喜方言的白读层与宋西北方音[J].中国语文,1987(1).

[141] 王洪君.入声韵在山西方言中的演变[J].语文研究,1990(1).

[142] 王洪君.阳声韵在山西方言中的演变(上)[J].语文研究,1991(4).

[143] 王洪君.阳声韵在山西方言中的演变(下)[J].语文研究,1992(1).

[144] 王洪君.《中原音韵》知庄章声母的分合及其在山西方言中的演变[J].语文研究,2007(1).

[145] 王辉,李江海,吴桐雯.太行山地质遗迹特征与成因分析[J].北京大学学报(自然科学版),2018(3).

[146] 王军虎.晋陕甘方言的"支微入鱼"现象和唐五代西北方音[J].中国语文,2004(3).

[147] 王利.论晋语上党片方言的尖团音问题[J].山西师大学报(社会科学版),2012(2).

[148] 王利.晋豫两省太行山方言"儿"系字的演变[J].汉语学报,2014(3).

[149] 王利.晋东南晋语的去声二分现象[J].长治学院学报,2014(6).

[150] 王利,王临惠.晋豫两省太行山沿麓方言入声调的演变[J].汉语学报,2016(3).

[151] 王莉宁.汉语方言中的"平分阴阳"及其地理分布[J].语文研究,2012(1).

[152] 王临惠.试论晋南方言中的几种文白异读现象[J].语文研究,1999(2).

[153] 王临惠.汾河流域方言平声调的类型及其成因[J].方言,2001(1).

[154] 王临惠.晋南方言知庄章组声母研究[J].语文研究,2001(1).

[155] 王临惠.山西方言声调的类型(稿)[J].语文研究,2003(2).

[156] 王临惠.论山西方言崇船禅三母的擦音化现象[J].语文研究,2004(3).

[157] 王临惠. 秦晋沿黄河方言声调的演变及其自然人文背景 [J]. 方言, 2011 (3).

[158] 王临惠. 晋豫两省太行山沿麓方言知庄章声母的演变 [J]. 方言, 2013 (3).

[159] 王士元, 刘汉成, 张文轩. 声调发展方式一说 [J]. 语文研究, 1988 (1).

[160] 王希哲. 左权方言古入声字今舒声化现象 [J]. 语文研究, 1996 (2).

[161] 王希哲. 昔阳话的子变韵母和长元音 [J]. 语文研究, 1997 (2).

[162] 温端政. 试论山西晋语的入声 [J]. 中国语文, 1986 (2).

[163] 温端政. 试论晋语的特点与归属 [J]. 语文研究, 1997 (2).

[164] 温端政. 《方言》和晋语研究 [J]. 方言, 1998 (4).

[165] 温端政. 晋语"分立"与汉语方言分区问题 [J]. 语文研究, 2000 (1).

[166] 吴建生, 李改样. 永济方言咸山两摄韵母的分化 [J]. 方言, 1989 (2).

[167] 邢向东, 孟万春. 陕北甘泉、延长方言入声字读音研究 [J]. 中国语文, 2006 (5).

[168] 熊正辉. 光泽、邵武话里的古入声字 [J]. 中国语文, 1960 (10).

[169] 熊正辉. 官话区方言分 ts tʂ 的类型 [J]. 方言, 1990 (1).

[170] 徐国莉, 庄初升. 临桂县六塘土话的阳平分韵现象 [J]. 广西师范大学学报（哲学社会科学版）, 2017 (3).

[171] 徐丽丽. 中古阳声韵白际方言今读分析 [J]. 清华大学学报（哲学社会科学版）, 2010 (增2期).

[172] 徐通锵. 山西祁县方言的新韵尾 -m 与 -β [J]. 语文研究, 1984 (8).

[173] 徐通锵. 山西方言古浊塞音、浊塞擦音今音的三种类型和语言史的研究 [J]. 语文研究, 1990 (1).

[174] 闫雪清, 于洪志. 晋语入声实验研究 [J]. 西北民族大学学报（自然科学版）, 2011 (4).

[175] 杨述祖. 山西方言入声的现状及其发展趋势 [J]. 语文研究, 1982 (1).

[176] 杨增武. 山阴方言的舒入两读字 [J]. 山西大学学报（哲学社会科学版）, 2006 (2).

［177］张光明．忻州方言的舒声促化现象［J］．语文研究，2006（2）．

［178］张吉生．汉语韵尾辅音演变的音系理据［J］．中国语文，2007（4）．

［179］张洁，乔全生．太原方言阳声韵百年来的演变［J］．山西农业大学学报（社会科学版），2012（8）．

［180］张琨．汉语方言中鼻音韵尾的消失［J］．"中研院"历史语言研究所集刊，1983（第54本第1分）．

［181］张树铮．冀鲁官话清入归派的内部差异及其历史层次［J］．中国语言学报，2006（12）．

［182］张燕芬．中古阳声韵韵尾在现代汉语方言中的读音类型［J］．语言研究，2012（4）．

［183］张勇生．鄂东南通城方言入声韵尾演变研究［J］．语言科学，2012（6）．

［184］赵彤．山西方言的知、照系声母［J］．语文研究，2001（4）．

［185］赵日新．中古阳声韵徽语今读分析［J］．中国语文，2003（5）．

［186］支建刚．豫北晋语中的异调分韵现象［J］．中国语文，2013（3）．

［187］周磊．从非音节性词尾看入声韵尾［ʔ］的脱落［J］．中国语文，2003（5）．

［188］周长楫．永安话的－m尾问题［J］．中国语文，1990（1）．

［189］朱晓农．基频归一化：如何处理声调的随机差异？［J］．语方科学，2004（2）．

［190］朱晓农，焦磊，严至诚，洪英．入声演化三途［J］．中国语文，2008（4）．

［191］冉启斌．汉语鼻音韵尾的实验研究［J］．南开语言学刊，2005（1）．

## 四、学位论文类

### （一）硕士学位论文

［1］韩沛玲．五台片方言阳声韵的演变［D］．天津：天津师范大学，2003．

［2］黄卫静．河北方言的尖团音问题［D］．石家庄：河北师范大学，2004．

［3］陈江辉．邢台县方言专题研究［D］．保定：河北大学，2007．

［4］高玉敏．灵寿方言的晋语过渡性特征研究［D］．石家庄：河北师范大学，2007．

［5］李于平．中古入声字在邢台方言中的读音研究［D］．北京：北京语言大学，2007．

［6］李欢．山西灵丘方言语音研究［D］．西安：西北大学，2008．

［7］张珊．井陉方言语音的调查研究［D］．保定：河北大学，2008．

［8］刘晓玲．盂县语音系统研究［D］．太原：山西大学，2010．

［9］王敏．中古知庄章三组声母在河北方言中的读音研究［D］．石家庄：河北师范大学，2010．

［10］王静．河北赞皇话语音研究［D］．石家庄：河北师范大学，2014．

## （二）博士学位论文

［1］崔淑慧．山西北区方言语音研究［D］．广州：暨南大学，2004．

［2］桑宇红．中古知庄章三组声母在近代汉语中的演变［D］．南京：南京大学，2004．

［3］孙小花．山西方言语音历史层次研究［D］．上海：上海师范大学，2006．

［4］李旭．河北省中部南部方言语音研究［D］．济南：山东大学，2008．

［5］王利．晋东南晋语语音研究［D］．济南：山东大学，2008．

［6］王琼．并州片晋语语言研究［D］．北京：北京大学，2012．

［7］郑莉．河北中南部方言声调问题研究［D］．石家庄：河北师范大学，2014．

# 附录1  山西灵丘方言同音字汇

说明：

(1) 本字汇以《方言调查字表》为基础，另补充灵丘方言中常用而《方言调查字表》中没有的字，删去《方言调查字表》中有而灵丘方言中不常用的生僻字。

(2) 字汇按灵丘方言的语音系统排列，先按韵母分部，同韵母的字按声母排列，只标声母，不再标出韵母。声、韵均相同的字按声调排列，分别以调值符号"[343] [31] [51] [3]"领头按次序排在同一声母的后面。

韵母次序为 ɿ、i、u、y、ɚ、a、ia、ua、ə、uə、ie、ye、ai、uai、ei、uei、au、iau、əu、iəu、æ、uæ、ɒ̃、iɒ̃、əŋ、iəŋ、uəŋ、yəŋ、əʔ、iəʔ、uəʔ、yəʔ。

声母次序为 p、pʰ、m、f、v、t、tʰ、n、l、ts、tsʰ、s、z、tɕ、tɕʰ、ɕ、k、kʰ、x、ø。

声调次序为阴平上 [343]、阳平 [31]、去声 [51]、入声 [3]。

(3) 有文、白读的字，分别在字下加符号"￣""＿"标明；有新老派差异的，在字的右下角注明"新""老"。

(4) 有音无字的，用符号"□"代替。例如，ɚ□<sub>丢失:他今儿把钥匙～了</sub>。

(5) 用下标加注并举例，举例时用"～"代替该字。例如，yəʔ 乐<sub>音～</sub>。

## ɿ

ts　[343] 兹滋资姿咨知蜘支枝肢之芝紫纸只～<sub>有</sub>脂姊旨指～<sub>示</sub>子～<sub>女</sub>止址
　　[31] 侄直<sub>拉～</sub>值<sub>不～</sub>　　[51] 自字制智稚致至痔治志痣

tsʰ　[343] 此疵痴嗤侈耻齿　　[31] 瓷辞词祠慈磁雌池驰迟持　　[51] 刺赐眵翅次伺～<sub>候</sub>

s　[343] 私司丝思斯撕饲师狮施尸诗死使史驶始　　[31] 时实<sub>与"空"相对</sub>食<sub>猫儿～</sub>拾～<sub>柴</sub>石～<sub>英钟</sub>
　　[51] 四肆寺嗣似祀世势誓逝是氏示视士仕柿市事试饰

z　[51] 日

i

| | | | | |
|---|---|---|---|---|
| p | [343] □女阴彼鄙比秕 | [31] 鼻 | [51] 蔽敝弊币毙陛闭璧~刀臂避备毕姓弼壁碧璧 |
| pʰ | [343] 批披坯匹 | [31] 皮疲脾琵枇 | [51] 譬庇癖屁 |
| m | [343] 米 | [31] 迷谜弥糜靡眉楣 | [51] 泌密蜜觅 |
| t | [343] 低堤底抵 | [31] 笛敌狄 | [51] 弟帝第递地 |
| tʰ | [343] 梯体 | [31] 题提蹄啼 | [51] 替剃 |
| n | [343] 你拟 | [31] 泥尼倪 | [51] 腻匿溺泥~匠逆 |
| l | [343] 李礼里理鲤 | [31] 犁黎离里厘狸篱梨 | [51] 例厉励丽隶莉荔利痢吏立笠粒栗肋力历 |
| tɕ | [343] 鸡稽饥肌基几~乎机讥挤几~条己几~个 | [31] 急着~集赶~ | [51] 祭际济剂计继技妓寄冀纪记忌季寂 |
| tɕʰ | [343] 妻欺期膝启企起祈岂 | [31] 齐脐杞奇骑岐祁鳍其棋旗 | [51] 契器弃气汽 |
| ɕ | [343] 西犀溪奚兮牺希稀夕洗徙禧熙喜 | [31] 畦席 | [51] 系细戏 |
| k | [343] 给 | | |
| ∅ | [343] 伊医衣依揖倚蚁椅已以 | [31] 宜仪移姨疑沂遗 | [51] 艺易谊义议异意毅逸忆亿抑翼益亦译疫役 |

u

| | | | | |
|---|---|---|---|---|
| p | [343] 补捕卜占~ | | [51] 部布怖步埠讣 |
| pʰ | [343] 铺~设谱普脯果~ | [31] 蒲菩脯胸~仆~人 | [51] 铺店~瀑 |
| m | [343] 某亩牡母 | [31] 模~子谋 | [51] 暮慕墓募幕木目穆牧 |
| f | [343] 夫肤敷孵府腑俯甫斧抚腐~竹辅否 | [31] 俘符扶芙浮伏数~ | [51] 父付赋赴附妇负富副缚幅一~画 |
| v | [343] 乌污巫诬五伍午捂武舞侮 | [31] 吴蜈吾梧无 | [51] 误悟恶可~务雾物勿 |
| t | [343] 都~城,~是堵睹赌肚牛~ | [31] 独~峪:地名牍犊毒 | [51] 杜肚~子妒度渡镀 |
| tʰ | [343] 土吐 | [31] 徒屠途涂图 | [51] 兔 |
| n | [343] 努 | [31] 奴□人长得丑 | [51] 怒 |
| l | [343] 鲁虏 | [31] 卢芦庐鸬 | [51] 路赂露~水鹿 |
| ts | [343] 租猪诸诛蛛朱珠祖组阻煮拄主 | [31] 卒 | [51] 做著助柱驻住 |

注蛀铸
tsʰ [343] 粗初储褚楚础处相~杵　[31] 除锄厨雏　[51] 醋处~所畜六~
s [343] 苏酥梳疏蔬书舒枢输殊淑暑鼠黍署薯数动词蜀属~龙　[31] 熟赎俗新　[51] 素诉塑嗦庶恕竖数名词戍树漱术述粟
z [343] 孺汝乳辱　[31] 如儒　[51] 入褥
k [343] 姑孤箍估古股鼓　[51] 故固锢雇顾
kʰ [343] 枯苦　[51] 库裤酷
x [343] 呼乎虎浒　[31] 胡湖糊蝴狐弧壶核果~斛　[51] 户护互

y

n [343] 女
l [343] 吕旅缕屡履捋　[31] 驴　[51] 虑滤律率速~绿
tɕ [343] 居车~马炮拘驹举　[31] 局　[51] 巨拒距据锯俱聚矩句具惧剧
tɕʰ [343] 蛆趋区驱取娶　[31] 渠　[51] 去~皮趣
ɕ [343] 墟虚嘘吹~需许　[31] 徐须　[51] 序叙绪絮续婿
Ø [343] 淤迂语与雨宇禹羽　[31] 鱼渔于余愚虞娱盂榆逾愉　[51] 御誉预豫吁愈遇寓喻裕域郁育玉狱欲浴

ɚ

Ø [343] 尔而耳饵□丢失:他刚把钥匙~了　[31] 儿　[51] 二贰

a

p [343] 巴疤芭把~握　[31] 拔　[51] 霸坝把刀~子爸罢
pʰ [31] 爬耙　[51] 怕
m [343] 妈马码　[31] 麻蟆　[51] 骂蚂
f [31] 乏伐筏罚
v [343] 蛙洼挖~掘机瓦名词挖~车　[51] 瓦动词袜洼支~:地名
t [343] 打　[51] 大
tʰ [343] 他她它　[31] 沓
n [343] 腌~臜:脏,不干净哪　[31] 拿　[51] 捺纳
l [343] 拉~面　[51] 腊蜡辣児~
ts [343] 渣眨　[31] 闸炸~糕铡杂　[51] 诈榨炸~弹乍栅
tsʰ [343] 差~别叉　[31] 茶搽茬查　[51] 差~不多岔

| s | [343] | 沙纱傻洒撒厦大~ [51] 萨拉~
| k | [343] | □~七麻八:乱七八糟 [51] 尬
| kʰ | [343] | 咖~啡卡~车 [51] 咯~血
| x | [343] | 哈□~货:傻里傻气的人
| ∅ | [343] | 阿啊

## ia

| p | [343] | □象声词,~地一声跌倒了
| pʰ | [343] | □象声词
| n | [343] | □当面称呼母亲:~,我走呀。
| l | [343] | 俩
| tɕ | [343] | 家加嘉佳假真~贾 [51] 假~期架驾嫁价甲扢~:指甲
| tɕʰ | [343] | 掐 [51] 恰洽
| ɕ | [343] | 虾 [31] 霞瑕遐暇狭峡匣 [51] 夏厦~门吓下~降
| ∅ | [343] | 鸦~片丫雅哑 [31] 牙芽衙涯崖 [51] 亚压~水

## ua

| ts | [343] | 抓爪
| tsʰ | [343] | 欻象声词:~地一下,车过去了。
| s | [343] | 耍 [51] 选这里有一堆山药(土豆),给咱们往出~几个好的。
| z | [31] | 挼布快要磨破:这个衣裳穿~了。
| k | [343] | 瓜~子寡刮~胡子剐 [51] 挂褂卦
| kʰ | [343] | 夸胯侉 [51] 跨挎胳膊上~个篮子。
| x | [343] | 花 [31] 华中~划~船滑~冰猾 [51] 化华~山画话划~分

## ə

| p | [343] | 波菠玻簸动词 [51] 簸~箕薄~荷不单说或在句子末尾:你去~?~。
| pʰ | [343] | 颇坡□你~多钱儿? [31] 婆 [51] 破
| m | [343] | 馍抹~脸油 [31] 魔磨~刀摩模~范模~仿膜 [51] 磨~面末沫莫姓没单说或用在句尾:你去~?~。
| f | [31] | 佛
| v | [343] | 倭窝蜗我 [51] 饿卧
| l | [51] | 乐新勒希特~

| ts | [343] 遮~住者 | | | | |
|---|---|---|---|---|---|
| tsʰ | [343] 车扯 | [51] 掣打：~了他一个耳光。 | | | |
| s | [343] 奢赊佘舍~得 | [31] 蛇舌 | [51] 社射舍~宿 | | |
| z | [343] 惹 | [51] 热 | | | |
| k | [343] 歌哥 | [51] 个~体 | | | |
| kʰ | [343] 科棵可许~ | [51] 课嗑 | | | |
| x | [31] 河何荷~花 和~气 禾盒 | [51] 荷薄~贺 | | | |
| Ø | [343] 阿~胶 | [31] 鹅俄新 | | | |

## uə

| t | [343] 多朵躲 | [31] 夺铎 | [51] 舵剁跺垛惰堕 | |
|---|---|---|---|---|
| tʰ | [343] 拖妥椭 | [31] 驼驮 | [51] 唾 | |
| n | [31] 挪蛾鹅俄老 | [51] 糯诺 | | |
| l | [343] 啰裸 | [31] 罗锣逻萝箩骡螺 | [51] 摞骆 | |
| ts | [343] 庄装左佐 | [31] 浊镯 | [51] 坐座状壮撞 | |
| tsʰ | [343] 搓疮窗闯 | [31] 床 | [51] 错创 | |
| s | [343] 梭唆霜双所爽锁 | [51] 烁 | | |
| z | [51] 若弱新 | | | |
| k | [343] 锅光果裹 | [51] 过逛 | | |
| kʰ | [343] 筐 | [31] 狂 | [51] 扩阔框眶况矿旷 | |
| x | [343] 河~雪 荒慌火谎 | [31] 河南~滩：地名 和~面活~该 黄簧皇蝗 | | |
| | [51] 贺老祸货晃 | | | |

## ie

| p | [343] 鳖鞭编边贬蝙扁匾瘪 | [31] 别~人 | [51] 辨辩变便方~辫 | |
|---|---|---|---|---|
| | 遍别~扭 | | | |
| pʰ | [343] 篇偏谝夸耀 | [31] 便~宜 □阳~：太阳，阳光 | [51] 骗片 | |
| m | [343] 免勉娩缅 | [31] 绵棉眠 | [51] 面 | |
| t | [343] 爹掂颠点典碘 | [31] 叠碟牒蝶谍迭忙不~：忙不过来 | [51] 店电殿奠 | |
| | 佃垫淀惦 | | | |
| tʰ | [343] 添天舔腆 | [31] 甜田填 | | |
| n | [343] 碾辇撵 | [31] 黏鲇拈年 | [51] 聂蹑念孽捻灯~子 | |
| l | [343] □哭 敛脸 | [31] 廉镰簾连联怜莲帘 | [51] 裂练炼恋新 列摞~ | |
| | 裂~开 殓链 | | | |

| tɕ | [343] 皆街尖奸兼艰间~空 煎肩坚阶奸监姐解~开 减检俭简柬剪茧碱捡 [31] 捷杰截 [51] 借褯介界芥戒械~老 渐间~断 犍践件箭溅贱饯~行 键建健腱荐见 |
| tɕʰ | [343] 揩签谦迁笺千牵铅且浅遣 [31] 茄潜钳钱乾虔前□耍赖:~死 [51] 妾歉欠嵌 |
| ɕ | [343] 些仙鲜~新 掀先写险鲜~朝 癣显□~子:男孩 [31] 邪斜谐鞋咸嫌闲涎贤弦 [51] 泻卸谢解~姓 蟹懈陷限线羡泄宪献现屑械~新 |
| ø | [343] 淹腌~菜 焉烟也野掩眼演 [31] 爷炎延言研沿严颜岩盐阎簷 [51] 夜验厌焰叶业筵谚拽堰砚燕宴液腋咽 |

## ye

| l | [343] □~~的:形容人话多 □~起:收拾到一块 [51] 恋老 □液体混浊 不清 |
| tɕ | [343] 捐绢娟卷~起 [31] 橛 [51] 圈猪 眷卷试 ~倦倨 |
| tɕʰ | [343] 圈圆~犬圈~住 [31] 痊全泉拳权颧 [51] 劝 |
| ɕ | [343] 靴轩宣暄膨松:馒头蒸得挺~。选 [31] 旋玄悬穴 [51] 旋~子:做粉皮的器具 眩 |
| ø | [343] 渊冤哕吐远 [31] 圆员缘元园辕原媛源袁 [51] 院悦阅月越粤愿怨苑 |

## ai

| p | [343] 伯大~摆百 [31] 白 [51] 拜败 |
| pʰ | [343] 拍节~球~ [31] 牌排培陪赔裴 [51] 派 |
| m | [343] 买 [51] 卖迈麦脉 |
| v | [343] 歪跁 [51] 外 |
| t | [343] 呆歹逮掸鸡毛~子 [31] □碰,撞:两辆摩托~了。 [51] 待怠殆戴贷代袋带大~夫 |
| tʰ | [343] 胎苔□怡然自得的神态 [31] 台抬□藏:~起来 [51] 态太泰汰 |
| n | [343] 哀埃挨乃蔼奶矮癌 [31] 挨~打 [51] 耐碍爱奈隘内 |
| l | [343] 儡累~积垒 [31] 来雷 [51] 赖累极困累连~类泪 |
| ts | [343] 灾栽斋宰载崽摘文~ [31] 贼择~菜宅翟 [51] 在再债寨 |
| tsʰ | [343] 猜钗差出~彩踩采睬 [31] 才材财裁豺柴 [51] 菜蔡 |
| s | [343] 腮鳃筛甩~个鸡蛋 [51] 赛晒塞 |
| k | [343] 该赅改 [51] 概溉盖丐 |

kʰ　[343] 开凯慨楷
x　[343] 咳~声叹气海　[31] 孩　[51] 亥害骇
ø　[343] 唉　[51] 艾

uai

ts　[343] □象声词:雨下得~~的踓　[51] 拽
tsʰ　[343] 揣　[51] 踹□胆小、窝囊
s　[343] 衰摔甩　[51] 帅率草~
k　[343] 乖拐　[51] 怪
kʰ　[343] □挎:胳膊上~个篮子　[51] 块会~计快筷
x　[31] 怀槐淮徊　[51] 坏

ei

p　[343] 杯背~书包碑卑悲　[51] 贝倍辈背~诵焙
pʰ　[343] 胚　[51] 沛配佩辔
m　[343] 美每□火~了　[31] 埋梅枚媒煤玫霉莓　[51] 妹昧媚寐墨~汁
f　[343] 非飞妃啡匪翡诽　[31] 肥　[51] 废肺吠痱费
v　[343] 煨危微威违委尾伟苇纬伪　[31] 为作~维惟唯围　[51] 卫为~啥位未味魏畏慰胃谓猬喂尉

uei

t　[343] 堆新　[51] 对兑队
tʰ　[343] 推腿　[31] 颓　[51] 退褪蜕
ts　[343] 堆老追锥嘴　[51] 罪最缀赘醉坠
tsʰ　[343] 催崔吹炊　[31] 垂槌锤捶　[51] 脆翠粹
s　[343] 虽水　[31] 随髓谁遂绥　[51] 碎岁税睡隧穗
z　[343] 蕊　[51] 芮锐瑞
k　[343] 圭闺规龟归诡轨鬼　[51] 桂柜贵
kʰ　[343] 亏窥盔傀　[31] 奎魁逵葵　[51] 溃跪愧
x　[343] 恢诙灰麾挥辉徽毁悔海　[31] 回茴蛔　[51] 贿悔汇晦桧会开~绘秽惠慧讳卉

au

p　[343] 包胞膊胳~褒保堡宝饱　[31] 薄　[51] 抱报暴鲍豹爆

| | | | | | |
|---|---|---|---|---|---|
| pʰ | [343] | 抛剖泡~灯~跑 | [31] 袍刨~土 | [51] 泡炮 | |
| m | [343] 摸卯铆 | [31] 毛茅猫矛 | [51] 冒帽貌茂贸 | | |
| t | [343] 刀叨祷岛倒~打~导捣蹈 | [51] 道稻到倒~水盗 | | | |
| tʰ | [343] 滔掏~出来涛讨 | [31] 桃逃淘陶萄 | [51] 套 | | |
| n | [343] 熬~菜脑恼襖□~扛~不动 | [31] 熬~稀粥挠 | [51] 傲闹弄 | | |
| l | [343] 捞唠□摸~: 抚摸老姥 | [31] 劳牢 | [51] 涝落烙熨~衣服 | | |
| ts | [343] 遭糟朝~今昭招沼召早枣澡爪~牙找 | [31] 凿着睡~ | [51] 皂造躁罩笊~篱赵兆照诏炤灶 | | |
| tsʰ | [343] 操抄钞超草炒吵 | [31] 槽巢朝~代潮嘲□脏:看把衣服弄～的。 | | | |
| | [51] 糙肏 | | | | |
| s | [343] 骚臊尿~~气梢捎稍烧扫~地嫂少 | [31] 韶绍勺芍 | [51] 扫~帚少~年邵臊害哨潲~了点雨。 | | |
| z | [343] 扰 | [31] 挠饶娆 | [51] 绕弱老 | | |
| k | [343] 高膏~药羔糕稿搞 | [51] 告膏~油 | | | |
| kʰ | [343] 考烤 | [51] 靠犒铐 | | | |
| x | [343] 蒿好~坏 | [31] 嚎豪壕毫 | [51] 浩好~喜耗号 | | |
| ø | [51] 懊~恼奥~新 | | | | |

iau

| | | | | | |
|---|---|---|---|---|---|
| p | [343] 膘彪标镖表裱婊 | | | | |
| pʰ | [343] 飘漂~流 | [31] 嫖瓢 | [51] 票漂~亮 | | |
| m | [343] 藐渺秒 | [31] 苗描瞄 | [51] 庙妙 | | |
| t | [343] 刁貂雕凋碉叼 | [51] 钓吊掉调~音~ | | | |
| tʰ | [343] 挑~三拣四挑~拨离间,~担 | [31] 条调~节笤~帚 | [51] 跳粜 | | |
| n | [343] 鸟 | [51] 尿 | | | |
| l | [343] 燎火~眉毛 | [31] 撩星火~~原疗聊辽撩寥~~无几辽僚 | [51] 廖瞭料撂 | | |
| tɕ | [343] 交郊跤教~书焦蕉椒骄娇浇绞狡铰搅缴侥角~度饺矫 | [31] 嚼 | | | |
| | [51] 教~育校~对较窖觉睡~轿叫 | | | | |
| tɕʰ | [343] 敲锹悄巧雀 | [31] 瞧乔侨桥荞憔 | [51] 俏鞘窍撬翘峭 | | |
| ɕ | [343] 消宵霄硝销器萧箫削~剥肖逍小晓 | [31] 淆学~放~ | [51] 酵孝效校学~笑 | | |
| ø | [343] 妖邀腰要~求幺吆夭约称:~点黄瓜咬舀杳 | [31] 肴摇谣窑姚尧遥 | | | |
| | [51] 勒要耀药钥跃 | | | | |

əu

t [343] 兜抖蚪陡　[51] 斗豆逗痘窦

tʰ [343] 偷　[31] 头投□洗,涮;把衣服再~一遍。　[51] 透

n [343] 欧殴偶老　[51] 沤怄

l [343] □黑~;斜眼看人 篓搂　[31] 炉楼耧□不~;不愁〔这孩子不~考个大学〕　[51] 漏陋瘘露~天

ts [343] 邹掫周舟州洲粥诌走肘　[31] 轴　[51] 奏纣帚昼宙皱绉骤咒揍

tsʰ [343] 抽掭~起裤子 丑瞅　[31] 瞅稠筹愁仇酬畴踌　[51] 凑臭

s [343] 搜飕收叔　手首守艘　[31] 熟饭~了　[51] 漱受瘦兽寿授售

z [343] □圪~;形容胖人走路的样子　[31] 柔揉蹂　[51] 肉

x [343] 咸吼　[31] 侯喉猴瘊　[51] 厚后候

∅ [343] 欧呕殴新 藕偶新　[51] 怄新

iəu

m [343] 喵猫叫　[51] 谬

t [343] 丢

n [343] 妞纽扭钮　[31] 牛　[51] 拗

l [343] 溜柳绺　[31] 流刘留榴硫琉瘤　[51] 六溜~达 馏~饭

tɕ [343] 揪纠究蹴圪~;蹲 酒九久韭灸　[51] 臼舅咎就救旧柩

tɕʰ [343] 秋丘蚯　[31] 囚求球仇姓

ɕ [343] 修羞休朽　[31] □气色不好,瘦弱　[51] 秀绣宿星~ 锈袖嗅

k [343] 勾钩沟狗苟　[51] 够构购垢

kʰ [343] 抠眍口　[51] 叩扣寇

x [31] □~掐;欺侮,故意刁难

∅ [343] 优忧悠幽有友酉　[31] 邮由油游犹莜~面 尤　[51] 莠诱又右佑佑柚幼

æ̃

p [343] 般搬班斑颁扳板坂版　[51] 扮办伴拌半绊瓣

pʰ [343] 潘攀　[31] 盘　[51] 盼拚~命 判版

m [343] 满　[31] 瞒馒蛮蔓~菁,一种蔬菜 □扔;这个袜子破了,~了哇。　[51] 漫幔曼慢蔓

| | | |
|---|---|---|
| f | [343] 帆藩翻番幡反返 [31] 凡烦繁矾樊 [51] 范犯泛贩饭 | |
| v | [343] 豌剜弯湾皖碗晚挽宛 [31] 完丸玩顽 [51] 腕万 | |
| t | [343] 耽丹单担~水郸端~午胆掸~衣裳:晾衣服 [51] 诞淡旦担~子但蛋弹炸~□猜:你~不着,她去哪了。 | |
| tʰ | [343] 贪滩摊瘫坦毯 [31] 潭谭檀弹~簧坛谈痰 [51] 探叹碳炭 | |
| n | [343] 庵安鞍俺□~了一口:吃了一大口 [31] 南男难困~ [51] 揞暗按岸难遇~案 | |
| l | [343] 懒览揽缆 [31] 拦栏兰澜蓝篮孷□~肉:把肉稍微炒一炒 [51] 乱~七八糟烂滥 | |
| ts | [343] 簪沾粘詹瞻占毡斩盏展崭咱攒 [51] 站蘸占~领绽赞暂栈战 | |
| tsʰ | [343] 参~加餐搀掺惨铲产 [31] 蚕谗馋蟾残缠蝉婵禅惭 [51] 灿颤忏□弄开:~线 | |
| s | [343] 杉衫珊山羶搧三陕闪伞 [51] 扇善散擅 | |
| z | [343] 蔫染冉 [31] 然燃 [51] □和泥用的麻草,瓦房用□~人:小孩讨人喜欢 | |
| k | [343] 尴干~净肝竿杆旗甘泔感擀杆赶敢 [51] 赣干~部 | |
| kʰ | [343] 看~守所堪勘刊坎砍 [31] □扑~:讨好,献殷勤 [51] 看~见 | |
| x | [343] 憨鼾涎~拉水:口水罕喊 [31] 含函寒韩邯涵还~有 [51] 旱汉汗焊撼憾 | |

## uæ̃

| | | |
|---|---|---|
| t | [343] 端~正短 [51] 断锻段缎□追:~上来了 | |
| tʰ | [31] 团 | |
| n | [343] 暖~气 | |
| l | [343] 卵 [31] 峦銮孪 [51] 乱动~ | |
| ts | [343] 专砖钻~进去转~眼 [51] 篆钻~子攥篆转~动传~记赚 | |
| tsʰ | [343] 氽川穿□~忙:帮忙喘 [31] 传~达椽船 [51] 窜篡串 | |
| s | [343] 酸氙栓拴 [51] 算蒜涮 | |
| z | [343] 软阮 | |
| k | [343] 官棺观参~冠衣关管馆 [51] 贯灌罐观道~冠~军惯 | |
| kʰ | [343] 宽款 | |
| x | [343] 欢缓 [31] 桓还钱儿~环 [51] 唤焕换幻患宦痪 | |

## ɒ̃

| | | |
|---|---|---|
| p | [343] 帮邦浜掤榜绑膀 [51] 谤傍棒蚌磅 | |

| | | | | | | |
|---|---|---|---|---|---|---|
| pʰ | [343] 胖<sub>肿</sub> | [31] 滂旁螃庞 | [51] 胖 | | | |
| m | [343] 莽蟒 | [31] 忙芒茫盲氓 | | | | |
| f | [343] 方芳妨~主货:给人带来晦气的人 坊纺仿<sub>相</sub>~访 | [31] 肪妨~碍房防 | [51] 放 | | | |
| v | [343] 汪网柱~费往 | [31] 王亡 | [51] 忘妄望旺柱<sub>冤</sub>~ | | | |
| t | [343] 当~时裆铛党挡 | [51] 荡档当<sub>上</sub>~宕 | | | | |
| tʰ | [343] 汤蹚倘躺淌 | [31] 堂棠螳唐糖塘搪 | [51] 烫趟 | | | |
| n | [343] 肮□<sub>忽</sub>:说话不利索或鼻音太重 暖~和 | [31] 囊 | [51] □<sub>多</sub>:那个骨头上的肉~。 | | | |
| l | [343] 朗□~<sub>子</sub>:立式筛砂石的筛子,较大 | [31] 郎廊狼榔 | [51] 浪 | | | |
| ts | [343] 脏~手张章樟赃彰长<sub>生</sub>~涨掌 | [31] 这 | [51] 葬藏<sub>西</sub>~脏<sub>心</sub>~丈仗帐胀障 | | | |
| tsʰ | [343] 仓苍昌沧舱猖厂场<sub>操</sub>~敞 | [31] 藏~长短肠场<sub>晒粮、碾轧谷物的空地</sub>常尝偿 | [51] 畅唱倡 | | | |
| s | [343] 桑丧~事商伤嗓赏响 | [51] 丧~失裳上~<sub>山</sub>尚 | | | | |
| z | [343] 壤攘嚷 | [31] 瓤穰 | [51] 让 | | | |
| k | [343] 冈岗刚纲钢~<sub>铁</sub>缸豇肛港□<sub>不平,这个鞋穿着~脚板</sub> | [51] 钢~<sub>刀</sub>杠抬~:吵架 | | | | |
| kʰ | [343] 康糠慷扛 | [51] 抗炕亢 | | | | |
| x | [343] 夯<sub>挤,撞;他把我~倒了。</sub> | [31] 行<sub>银</sub>~航杭 | [51] 巷□~<sub>说</sub>~<sub>哭</sub>:一边说一边哭 | | | |

iɒ̃

| | | | | | | |
|---|---|---|---|---|---|---|
| n | [343] 仰<sub>躺</sub> | [31] 娘 | [51] 酿 | | | |
| l | [343] 两 | [31] 良凉量<sub>动词</sub>粮梁樑 | [51] 亮谅辆量<sub>数</sub>~晾 | | | |
| tɕ | [343] 将~来浆<sub>豆</sub>~疆僵缰姜江蒋奖桨讲耩 | [51] 酱将<sub>大</sub>~匠降<sub>下</sub>~虹犟浆~<sub>糊</sub> | | | | |
| tɕʰ | [343] 枪羌腔戗~<sub>风</sub>逆风抢强<sub>勉</sub>~ | [31] 墙强<sub>坚</sub>~ | [51] 呛 | | | |
| ɕ | [343] 相箱厢湘襄镶香乡想享响饷 | [31] 详祥降<sub>投</sub>~翔 | [51] 象像橡相~<sub>貌</sub>向项巷 | | | |
| Ø | [343] 央秧殃仰养痒 | [31] 羊洋杨阳扬疡 | [51] 样恙漾 | | | |

əŋ

| | | | | | |
|---|---|---|---|---|---|
| p | [343] 奔崩绷~<sub>带</sub>本 | [51] 笨迸蹦泵 | | | |
| pʰ | [343] 喷烹捧喷 | [31] 盆朋彭膨篷蓬棚鹏 | [51] 碰 | | |
| m | [343] 焖~<sub>面</sub>蚊猛蒙<sub>内</sub>~ | [31] 门盟蒙~<sub>住,遮盖住</sub>萌 | [51] 闷孟梦 | | |

附录1 山西灵丘方言同音字汇

| | | |
|---|---|---|
| f | ［343］分芬纷粉风枫疯丰封峰蜂锋吩讽粉　［31］焚坟汾冯逢缝~衣裳 | |
| | ［51］愤忿粪奋份凤奉俸缝门~儿 | |
| v | ［343］温瘟翁稳　［31］文纹闻吻　［51］问瓮 | |
| t | ［343］登灯等　［51］凳镫邓澄~ 一~ 瞪扽~住：抓住两头，同时用力 | |
| tʰ | ［343］吞　［31］疼腾藤誊 | |
| n | ［343］恩□~着了：硌着了　［31］能农脓浓　［51］嫩 | |
| l | ［343］冷　［31］棱　［51］愣塄 | |
| ts | ［343］针斟珍榛臻真曾姓增憎征蒸贞侦正~月争挣诊疹拯整　［51］枕阵赈振震赠证症郑正~反政镇 | |
| tsʰ | ［343］撑称惩逞碜沙~　［31］陈尘辰晨臣澄橙沉曾~经层承丞乘呈成城诚盛~稀粥程　［51］趁蹭称相~秤衬 | |
| s | ［343］森参人~深身申伸绅娠僧升生牲甥声沈审婶省　［31］神绳 | |
| | ［51］甚渗肾慎剩胜圣盛~大 | |
| z | ［343］仍扔忍　［31］壬任姓人仁　［51］椹任责~妊刃认韧纫 | |
| k | ［343］跟根更~换庚羹耿埂梗　［51］更~加 | |
| kʰ | ［343］坑铿垦恳肯 | |
| x | ［343］亨哼很狠　［31］痕恒衡横~竖　［51］恨横蛮~ | |

iəŋ

| | | |
|---|---|---|
| p | ［343］彬宾滨槟缤冰兵斌禀丙秉饼　［51］殡病并鬓柄 | |
| pʰ | ［343］拼乒品　［31］贫频凭平坪评瓶屏萍苹　［51］聘娉 | |
| m | ［343］闽悯敏皿抿冥　［31］民鸣明铭名　［51］命 | |
| t | ［343］丁钉~子疔叮盯顶鼎　［51］锭钉~住订定 | |
| tʰ | ［343］听~话厅汀艇挺　［31］亭停廷蜓婷　［51］听~天由命 | |
| n | ［31］凝宁拧　［51］硬宁~可 | |
| l | ［343］拎檩岭领　［31］林淋临邻鳞磷陵凌菱灵零龄玲铃伶　［51］赁吝令另蔺躏 | |
| tɕ | ［343］今金襟津巾京惊鲸荆粳经径斤矜筋精睛晶耕系~鞋带锦紧仅景警谨井 | |
| | ［51］禁浸妗尽进晋境敬竟镜竞近劲净静□泥~：打坑，垒墙用的土坯 | |
| tɕʰ | ［343］侵钦亲卿青清蜻轻倾寝请顷坑　［31］琴禽擒秦擎勤芹情晴 | |
| | ［51］吣亲~家庆 | |
| ɕ | ［343］心辛锌新兴~旺星腥馨醒省反~　［31］寻行~为形型邢刑陉 | |
| | ［51］信兴高~杏姓性幸 | |
| ø | ［343］音阴因姻鹰英殷婴樱鹦缨饮~酒寅引尹影颖隐瘾蚓　［31］吟淫银 | |

231

蝇迎营茔萤莹盈赢　　[51] 荫窨~子,地窖 饮~马 印应~该 映

## uen

t　[343] 敦墩蹲吨东冬董懂旽　　[51] 饨盾顿钝遁动冻栋洞炖

tʰ　[343] 通筒桶捅统　　[31] 屯豚臀囤沌同铜桐洞洪~县 童瞳
　　[51] 痛□倒,把车~出来。

n　[51] 㞙

l　[343] 拢陇垅　　[31] 论~语 仑伦沦轮笼聋隆龙　　[51] 论议~

ts　[343] 尊遵棕鬃宗踪综中当~忠终钟盅衷准总种~类 肿　　[51] 俊粽中射~ 仲
　　众纵重轻~ 种~树

tsʰ　[343] 村皴椿春聪葱囱充冲蠢宠　　[31] 存唇纯醇丛虫崇从重~复 淳
　　[51] 寸冲说话~

s　[343] 孙松嵩损笋　　[31] 怂人软弱,受别人欺侮　　[51] 顺送宋诵颂讼舜瞬

z　[343] 冗　　[31] 荣新戎绒融新 茸容新 蓉新 熔新　　[51] 润闰

k　[343] 公蚣工功攻弓躬宫恭供~学生 滚永拱巩　　[51] 棍贡供~应 共

kʰ　[343] 昆坤空~气 捆孔恐啃　　[51] 困控空~缺

x　[343] 昏婚荤轰烘哄~堂大笑 哄~孩子　　[31] 魂馄浑弘宏红洪鸿　　[51] 混
　　哄起~ 横形容人霸道,不讲理

## yəŋ

l　[31] 龙老

tɕ　[343] 均钧君军窘菌迥炯　　[51] 郡竣

tɕʰ　[31] 群裙琼穷

ɕ　[343] 熏勋熏兄胸凶匈　　[31] 荀旬循巡熊雄询　　[51] 训逊迅殉训驯

Ø　[343] 晕雍庸拥允永泳咏甬涌踊勇　　[31] 匀云荣老 容老 蓉老 溶老 熔老 融老
　　[51] 韵运孕用

## əʔ

p　[3] 八拨不勃博泊梁山~ 剥驳柏伯叔~兄弟 掰把介词 布~袋子:口袋

pʰ　[3] 泼朴迫魄醭形容带汁类食物腐坏:白~ 琶~ 杷枇~

m　[3] 没~有 寞默陌谋思~ 每天:天天 拇大~指头 蘼芝~

f　[3] 法发佛仿~ 福幅度 蝠复腹服伏埋 傅负欺~ 夫姐~ 父外~ 腐豆~

v　[3] 挖动词 握屋老 沃往~西走

| | | |
|---|---|---|
| t | [3] | 答搭达奔打<sub>拍~</sub> |
| tʰ | [3] | 塔踏塌溻邋特弹<sub>动~他</sub> 跟<sub>~好好说，罢罢。</sub> |
| n | [3] | 鄂恶额扼 |
| l | [3] | 拉<sub>~肚子</sub>邋 |
| ts | [3] | 扎褶折蛰执汁哲蜇辙浙秩质则直织职殖植泽择窄摘责只<sub>量词</sub>炙指<sub>~头</sub>楂<sub>~山</sub>蔗遮<sub>~阳伞</sub>置<sub>~办</sub> |
| tsʰ | [3] | 插擦察彻撤侧测拆策册赤斥尺吃杈枝<sub>~</sub>厕置<sub>安~</sub> |
| s | [3] | 摄涉涩湿十萨<sub>菩~</sub>杀设瑟虱实失室裳色啬食<sub>粮~</sub>蚀<sub>老</sub>识适释石<sub>~头</sub>赦死<sub>疼~了</sub>麝是<sub>你~谁?</sub> |
| z | [3] | 子<sub>子尾：桌~、饺~</sub> |
| k | [3] | 鸽割葛各阁搁胳格隔个<sub>量词</sub>戈 |
| kʰ | [3] | 磕渴刻咳克客可<sub>~冷咧</sub> |
| x | [3] | 合喝郝鹤黑核 |

iəʔ

| | | |
|---|---|---|
| p | [3] | 别鳖憋笔必北逼被<sub>~迫</sub> |
| pʰ | [3] | 撇僻劈 |
| m | [3] | 灭 |
| t | [3] | 跌得德的滴 |
| tʰ | [3] | 帖贴铁踢提<sub>~溜</sub>屉<sub>老</sub> |
| n | [3] | 镊蹑捏 |
| l | [3] | 猎列烈璃<sub>老</sub> |
| tɕ | [3] | 夹甲接劫集<sub>~体</sub>辑急<sub>~救</sub>级极即及揭节吉结洁疾脚积迹脊籍藉绩击激棘家<sub>亲~</sub>稼基<sub>根~：宅基地</sub> |
| tɕʰ | [3] | 掐怯缉泣切七漆讫气戚砌取<sub>~灯子：火柴</sub> |
| ɕ | [3] | 胁胁习袭吸瞎辖歇蠍楔悉熄媳惜昔析下<sub>底~</sub> |
| ø | [3] | 鸭押噎乙 也<sub>你~来了?</sub> |

uəʔ

| | | |
|---|---|---|
| t | [3] | 掇夺踱独<sub>单~</sub>读督 |
| tʰ | [3] | 脱突托秃土<sub>白~</sub> |
| l | [3] | 捋落洛络乐老禄陆灵 |
| ts | [3] | 拙作昨着酌桌卓琢啄捉竹筑逐祝足烛嘱 |

| | | |
|---|---|---|
| tsʰ | [3] | 猝出撮戳族促触矬措搓揉~帚扫~ |
| s | [3] | 刷说索朔速缩叔~伯束属硕塑~料 |
| k | [3] | 刮骨郭国虢谷裹把箱子包~严,看湿了的。瓜黄~轱~辘 |
| kʰ | [3] | 括阔窟廓扩哭 |
| x | [3] | 喝吆~豁忽霍藿划或惑获河东~南:地名和暖~活养~火红~葫西~芦呼啦圈糊~涂狐~臭虎老~户庄~人:种地的花白~:嗜赌的人话笑~股屁~唤吆~慌冷得~ |
| | | yəʔ |
| n | [3] | 虐 |
| l | [3] | 劣略掠 |
| tɕ | [3] | 橛绝决诀橘掘镢觉知~菊 |
| tɕʰ | [3] | 缺屈雀鹊却确曲瞿 |
| ɕ | [3] | 薛雪血恤戌削~铅笔学肃畜~牧俗新 |
| ∅ | [3] | 阅跃约曰乐音~粤 |

# 附录2　河北平山方言同音字汇

说明：

(1) 本字汇以《方言调查字表》为基础，另补充平山方言中常用而《方言调查字表》中没有的字，删去《方言调查字表》中有而平山方言中不常用的生僻字。

(2) 字汇按平山方言的语音系统排列，先按韵母分部，同韵母的字按声母排列，只标声母，不再标出韵母。声、韵均相同的字按声调排列，分别以调值符号"［31］［44］［52］［24］"领头按次序排在同一声母的后面。

韵母次序为ɿ、ʅ、i、u、ɚ、ɑ、iɑ、uɑ、ɤ、ʯ、iɛ、yo、ɛ、uɛ、ai、uai、ɔ、iɔ、ao、iao、æ、iæ、uæ、yæ、ɑŋ、iɑŋ、uɑŋ、əŋ、iŋ、oŋ、yŋ。

声母次序为 p、pʰ、m、f、v、t、tʰ、n、l、ts、tsʰ、s、tʂ、tʂʰ、ʂ、ʐ、tɕ、tɕʰ、ɕ、k、kʰ、ŋ、x、ø。

声调次序为平声［31］、上声［44］、去声［52］、入声［24］。

(3) 有文、白读的字，分别在字下加符号"＝""＿"标明；有新老派差异的，分别在字的右下角注明"新""老"。

(4) 有音无字的，用符号"□"代替。例如，tʂʰuɑ˳□<sub>用手抢东西</sub>。

(5) 用下标加注并举例，举例时用"～"代替该字。例如，₃ʂəŋ 参<sub>人～</sub>。

## ɿ

ts　［31］资姿咨恣兹滋孜滓　　［44］紫姊仔籽子<sub>～女</sub>　　［52］自字

tsʰ　［31］雌瓷慈磁辞词祠　　［44］此厕　　［52］刺赐次伺<sub>～候</sub>

s　［31］斯撕私司丝思　　［44］死　　［52］四肆似寺祀巳

## ʅ

tʂ　［31］知蜘支枝之芝脂侄直<sub>拉～</sub>值<sub>～得</sub>　　［44］只<sub>～有</sub>纸指<sub>～示</sub>旨止址趾肢
　　［52］制智稚志致痣痔至治　　［24］指<sub>手～头</sub>只<sub>量词</sub>质汁织职植殖值<sub>价～</sub>执秩炙

tʂʰ　［31］池驰弛迟持赤　　［44］齿耻痴眵豉　　［52］翅斥　　［24］吃尺

| ʂ | [31] 诗施师狮尸时实拾~柴石十　[44] 使史驶始屎　[52] 世誓是氏示士仕柿市事式试饰　[24] 室失矢湿虱涩蚀食视势识适释逝 |

ʐ　[52] 日

i

| p | [31] 鼻　[44] 比彼鄙婢秕　[52] 蔽敝弊币毙匕陛闭璧~刀布避 [24] 笔碧必逼毕 |
| pʰ | [31] 批披坯皮疲琵枇砒　[44] 脾匹　[52] 譬庇痹屁　[24] 僻霹劈 |
| m | [31] 迷弥　[44] 米眯靡　[52] 泌秘　[24] 密蜜觅谜 |
| t | [31] 低堤　[44] 底抵第　[52] 弟帝递地　[24] 滴迪狄涤 |
| tʰ | [31] 梯题提蹄啼　[44] 体　[52] 替剃嚏屉悌　[24] 剔踢 |
| n | [31] 泥尼霓倪　[44] 你女　[52] 腻拟　[24] 匿溺逆 |
| l | [31] 犁黎离厘篱梨狸驴粒　[44] 李礼里理鲤旅吕铝屡捋　[52] 例厉励丽莉隶荔利吏律虑率~速　[24] 立力历栗绿 |
| ts | [31] 集赶~绩　[44] 挤　[52] 祭际剂济聚　[24] 寂积脊籍疾迹即辑缉鲫 |
| tsʰ | [31] 齐妻凄戚蛆　[44] 取娶趋　[52] 趣　[24] 七漆沏砌 |
| s | [31] 西析媳晰渐悉需须徐席　[44] 洗　[52] 细婿絮序绪叙续 [24] 习息熄袭昔惜夕锡 |
| tɕ | [31] 鸡饥肌机讥基技居车~马炮拘驹局　[44] 己几给举　[52] 计妓寄冀纪记季寂既句具巨拒距炬锯据　[24] 击吉极级激继寂棘桔菊剧 |
| tɕʰ | [31] 欺期其棋旗麒奇骑区驱渠屈　[44] 起启企曲乞　[52] 契器弃气汽　[24] 去泣迄 |
| ɕ | [31] 牺犀溪奚希稀熹熙虚　[44] 喜许蓄~积　[52] 系戏隙旭 [24] 吸 |
| ø | [31] 伊医衣依宜谊仪移姨疑遗鱼余愚榆于与揖　[44] 椅倚蚁已以雨语羽尾乙　[52] 艺易义议异意毅逸忆亿抑翼亦译疫役喻预遇誉浴郁玉育欲狱　[24] 一益翌愈 |

u

| p | [44] 补捕哺卜占~　[52] 部布怖步抱堡烟~,地名埠讣　[24] 不 |
| pʰ | [31] 铺~设蒲葡菩脯胸~　[44] 谱普朴脯果~瀑扑仆　[52] 铺店~ [24] 赴曝 |
| m | [31] 模~子　[44] 亩牡母拇　[52] 暮慕墓募幕穆睦目牧沐 |

## 附录2 河北平山方言同音字汇

| | | |
|---|---|---|
| | [24] 木没 | |
| f | [31] 夫肤麸敷孵俘符扶芙浮伏　[44] 府腑俯斧抚腐辅甫俘腹 [52] 父付赋赴附妇负富副缚幅　[24] 服福辐复覆 | |
| v | [31] 乌巫诬吴蜈吾梧　[44] 五伍午武舞侮捂污无　[52] 误悟恶可~务雾　[24] 屋物勿 | |
| t | [31] 都~城毒　[44] 堵赌睹肚牛~　[52] 杜肚~子妒度渡镀　[24] 独读犊督 | |
| tʰ | [31] 徒屠途涂图　[44] 土吐　[52] 兔　[24] 秃突凸 | |
| n | [31] 奴　[44] 努　[52] 怒　[24] □指工作辛苦,身体出毛病 | |
| l | [31] 卢炉芦庐颅鸬　[44] 鲁卤虏　[52] 路赂露~水陆鹭　[24] 录禄鹿绿~林军麓赂 | |
| ts | [31] 租组卒　[44] 祖阻族　[24] 足 | |
| tsʰ | [31] 粗　[52] 醋　[24] 促 | |
| s | [31] 苏酥　[52] 肃素嗉诉　[24] 宿~舍速俗夙粟 | |
| tʂ | [31] 朱诛珠猪株诸　[44] 主拄煮　[52] 助注住柱蛀铸祝著筑 [24] 烛嘱瞩竹逐 | |
| tʂʰ | [31] 初除锄厨储　[44] 处~理础储楚杵畜牲~　[52] 处~长怵触 [24] 出 | |
| ʂ | [31] 书输梳疏殊舒抒赎熟　[44] 数动词鼠曙暑署薯蜀　[52] 数名词树竖述术属　[24] 淑束叔 | |
| ʐ | [31] 如儒孺茹蠕　[44] 汝乳辱　[24] 入 | |
| k | [31] 姑孤辜箍　[44] 估古股鼓　[52] 故固锢雇顾　[24] 骨谷 | |
| kʰ | [31] 枯窟哭　[44] 苦　[52] 库裤酷 | |
| x | [31] 呼乎胡湖糊蝴狐弧壶核果~　[44] 虎唬浒　[52] 户互护沪 [24] 忽惚斛 | |

### ɚ

| | |
|---|---|
| ø | [31] 儿　[44] 尔而耳饵　[52] 二贰 |

### a

| | |
|---|---|
| p | [31] 巴疤芭拔　[44] 把车~　[52] 霸坝把刀~子爸罢　[24] 八扒 |
| pʰ | [31] 爬耙琶　[52] 怕 |
| m | [31] 妈麻蟆　[44] 马码　[52] 骂 |
| f | [31] 乏伐筏罚阀　[24] 发法 |

· 237 ·

v [31] 蛙洼挖娃 [44] 瓦<sub>名词</sub> [52] 瓦<sub>动词</sub> [24] 袜
t [44] 打 [52] 大 [24] 答达搭
tʰ [31] 他她它 [24] 沓塔踏塌溻蹋
n [31] 拿 [44] 哪 [52] 那 [24] 捺纳
l [31] 垃拉~链 [44] 喇 [52] 剌<sub>鱼</sub>~ [24] 腊蜡辣落~下
ts [31] 砸扎杂
tsʰ [31] 擦
s [31] 仨 [44] 洒 [24] 撒
tʂ [31] 渣炸~油条 [44] 眨闸铡 [52] 炸<sub>爆</sub>~诈栅 [24] 扎榨轧
tʂʰ [31] 差~错叉查茶察茬搽 [44] 权权 [52] 差~不多岔 [24] 插
ʂ [31] 沙砂莎纱鲨 [44] 傻 [52] □~米厦<sub>高楼大</sub>~ [24] 杀
k [44] 噶 [52] 尬
kʰ [31] 咖~啡卡咔
x [31] 哈 [44] 她他
ø [31] 阿啊

## ia

l [44] 俩
tɕ [31] 家加佳 [44] 假<sub>真</sub>~贾嘉 [52] 假~期架驾嫁稼价 [24] 甲钾夹峡
tɕʰ [44] 卡 [24] 恰洽掐
ɕ [31] 虾霞瑕遐暇匣 [52] 夏厦~门下~降吓
ø [31] 鸦~片丫牙芽衙涯崖亚 [44] 哑雅 [52] 压讶 [24] 押鸭压

## ua

tʂ [31] 抓 [44] 爪~子 [24] □<sub>往里头塞东西</sub>
tʂʰ [24] □<sub>用手抢东西</sub>
ʂ [44] 耍 [24] 刷
k [31] 瓜~子刮~风 [44] 寡剐 [52] 挂褂卦 [24] 刮~胡子
kʰ [31] 夸 [44] 垮胯 [52] 跨挎
x [31] 花哗华~划~船滑猾 [52] 化画话桦划<sub>计</sub>~

## ɤ

p [31] 波菠玻驳 [44] 簸<sub>动词</sub> [52] 簸<sub>名词</sub>~箕 [24] 播薄不勃搏泊

## 附录2 河北平山方言同音字汇

　　拨帛
$p^h$　[31] 颇坡婆　　[52] 破　　[24] 泊魄泼
m　[31] 魔磨~刀摩模~范模~仿膜　[44] 抹　[52] 馍磨~面　[24] 末茉沫莫墨摸
f　[31] 佛
v　[31] 倭窝蜗涡　[44] 我　[52] 卧沃　[24] 握
t　[24] 得德
$t^h$　[24] 特
ts　[24] 则责择泽
$ts^h$　[24] 册厕测侧策
s　[52] 涩　[24] 色
tʂ　[31] 招口油冷却、凝固后的状态。　[44] 遮者　[52] 这照　[24] 哲辙蔗褶蛰
$tʂ^h$　[31] 车　[44] 扯　[52] 撤　[24] 彻澈
ʂ　[31] 赊奢佘蛇烧舌勺芍　[44] 舍~得少多~　[52] 社舍宿~射
　　[24] 设摄慑
ʐ　[44] 惹　[52] 绕　[24] 热
k　[31] 歌哥　[52] 个~体　[24] 鸽格革阁割隔葛戈盖姓
$k^h$　[31] 科棵颗　[44] 可许~　[52] 课嗑　[24] 渴客刻克磕咳瞌
ŋ　[31] 阿~胶鹅俄讹蛾　[52] 饿　[24] 额扼腭鄂鳄噩遏
x　[31] 河何荷~花合核盒　[52] 贺　[24] 喝鹤赫

$$uɤ$$

t　[31] 多哆夺　[44] 朵躲　[52] 舵剁跺垛惰堕　[24] 铎
$t^h$　[31] 拖驼驮　[44] 妥椭　[52] 唾　[24] 托脱拓
n　[31] 挪　[52] 糯懦诺
l　[31] 啰罗锣萝箩骡逻螺　[44] 裸　[52] 㩦　[24] 骆落~后洛络
ts　[44] 左佐昨　[52] 座坐　[31] 做作
$ts^h$　[31] 搓挫　[52] 错措　[24] 锉撮
s　[31] 梭蓑　[44] 锁琐唆　[24] 锁朔
tʂ　[31] 着　[44] 琢　[24] 桌捉啄涿拙苩酌灼浊卓
$tʂ^h$　[24] 戳绰辍
ʂ　[24] 所说硕烁
ʐ　[52] 弱新
k　[31] 锅　[44] 果裹　[52] 过　[24] 郭国蝈

239

| | | | | | | | | | |
|---|---|---|---|---|---|---|---|---|---|
| kʰ | [31] | 科棵颗 | [24] | 扩阔括廓 | | | | | |
| x | [31] | 河和~面合禾活 | [44] | 火伙 | [52] | 祸货和 | [24] | 豁获霍喝 | |

iɛ

| | | | | | | | | | |
|---|---|---|---|---|---|---|---|---|---|
| p | [31] | 薄 | [44] | 瘪 | [24] | 憋鳖别 | | | |
| pʰ | [31] | 飘瓢嫖 | [44] | 瞟 | [52] | 票 | [24] | 瞥撇漂~白 | |
| m | [31] | 苗 | [44] | 秒 | [52] | 庙妙 | [24] | 灭蔑 | |
| t | [31] | 爹刁叼叠 | [52] | 钓调~动 | [24] | 掉碟蝶谍跌迭 | | | |
| tʰ | [31] | 挑条 | [44] | 挑~担 | [52] | 粜跳 | [24] | 铁贴帖 | |
| n | [24] | 尿聂镊孽捏 | | | | | | | |
| l | [31] | 撩 | [44] | 燎~毛了~结 | [52] | 料撂镣 | [24] | 列裂烈猎 | |
| ts | [31] | 截焦椒嚼 | [44] | 姐 | [52] | 借 | [24] | 接节捷睫 | |
| tsʰ | [31] | 悄瞧 | [44] | 雀 | [52] | 妾 | [24] | 切窃 | |
| s | [31] | 些邪斜 | [44] | 写小 | [52] | 泄卸泻谢笑 | [24] | 雪薛楔 | |
| tɕ | [31] | 阶街秸浇骄娇 | [44] | 皆解结团~ | [52] | 界届介戒叫轿 | | | |
| | [24] | 揭劫结~果洁竭杰脚 | | | | | | | |
| tɕʰ | [31] | 茄桥荞 | [24] | 怯 | | | | | |
| ɕ | [31] | 鞋谐偕携胁 | [24] | 血协歇蝎 | | | | | |
| ∅ | [31] | 爷椰吆妖摇窑 | [44] | 野也舀 | [52] | 夜液要~求腰 | [24] | 页叶业噎掖钥药 | |

yo

| | | | | | |
|---|---|---|---|---|---|
| tɕ | [24] | 决倔掘噘镢 | | | |
| tɕʰ | [31] | 瘸 | [24] | 缺却 | |
| ɕ | [31] | 靴穴 | [24] | 血 | |
| ∅ | [44] | 哕呕吐 | [24] | 月悦阅越岳 | |

ɛ

| | | | | | | | | | |
|---|---|---|---|---|---|---|---|---|---|
| p | [31] | 白 | [44] | 摆 | [52] | 拜败伯 | [24] | 百掰柏 | |
| pʰ | [31] | 牌排徘 | [52] | 派湃 | [24] | 拍迫魄 | | | |
| m | [31] | 埋 | [44] | 买 | [52] | 卖 | [24] | 迈麦脉陌 | |
| v | [31] | 歪 | [44] | 崴 | [52] | 外 | [24] | □挖出 | |
| t | [31] | 呆 | [44] | 歹逮 | [52] | 待怠殆戴贷代袋带大~夫 | | | |
| tʰ | [31] | 胎台抬苔 | [52] | 态太泰汰 | | | | | |

| | | | | | | | |
|---|---|---|---|---|---|---|---|
| n | [31] 奶乃 | [52] 耐奈 | | | | | |
| l | [31] 来莱 | [44] □拢在手中 | [52] 赖 | | | | |
| ts | [31] 灾栽 | [44] 宰载三年五~ | [52] 在再载~重 | | | | |
| tsʰ | [31] 猜才材财裁 | [44] 彩踩采睬 | [52] 菜蔡 | | | | |
| s | [31] 腮鳃 | [52] 赛 | [24] 塞 | | | | |
| tʂ | [31] 宅翟择 | [52] 债寨 | [24] 责泽摘窄侧~身 | | | | |
| tʂʰ | [31] 差出~柴豺钗 | [44] 踩 | [52] □咧嘴 | [24] 拆册策测 | | | |
| ʂ | [31] 筛 | [44] 甩 | [52] 晒 | [24] 色 | | | |
| k | [31] 该赅 | [44] 改 | [52] 盖概溉丐钙 | | | | |
| kʰ | [31] 开 | [44] 凯慨楷 | | | | | |
| ŋ | [31] 哀唉埃挨~着挨~打 | [44] 蔼矮癌 | [52] 碍爱隘艾 | | | | |
| x | [31] 孩 | [44] 海 | [52] 亥害骇 | | | | |

uɛ

| | | | | | |
|---|---|---|---|---|---|
| tʂ | [52] 拽 | | | | |
| tʂʰ | [31] 揣~在怀里 | [44] 揣~测 | [52] 踹 | | |
| ʂ | [31] 衰 | [44] 甩 | [52] 帅蟀 | [24] 摔率~领 |
| k | [31] 乖 | [44] 拐 | [52] 怪 | | |
| kʰ | [52] 快筷块会~计脍 | | | | |
| x | [31] 怀槐淮徊 | [52] 坏 | | | |

ai

| | | | |
|---|---|---|---|
| p | [31] 杯背~书包碑卑悲 | [52] 贝倍辈备惫背~诵焙被 | [24] 北笔 |
| pʰ | [31] 胚披陪培赔裴 | [52] 沛配佩辔 | [24] 呸 |
| m | [31] 梅媒煤枚玫霉莓眉 | [44] 美每 | [52] 妹味媚寐 | [24] 没 |
| f | [31] 非霏屝飞妃啡肥 | [44] 匪翡诽 | [52] 废肺吠痱费 |
| v | [31] 煨危微威违为作~维惟唯围 | [44] 委尾伟苇纬伪萎猥 | [52] 卫为~啥位未味胃谓渭猬魏畏喂尉慰 |
| t | [52] 对兑队 | [24] 得德 | |
| tʰ | [31] 推 | [44] 腿 | [52] 退褪蜕颓 |
| n | [44] 馁 | [52] 内 | |
| l | [31] 雷擂累~赘 | [44] 磊垒蕾累积~儡 | [52] 累~劳类泪擂打~ |
| | [24] 勒肋 | | |
| ts | [31] 堆老~贼 | [44] 嘴 | [52] 罪最醉 |

| tsʰ | [31] 崔催摧 | [52] 脆翠粹 | [24] □灯泡的灯丝烧断 |
| s | [31] 虽随隋髓遂隧 | [52] 碎岁祟穗 | [24] 塞~住嘴 |
| tʂ | [31] 追锥椎 | [52] 缀坠赘 | |
| tʂʰ | [31] 吹炊垂锤捶槌 | | |
| ʂ | [31] 谁 | [44] 水 | [52] 睡税 |
| ʐ | [31] 蕊 | [52] 芮锐瑞 | |
| k | [44] 㧟 | | |
| kʰ | [24] 刻 | | |
| x | [24] 黑 | | |

uai

| tʂʰ | [24] 出 | | | |
| k | [31] 归规龟圭硅闺轨 | [44] 诡鬼癸 | [52] 桂柜贵跪 | |
| kʰ | [31] 亏窥愧盔奎魁逵葵 | [44] 傀 | [52] 溃馈匮 | |
| x | [31] 灰恢诙挥辉晖徽回茴蛔或 | [44] 毁悔海 | [52] 会开~绘贿汇晦秽惠慧讳卉惑 | |

ɔ

| p | [31] 包苞胞雹薄 | [44] 保堡褒宝饱 | [52] 抱报暴爆鲍豹刨~子 | [24] 剥~开 |
| pʰ | [31] 抛袍刨~土 | [44] 跑 | [52] 泡炮 | |
| m | [31] 毛矛茅猫锚 | [44] 卯铆 | [52] 冒帽貌茂贸 | |
| t | [31] 刀叨 | [44] 岛捣倒~打 导祷蹈 | [52] 到倒~水盗道稻悼 | |
| tʰ | [31] 涛焘掏~出来滔绦桃逃淘陶萄 | [44] 讨 | [52] 套 | |
| n | [31] 挠 | [44] 脑恼瑙 | [52] 闹 | |
| l | [31] 捞唠劳牢 | [44] 老姥 | [52] 涝 | [24] 落~枕烙 |
| ts | [31] 遭糟凿 | [44] 早枣澡藻 | [52] 皂造灶燥躁 | |
| tsʰ | [31] 操曹漕槽 | [44] 草 | [52] 糙肏 | |
| s | [44] 骚扫嫂 | [52] 臊 | | |
| tʂ | [31] 朝~召招昭镯 | [44] 找爪~牙沼 | [52] 赵罩照 | [24] 捉 |
| tʂʰ | [31] 抄钞朝~代潮巢 | [44] 炒吵 | [24] 焯超 | |
| ʂ | [31] 稍捎梢 | [52] 少~年哨绍邵 | | |
| ʐ | [31] 饶娆 | [44] 扰 | [52] 弱老 | |

| k | [31] 高膏~药羔糕 [44] 稿搞 [52] 告诰 [24] 搁
| kʰ | [44] 考拷烤 [52] 靠犒铐
| ŋ | [31] 凹熬鳌 [44] 袄 [52] 傲奥 [24] 懊□形容味道特别甜
| x | [31] 蒿豪嚎壕毫 [44] 好~坏 [52] 好~爱耗号浩皓灏 [24] 郝

## iɔ

| p | [31] 标彪膘镖 [44] 表裱婊
| pʰ | [31] 漂~流 [52] 漂~亮
| m | [31] 描瞄 [44] 藐渺秒 [52] 妙
| t | [31] 刁貂雕凋碉 [52] 吊
| tʰ | [31] 调~节笤~帚
| n | [44] 鸟
| l | [31] 辽疗聊寥~~无几僚 [52] 廖姓
| tsʰ | [31] 樵 [44] 锹 [52] 俏
| s | [31] 肖消销宵硝萧 [52] 笑
| tɕ | [31] 交茭胶郊跤教~书骄 [44] 绞狡铰搅缴侥饺 [52] 觉睡~教~育较校~对 [24] 角觉~得
| tɕʰ | [31] 敲锹乔侨桥 [44] 巧 [52] 俏鞘窍翘峭 [24] 确
| ɕ | [31] 学复述,学着说学上~嚣淆 [44] 晓 [52] 孝哮效校学~笑
| ∅ | [31] 邀夭约用秤称重量谣遥肴姚尧 [44] 咬杳 [52] 要重~耀跃乐音~ [24] 药约~会

## ao

| t | [31] 兜 [44] 斗量器抖蚪陡 [52] 斗~争豆逗痘窦
| tʰ | [31] 偷头投 [52] 透
| l | [31] 楼耧 [44] 篓搂 [52] 漏陋瘘露~天
| ts | [31] 邹 [44] 走 [52] 奏揍
| tsʰ | [52] 凑
| s | [31] 搜嗖飕 [44] 艘擞馊廋 [52] 嗽
| tʂ | [31] 周舟州洲诌妯轴 [44] 肘 [52] 昼皱宙咒骤 [24] 粥
| tʂʰ | [31] 抽愁仇稠绸筹踌 [44] 丑 [52] 臭
| ʂ | [31] 收熟 [44] 手守首 [52] 瘦受授兽售寿属 [24] 叔
| z | [31] 柔揉蹂 [24] 肉褥
| k | [31] 勾钩沟 [44] 苟狗 [52] 购够垢

| kʰ | [31] 抠 | [44] 口 | [52] 扣寇 |
| ŋ | [31] 欧 | [44] 偶藕呕鸥殴 | [52] 沤怄 |
| x | [31] 侯喉猴瘊 | [44] 吼 | [52] 后厚 |

iao

| t | [31] 丢 | | |
| n | [31] 妞牛 | [44] 纽扭 | [52] 拗 |
| l | [31] 溜刘浏流硫琉留榴瘤 | [44] 柳绺 | [52] 溜~达馏~饭 [24] 六 |
| ts | [31] 揪 | [44] 酒 | [52] 就 |
| tsʰ | [31] 秋 | | |
| s | [31] 修羞 | [52] 秀绣锈袖 | [24] 宿 |
| tɕ | [31] 纠究阄臼赳蹴吃~,蹲 | [44] 九久韭灸 | [52] 救旧舅疚咎柩 |
| tɕʰ | [31] 丘蚯求球仇姓裘 | | |
| ɕ | [31] 休 | [44] 朽 | |
| ∅ | [31] 悠幽尤优忧犹邮由油游莜~面 | [44] 有友酉 | [52] 又右祐佑幼莠诱柚 [24] ☐洪水冲毁田地 |

æ

| p | [31] 班斑颁般搬扳 | [44] 板版 | [52] 半伴拌绊扮办瓣 |
| pʰ | [31] 潘蟠攀盘磐蹒 | [52] 盼判叛 | |
| m | [31] 瞒馒蛮 | [44] 满 | [52] 漫幔曼慢蔓 |
| f | [31] 翻番幡藩凡帆烦繁矾樊 | [44] 反返 | [52] 饭范犯泛贩 |
| v | [31] 豌剜弯湾完丸玩顽 | [44] 碗晚挽皖宛 | [52] 万腕 |
| t | [31] 单担~耽丹郸 | [44] 胆掸疸 | [52] 旦担~子但淡蛋弹炸~诞氮 |
| tʰ | [31] 滩摊瘫贪潭谭檀弹~簧坛谈痰 | [44] 坦毯 | [52] 探叹碳炭 |
| n | [31] 男南楠 | [44] 俺 | [52] 难 |
| l | [31] 兰拦栏岚澜蓝篮婪 | [44] 懒览揽缆 | [52] 烂滥 |
| ts | [31] 簪 | [44] 咱攒 | [52] 赞暂 |
| tsʰ | [31] 参~加餐蚕残惭 | [44] 惨 | [52] 灿 |
| s | [31] 三 | [44] 伞 | [52] 散 |
| tʂ | [31] 沾粘毡詹瞻 | [44] 斩盏展崭 | [52] 站蘸占~领栈战绽 |
| tʂʰ | [31] 掺缠蝉婵禅搀谗 | [44] 产铲阐 | [52] 颤 |
| ʂ | [31] 山杉衫删珊煽 | [44] 陕闪 | [52] 扇善膳擅单姓 |
| ʐ | [31] 然 | [44] 燃染冉 | [52] ☐碾压粉碎后的小麦等秸秆 |

| | | | | | | | |
|---|---|---|---|---|---|---|---|
| k | [31] | 干~净肝杆旗~竿甘泔尴 | [44] | 感擀赶敢 | [52] | 干~部赣 | |
| kʰ | [31] | 堪勘看~守所刊 | [44] | 坎砍 | [52] | 看~见 | |
| ŋ | [31] | 安鞍庵 | [52] | 按暗岸案黯 | | | |
| x | [31] | 憨鼾涎~拉水;口水含寒韩邯函涵罕 | [44] | 喊 | [52] | 汉汗旱焊捍悍翰瀚憾 | |

iæ

| | | | | | | |
|---|---|---|---|---|---|---|
| p | [31] | 鞭边编蝙 | [44] | 贬扁匾 | [52] | 遍辨辩辫变便方~ |
| pʰ | [31] | 偏篇翩便~宜片照~ | [44] | 谝炫耀 | [52] | 骗片量词 |
| m | [31] | 绵棉眠 | [44] | 免勉娩冕缅 | [52] | 面 |
| t | [31] | 掂颠癫 | [44] | 点典碘 | [52] | 店电殿奠佃垫淀惦 |
| tʰ | [31] | 添天甜田填 | [44] | 舔腆 | | |
| n | [31] | 黏鲶拈年 | [44] | 碾辇撵 | [52] | 念 |
| l | [31] | 廉镰簾连联怜莲帘鲢 | [44] | 敛脸 | [52] | 练炼恋新殓链 |
| ts | [31] | 尖煎 | [44] | 剪 | [52] | 箭荐渐贱溅践饯 |
| tsʰ | [31] | 千迁签歼钱前 | [44] | 浅 | [52] | 潜 |
| s | [31] | 先纤鲜仙 | [44] | 癣 | [52] | 线羡腺 |
| tɕ | [31] | 坚兼艰间肩奸监 | [44] | 检捡俭简减碱茧 | [52] | 见建健键腱犍键件剑鉴舰涧 |
| tɕʰ | [31] | 谦牵铅乾钳 | [44] | 遣 | [52] | 歉欠嵌倩 |
| ɕ | [31] | 掀咸嫌闲涎贤衔弦 | [44] | 险显 | [52] | 县陷限宪献 |
| ø | [31] | 烟咽~喉要道淹腌~菜焉研沿盐严延言炎岩阎颜簷 | [44] | 掩眼 | | |
| | [52] | 验厌焰筵彦谚雁堰砚燕艳宴咽~下去演 | | | | | |

uæ

| | | | | | | |
|---|---|---|---|---|---|---|
| t | [31] | 端 | [44] | 短 | [52] | 断锻段缎 |
| tʰ | [31] | 团 | | | | |
| n | [44] | 暖 | | | | |
| l | [31] | 联峦銮孪 | [44] | 卵 | [52] | 乱 |
| ts | [31] | 钻~研 | [52] | 钻~子纂攥 | | |
| tsʰ | [31] | 氽全泉搋蹿 | [52] | 窜篡 | | |
| s | [31] | 酸宣喧萱暄 | [44] | 选旋 | [52] | 算蒜 |
| tʂ | [31] | 转~赚专 | [44] | 转 | [52] | 传自~转~悠赚篆撰 |
| tʂʰ | [31] | 穿川船椽传~说 | [44] | 喘 | [52] | 串 |

ʂ　［31］栓拴闩　　［52］涮
ʐ　［44］软阮
k　［31］关观~参~官棺冠~衣　［44］管馆　［52］冠~军贯惯灌罐观~道
kʰ　［31］宽　　［44］款
x　［31］欢桓还~钱环　［44］缓　［52］幻患宦换唤焕痪

yæ

tɕ　［31］捐娟涓　［44］卷~铺盖橛　［52］卷~气圈~猪眷卷~试倦绢
tɕʰ　［31］圈~圆拳权颧　［44］犬　［52］劝券
ɕ　［31］玄悬　［52］陷眩炫
ø　［31］渊冤员圆元园缘原源袁猿辕媛　［44］远　［52］院愿怨苑

ɑŋ

p　［31］邦帮　［44］榜绑膀　［52］棒谤傍蚌磅
pʰ　［31］乓胖~肿旁滂螃庞　［52］胖
m　［31］忙芒茫盲氓　［44］莽蟒
f　［31］方芳肪妨~碍房防　［44］坊纺仿~相~访　［52］放
v　［31］王汪枉亡　［44］网往　［52］忘妄望旺
t　［31］当~时裆铛　［44］党挡　［52］当~上~档荡宕
tʰ　［31］汤蹚堂棠螳唐糖塘搪　［44］倘躺淌　［52］烫趟
n　［31］囊　［44］攘　［52］齉
l　［31］狼郎廊榔　［44］朗　［52］浪
ts　［31］赃脏~水　［44］□把东西捆在一起~个扫帚。　［52］葬藏西~脏心~
tsʰ　［31］仓沧苍舱藏隐~
s　［31］桑丧~事　［44］嗓　［52］丧~命□恶语伤人
tʂ　［31］张章樟彰　［44］长~大掌涨~价　［52］丈仗杖涨~头昏脑~帐胀账
tʂʰ　［31］昌猖娼长~短常肠尝偿嫦场麦~　［44］场~面厂敞氅~大衣　［52］唱畅怅倡
ʂ　［31］商伤　［44］响赏　［52］上裳尚
ʐ　［31］瓤穰　［44］壤攘嚷　［52］让
k　［31］冈刚纲钢缸豇肛　［44］岗港　［52］杠
kʰ　［31］康糠慷　［44］扛　［52］亢抗炕
ŋ　［31］肮昂

| | | | | | | | |
|---|---|---|---|---|---|---|---|
| x | [31] | 杭航行<sub>银</sub>~夯 | [44] | □<sub>挤、推</sub> | | | |

## iaŋ

| | | | | | | | |
|---|---|---|---|---|---|---|---|
| n | [31] | 娘 | [44] | 仰<sub>躺</sub> | [52] | 酿 | |
| l | [31] | 良谅量<sub>测</sub>~粮梁粱 | [44] | 两 | [52] | 亮谅晾辆量<sub>数</sub>~ | |
| ts | [31] | 将~来浆<sub>豆</sub>~桨 | [44] | 蒋奖 | [52] | 将<sub>大</sub>~匠酱浆<sub>糊</sub> | |
| tsʰ | [31] | 枪墙蔷 | [44] | 抢 | [52] | 呛 | |
| s | [31] | 相<sub>互</sub>~箱厢镶详祥翔 | [44] | 想 | [52] | 象像橡相<sub>照</sub>~ | |
| tɕ | [31] | 姜江僵疆缰 | [44] | 讲 | [52] | 强<sub>倔</sub>~降<sub>下</sub>~虹犟 | |
| tɕʰ | [31] | 羌腔强<sub>坚</sub>~ | [44] | 强<sub>勉</sub>~ | | | |
| ɕ | [31] | 香乡 | [44] | 响饷享降<sub>投</sub>~ | [52] | 向项巷 | |
| ø | [31] | 央秧殃鸯羊洋杨阳扬 | [44] | 仰养疡痒 | [52] | 样恙漾 | |

## uaŋ

| | | | | | | | |
|---|---|---|---|---|---|---|---|
| tʂ | [31] | 庄妆装桩 | [52] | 撞幢状壮 | | | |
| tʂʰ | [31] | 窗疮床创~<sub>伤</sub> | [44] | 闯 | [52] | 创~<sub>造</sub> | |
| ʂ | [31] | 霜双孀 | [44] | 爽 | | | |
| k | [31] | 光胱 | [44] | 广 | [52] | 逛 | |
| kʰ | [31] | 筐狂 | [52] | 况框筐矿旷 | | | |
| x | [31] | 荒慌黄簧篁皇煌凰 | [44] | 谎幌恍 | [52] | 晃 | |

## əŋ

| | | | | | | | |
|---|---|---|---|---|---|---|---|
| p | [31] | 奔崩绷~<sub>带</sub> | [44] | 本绷 | [52] | 笨迸蹦泵 | |
| pʰ | [31] | 喷烹喷蜂<sub>马</sub>~盆朋棚鹏彭膨篷蓬 | [44] | 捧 | [52] | 碰 | |
| m | [31] | 门盟萌蒙<sub>承</sub>~朦 | [44] | 蚊猛蒙~<sub>古</sub> | [52] | 梦孟闷焖 | |
| f | [31] | 分芬吩纷汾风枫疯丰封峰焚坟冯蜂~<sub>蜜</sub>锋逢缝~<sub>衣裳</sub> | | | [44] | 粉讽 | |
| | [52] | 愤忿粪奋份凤奉俸缝<sub>门</sub>~ | | | | | |
| v | [31] | 温瘟翁文纹蚊闻吻 | [44] | 稳 | [52] | 问瓮 | |
| t | [31] | 灯登蹬 | [44] | 等 | [52] | 凳邓瞪澄~~ | |
| tʰ | [31] | 腾藤疼誊 | | | | | |
| n | [31] | 能 | | | | | |
| l | [31] | 棱 | [44] | 冷 | [52] | 楞愣 | |
| ts | [31] | 曾<sub>姓</sub>增 | [52] | 赠憎 | | | |

| tsʰ | [31] 层曾~经 [52] 蹭 |
| s | [31] 僧森 |
| tʂ | [31] 针珍榛臻真征蒸贞侦正~月争睁挣 [44] 诊疹拯整斟枕~头 [52] 枕阵镇振赈震证症郑正~反政 |
| tʂʰ | [31] 撑称陈尘辰沉晨澄橙承丞乘臣呈程逞成城诚盛~饭惩 [44] 碜沙~ [52] 乘~车称~秤衬趁 |
| ʂ | [31] 声生牲参人~深身申伸绅升神绳 [44] 审婶省沈 [52] 甚肾慎渗剩胜圣盛~大甥 |
| ʐ | [31] 壬任姓人仁 [44] 仍忍 [52] 任责~妊刃认韧纫扔 |
| k | [31] 跟根更~变~庚耕羹 [44] 耿哽埂梗 [52] 更~加 |
| kʰ | [31] 坑吭铿 [44] 肯啃垦恳 [52] □挪动 |
| ŋ | [31] 恩 [44] □~脚 [52] 摁 |
| x | [31] 亨哼痕恒衡 [44] 很狠 [52] 恨横 |

iŋ

| p | [31] 冰兵斌彬宾滨槟缤 [44] 饼丙秉禀 [52] 殡病并鬓柄 |
| pʰ | [31] 乒贫频平坪评萍苹凭瓶屏 [44] 品拼 [52] 聘娉 |
| m | [31] 名明铭民冥瞑 [44] 闽悯敏皿抿鸣 [52] 命 |
| t | [31] 丁钉~子叮盯 [44] 顶鼎 [52] 定锭钉~住订 |
| tʰ | [31] 听~话厅汀亭停婷廷蜓 [44] 艇挺 [52] 听~天由命 |
| n | [31] 宁咛凝 [44] 拧 [52] 宁~可□形容人倔强 |
| l | [31] 林淋临灵零龄玲铃拎邻鳞磷陵凌菱蔺躏 [44] 檩岭领呤 [52] 赁令另 |
| ts | [31] 精睛晶津 [44] 井尽最~里头 [52] 净静尽~快晋进 |
| tsʰ | [31] 青清蜻情晴亲~人秦 [44] 请寝侵 [52] 吣亲~家 |
| s | [31] 心芯辛锌新薪星腥猩寻 [44] 醒 [52] 信姓性 |
| tɕ | [31] 今金襟巾荆斤矜筋京惊鲸经耕 [44] 锦紧仅景警谨 [52] 近劲禁妗竞竟境镜敬径颈 |
| tɕʰ | [31] 坑钦卿轻琴芹禽擒擎勤 [44] 顷倾 [52] 庆沁 |
| ɕ | [31] 兴~旺行~为形型邢刑陉 [44] 擤 [52] 兴~高~杏幸迅讯 |
| ø | [31] 音阴因姻茵殷鹰英婴樱鹦寅淫银蝇迎营茔萤莹盈赢尹影颖隐瘾蚓吟 [52] 窨~子,地窨饮~马应~该 印映硬 [44] 引饮~酒 |

oŋ

| t | [31] 敦墩蹲吨饨东冬 [44] 盹盾董懂 [52] 炖顿钝动冻栋洞 |

| | | | | | | |
|---|---|---|---|---|---|---|
| tʰ | [31] 通吞同铜桐童瞳潼屯豚洞₍洪~县₎ | | [44] 筒桶捅统臀 | | [52] 痛 | |
| n | [31] 农浓脓 | [52] 嫩弄 | | | | |
| l | [31] 仑轮抡沦龙咙珑笼聋隆 | | [44] 拢陇笼~罩垄 | | [52] 论 | |
| ts | [31] 尊遵宗踪综棕鬃 | | [44] 总 | [52] 粽纵俊竣峻 | | |
| tsʰ | [31] 村皴聪匆葱囱从丛存淳 | | [52] 寸 | | | |
| s | [31] 孙松嵩怂逊 | | [44] 笋损笋悚巡旬 | | [52] 送宋诵颂讼殉 | |
| tʂ | [31] 中₍当~₎忠终钟盅衷 | | [44] 准种~类肿 | | [52] 中₍射~₎仲种~树重众 | |
| tʂʰ | [31] 春椿冲唇纯醇淳虫崇重~复 | | [44] 充宠蠢 | | | |
| | [52] 冲₍形容说话语气重，不太友好₎ | | | | | |
| ʂ | [52] 顺舜瞬 | | | | | |
| ʐ | [31] 荣戎绒融茸容溶蓉熔 | | [44] 冗 | [52] 闰润 | | |
| k | [31] 工功攻公蚣弓躬宫恭供₍提~₎ | | [44] 拱珙巩滚 | | [52] 共供₍□~₎棍贡 | |
| kʰ | [31] 昆坤空~气 | [44] 捆孔恐 | [52] 困控空~缺 | | | |
| x | [31] 昏婚荤轰烘魂馄浑红洪弘宏鸿 | | [44] 哄~骗 | | [52] 混横哄₍起~₎ | |

yŋ

| | | | | | |
|---|---|---|---|---|---|
| l | [31] 龙轮抡纶 | [44] 垄 | [52] 论 | | |
| tɕ | [31] 军君均钧 | [44] 菌窘迥炯 | [52] 郡 | | |
| tɕʰ | [31] 群裙琼穷 | | | | |
| ɕ | [31] 熏勋兄凶洶匈胸熊雄 | | [52] 训驯 | | |
| ø | [31] 晕匀云 | [44] 甬勇涌拥佣踊庸允永泳咏雍 | | [52] 运孕韵陨用 | |

# 附录3 晋冀太行山沿麓13个晋语方言点字音对照表

说明：

（1）本表对晋冀太行山沿麓的13个晋语代表点的1000个常用字字音进行对照比较。

（2）方言代表点的顺序是按照各点在太行山由北及南的自然地理位置排列。

（3）便于查询起见，该表中的例字一概按照《方言调查字表》中的声母、韵摄、开合口顺序排列。

（4）便于排版起见，该表中有两读情况的，"/"前或居上的为白读音，"/"后或居下的为文读音。个别易混例字用组词以示区别，如"大~小"。

（5）每个字均标注方言的声母、韵母、调类，各地方言调值请参见《晋冀太行山沿麓晋语调类调值》。

**晋冀太行山沿麓晋语调类调值**

| 方言点 | 调类调值 | | | | | |
|---|---|---|---|---|---|---|
| 灵丘 | 阴平上 343 | 阳平 31 | | 去声 51 | 入声 3 | |
| 五台 | 阴平上 232 | 阳平 31 | | 去声 52 | 阴入 31 | 阳入 313 |
| 盂县 | 阴平 41 | 阳平 31 | 上声 52 | 去声 342 | 阴入 32 | 阳入 5 |
| 平定 | 阴平 41 | 阳平 32 | 上声 52 | 去声 23 | 阴入 3 | 阳入 22 |
| 昔阳 | 阴平 41 | 阳平 31 | 上声 45 | 去声 223 | 入声 3 | |
| 和顺 | 阴平 41 | 阳平 331 | 上声 54 | 去声 23 | 入声 21 | |
| 左权 | 阴平上 5342 | 阳平 332 | | 去声 52 | 入声 31 | |
| 黎城 | 阴平 33 | 阳平去 53 | 上声 314 | 阴去 512 | 入声 4 | |
| 平山 | 平声 31 | 上声 44 | 去声 52 | 入声 24 | | |
| 井陉 | 平声 41 | 上声 44 | 去声 51 | 入声 34 | | |
| 赞皇 | 阴平 42 | 阳平 342 | 上声 24 | 去声 51 | 入声 13 | |
| 邢台 | 阴平 34 | 阳平 42 | 上声 55 | 去声 212 | 入声 34 | |
| 涉县 | 阴平 31 | 阳平 41 | 上声 52 | 去声 44 | 入声 32 | |

附录3　晋冀太行山沿麓13个晋语方言点字音对照表

| 方言点 | 多 果开一 平歌端 | 拖 果开一 平歌透 | 大~小 果开一 去歌定 | 挪 果开一 平歌泥 | 罗 果开一 平歌来 | 左 果开一 上哿精 | 搓 果开一 平歌清 | 哥 果开一 平歌见 | 个~~ 果开一 去箇见 | 我 果开一 上哿疑 |
|---|---|---|---|---|---|---|---|---|---|---|
| 灵丘 | ₋tuə | ₋tʰuə | taˀ | ₅nuə | ₅luə | ˀtsuə | ₋tsʰuə | ₋kə | kəˀ | ₋və |
| 五台 | ₋tuo | ₋tʰuo | taˀ | ₅ouo | ₅ouo | ˀtsuo | ₋tsʰuo | ₋kɔ | kɔˀ | ₋uo |
| 盂县 | ₋tuo | ₋tʰuo | taˀ | ₅nuo | ₅luo | ˀtsuo | ₋tsʰuo | ₋ko | koˀ | ₋ŋo |
| 平定 | ₋tuo | ₋tʰuo | taˀ | ₅nuo | ₅ouo | ˀtsuo | ₋tsʰuo | ₋kɤ | kɤˀ | ₋uo |
| 昔阳 | ₋tuɤ | ₋tʰuɤ | taˀ | ₅nuɤ | ₅luɤ | ˀtsuɤ | ₋tsʰuɤ | ₋kɤ | kɤˀ | ₋uɤ |
| 和顺 | ₋tɯ | ₋tʰɯ | tAˀ | ₅nɯ | ₅lɯ | ˀtsɯ | ₋tsʰɯ | ₋kɯ | kɯˀ | ₋vɯ |
| 左权 | ₋tuɤ | ₋tʰuɤ | tAˀ | ₅nuɤ | ₅luɤ | ˀtsuɤ | ₋tsʰuɤ | ₋kɤ | kɤˀ | ₋vɤ |
| 黎城 | ₋tuɤ | ₋tʰuɤ | taˀ | nuɤˀ | luɤˀ | ˀtsuɤ | ₋tsʰuɤ | ₋kɤ | kɤˀ | ₋uɤ |
| 平山 | ₋tuɤ | ₋tʰuɤ | taˀ | ₅nuɤ | ₅luɤ | ˀtsuɤ | ₋tsʰuɤ | ₋kɤ | ˀkɤ / kɤˀ | ₋ŋɤ |
| 井陉 | ₋tuə | ₋tʰuə | tAˀ | ₅nuə | ₅luə | ˀtsuə | ₋tsʰuə | ₋kə | ˀkə | ₋uə |
| 赞皇 | ₋tuo | ₋tʰuo | taˀ | ₅nuo | ₅ouo | ˀtsuo | ₋tsʰuo | ₋kɤ | kɤˀ | ₋uo |
| 邢台 | ₋tuə | ₋tʰuə | tɔˀ | ₅nuə | ₅luə | ˀtsuə | ₋tsʰuə | ₋kə | kəˀ | ₋uə |
| 涉县 | ₋tuo | ₋tʰuo | taˀ | ₅nuo | ₅luo | ˀtsuo | ₋tsʰuo | ₋kə | kəˀ | ₋uo |

| 方言点 | 饿 果开一 去箇疑 | 河 果开一 平歌匣 | 贺 果开一 去箇匣 | 茄 果开三 平戈群 | 波 果合一 平戈帮 | 破 果合一 去过滂 | 婆 果合一 平戈并 | 磨~刀 果合一 平戈明 | 朵 果合一 上果端 | 埵 果合一 上果定 |
|---|---|---|---|---|---|---|---|---|---|---|
| 灵丘 | vəˀ | ₅xə | xuəˀ | ₅tɕʰie | ₋pə | pʰəˀ | ₅pʰə | ₅mə | ˀtuə | tuəˀ |
| 五台 | ŋ̍ɔˀ | ₅xɔ | xɔˀ | ₅tɕʰie | ₋po | pʰoˀ | ₅pʰo | ₅mbo | ˀtuo | tuoˀ |
| 盂县 | ŋoˀ | ₅xo | xoˀ | ₅tɕiɛ | ₋po | pʰoˀ | ₅pʰo | ₅mo | ˀtuo | tuoˀ |
| 平定 | ŋɤˀ | ₅xɤ | xɤˀ | ₅tɕʰiɛ | ₋pɤ | pʰɤˀ | ₅pʰɤ | ₅mɤ | ˀtuo | tuoˀ |
| 昔阳 | ŋɤˀ | ₅xɤ | xɤˀ | ₅tɕiɛ | ₋pɤ | pʰɤˀ | ₅pʰɤ | ₅mɤ | ˀtuɤ | tuɤˀ |
| 和顺 | ŋɯˀ | ₅xɯ | xɯˀ | ₅tɕʰi | ₋pɯ | pʰɯˀ | ₅pʰɯ | ₅mɯ | ˀtɯ | tɯˀ |
| 左权 | ŋɤˀ | ₅xɤ | xɤˀ | ₅tɕʰi | ₋pɤ | pʰɤˀ | ₅pʰɤ | ₅mɤ | ˀtuɤ | tuɤˀ |
| 黎城 | uɤˀ | xɤˀ | xɤˀ | cʰiɛˀ | ₋puɤ | pʰuɤˀ | pʰuɤˀ | muɤˀ | ˀtuɤ | tuɤˀ |
| 平山 | ŋɤˀ | ₅xuɤ / xɤˀ | xuɤˀ | ₅tɕʰiɛ | ₋pɤ / puɤ | pʰuɤˀ | ₅pʰuɤ | ₅muɤ | ˀtuɤ | tuɤˀ |
| 井陉 | uəˀ | ₅xuə | xuəˀ | ₅tɕʰiɛ | ₋pə | pʰəˀ | ₅pʰə | ₅mə | ˀtuə | tuəˀ |
| 赞皇 | ŋɤˀ | ₅xɤ | xɤˀ | ₅tɕʰie | ₋pʰuo / ₋puo | pʰuoˀ | ₅pʰuo | ₅muo | ˀtuo | tuoˀ |
| 邢台 | ŋˀ | ₅xə | xəˀ | ₅tɕʰie | ₋pə | pʰəˀ | ₅pʰə | ₅mə | ˀtuo | tuoˀ |
| 涉县 | ŋəˀ | ₅xə | xəˀ | ₅tɕʰie | ₋pə | pʰəˀ | ₅pʰə | ₅mə | ˀtuo | tuoˀ |

续上表

| 方言点 | 骡 果合一平戈来 | 坐 果合一上果从 | 锁 果合一上果心 | 果 果合一上果见 | 过 果合一去过见 | 科 果合一平戈溪 | 课 果合一去过溪 | 火 果合一上果晓 | 货 果合一去过晓 | 靴 果合三平戈晓 |
|---|---|---|---|---|---|---|---|---|---|---|
| 灵丘 | ₅luə | tsuə⁵ | ˁsuə | ˁkuə | kuə⁵ | ˁkʰə | kʰə⁵ | ˁxuə | xuə⁵ | ˁɕye |
| 五台 | ₅luo | tsuo⁵ | ˁsuo | ˁkuo | kuo⁵ | ˁkʰuo | kʰuo⁵ | ˁxuo | xuo⁵ | ˁɕye |
| 盂县 | ₅luo | tsuo⁵ | ˁsuo | ˁkuo | kuo⁵ | ˁkʰuo | kʰuo⁵ | ˁxuo | xuo⁵ | ˁɕyɛ |
| 平定 | ₅luo | tsuo⁵ | ˁsuo | ˁkuo | kuo⁵ | ˁkʰuo | kʰuo⁵ | ˁxuo | xuo⁵ | ˁɕyɛ |
| 昔阳 | ₅luɤ | tsuɤ⁵ | ˁsuɤ | ˁkuɤ | kuɤ⁵ | ˁkʰuɤ | kʰuɤ⁵ | ˁxuɤ | xuɤ⁵ | ˁɕyɛ |
| 和顺 | ₅luɯ | tsuɯ⁵ | ˁsuɯ | ˁkuɯ | kuɯ⁵ | ˁkʰuɯ | kʰuɯ⁵ | ˁxuɯ | xuɯ⁵ | ˁɕy |
| 左权 | ₅luɤ | tsuɤ⁵ | ˁsuɤ | ˁkuɤ | kuɤ⁵ | ˁkʰɤ / ˁkʰuɤ | kʰɤ⁵ / kʰuɤ⁵ | ˁxuɤ | xuɤ⁵ | ˁɕy |
| 黎城 | luɤ² | tsuɤ² | ˁsuɤ | ˁkuɤ | kuɤ⁵ | ˁkʰuɤ | kʰuɤ⁵ | ˁxuɤ | xuɤ⁵ | ˁxyɛ |
| 平山 | ₅luɤ | tsuɤ⁵ | ˁsuɤ | ˁkuɤ | kuɤ⁵ | ˁkʰuɤ / ˁkʰɤ | kʰɤ⁵ | ˁxuɤ | xuɤ⁵ | ˁɕye |
| 井陉 | ₅luə | tsuə⁵ | ˁsuə | ˁkuə | kuə⁵ | ˁkʰə | kʰə⁵ | ˁxuə | xuə⁵ | ˁɕye |
| 赞皇 | ₅luo | tsuo⁵ | ˁsuo | ˁkuo | kuo⁵ | ˁkʰɤ / ˁkʰuo | kʰɤ⁵ | ˁxuo | xuo⁵ | ˁɕye |
| 邢台 | ₅luə | tsuə⁵ | ˁsuə | ˁkuə | kuə⁵ | ˁkʰə | kʰə⁵ | ˁxuə | xuə⁵ | ˁɕye |
| 涉县 | ₅luo | tsuo⁵ | ˁsuo | ˁkuo | kuo⁵ | ˁkʰə | kʰə⁵ | ˁxuo | xuo⁵ | ˁɕye |

| 方言点 | 疤 假开二平麻帮 | 爬 假开二平麻並 | 马 假开二上马帮 | 拿 假开二平麻泥 | 茶 假开二平麻澄 | 岔 假开二去祃初 | 沙 假开二平麻生 | 加 假开二平麻见 | 嫁 假开二去祃见 | 牙 假开二平麻疑 |
|---|---|---|---|---|---|---|---|---|---|---|
| 灵丘 | ˁpa | ˁpʰa | ˁma | na | ₅tsʰa | tsʰa⁵ | ˁsa | ˁtɕia | tɕia⁵ | ₅ia |
| 五台 | ˁpa | ˁpʰa | ˁmᵇa | ˁnᵈa | ₅tsʰa | tsʰa⁵ | ˁsa | ˁtɕia | tɕia⁵ | ₅ia |
| 盂县 | ˁpa | ˁpʰa | ˁma | ₅na | ₅tsʰa | tsʰa⁵ | ˁsa | ˁtɕia | tɕia⁵ | nia |
| 平定 | ˁpa | ˁpʰa | ˁma | ₅na | ₅tsʰa | tsʰa⁵ | ˁsa | ˁtɕia | tɕia⁵ | ₅ia |
| 昔阳 | ˁpa | ˁpʰa | ˁma | ₅na | ₅tsʰa | tsʰa⁵ | ˁsa | ˁtɕia | tɕia⁵ | ₅ia |
| 和顺 | ˁpA | ˁpʰA | ˁmA | ₅nA | ₅tsʰA | tsʰA⁵ | ˁsA | ˁtɕiA | tɕiA⁵ | ₅iA |
| 左权 | ˁpA | ˁpʰA | ˁmA | ₅nA | ₅tsʰA | tsʰA⁵ | ˁsA | ˁtɕiA | tɕiA⁵ | ₅iA |
| 黎城 | ˁpa | pʰa² | ˁma | na² | tsʰa² | tsʰa⁵ | ˁsa | ˁcia | cia⁵ | ia² |
| 平山 | ˁpa | ˁpʰa | ˁma | ₅na | ₅tʂʰa | tʂʰa⁵ | ˁʂa | ˁtɕia | tɕia⁵ | ₅ia |
| 井陉 | ˁpA | ˁpʰA | ˁmA | ₅nA | ₅tʂʰA | tʂʰA⁵ | ˁʂA | ˁtɕiA | tɕiA⁵ | ₅iA |
| 赞皇 | ˁpa | ˁpʰa | ˁma | ₅na | ₅tʂʰa | tʂʰa⁵ | ˁʂa | ˁtɕia | tɕia⁵ | ₅ia |
| 邢台 | ˁpɔ | ˁpʰɔ | ˁmɔ | ₅nɔ | ₅tʂʰɔ | tʂʰɔ⁵ | ˁʂɔ | ˁtɕiɔ | tɕiɔ⁵ | ₅iɔ |
| 涉县 | ˁpɑ | ˁpʰɑ | ˁmɑ | ₅nɑ | ₅tsʰɑ | tsʰɑ⁵ | ˁsɑ | ˁtɕia | tɕia⁵ | ₅ia |

续上表

| 方言点 | 虾<br>假开二<br>平麻晓 | 下<br>假开二<br>上马匣 | 哑<br>假开二<br>上马影 | 姐<br>假开三<br>上马精 | 写<br>假开三<br>上马心 | 爹<br>假开三<br>平麻知 | 遮<br>假开三<br>平麻章 | 蔗<br>假开三<br>去祃章 | 车马~<br>假开三<br>平麻昌 | 蛇<br>假开三<br>平麻船 |
|---|---|---|---|---|---|---|---|---|---|---|
| 灵丘 | ɕia₋ | ɕiaᵓ | ₋ia | ₋tɕie | ₋ɕie | ₋tie | ₋tsəʔ<br>tsə | tsəʔᵓ | ₋tsʰə | ₋sə |
| 五台 | ₋ɕia | ɕiaᵓ | ₋ia | ₋tɕie | ₋ɕie | ₋tie | ₋tsa | tsaʔᵓ | ₋tsʰɿe | ₋sɿe |
| 盂县 | ₋ɕia | xaᵓ | ₋ia | ₋tɕie | ₋ɕie | ₋tie | ₋tsə | tsəʔᵓ | ₋tsʰə | ₋tsʰə |
| 平定 | ₋ɕia | ɕiaᵓ | ₋ia | ₋tɕie | ₋ɕie | ₋ta<br>tie | ₋tʂɤ | ₋tʂɤ | ₋tʂʰɤ | ₋ʂɤ |
| 昔阳 | ₋ɕiɑ | ɕiɑᵓ | ₋iɑ | ₋tɕie | ₋ɕie | ₋tie | ₋tʂɤ | ₋tʂɤ | ₋tʂʰɤ | ₋ʂɤ |
| 和顺 | ₋ɕiA | ɕiAᵓ | ₋iA | ₋tɕi | ₋ɕi | ₋tA<br>ti | ₋tʂɯ | ₋tʂɯ | ₋tʂʰɯ | ₋ʂɯ |
| 左权 | ₋ɕiA | ɕiAᵓ | ₋iA | ₋tɕi | ₋ɕi | ₋ti | ₋tʂɤ | ₋tʂɤ | ₋tʂʰɤ | ₋ʂɤ |
| 黎城 | ₋ɕia | ɕiaᵓ | ₋ia | ₋tɕie | ₋ɕie | ₋ta | ₋tɕie | ₋tɕie | ₋tɕʰie | ₋ɕieᵓ |
| 平山 | ₋ɕia | ɕiaᵓ | ₋ia | ₋tsie | ₋sie | ₋tie | ₋tʂɤ | ₋tʂɤ | ₋tʂʰɤ | ₋ʂɤ |
| 井陉 | ₋ɕiA | iAᵓ<br>ɕiAᵓ | ₋iA | ₋tɕie | ₋ɕie | ₋tie | ₋tsɛ<br>tsə | tsɛ<br>tsə | ₋tsʰɛ<br>tsʰə | ɜsɛ |
| 赞皇 | ₋ɕia | ɕiaᵓ | ₋ia | ₋tsie | ₋sie | ₋tie | ₋tʂɤ | ₋tʂɤ | ₋tʂʰɤ | ₋ʂɤ |
| 邢台 | ₋ɕiɔ | ɕiɔᵓ | ₋iɔ | ₋tsie | ₋xie | ₋tie | ₋tʂə | ₋tʂə | ₋tʂʰə | ₋ʂə |
| 涉县 | ₋ɕia | ɕiaᵓ | ₋ia | ₋tɕie | ₋ɕie | ₋tie | ₋tsəʔ | tsəʔᵓ | ₋tsʰə | ₋sə |

| 方言点 | 惹<br>假开三<br>上马日 | 爷<br>假开三<br>平麻以 | 要<br>假合二<br>上马生 | 瓜<br>假合二<br>平麻见 | 跨<br>假合二<br>去祃溪 | 花~钱<br>假合二<br>平麻晓 | 华中~<br>假合二<br>平麻匣 | 补<br>遇合一<br>上姥帮 | 布<br>遇合一<br>去暮帮 | 步<br>遇合一<br>去暮并 |
|---|---|---|---|---|---|---|---|---|---|---|
| 灵丘 | ₋ʐə | ₋ie | ₋sua | ₋kua | kʰuaᵓ | ₋xua | ₋xua | ₋pu | puᵓ | puᵓ |
| 五台 | ₋ʐɿe | ₋ieᵓ | ₋sua | ₋kua | kʰuaᵓ | ₋xua | ₋xua | ₋pu | puᵓ | puᵓ |
| 盂县 | ₋ʐə | ₋ɿᵓ | ₋sua | ₋kua | kʰuaᵓ | ₋xua | ₋xua | ₋pu | puᵓ | puᵓ |
| 平定 | ₋ʐɤ | ₋ie | ₋sua | ₋kua | kʰuaᵓ | ₋xua | ₋xua | ₋pu | puᵓ | puᵓ |
| 昔阳 | ₋ʐɤ | ₋ɿᵓ | ₋suɑ | ₋kuɑ | kʰuɑᵓ | ₋xuɑ | ₋xuɑ | ₋pu | puᵓ | puᵓ |
| 和顺 | ₋ʐɯ | ₋i | ₋suA | ₋kuA | kʰuAᵓ | ₋xuA | ₋xuA | ₋pu | puᵓ | puᵓ |
| 左权 | ₋ʐɤ | ₋i | ₋suA | ₋kuA | kʰuAᵓ | ₋xuA | ₋xuA | ₋pu | puᵓ | puᵓ |
| 黎城 | ₋ie | ieᵓ | ₋sa | ₋kua | kʰuaᵓ | ₋xua | ₋xua | ₋pu | puᵓ | puᵓ |
| 平山 | ₋ʐɤ | ₋iɛ | ₋ʂua | ₋kua | kʰuaᵓ | ₋xua | ₋xua | ₋pu | puᵓ | puᵓ |
| 井陉 | ɜʐ | ₋iɛ | ₋suA | ₋kuA | kʰuAᵓ | ₋xuA | ₋xuA | ₋pu | puᵓ | puᵓ |
| 赞皇 | ₋ʐɤ | ₋ie | ₋ʂua | ₋kua | kʰuaᵓ | ₋xua | ₋xua | ₋pu | puᵓ | puᵓ |
| 邢台 | ₋ʐə | ₋ieᵓ | ₋ʂuɔ | ₋kuɔ | kʰuɔᵓ | ₋xuɔ | ₋xuɔ | ₋pu | puᵓ | puᵓ |
| 涉县 | ₋ie | ₋ie | ₋sua | ₋ka | kʰₐa<br>kʰa | ₋xa | ₋xa | ₋pu | puᵓ | puᵓ |

续上表

| 方言点 | 墓<br>遇合一<br>去暮明 | 肚<sub>猪~</sub><br>遇合一<br>上姥端 | 肚<sub>~脐</sub><br>遇合一<br>上姥定 | 奴<br>遇合一<br>平模泥 | 炉<br>遇合一<br>平模来 | 路<br>遇合一<br>去暮来 | 醋<br>遇合一<br>去暮清 | 塑<br>遇合一<br>去暮心 | 裤<br>遇合一<br>去暮溪 | 五<br>遇合一<br>上姥疑 |
|---|---|---|---|---|---|---|---|---|---|---|
| 灵丘 | mu⁼ | ᶜtu | tu⁼ | ₅nu | ₅ləu | lu⁼ | tsʰu⁼ | suə?₋ | kʰu⁼ | ₅vu |
| 五台 | mᵇu⁼ | ᶜtu | tu⁼ | nᵈei | ₅lei | lei | tsʰu⁼ | su⁼ | kʰu⁼ | ₅u |
| 盂县 | mu⁼ | ᶜtu | tu⁼ | ₅nəu | ₅ləu | ləu⁼ | tsʰu⁼ | suəs⁼ | kʰu⁼ | u⁼ |
| 平定 | mu⁼ | ᶜtu | tu⁼ | ₅nu | ₅lou | lu⁼ | tsʰu⁼ | suə?₋ | kʰu⁼ | ᶜu |
| 昔阳 | m̩⁼ | ᶜtu | tu⁼ | ₅lu | ₅lu | lu⁼ | tsʰu⁼ | su⁼ | kʰu⁼ | ᶜu |
| 和顺 | mu⁼ | ᶜtu | tu⁼ | ₅nu | ₅lu | lu⁼ | tsʰu⁼ | su⁼ | kʰu⁼ | ᶜu |
| 左权 | mᵇu⁼ | ᶜtu | tu⁼ | ₅nᵈu | ₅lu | lu⁼ | tsʰu⁼ | su⁼ | kʰu⁼ | ᶜu |
| 黎城 | mu⁼ | ᶜtu | tu⁼ | nu⁼ | lu⁼ | lu⁼ | tsʰu⁼ | su⁼ | kʰu⁼ | ᶜu |
| 平山 | mu⁼ | ᶜtu | tu⁼ | ₅nu | ₅lu | lu⁼ | tsʰu⁼ | suɤ⁼ | kʰu⁼ | ᶜu |
| 井陉 | mu⁼ | ᶜtu | tu⁼ | ₅lu | ₅lu | lu⁼ | tsʰu⁼ | ᶜsuə | kʰu⁼ | ᶜu |
| 赞皇 | mu⁼ | ᶜtu | tu⁼ | ₅nu | ₅lu | lu⁼ | tsʰu⁼ | suo⁼ | kʰu⁼ | ᶜu |
| 邢台 | mu⁼ | ᶜtu | tu⁼ | ₅nu | ₅lu | lu⁼ | tsʰu⁼ | suə⁼ | kʰu⁼ | ᶜu |
| 涉县 | mu⁼ | ᶜtu | tu⁼ | ₅nu | ₅lu | lu⁼ | tsʰu⁼ | ᶜsuo | kʰu⁼ | ᶜu |

| 方言点 | 女<br>遇合三<br>上语泥 | 吕<br>遇合三<br>上语来 | 徐<br>遇合三<br>平鱼邪 | 猪<br>遇合三<br>平鱼知 | 锄<br>遇合三<br>平鱼崇 | 梳<br>遇合三<br>平鱼生 | 所<br>遇合三<br>上语生 | 煮<br>遇合三<br>上语章 | 书<br>遇合三<br>平鱼书 | 居<br>遇合三<br>平鱼见 |
|---|---|---|---|---|---|---|---|---|---|---|
| 灵丘 | ᶜny | ᶜluei | ₅ɕy | ᶜtsu | ₅tsʰu | ₅su | ᶜsuə | ᶜtsu | ᶜsu | ᶜtɕy |
| 五台 | ᶜnᵈy | ᶜly | ₅ɕy | ᶜtsu | ₅tsʰu | ₅su | ᶜsuo | ᶜtsu | ᶜsu | ᶜtɕy |
| 盂县 | ᶜny | ᶜluei | ₅ɕy | ᶜtsu | ₅tsʰu | ₅su | ᶜsu | ᶜtsu | ᶜsu | ᶜtɕy |
| 平定 | ᶜny | ᶜluei | ₅ɕy | ᶜtsu | ₅tsʰu | ₅su | ᶜsuo | ᶜtsu | ᶜsu | ᶜtɕy |
| 昔阳 | ᶜny | ᶜluei | ₅ɕy | ᶜtsu | ₅tsʰu | ₅su | ᶜsuɤ | ᶜtsu | ᶜsu | ᶜtɕy |
| 和顺 | ᶜny | ᶜluei | ₅ɕy | ᶜtsu | ₅tsʰu | ₅su | ᶜsuɯ | ᶜtsu | ᶜsu | ᶜtɕy |
| 左权 | ᶜny | ᶜluɛi | ɕy⁼ | ᶜtʂu | ₅tsʰu | ₅su | ᶜsuɤ | ᶜtʂu | ᶜʂu | ᶜtɕy |
| 黎城 | ᶜny | ᶜly | ɕy⁼ | ᶜtɕy | tsʰuɤ⁼ | ₅suɤ | ᶜsuɤ | ᶜtɕy | ᶜɕy | ᶜcy |
| 平山 | ᶜni | ᶜli | ₅si | ᶜtʂu | ₅tʂʰu | ₅ʂu | ʂuɤ⁼ | ᶜtʂu | ᶜʂu | ᶜtɕi₋ |
| 井陉 | ᶜny | ᶜly | ᶜɕy | ᶜtsu | ₅tsʰu | ᶜsu | ᶜsuə | ᶜtsu | ᶜsu | ᶜtɕy |
| 赞皇 | ᶜny | ᶜly | ₅sy | ᶜtʂu | ₅tʂʰu | ᶜʂu | ᶜʂuə | ᶜtʂu | ᶜʂu | ᶜtɕy |
| 邢台 | ᶜny | ᶜly | ₅ɕy | ᶜtsu | ₅tsʰu | ᶜsu | ᶜsuə | ᶜtsu | ᶜsu | ᶜtɕy |
| 涉县 | ᶜny | ᶜly | ₅ɕy | ᶜtsu | ₅tsʰu | ᶜsu | ᶜsuo | ᶜtsu | ᶜsu | ᶜtɕy |

续上表

| 方言点 | 去 遇合三 去御溪 | 距 遇合三 上语群 | 鱼 遇合三 平鱼疑 | 虚 遇合三 平鱼晓 | 父 遇合三 上虞奉 | 屡 遇合三 上虞来 | 娶 遇合三 去遇清 | 数动词 遇合三 上虞生 | 乳 遇合三 上虞日 | 遇 遇合三 去遇疑 |
|---|---|---|---|---|---|---|---|---|---|---|
| 灵丘 | tɕʰy³ | tɕy³ | ₅ɕy | ₋ɕy | fu³ | ₋luei | ₋tɕʰy | ₋su | ₋zu | y³ |
| 五台 | tɕʰy³ | tɕy³ | ₅y | ₋ɕy | fu³ | ₋ly | ₋tɕʰy | ₋su | ₋zu | y³ |
| 盂县 | kʰəʔ³ / tɕʰy³ | tɕy³ | ₅y | ₋ɕy | fu³ | ₋luei | ₋tɕʰy | ₋su | ₋zu | y³ |
| 平定 | kʰəʔ³ / tɕʰy³ | tɕy³ | ₅y | ₋ɕy | fu³ | ₋luei | ₋tɕʰy | ᶜsu | ᶜzu | y³ |
| 昔阳 | tɕʰy³ | tɕy³ | ₅y | ₋ɕy | fu³ | ₋luei | ₋tɕʰy | ₋su | ₋zu | y³ |
| 和顺 | tɕʰy³ | tɕy³ | ₅y | ₋ɕy | fu³ | ₋luei | ₋tɕʰy | ₋su | ₋zu | y³ |
| 左权 | tɕʰy³ | tɕy³ | ₅y | ₋ɕy | fu³ | ₋ly | ₋tɕʰy | ₋su | ₋ʐu | y³ |
| 黎城 | ᶜʰyəʔ³ / ᶜʰy³ | ᶜy³ | y³ | ₋ɕy | fu³ | ₋ly | ₋tɕʰy | ₋suɤ | y³ | y³ |
| 平山 | tɕʰi³ | tɕi³ | ₋y | ₋ɕi | fu³ | ₋li | ₋tsʰi | ₋ʂu | ʐu | i³ |
| 井陉 | ₋tɕʰy | tɕy³ | ₅y | ₋ɕy | fu³ | ₋ly | ₋tɕʰy | ₋su | ₋zu | y³ |
| 赞皇 | tɕʰy³ | tɕy³ | ₅y | ₋ɕy | fu³ | ₋ly | ₋tsʰy | ₋ʂu | ʐu | y³ |
| 邢台 | tɕʰy³ | tɕy³ | ₅y | ₋ɕy | fu³ | ₋ly | ₋tsʰy | ₋ʂu | ᶜlu | y³ |
| 涉县 | tɕʰy³ | tɕy³ | ₅y | ₋ɕy | fu³ | ₋ly | ₋tɕʰy | ₋su | ᶜlu | y³ |

| 方言点 | 戴 蟹开一 去代端 | 抬 蟹开一 平咍定 | 耐 蟹开一 去代泥 | 来 蟹开一 平咍来 | 才 蟹开一 平咍从 | 在 蟹开一 上海从 | 赛 蟹开一 去代心 | 改 蟹开一 上海见 | 海 蟹开一 上海晓 | 孩 蟹开一 平咍匣 |
|---|---|---|---|---|---|---|---|---|---|---|
| 灵丘 | tai³ | ₅tʰai | nai³ | ₅lai | ₅tsʰai | tsai³ | sai³ | ᶜkai | ᶜxai | ₅xai |
| 五台 | tɛ³ | ₅tʰɛ | ⁿdɛ³ | ₅lɛ | ₅tsʰɛ | tsɛ³ | sɛ³ | ᶜkɛ | ᶜxɛ | ₅xɛ |
| 盂县 | tai³ | ₅tʰai | nai³ | ₅lai | ₅tsʰai | tsai³ | sai³ | ᶜkai | ᶜxai | ₅xai |
| 平定 | tɛ³ | ₅tʰɛ | nɛ³ | ₅lɛ | ₅tsʰɛ | tsɛ³ | sɛ³ | ᶜkɛ | ᶜxɛ | ₅xɛ |
| 昔阳 | tɛ³ | ₅tʰɛ | nɛ³ | ₅lɛ | ₅tsʰɛ | tsɛ³ | sɛ³ | ᶜkɛ | ᶜxɛ | ₅xɛ |
| 和顺 | tɛ³ | ₅tʰɛ | nɛ³ | ₅lɛ | ₅tsʰɛ | tsɛ³ | sɛ³ | ᶜkɛ | ᶜxɛ | ₅xɛ |
| 左权 | tɛi³ | ₅tʰɛi | nɛi³ | ₅lɛi | ₅tsʰɛi | tsɛi³ | sɛi³ | ᶜkɛi | ᶜxɛi | ₅xɛi |
| 黎城 | tE³ | tʰE³ | nE³ | nE³ / lE³ | tsʰE³ | tsE³ | sE³ | ᶜkæi | ᶜxæi | xE³ |
| 平山 | tɛ³ | ₅tʰɛ | nɛ³ | ₅lɛ | ₅tsʰɛ | tsɛ³ | sɛ³ | ᶜkɛ | ᶜxɛ | ₅xɛ |
| 井陉 | tɛ³ | ₅tʰɛ | nɛ³ | ₅lɛ | ₅tsʰɛ | tsɛ³ | sɛ³ | ᶜkɛ | ᶜxɛ | ₅xɛ |
| 赞皇 | tɛ³ | ₅tʰɛ | nɛ³ | ₅lɛ | ₅tsʰɛ | tsɛ³ | sɛ³ | ᶜkɛ | ᶜxɛ | ₅xɛ |
| 邢台 | tai³ | ₅tʰai | nai³ | ₅lai | ₅tsʰai | tsai³ | sai³ | ᶜkai | ᶜxai | ₅xai |
| 涉县 | tai³ | ₅tʰai | nai³ | ₅lai | ₅tsʰai | tsai³ | sai³ | ᶜkai | ᶜxai | ₅xai |

续上表

| 方言点 | 爱 蟹开一去代影 | 贝 蟹开一去泰帮 | 赖 蟹开一去泰来 | 蔡 蟹开一去泰清 | 拜 蟹开二去怪帮 | 排 蟹开二平皆並 | 阶 蟹开二平皆见 | 挨~住 蟹开二平皆影 | 摆 蟹开二上蟹帮 | 买 蟹开二上蟹明 |
|---|---|---|---|---|---|---|---|---|---|---|
| 灵丘 | naiʔ | peiʔ | laiʔ | tsʰaiʔ | paiʔ | ₅pʰai | ₅tɕie | ₅nai | ₅pai | ₅mai |
| 五台 | ŋᵍɛʔ | peiʔ | lɛʔ | tsʰɛʔ | pɛʔ | ₅pʰɛ | ₅tɕie | ₅ⁿdɛ / ₅ɛ | ₅pɛ | ₅ᵐbɛ |
| 盂县 | ŋaiʔ | peiʔ | laiʔ | tsʰaiʔ | paiʔ | ₅pʰai | ₅tɕie | ₅ŋai | ₅pai | ₅mai |
| 平定 | ŋɛʔ | peiʔ | lɛʔ | tsʰɛʔ | pɛʔ | ₅pʰɛ | tɕiɛ / ₅tɕiɛ | ₅ŋɛ | ₅pɛ | ₅mɛ |
| 昔阳 | ŋɛʔ | peiʔ | lɛʔ | tsʰɛʔ | pɛʔ | ₅pʰɛ | ₅tɕiɛ | ₅ŋɛ | ₅pɛ | ₅mɛ |
| 和顺 | ŋɛʔ | peiʔ | lɛʔ | tsʰɛʔ | pɛʔ | ₅pʰɛ | ₅tɕi | ₅ŋɛ | ₅pɛ | ₅mɛ |
| 左权 | ŋɛiʔ | peiʔ | lɛiʔ | tsʰɛiʔ | peiʔ | ₅pʰɛi | ₅tɕi | ₅ŋɛi | ₅pɛi | ₅mɛi |
| 黎城 | Eʔ | peiʔ | ₅læi | tsʰEʔ | pEʔ | pʰEʔ | ₅ciɛ | ₅E | ₅pæi | ₅mæi |
| 平山 | nɛʔ | paiʔ | lɛʔ | tsʰɛʔ | pɛʔ | ₅pʰɛ | ₅tɕiɛ | ₅ŋɛ | ₅pɛ | ₅mɛ |
| 井陉 | nɛʔ | paiʔ | lɛʔ | tsʰɛʔ | pɛʔ | ₅pʰɛ | ₅tɕiɛ | ₅niɛ | ₅pɛ | ₅mɛ |
| 赞皇 | ŋɛʔ | peiʔ | lɛʔ | tsʰɛʔ | pɛʔ | ₅pʰɛ | ₅tɕiɛ | ₅ŋɛ | ₅pɛ | ₅mɛ |
| 邢台 | ŋaiʔ | peiʔ | laiʔ | tsʰaiʔ | paiʔ | ₅pʰai | ₅tɕiɛ | ₅ŋai | ₅pai | ₅mai |
| 涉县 | ŋaiʔ | peiʔ | laiʔ | tsʰaiʔ | paiʔ | ₅pʰai | ₅tɕiɛ | ₅ŋai | ₅pai | ₅mai |

| 方言点 | 柴 蟹开二平佳崇 | 街 蟹开二平佳见 | 鞋 蟹开二平佳匣 | 败 蟹开二去夬並 | 毙 蟹开三去祭並 | 例 蟹开三去祭来 | 际 蟹开三去祭精 | 世 蟹开三去祭书 | 闭 蟹开四去霁帮 | 米 蟹开四上荠明 |
|---|---|---|---|---|---|---|---|---|---|---|
| 灵丘 | ₅tsʰai | ₅tɕie | ₅cie | paiʔ | piʔ | liʔ | tɕiʔ | sʅ | piʔ | ₅mi |
| 五台 | ₅tsʰɛ | ₅tɕie | xɛ / ₅cie | pɛʔ | piʔ | liʔ | tɕiʔ | sʅ | piʔ | ₅ᵐbi |
| 盂县 | ₅tsʰai | ₅tɕie | ₅xai | paiʔ | piʔ | leiʔ | tɕiʔ | sʅ | piʔ | ₅mi |
| 平定 | ₅tsʰɛ | ₅tɕie | ₅ciɛ | pɛʔ | piʔ | leiʔ | tɕiʔ | ʂʅ | piʔ | ₅mi |
| 昔阳 | ₅tsʰɛ | ₅tɕie | ₅ciɛ | pɛʔ | piʔ | leiʔ | tɕiʔ | ʂʅ | piʔ | ₅mi |
| 和顺 | ₅tsʰɛ | ₅tɕi | ₅ci | pɛʔ | ₅pi | leiʔ | tɕiʔ | ʂʅ | piʔ | ₅mi |
| 左权 | ₅tsʰɛi | ₅tɕi | ₅ci | pɛiʔ | piʔ | liʔ | tɕiʔ | ʂʅ | pɛiʔ | ₅mi |
| 黎城 | tsʰEʔ | ₅tɕiɛ | ₅ciɛ | pEʔ | piʔ | liʔ | tɕiʔ | ciʔ | piʔ | ₅mi |
| 平山 | ₅tʂʰɛ | ₅tɕiɛ | ₅ciɛ | pɛʔ | piʔ | liʔ | tsi | ʂʅ | piʔ | ₅mi |
| 井陉 | ₅tsʰɛ | ₅tɕiɛ | ₅ciɛ | pɛʔ | piʔ | liʔ | tɕiʔ | ʂʅ | piʔ | ₅mi |
| 赞皇 | ₅tʂʰɛ | ₅tɕiɛ | ₅ciɛ | pɛʔ | piʔ | liʔ | tsi₅ | ʂʅ | piʔ | ₅mi |
| 邢台 | ₅tʂʰai | ₅tɕiɛ | ₅ciɛ | paiʔ | piʔ | liʔ | tsi | ʂʅ | piʔ | ₅mi |
| 涉县 | ₅tsʰai | ₅tɕie | ₅ciɛ | paiʔ | piʔ | liʔ | tɕiʔ | sʅ | piʔ | ₅mi |

续上表

| 方言点 | 弟<br>蟹开四<br>上荠定 | 泥<br>蟹开四<br>平齐泥 | 犁<br>蟹开四<br>平齐来 | 丽<br>蟹开四<br>去霁来 | 妻<br>蟹开四<br>平齐清 | 西<br>蟹开四<br>平齐心 | 婿<br>蟹开四<br>去霁心 | 鸡<br>蟹开四<br>平齐见 | 杯<br>蟹合一<br>平灰帮 | 赔<br>蟹合一<br>平灰並 |
|---|---|---|---|---|---|---|---|---|---|---|
| 灵丘 | ti² | ₅ni | ₅li | li² | ₅tɕʰi | ₅ɕi | ɕy² | ₅tɕi | ₅pei | ₅pʰai |
| 五台 | ti² | ₅nᵈi | ₅li | li² | ₅tɕʰi | ₅ɕi | ɕy² | ₅tɕi | ₅pei | ₅pʰei |
| 盂县 | ti² | ₅ni | ₅lei | lei² | ₅tɕʰi | ₅ɕi | ɕy² | ₅tɕi | ₅pei | ₅pʰei |
| 平定 | ti² | ₅ni | ₅lei | lei² | ₅tɕʰi | ₅ɕi | ɕy² | ₅tsʅ<br>₅tɕi | ₅pei | ₅pʰei |
| 昔阳 | ti² | ₅ni | ₅lei | lei² | ₅tɕʰi | ₅ɕi | ɕy² | ₅tɕi | ₅pei | ₅pʰei |
| 和顺 | ti² | ₅ni | ₅lei | lei² | ₅tɕʰi | ₅ɕi | ɕy² | ₅tɕi | ₅pei | ₅pʰi |
| 左权 | ti² | ₅nᵈi | ₅li | li² | ₅tɕʰi | ₅ɕi | ɕy² | ₅tɕi | ₅pei | ₅pʰɛi |
| 黎城 | ti² | ni² | li² | li² | ₅tɕʰi | ₅ɕi | ₅ɕy | ₅tɕi | ₅pei | pʰei² |
| 平山 | ti² | ₅ni | ₅li | li² | ₅tsʰi | ₅si | si² | ₅tɕi | ₅pai | ₅pʰai |
| 井陉 | ti² | ₅ni | ₅li | li² | ₅tɕʰi | ₅ɕi | ɕy² | ₅tɕi | ₅pai | ₅pʰai |
| 赞皇 | ti² | ₅ni | ₅li | li² | ₅tsʰi | ₅si | sy² | ₅tɕi | ₅pei | ₅pʰei |
| 邢台 | ti² | ₅ni | ₅li | li² | ₅tsʰi | ₅si | sy² | ₅tɕi | ₅pei | ₅pʰei |
| 涉县 | ti² | ₅ni | ₅li | li² | ₅tɕʰi | ₅ɕi | ɕy² | ₅tɕi | ₅pei | ₅pʰei |

| 方言点 | 煤<br>蟹合一<br>平灰明 | 对<br>蟹合一<br>去队端 | 腿<br>蟹合一<br>上贿透 | 内<br>蟹合一<br>去队泥 | 雷<br>蟹合一<br>平灰来 | 罪<br>蟹合一<br>上贿从 | 外<br>蟹合一<br>去泰疑 | 会开~<br>蟹合一<br>去泰匣 | 怪<br>蟹合二<br>去怪见 | 坏<br>蟹合二<br>去怪匣 |
|---|---|---|---|---|---|---|---|---|---|---|
| 灵丘 | ₅mei | tuei² | ᶜtʰuei | nai² | ₅lai | tsuei² | vai² | xuei² | kuai² | xuai² |
| 五台 | ₅mᵇei | tuei² | ᶜtʰuei | nᵈei² | ₅luei | tsuei² | vɛ² | xuei² | kuɛ² | xuɛ² |
| 盂县 | ₅mei | tuei² | ᶜtʰuei | nei² | ₅luei | tsuei² | vɛ² | xuei² | kuai² | xuai² |
| 平定 | ₅mei | tuei² | ᶜtʰuei | nuei² | ₅luei | tsuei² | vɛ² | xuei² | kuɛ² | xuɛ² |
| 昔阳 | ₅mi | tuei² | ᶜtʰuei | nuei² | ₅luei | tsuei² | vɛ² | xuei² | kuɛ² | xuɛ² |
| 和顺 | ₅mi | tuei² | ᶜtʰuei | nuei² | ₅luei | tsuei² | vɛ² | xuei² | kuɛ² | xuɛ² |
| 左权 | ₅mɛi | tuɛi² | ᶜtʰuɛi | nuɛi² | ₅luɛi | tsuɛi² | vɛi² | xuɛi² | kuɛi² | xuɛi² |
| 黎城 | mei² | tuei² | ᶜtʰuei | nuei² | luei² | tsuei² | uᴇ² | xuei² | kuᴇ² | xuᴇ² |
| 平山 | ₅mai | tai² | ᶜtʰai | nai² | ₅lai | tsai² | vɛ² | xuai² | kuɛ² | xuɛ² |
| 井陉 | ₅mai | tai² | ᶜtʰai | nai² | ₅lai | tsai² | vɛ² | xuai² | kuɛ² | xuɛ² |
| 赞皇 | ₅mei | tei² | ᶜtʰei | nɛ² | ₅lei | tsuei² | vɛ² | xuei² | kuɛ² | xuɛ² |
| 邢台 | ₅mei | tuei² | ᶜtʰuei | nuei² | ₅luei | tsuei² | vai² | xuei² | kuai² | xuai² |
| 涉县 | ₅mei | tuei² | ᶜtʰuei | nuei² | ₅luei | tsuei² | vai² | xuei² | kuai² | xuai² |

续上表

| 方言点 | 卦<br>蟹合二<br>去卦见 | 歪<br>蟹合二<br>平佳晓 | 画<br>蟹合二<br>去卦匣 | 筷<br>蟹合二<br>去夬溪 | 脆<br>蟹合三<br>去祭清 | 岁<br>蟹合三<br>去祭心 | 税<br>蟹合三<br>去祭书 | 肺<br>蟹合三<br>去废敷 | 圭<br>蟹合四<br>平齐见 | 慧<br>蟹合四<br>去霁匣 |
|---|---|---|---|---|---|---|---|---|---|---|
| 灵丘 | kuaᵓ | ₅vai | xuaᵓ | kʰuaiᵓ | tsʰueiᵓ | sueiᵓ | sueiᵓ | feiᵓ | ₅kuei | xueiᵓ |
| 五台 | kuaᵓ | ₅vɛ | xuaᵓ | kʰuɛᵓ | tsʰueiᵓ | sueiᵓ | sueiᵓ | feiᵓ | ₅kuei | xueiᵓ |
| 盂县 | kuaᵓ | ₅vai | xuaᵓ | kʰuaiᵓ | tsʰueiᵓ | sueiᵓ | sueiᵓ | feiᵓ | ₅kuəŋ | xueiᵓ |
| 平定 | kuaᵓ | ₅vɛ | xuaᵓ | kʰuɛᵓ | tsʰueiᵓ | sueiᵓ | sueiᵓ | feiᵓ | ₅kuei | xueiᵓ |
| 昔阳 | kuɑᵓ | ₅vɛ | xuɑᵓ | kʰuɛᵓ | tsʰueiᵓ | sueiᵓ | sueiᵓ | feiᵓ | ₅kuei | xueiᵓ |
| 和顺 | kuaᵓ | ₅vɛ | xuaᵓ | kʰuɛᵓ | tsʰueiᵓ | sueiᵓ | sueiᵓ | feiᵓ | ₅kuei | xueiᵓ |
| 左权 | kuᴀᵓ | ₅vɛi | xuᴀᵓ | kʰuɛiᵓ | tsʰuɛiᵓ | suɛiᵓ | suɛiᵓ | fɛiᵓ | ₅kuɛi | xuɛiᵓ |
| 黎城 | kuaᵓ | ₅uE | xuaᵓ | kʰuEᵓ | tsʰueiᵓ | sueiᵓ | sueiᵓ | feiᵓ | ₅kuei | xueiᵓ |
| 平山 | kuɑᵓ | ₅vɛ | xuɑᵓ | kʰuɛᵓ | tsʰaiᵓ | saiᵓ | ʂaiᵓ | faiᵓ | ₅kuai | xuaiᵓ |
| 井陉 | kuᴀᵓ | ₅vɛ | xuᴀᵓ | kʰuɛᵓ | tsʰaiᵓ | saiᵓ | saiᵓ | faiᵓ | ₅kuai | xuaiᵓ |
| 赞皇 | kuaᵓ | ₅vɛ | xuaᵓ | kʰuɛᵓ | tsʰueiᵓ | sueiᵓ | ʂueiᵓ | feiᵓ | ₅kuei | xueiᵓ |
| 邢台 | kuɔᵓ | ₅vai | xuɔᵓ | kʰuaiᵓ | tsʰueiᵓ | sueiᵓ | ʂueiᵓ | feiᵓ | ₅kuei | xueiᵓ |
| 涉县 | kɑᵓ | ₅vai | xɑᵓ | kʰuaiᵓ | tsʰueiᵓ | sueiᵓ | sueiᵓ | feiᵓ | kuəʔᵓ<br>₅kuei | xueiᵓ |

| 方言点 | 碑<br>止开三<br>平支帮 | 皮<br>止开三<br>平支並 | 离<br>止开三<br>平支来 | 刺<br>止开三<br>去寘清 | 知<br>止开三<br>平支知 | 支<br>止开三<br>平支章 | 是<br>止开三<br>上纸禅 | 儿<br>止开三<br>平支日 | 骑<br>止开三<br>平支群 | 议<br>止开三<br>去寘疑 |
|---|---|---|---|---|---|---|---|---|---|---|
| 灵丘 | ₅pei | ₅pʰi | ₅li | tsʰɿᵓ | ₅tsɿ | ₅tsɿ | sɿᵓ | ₅ɚ | ₅tɕʰi | iᵓ |
| 五台 | ₅pei | ₅pʰi | ₅li | tsʰɿᵓ | ₅tsɿ | ₅tsɿ | sɿᵓ | ₅ɚ | ₅tɕʰi | iᵓ |
| 盂县 | ₅pei | ₅pʰi | ₅lei | tsʰɿᵓ | ₅tsɿ | ₅tsɿ | sɿᵓ | ₅ɚ | ₅tɕʰi | iᵓ |
| 平定 | ₅pei | ₅pʰi | ₅lei | tsʰɿᵓ | ₅tʂʅ | ₅tsɿ | sɿᵓ | ₅ʅ | ₅tɕʰi | iᵓ |
| 昔阳 | ₅pei | ₅pʰi | ₅lei | tsʰɿᵓ | ₅tʂʅ | ₅tsɿ | sɿᵓ | ₅ʅ | ₅tɕʰi | iᵓ |
| 和顺 | ₅pei | ₅pʰi | ₅lei | tsʰɿᵓ | ₅tʂʅ | ₅tsɿ | sɿᵓ | ₅ɚ | ₅tɕʰi | iᵓ |
| 左权 | ₅pɛi | ₅pʰi | ₅li | tsʰɿᵓ | ₅tʂʅ | ₅tsɿ | sɿᵓ | ₅ɚ | ₅tɕʰi | iᵓ |
| 黎城 | ₅pei | pʰiᵓ | liᵓ | tsʰɿᵓ | ₅tɕi | ₅tsɿ | sɿᵓ | ɚᵓ | cʰiᵓ | iᵓ |
| 平山 | ₅pai | ₅pʰi | ₅li | tsʰɿᵓ | ₅tʂʅ | ₅tʂʅ | ʂʅᵓ | ₅ɚ | ₅tɕʰi | iᵓ |
| 井陉 | ₅pai | ₅pʰi | ₅li | tsʰɿᵓ | ₅tʂʅ | ₅tʂʅ | ʂʅᵓ | ₅ɚ | ₅tɕʰi | iᵓ |
| 赞皇 | ₅pei | ₅pʰi | ₅li | tsʰɿᵓ | ₅tʂʅ | ₅tʂʅ | ₅ʂʅ | ₅ʅ | ₅tɕʰi | iᵓ |
| 邢台 | ₅pei | ₅pʰi | ₅li | tsʰɛᵓ | ₅tʂʅ | ₅tʂʅ | ʂɿᵓ | ₅ɚ | ₅tɕʰi | iᵓ |
| 涉县 | ₅pei | ₅pʰi | ₅li | tsʰɿᵓ | ₅tsɿ | ₅tsɿ | sɿᵓ | ₅ʅ | ₅tɕʰi | iᵓ |

续上表

| 方言点 | 戏<br>止开三<br>去寘晓 | 椅<br>止开三<br>上纸影 | 悲<br>止开三<br>平脂帮 | 秘<br>止开三<br>去至帮 | 鼻<br>止开三<br>去至並 | 美<br>止开三<br>上旨明 | 腻<br>止开三<br>去至泥 | 梨<br>止开三<br>平脂来 | 次<br>止开三<br>去至清 | 四<br>止开三<br>去至心 |
|---|---|---|---|---|---|---|---|---|---|---|
| 灵丘 | çi⁻ | ⁻i | ⁻pei | mi⁻ | ⁻pi | ⁻mei | ni⁻ | ₌li | tsʰʅ⁻ | sʅ⁻ |
| 五台 | çi⁻ | ⁻i | ⁻pei | mᵇiɛʔ⁻ | pʰiɛʔ⁻ | ⁻mᵇei | nᵈi⁻ | ₌li | tsʰʅ⁻ | sʅ⁻ |
| 盂县 | çi⁻ | ⁻i | ⁻pei | miɛʔ⁻ | piɛʔ⁻ | ⁻mei | ni⁻ | ₌lei | tsʰʅ⁻ | sʅ⁻ |
| 平定 | çi⁻ | ⁻i | ⁻pei | mᵇiɛʔ⁻ | piɛʔ⁻ | ⁻mei | ni⁻ | ₌lei | tsʰʅ⁻ | sʅ⁻ |
| 昔阳 | çi⁻ | ⁻i | ⁻pei | mi⁻ | piɛʔ⁻ | ⁻mei | ni⁻ | ₌lei | tsʰʅ⁻ | sʅ⁻ |
| 和顺 | çi⁻ | ⁻i | ⁻pei | miɛʔ⁻ | piɛʔ⁻ | ⁻mi / mei | ni⁻ | ₌lei | tsʰʅ⁻ | sʅ⁻ |
| 左权 | çi⁻ | ⁻i | ⁻pɛi | miɛʔ⁻ | ₌pi | ⁻mɛi | nᵈi⁻ | ₌li | tsʰʅ⁻ | sʅ⁻ |
| 黎城 | çi⁻ | ⁻i | ⁻pei | miəʔ⁻ | piɛʔ⁻ | ⁻mei | li⁻ | li⁻ | tsʰʅ⁻ | sʅ⁻ |
| 平山 | çi⁻ | ⁻i | ⁻pai | mi⁻ | ⁻pi | ⁻mai | ni⁻ | ₌li | tsʰʅ⁻ | sʅ⁻ |
| 井陉 | çi⁻ | ⁻i | ⁻pai | mi⁻ | ⁻pi | ⁻mai | ni⁻ | ₌li | tsʰʅ⁻ | sʅ⁻ |
| 赞皇 | çi⁻ | ⁻i | ⁻pei | mi⁻ | ⁻pi | ⁻mei | ni⁻ | ₌li | tsʰʅ⁻ | sʅ⁻ |
| 邢台 | çi⁻ | ⁻i | ⁻pei | mi⁻ | ⁻pi | ⁻mei | ni⁻ | ₌li | tsʰʅ⁻ | sʅ⁻ |
| 涉县 | çi⁻ | ⁻i | ⁻pei | miəʔ⁻ / mi | piəʔ⁻ | ⁻mei | ni⁻ | ₌li | tsʰʅ⁻ | sʅ⁻ |

| 方言点 | 迟<br>止开三<br>平脂澄 | 师<br>止开三<br>平脂生 | 二<br>止开三<br>去至日 | 饥<br>止开三<br>平脂见 | 弃<br>止开三<br>去至溪 | 姨<br>止开三<br>平脂以 | 你<br>止开三<br>上止泥 | 李<br>止开三<br>上止来 | 里<br>止开三<br>上止来 | 子<br>止开三<br>上止精 |
|---|---|---|---|---|---|---|---|---|---|---|
| 灵丘 | ₌tsʰʅ | ₌sʅ | ɚ⁻ | ₌tçi | tçʰi⁻ | ₌i | ⁻ni | ⁻li | ⁻li | ⁻tsʅ |
| 五台 | ₌tsʰʅ | ₌sʅ | ɚ⁻ | ₌tçi | tçʰi⁻ | ₌i | ⁻nᵈi | ⁻li | ⁻li | ⁻tsʅ |
| 盂县 | ₌tsʰʅ | ₌sʅ | ɚ⁻ | ₌tçi | tçʰi⁻ | ₌i | ⁻ni | ⁻lei | ⁻lei | ⁻tsʅ |
| 平定 | ₌tʂʰʅ | ₌sʅ | ɚ⁻ | ₌tçi | tçʰi⁻ | ₌i | ⁻ni | ⁻lei | ⁻lei | ⁻tsʅ |
| 昔阳 | ₌tʂʰʅ | ₌sʅ | ʅ⁻ | ₌tçi | tçʰi⁻ | ₌i | ⁻ni | ⁻lei | ⁻lei | ⁻tsʅ |
| 和顺 | ₌tʂʰʅ | ₌sʅ | ɚ⁻ | ₌tçi | tçʰi⁻ | ₌i | ⁻ni | ⁻li | ⁻lei | ⁻tsʅ |
| 左权 | ₌tʂʰʅ | ₌sʅ | ɚ⁻ | ₌tçi | tçʰi⁻ | ₌i | ⁻ni | ⁻li | ⁻li | ⁻tsʅ |
| 黎城 | tçʰi⁻ | ₌sʅ | ɚ⁻ | ₌ci | ₌cʰi | i⁻ | ⁻ni | ⁻li | ⁻li | ⁻tsʅ |
| 平山 | ₌tsʰʅ | ₌ʂʅ | ɚ⁻ | ₌tçi | tçʰi⁻ | ₌i | ⁻ni | ⁻li | ⁻li | ⁻tsʅ |
| 井陉 | ₌tsʰʅ | ₌sʅ | ɚ⁻ | ₌tçi | tçʰi⁻ | ₌i | ⁻ni | ⁻li | ⁻li | ⁻tsʅ |
| 赞皇 | ₌tʂʰʅ | ₌ʂʅ | ʅ⁻ | ₌tçi | tçʰi⁻ | ₌i | ⁻ŋei | ⁻li | ⁻li | ⁻tsʅ |
| 邢台 | ₌tsʰʅ | ₌ʂʅ | ɚ⁻ | ₌tçi | tçʰi⁻ | ₌i | ⁻ni | ⁻li | ⁻li | ⁻tsʅ |
| 涉县 | ₌tsʰʅ | ₌sʅ | ʅ⁻ | ₌tçi | tçʰi⁻ | i⁻ / ₌i | niəʔ⁻ / ⁻ni | ⁻li | ⁻li | ⁻tsʅ |

续上表

| 方言点 | 字<br>止开三<br>去志从 | 丝<br>止开三<br>平之心 | 词<br>止开三<br>平之邪 | 治<br>止开三<br>去志澄 | 柿<br>止开三<br>上止崇 | 事<br>止开三<br>去志崇 | 齿<br>止开三<br>上止昌 | 诗<br>止开三<br>平之书 | 市<br>止开三<br>上止禅 | 耳<br>止开三<br>上止日 |
|---|---|---|---|---|---|---|---|---|---|---|
| 灵丘 | tsʅ˧ | ₋sʅ | ₌tsʰʅ | tsʅ˧ | sʅ˧ | sʅ˧ | ₋tsʰʅ | ₋sʅ | sʅ˧ | ₋ɚ |
| 五台 | tsʅ˧ | ₋sʅ | ₌tsʰʅ | tsʅ˧ | sʅ˧ | sʅ˧ | ₋tsʰʅ | ₋sʅ | sʅ˧ | ₋ɚ |
| 盂县 | tsʅ˧ | ₋sʅ | ₌tsʰʅ | tsʅ˧ | sʅ˧ | sʅ˧ | ₋tsʰʅ | ₋sʅ | sʅ˧ | ₋ɚ |
| 平定 | tsʅ˧ | ₋sʅ | ₌tsʰʅ | tʂʅ˧ | sʅ˧ | sʅ˧ | tsʰʅ˧ | ₌sʅ | sʅ˧ | ₋ɚ |
| 昔阳 | tsʅ˧ | ₋sʅ | ₋sʅ | tʂʅ˧ | sʅ˧ | sʅ˧ | ₋tsʰʅ | ₋sʅ | sʅ˧ | ₋ɚ |
| 和顺 | tsʅ˧ | ₋sʅ | ₌tsʰʅ | tʂʅ˧ | sʅ˧ | sʅ˧ | ₋tsʰʅ | ₋sʅ | sʅ˧ | ₋ɚ |
| 左权 | tsʅ˧ | ₋sʅ | ₌tsʰʅ | tʂʅ˧ | sʅ˧ | sʅ˧ | ₋tsʰʅ | ₋sʅ | sʅ˧ | ₋ɚ |
| 黎城 | tsʅ˧ | ₋sʅ | ₋sʅ | tɕi˧ | sʅ˧ | sʅ˧ | tsʰʅ˧ | ₋sʅ | sʅ˧ | ₋ɚ |
| 平山 | tsʅ˧ | ₋sʅ | ₌tsʰʅ | tʂʅ˧ | ʂʅ˧ | ʂʅ˧ | ₋tʂʰʅ | ₋ʂʅ | ʂʅ˧ | ₋ɚ |
| 井陉 | ˋtsʅ | ₋sʅ | ₌tsʰʅ | tsʅ˧ | sʅ˧ | sʅ˧ | ₋tsʰʅ | ₋sʅ | sʅ˧ | ₋ɚ |
| 赞皇 | tsʅ˧ | ₋sʅ | ₌tsʰʅ | tʂʅ˧ | ʂʅ˧ | ʂʅ˧ | ₋tʂʰʅ | ₋ʂʅ | ʂʅ˧ | ₋ʅ |
| 邢台 | tsʅ˧ | ₋sʅ | ₌tsʰʅ | tʂʅ˧ | ʂʅ˧ | ʂʅ˧ | ₋tʂʰʅ | ₋ʂʅ | ʂʅ˧ | ₋ɚ |
| 涉县 | tsʅ˧ | ₋sʅ | ₌tsʰʅ | tsʅ˧ | sʅ˧ | sʅ˧ | ₋tsʰʅ | ₋sʅ | sʅ˧ | ₋ʅ |

| 方言点 | 基<br>止开三<br>平之见 | 欺<br>止开三<br>平之溪 | 期<br>止开三<br>平之群 | 棋<br>止开三<br>平之群 | 旗<br>止开三<br>平之群 | 忌<br>止开三<br>去志群 | 医<br>止开三<br>平之影 | 汽<br>止开三<br>去未溪 | 稀<br>止开三<br>平微晓 | 衣<br>止开三<br>平微影 |
|---|---|---|---|---|---|---|---|---|---|---|
| 灵丘 | ₋tɕi | ₋tɕʰi | ₋tɕʰi | ₌tɕʰi | ₌tɕʰi | tɕi˧ | ₋i | tɕʰi˧ | ₋ɕi | ₋i |
| 五台 | ₋tɕi | ₋tɕʰi | ₋tɕʰi | ₌tɕʰi | ₌tɕʰi | tɕi˧ | ₋i | tɕʰi˧ | ₋ɕi | ₋i |
| 盂县 | ₋tɕi | ₋tɕʰi | ₋tɕʰi | ₌tɕʰi | ₌tɕʰi | tɕi˧ | ₋i | tɕʰi˧ | ₋ɕi | ₋i |
| 平定 | ₋tɕi | ₋tɕʰi | ₋tɕʰi | ₌tɕʰi | ₌tɕʰi | tɕi˧ | i˧ | tɕʰi˧ | ₋ɕi | ₋i |
| 昔阳 | ₋tɕi | ₋tɕʰi | ₋tɕʰi | ₌tɕʰi | ₌tɕʰi | tɕi˧ | i˧ | tɕʰi˧ | ₋ɕi | ₋i |
| 和顺 | ₋tɕi | ₋tɕʰi | ₋tɕʰi | ₌tɕʰi | ₌tɕʰi | tɕi˧ | ₋i | tɕʰi˧ | ₋ɕi | ₋i |
| 左权 | ₋tɕi | ₋tɕʰi | ₋tɕʰi | ₌tɕʰi | ₌tɕʰi | tɕi˧ | ₋i | tɕʰi˧ | ₋ɕi | ₋i |
| 黎城 | ₋ɕi | ₋ɕʰi | ₋ɕʰi | ɕʰi˧ | ɕʰi˧ | ɕi˧ | ₋i | ɕʰi˧ | ₋ɕi | ₋i |
| 平山 | ₋tɕi | ₋tɕʰi | ₋tɕʰi | ₌tɕʰi | ₌tɕʰi | tɕi˧ | ₋i | tɕʰi˧ | ₋ɕi | ₋i |
| 井陉 | ₋tɕi | ₋tɕʰi | ₋tɕʰi | ₌tɕʰi | ₌tɕʰi | tɕi˧ | ₋i | tɕʰi˧ | ₋ɕi | ₋i |
| 赞皇 | ₋tɕi | ₋tɕʰi | ₋tɕʰi | ₌tɕʰi | ₌tɕʰi | tɕi˧ | ₋i | tɕʰi˧ | ₋ɕi | ₋i |
| 邢台 | ₋tɕi | ₋tɕʰi | ₋tɕʰi | ₌tɕʰi | ₌tɕʰi | tɕi˧ | ₋i | tɕʰi˧ | ₋ɕi | ₋i |
| 涉县 | ₋tɕi | ₋tɕʰi | ₋tɕʰi | ₌tɕʰi | ₌tɕʰi | tɕi˧ | ₋i | tɕʰi˧ | ₋ɕi | ₋i |

续上表

| 方言点 | 累连~ 止合三 去寘来 | 嘴 止合三 上纸精 | 随 止合三 平支邪 | 吹 止合三 平支昌 | 瑞 止合三 去寘禅 | 亏 止合三 平支溪 | 跪 止合三 上纸群 | 危 止合三 平支疑 | 泪 止合三 去至来 | 醉 止合三 去至精 |
|---|---|---|---|---|---|---|---|---|---|---|
| 灵丘 | lai⁼ | ᶜtsuei | ₅suei | ₅tsʰuei | zuei⁼ | ₅kʰuei | kʰuei⁼ | ₅vei | lai⁼ | tsuei⁼ |
| 五台 | luei⁼ | ᶜtsuei | ₅suei | ₅tsʰuei | zuei⁼ | ₅kʰuei | kʰuei⁼ | ₅vei | luei⁼ | tsuei⁼ |
| 盂县 | luei⁼ | ᶜtsuei | ₅suei | ₅tsʰuei | zuei⁼ | ₅kʰuei | kʰuei⁼ | ₅vei | luei⁼ | tsuei⁼ |
| 平定 | luei⁼ | ᶜtsuei | ₅suei | ₅tsʰuei | zuei⁼ | ₅kʰuei | kʰuei⁼ | ₅vei | luei⁼ | tsuei⁼ |
| 昔阳 | luei⁼ | ᶜtsuei | ₅suei | ₅tsʰuei | zuei⁼ | ₅kʰuei | kʰuei⁼ | ₅vei | luei⁼ | tsuei⁼ |
| 和顺 | luei⁼ | ᶜtsuei | ₅suei | ₅tsʰuei | zuei⁼ | ₅kʰuei | kʰuei⁼ | ₅vei | luei⁼ | tsuei⁼ |
| 左权 | luɛi⁼ | ᶜtsuɛi | ₅suɛi | ₅tsʰuɛi | zᵤɛi⁼ | ₅kʰuɛi | kʰuɛi⁼ | ₅vɛi | luɛi⁼ | tsuɛi⁼ |
| 黎城 | luei⁼ | ᶜtsuei | suei | ₅tsʰuei | luei⁼ / suei⁼ | ₅kʰuei | kuei⁼ | ₅uei | luei⁼ | tsuei⁼ |
| 平山 | lai⁼ | ᶜtsai | ₅sai | ₅tʂʰai | zᵤai⁼ | ₅kʰuai | kuai⁼ | ₅vai | lai⁼ | tsai⁼ |
| 井陉 | lai⁼ | ᶜtsai | ₅sai | ₅tsʰai | zai⁼ | ₅kʰuai | kuai⁼ | ₅vai | lai⁼ | tsai⁼ |
| 赞皇 | lei⁼ | ᶜtsuei | ₅suei | ₅tʂʰuei | zᵤei⁼ | ₅kʰuei | kuei⁼ | ₅vei | lei⁼ | tsuei⁼ |
| 邢台 | luei⁼ | ᶜtsuei | ₅suei | ₅tʂʰuei | zᵤei⁼ | ₅kʰuei | kuei⁼ | ₅vei | lei⁼ | tsuei⁼ |
| 涉县 | luei⁼ | ᶜtsuei | ₅suei | ₅tsʰuei | luei⁼ | ₅kʰuei | kuei⁼ | ₅vei | luei⁼ | tsuei⁼ |

| 方言点 | 虽 止合三 平脂心 | 帅 止合三 去至生 | 水 止合三 上旨书 | 葵 止合三 平脂群 | 柜 止合三 去至群 | 位 止合三 去至云 | 飞 止合三 平微非 | 尾 止合三 上尾微 | 味 止合三 去未微 | 贵 止合三 去未见 |
|---|---|---|---|---|---|---|---|---|---|---|
| 灵丘 | ₅suei | suai⁼ | ᶜsuei | ₅kʰuei | kuei⁼ | vei⁼ | ₅fei | ₅i/₅vei | vei⁼ | kuei⁼ |
| 五台 | ₅suei | suɛ⁼ | ᶜsuei | ₅kʰuei | kuei⁼ | vei⁼ | ₅fei | ₅i/₅vei | vei⁼ | kuei⁼ |
| 盂县 | ₅suei | suai⁼ | ᶜsuei | ₅kʰuei | kuei⁼ | vei⁼ | ₅fei | ₅i/₅vei | vei⁼ | kuei⁼ |
| 平定 | ₅suei | suɛ⁼ | ᶜsuei | ₅kʰuei | kuei⁼ | vei⁼ | ₅fei | ₅i/ᶜvei | vei⁼ | kuei⁼ |
| 昔阳 | ₅suei | suɛ⁼ | ᶜsuei | ₅kʰuei | kuei⁼ | vei⁼ | ₅fei | ₅i/ᶜvei | vei⁼ | kuei⁼ |
| 和顺 | ₅suei | suɛ⁼ | ᶜsuei | ₅kʰuei | kuei⁼ | vei⁼ | ₅fei | ᶜvei | vei⁼ | kuei⁼ |
| 左权 | ₅suɛi | suɛi⁼ | ᶜsuɛi | ₅kʰuɛi | kuɛi⁼ | vɛi⁼ | ₅fɛi | ᶜvɛi | vɛi⁼ | kuɛi⁼ |
| 黎城 | ₅suei | suE⁼ | ᶜsuei | kʰuei⁼ | kuei⁼ | uei⁼ | ₅fei | ᶜuei | uei⁼ | kuei⁼ |
| 平山 | ₅sai | ʂuɛ⁼ | ᶜʂai | ₅kʰuai | kuai⁼ | vai⁼ | ₅fai | ₅i/ᶜvai | vai⁼ | kuai⁼ |
| 井陉 | ₅sai | suɛ⁼ | ᶜsai | ₅kʰuai | kuai⁼ | vai⁼ | ₅fai | ᶜvai | vai⁼ | kuai⁼ |
| 赞皇 | ₅suei | ʂuɛ⁼ | ᶜsuei | ₅kʰuei | kuei⁼ | vei⁼ | ₅fei | ᶜvei | vei⁼ | kuei⁼ |
| 邢台 | ₅suei | ʂuai⁼ | ᶜʂuei | ₅kʰuei | kuei⁼ | vei⁼ | ₅fei | ᶜvei | vei⁼ | kuei⁼ |
| 涉县 | ₅suei | suɛ⁼ | ᶜsuei | ₅kʰuei | kuei⁼ | vei⁼ | ₅fei | ᶜvei | vei⁼ | kuei⁼ |

续上表

| 方言点 | 保 效开一上晧帮 | 堡 效开一上晧帮 | 报 效开一去号帮 | 抱 效开一上晧並 | 毛 效开一平豪明 | 刀 效开一平豪端 | 道 效开一上晧定 | 盗 效开一去号定 | 脑 效开一上晧泥 | 老 效开一上晧老 |
|---|---|---|---|---|---|---|---|---|---|---|
| 灵丘 | ₍pau | ₍pu / ₍pau | pauᵓ | pauᵓ | ₋mau | ₍tau | tauᵓ | tauᵓ | ₍nau | ₍lau |
| 五台 | ₍pou | ₍pu / ₍pou | pouᵓ | pouᵓ | ₋mᵇou | ₍tou | touᵓ | touᵓ | ₍nᵈou | ₍lou |
| 孟县 | ₍pɔ | ₍pɔ | pɔᵓ | pɔᵓ | ₋mɔ | ₍tɔ | tɔᵓ | tɔᵓ | ₍nɔ | ₍lɔ |
| 平定 | ₍pɔ | ₍pɔ | pɔᵓ | pɔᵓ | ₋mɔ | ₍tɔ | tɔᵓ | tɔᵓ | ₍nɔ | ₍lɔ |
| 昔阳 | ₍po | ₍po | poᵓ | ₍po | ₋mo | ₍to | toᵓ | toᵓ | ₍no | ₍lo |
| 和顺 | ₍po | ₍pu / ₍po | poᵓ | puᵓ / ₍po | ₋mo | ₍to | toᵓ | toᵓ | ₍no | ₍lo |
| 左权 | ₍pʌu | ₍pu / ₍pʌu | pʌuᵓ | puᵓ / pʌuᵓ | ₋mʌu | ₍tʌu | tʌuᵓ | tʌuᵓ | ₍nʌu | ₍lʌu |
| 黎城 | ₍pɔ | ₍pu | pɔᵓ | puᵓ / ₍po | moᵓ | ₍to | toᵓ | toᵓ | ₍no | ₍lɔ |
| 平山 | ₍pɔ | ₍pu / ₍pɔ | pɔᵓ | puᵓ / pɔᵓ | ₋mɔ | ₍tɔ | tɔᵓ | tɔᵓ | ₍nɔ | ₍lɔ |
| 井陉 | ₍pɔ | ₍pu / ₍pɔ | pɔᵓ | puᵓ / pɔᵓ | ₋mɔ | ₍tɔ | tɔᵓ | tɔᵓ | ₍nɔ | ₍lɔ |
| 赞皇 | ₍pɔ | puᵓ / ₍pɔ | pɔᵓ | puᵓ / pɔᵓ | ₋mɔ | ₍tɔ | tɔᵓ | tɔᵓ | ₍nɔ | ₍lɔ |
| 邢台 | ₍pau | ₍pau | pauᵓ | pauᵓ | ₋mau | ₍tau | tauᵓ | tauᵓ | ₍nau | ₍lau |
| 涉县 | ₍pɔ | ₍pu / ₍pɔ | pɔᵓ | puᵓ / ₍pɔ | ₋mɔ | ₍tɔ | tɔᵓ | tɔᵓ | ₍nɔ | ₍lɔ |

| 方言点 | 早 效开一上晧精 | 曹 效开一平豪从 | 嫂 效开一上晧心 | 扫~地 效开一上晧心 | 扫~帚 效开一去号心 | 高 效开一平豪见 | 烤 效开一上晧溪 | 熬 效开一平豪疑 | 豪 效开一平豪匣 | 袄 效开一上晧影 |
|---|---|---|---|---|---|---|---|---|---|---|
| 灵丘 | ₍tsau | ₋tsʰau | ₍sau | ₍sau | sauᵓ | ₍kau | ₍kʰau | ₋nau | ₋xau | ₍nau |
| 五台 | ₍tsou | ₋tsʰou | ₍sou | ₍sou | souᵓ | ₍kou | ₍kʰou | ₋ŋᵍou | ₋xou | ₍ŋᵍou |
| 孟县 | ₍tsɔ | ₋tsʰɔ | ₍sɔ | ₍sɔ | sɔᵓ | ₍kɔ | ₍kʰɔ | ₋ɔ | ₋xɔ | ₍ɔ |
| 平定 | ₍tsɔ | ₋tsʰɔ | ₍sɔ | ₍sɔ | sɔᵓ | ₍kɔ | ₍kʰɔ | ₋ŋɔ | ₋xɔ | ₍ŋɔ |
| 昔阳 | ₍tso | ₋tsʰo | ₍so | ₍so | soᵓ | ₍ko | ₍kʰo | ₋ŋo | ₋xo | ₍ŋo |
| 和顺 | ₍tso | ₋tsʰo | ₍so | ₍so | soᵓ | ₍ko | ₍kʰo | ₋ŋo | ₋xo | ₍ŋo |
| 左权 | ₍tsʌu | ₋tsʰʌu | ₍sʌu | ₍sʌu | sʌuᵓ | ₍kʌu | ₍kʰʌu | ₋ŋʌu | ₋xʌu | ₍ŋʌu |
| 黎城 | ₍tsɔ | tsʰɔᵓ | ₍so | ₍sɔ | soᵓ | ₍ko | ₍kʰo | oᵓ | ₋xo/oɔ | ₍ɔ |
| 平山 | ₍tsɔ | ₋tsʰɔ | ₍sɔ | ₍sɔ | sɔᵓ | ₍kɔ | ₍kʰɔ | ₋ŋɔ | ₋xɔ | ₍ŋɔ |
| 井陉 | ₍tsɔ | ₋tsʰɔ | ₍sɔ | ₍sɔ | sɔᵓ | ₍kɔ | ₍kʰɔ | ₋nɔ | ₋xɔ | ₍nɔ |
| 赞皇 | ₍tsɔ | ₋tsʰɔ | ₍sɔ | ₍sɔ | sɔᵓ | ₍kɔ | ₍kʰɔ | ₋ŋɔ | ₋xɔ | ₍ŋɔ |
| 邢台 | ₍tsau | ₋tsʰau | ₍sau | ₍sau | sauᵓ | ₍kau | ₍kʰau | ₋ŋau | ₋xau | ₍ŋau |
| 涉县 | ₍tɔ / ₍tsɔ | ₋tsʰɔ | ₍sɔ | ₍sɔ | sɔᵓ | ₍kɔ | ₍kʰɔ | ₋ŋɔ | ₋xɔ | ₍ŋɔ |

续上表

| 方言点 | 包 效开二平肴帮 | 饱 效开二上巧帮 | 闹 效开二去效泥 | 罩 效开二去效知 | 吵 效开二上巧初 | 捎 效开二平肴生 | 交 效开二平肴见 | 巧 效开二上巧溪 | 咬 效开二上巧疑 | 孝 效开二去效晓 |
|---|---|---|---|---|---|---|---|---|---|---|
| 灵丘 | ₌pau | ˀpau | nau˨ | tsau˨ | ˀtsʰau | ₌sau | ₌tɕiau | ˀtɕʰiau | ˀiau | ɕiau˨ |
| 五台 | ₌pou | ˀpou | nᵈou˨ | tsou˨ | ˀtsʰou | ₌sou | ₌tɕiou | ˀtɕʰiou | ˀnᵈiou | ɕiou˨ |
| 盂县 | ₌pɔ | ˀpɔ | nɔ˨ | tsɔ˨ | ˀtsʰɔ | ₌sɔ | ₌tɕiɔ | ˀtɕʰiɔ | ˀniɔ | ɕiɔ˨ |
| 平定 | ₌pɔ | ˀpɔ | nɔ˨ | tsɔ˨ | ˀtsʰɔ | ₌sɔ | ₌tɕiɔ | ˀtɕʰiɔ | ˀiɔ | ɕiɔ˨ |
| 昔阳 | ₌po | ˀpo | no˨ | tso˨ | ˀtsʰo | ₌so | ₌tɕio | ˀtɕʰio | ˀio | ɕio˨ |
| 和顺 | ₌po | ˀpo | no˨ | tso˨ | ˀtsʰo | ₌so | ₌tɕio | ˀtɕʰio | ˀnio | ɕio˨ |
| 左权 | ₌pʌɯ | ˀpʌɯ | nʌɯ˨ | tsʌɯ˨ | ˀtsʰʌɯ | ₌sʌɯ | ₌mɯ̃ | ˀtɕʰɯ̃ | ˀɯ̃ | ɕɯ̃˨ |
| 黎城 | ₌po | ˀpo | no˨ | tso˨ | ˀtsʰo | ₌so | ₌ɕio | ˀɕʰio | ˀio | ɕio˨ |
| 平山 | ₌pɔ | ˀpɔ | tsɔ˨ | tʂɔ˨ | ˀtʂʰɔ | ₌ʂɔ | ₌tɕiɔ | ˀtɕʰiɔ | ˀiɔ | ɕiɔ˨ |
| 井陉 | ₌pɔ | ˀpɔ | nau˨ | tsɔ˨ | ˀtsʰɔ | ₌sɔ | ₌tɕiɔ | ˀtɕʰiɔ | ˀiɔ | ɕiɔ˨ |
| 赞皇 | ₌pɔ | ˀpɔ | nɔ˨ | tʂɔ˨ | ˀtʂʰɔ | ₌ʂɔ | ₌tɕiɔ | ˀtɕʰiɔ | ˀiɔ | ɕiɔ˨ |
| 邢台 | ₌pau | ˀpau | nau˨ | tʂau˨ | ˀtʂʰau | ₌ʂau | ₌tɕiau | ˀtɕʰiau | ˀiau | ɕiau˨ |
| 涉县 | ₌pɔ | ˀpɔ | nɔ˨ | tsɔ˨ | ˀtsʰɔ | ₌sɔ | ₌tɕiɔ | ˀtɕʰiɔ | ˀiɔ | ɕiɔ˨ |

| 方言点 | 表 效开三上小帮 | 飘 效开三平宵滂 | 庙 效开三去笑明 | 疗 效开三去笑来 | 焦 效开三平宵精 | 笑 效开三去笑心 | 超 效开三平宵彻 | 烧 效开三平宵书 | 少多~ 效开三上小书 | 少~年 效开三去笑书 |
|---|---|---|---|---|---|---|---|---|---|---|
| 灵丘 | ₌piau | ₌pʰiau | miau˨ | ₋liau | ₌tɕiau | ɕiau˨ | ₌tsʰau | ₌sau | ˀsau | sau˨ |
| 五台 | ₌piou | ₌pʰiou | mᵇiou˨ | ₋liou | ₌tɕiou | ɕiou˨ | ₌tsʰou | ₌sou | ˀsou | sou˨ |
| 盂县 | ₌piɔ | ₌pʰiɔ | miɔ˨ | ₋liɔ | ₌tɕiɔ | ɕiɔ˨ | ₌tsʰɔ | ₌sɔ | ˀsɔ | sɔ˨ |
| 平定 | ₌piɔ | ₌pʰiɔ | miɔ˨ | ₋liɔ | ₌tɕiɔ | ɕiɔ˨ | ₌tʂʰɔ | ₌ʂɔ | ˀʂɔ | ʂɔ˨ |
| 昔阳 | ₌pio | ₌pʰio | mio˨ | ₋lio | ₌tɕio | ɕio˨ | ₌tʂʰo | ₌ʂo | ˀʂo | ʂo˨ |
| 和顺 | ₌pio | ₌pʰio | mio˨ | ₋lio | ₌tɕio | ɕio˨ | ₌tʂʰo | ₌ʂo | ˀʂo | ʂo˨ |
| 左权 | ₌piɯ | ₌pʰiɯ | miɯ˨ | ₋liɯ | ₌tɕiɯ | ɕiɯ˨ | ₌tʂʰʌɯ / ₋tʂʰʌɯ | ₌ʂʌɯ | ˀʂʌɯ | ʂʌɯ˨ |
| 黎城 | ₌pio | ₌pʰio | mio˨ | lio˨ | ₌tɕio | ɕio˨ | ₌tɕʰio | ₌ɕio | ˀɕio | ɕio˨ |
| 平山 | ₌piɔ | ₌pʰiɛ | miɛ˨ | ₋liɔ | ₌tsiɔ | siɛ˨ / ɕiɔ˨ | ₌tʂʰɤ | ₌ʂɤ | ˀʂɤ | ʂɤ˨ |
| 井陉 | ₌piə | ₌pʰiə | miə˨ | ₋liə | ₌tɕiə | ɕiə˨ | ₌tsʰə | ₌sə | ˀsə | sə˨ |
| 赞皇 | ₌piɔ | ₌pʰiɔ | miɔ˨ | ₋liɔ | ₌tsiɔ | siɔ˨ | ₌tʂʰɔ | ₌ʂɔ | ˀʂɔ | ʂɔ˨ |
| 邢台 | ˀpiau | ₌pʰiau | miau˨ | ₋liau | ₌tsiau | siau˨ | ₌tʂʰau | ₌ʂau | ˀʂau | ʂau˨ |
| 涉县 | ₌piɔ | ₌pʰiɔ | miɔ˨ | ₋liɔ | ₌tɕiɔ | ɕiɔ˨ | ₌tsʰɔ | ₌sɔ | ˀsɔ | sɔ˨ |

续上表

| 方言点 | 乔 效开三平宵群 | 轿 效开三去笑群 | 腰 效开三平宵影 | 舀 效开三上小以 | 刁 效开四平萧端 | 条 效开四平萧定 | 尿 效开四去啸泥 | 料 效开四去啸来 | 叫 效开四去啸见 | 晓 效开四上篠晓 |
|---|---|---|---|---|---|---|---|---|---|---|
| 灵丘 | ₋tɕʰiau | tɕiauˀ | ₋iau | ˀiau | ₋tiau | ₋tʰiau | niauˀ | liauˀ | tɕiauˀ | ₋ɕiau |
| 五台 | ₋tɕʰiou | tɕiouˀ | ₋iou | ˀiou | ₋tiou | ₋tɕʰiou | nᵈiouˀ | liouˀ | tɕiouˀ | ₋ɕiou |
| 孟县 | ₋tɕʰiɔ | tɕiɔˀ | ₋iɔ | ˀiɔ | ₋tiɔ | ₋tʰiɔ | niɔˀ | liɔˀ | tɕiɔˀ | ₋ɕiɔ |
| 平定 | ₋tɕʰiɔ | tɕiɔˀ | ₋iɔ | ˀiɔ | ₋tiɔ | ₋tʰiɔ | niɔˀ | liɔˀ | tɕiɔˀ | ₋ɕiɔ |
| 昔阳 | ₋tɕʰio | tɕioˀ | ₋io | ˀio | ₋tio | ₋tʰio | nioˀ | lioˀ | tɕioˀ | ₋ɕio |
| 和顺 | ₋tɕʰio | tɕioˀ | ₋io | ˀio | ₋tio | ₋tʰio | nioˀ | lioˀ | tɕioˀ | ₋ɕio |
| 左权 | ₋tɕʰiɯ | tɕiɯˀ | ₋iɯ | ˀiɯ | ₋tiɯ | ₋tʰiɯ | niɯˀ | liɯˀ | tɕiɯˀ | ₋ɕiɯ |
| 黎城 | cʰioˀ | cioˀ | ₋io | ˀiɔ | ₋tio | tʰioˀ | nioˀ | lioˀ | cioˀ | ₋ɕio |
| 平山 | ₋tɕʰiɔ | tɕiɛˀ | ₋iɛˀ | ˀiˀ | ₋tiɜ ₋ciɜ | ₋tʰiɛ | niɛˀ | liɛˀ | tɕiɛˀ | ₋ɕiɔ |
| 井陉 | ₋tɕʰiə | tɕiəˀ | ₋iə | ˀiə | ₋tiə | ₋tʰiə | niəˀ | liəˀ | tɕiəˀ | ₋ɕiə |
| 赞皇 | ₋tɕʰiɔ | tɕiɔˀ | ₋iɔ | ˀiɔ | ₋tiɔ | ₋tʰiɔ | niɔˀ | liɔˀ | tɕiɔˀ | ₋ɕiɔ |
| 邢台 | ₋tɕʰiau | tɕiauˀ | ₋iau | ˀiau | ₋tiau | ₋tʰiau | niauˀ | liauˀ | tɕiauˀ | ₋ɕiau |
| 涉县 | ₋tɕʰiɔ | tɕiɔˀ | ₋iɔ | ˀiɔ | ₋tiɔ | ₋tʰiɔ | niɔˀ | liɔˀ | tɕiɔˀ | ₋ɕiɔ |

| 方言点 | 亩 流开一上厚明 | 贸 流开一去候明 | 头 流开一平侯定 | 豆 流开一去候定 | 楼 流开一平侯来 | 走 流开一上厚精 | 沟 流开一平侯见 | 口 流开一上厚溪 | 偶 流开一去候疑 | 吼 流开一上厚晓 |
|---|---|---|---|---|---|---|---|---|---|---|
| 灵丘 | ₋mu | mauˀ | ₋tʰəu | təuˀ | ₋ləu | ₋tsəu | ₋kiəu | ₋kʰiəu | ₋nəu | ₋xəu |
| 五台 | ₋mᵇu | mᵇouˀ | ₋tʰei | teiˀ | ₋lei | ₋tsei | ₋kei | ₋kʰei | ₋ei | ₋xei |
| 孟县 | ₋mu | mɔˀ | ₋tʰəu | təuˀ | ₋ləu | ₋tsəu | ₋kəu | ₋kʰəu | ₋ŋəu | ₋xəu |
| 平定 | ₋mᵇu | mɔˀ | ₋tʰəu | touˀ | ₋lou | ₋tsou | ₋kou | ₋kʰou | ₋ŋou | ₋xou |
| 昔阳 | ₋mu | moˀ | ₋tʰəu | təuˀ | ₋ləu | ₋tsəu | ₋kəu | ₋kʰəu | ₋ŋəu | ₋xəu |
| 和顺 | ₋mu | moˀ | ₋tʰəum | təumˀ | ₋ləum | ₋tsəum | ₋kəum | ₋kʰəum | ₋ŋəum | ₋xəum |
| 左权 | ₋mu | mʌuˀ | ₋tʰao | taoˀ | ₋lao | ₋tsao | ₋kao | ₋kʰao | ₋ŋao | ₋xao |
| 黎城 | ₋mu | moˀ | tʰəuˀ | təuˀ | ləuˀ | ₋tsəu | ₋kəu | ₋kʰəu | ₋əu | ₋xəu |
| 平山 | ₋mu | moˀ | ₋tʰao | taoˀ | ₋lao | ₋tsao | ₋kao | ₋kʰao | ₋ŋao | ₋xao |
| 井陉 | ₋mu | moˀ | ₋tʰao | taoˀ | ₋lao | ₋tsao | ₋kao | ₋kʰao | ₋nao | ₋xao |
| 赞皇 | ₋mu | moˀ | ₋tʰou | touˀ | ₋lou | ₋tsou | ₋kou | ₋kʰou | ₋ŋou | ₋xou |
| 邢台 | ₋mu | mauˀ | ₋tʰəu | təuˀ | ₋ləu | ₋tsəu | ₋kəu | ₋kʰəu | ₋ŋəu | ₋xəu |
| 涉县 | ₋mu | mɔˀ | ₋tʰou | touˀ | ₋lou | ₋tsou | ₋kou | ₋kʰou | ₋ŋou | ₋xou |

续上表

| 方言点 | 厚<br>流开一<br>上厚匣 | 欧<br>流开一<br>平侯影 | 否<br>流开三<br>上有非 | 妇<br>流开三<br>上有奉 | 谋<br>流开三<br>平尤明 | 矛<br>流开三<br>平尤明 | 扭<br>流开三<br>上有泥 | 流<br>流开三<br>平尤来 | 酒<br>流开三<br>上有精 | 秋<br>流开三<br>平尤清 |
|---|---|---|---|---|---|---|---|---|---|---|
| 灵丘 | xəu⁻ | ₋nəu | ᶜfu | fuˀ | ₌mu | ₌mo | ₋niəu | ₌liəu | ᶜtɕiəu | ₋tɕʰiəu |
| 五台 | xei⁻ | ₋ᵑgei | ᶜfu | fuˀ | ₌mᵇu | ₌mᵇou | ₋ᵑgiei | ₌liei | ᶜtɕiei | ₋tɕʰiei |
| 盂县 | xəu⁻ | ₋nəu | ᶜfu | fuˀ | ₌mu | ₌mɔ | ₋niəu | ₌liəu | ᶜtɕiəu | ₋tɕʰiəu |
| 平定 | xou⁻ | ₋ŋou | ᶜfu | fuˀ | ₌mᵇu | ₌mᵇɔ | ₋niou | ₌liou | ᶜtɕiou | ₋tɕʰiou |
| 昔阳 | xəu⁻ | ŋəu⁻ | ᶜfu | fuˀ | ₌mu | ₌mo | ₋niəu | ₌liəu | ᶜtɕiəu | ₋tɕʰiəu |
| 和顺 | xəum⁻ | ₋ŋəum | ᶜfu | fuˀ | ₌mu | ₌mo | ₋niəum | ₌liəum | ᶜtɕiəum | ₋tɕʰiəum |
| 左权 | xao⁻ | ₋ŋao | ᶜfu | fuˀ | ₌mʋu | ₌mao | ₋niao | ₌liao | ᶜtɕiao | ₋tɕʰiao |
| 黎城 | xəuˀ | ₋əu | ᶜfu | fuˀ | muˀ | moˀ | ₋niəu | liəuˀ | ᶜtɕiəu | ₋tɕʰiəu |
| 平山 | xao⁻ | ₋ŋao | ᶜfao | ᶜfu | ₌mao<br>mu | ₌mao | ₋niao | ₌liao | ᶜtsiao | ₋tsʰiao |
| 井陉 | xao⁻ | ₋nao | ᶜfao | fuˀ | ₌mu<br>mao | ₌mɔ | ₋niao | ₌liao | ᶜtɕiao | ₋tɕʰiao |
| 赞皇 | xou⁻ | ₋ŋou | ᶜfou | fuˀ | ₌mu | ₌mɔ | ₋niou | ₌liou | ᶜtsiou | ₋tsʰiou |
| 邢台 | xəu⁻ | ₋ŋəu | ᶜfu | ᶜfu | ₌mu | ₌mɑu | ₋niəu | ₌liəu | ᶜtsiəu | ₋tsʰiəu |
| 涉县 | xou⁻ | ₋ŋou | ᶜfu | fuˀ | ₌mu | ₌mo | ₋niou | ₌liou | ᶜtɕiou | ₋tɕʰiou |

| 方言点 | 就<br>流开三<br>去宥从 | 修<br>流开三<br>平尤心 | 愁<br>流开三<br>平尤崇 | 瘦<br>流开三<br>去宥生 | 周<br>流开三<br>平尤章 | 臭<br>流开三<br>去宥昌 | 手<br>流开三<br>上有书 | 寿<br>流开三<br>去宥禅 | 揉<br>流开三<br>平尤日 | 九<br>流开三<br>上有见 |
|---|---|---|---|---|---|---|---|---|---|---|
| 灵丘 | tɕiəu⁻ | ₋ɕiəu | ₌tsʰəu | səu⁻ | ₋tsəu | tsʰəu⁻ | ᶜsəu | səu⁻ | ₌zəu | ᶜtɕiəu |
| 五台 | tɕiei⁻ | ₋ɕiei | ₌tsʰei | sei⁻ | ₋tsei | tsʰei⁻ | ᶜsei | sei⁻ | ₌zei | ᶜtɕiei |
| 盂县 | tsəu⁻ | ₋ɕiəu | ₌tsʰəu | səu⁻ | ₋tsəu | tsʰəu⁻ | ᶜsəu | nəu⁻ | ₌zəu | ᶜtɕiəu |
| 平定 | tsou⁻<br>tɕiou⁻ | ₋ɕiou | ₌tsʰou | sou⁻ | ₋tsou | tsʰou⁻ | ᶜʂou | ʂou⁻ | ₌ʐou | ᶜtɕiou |
| 昔阳 | tɕiəu⁻ | ₋ɕiəu | ₌tsʰəu | səu⁻ | ₋tsəu | tsʰəu⁻ | ᶜʂəu | ʂəu⁻ | ₌ʐəu | ᶜtɕiəu |
| 和顺 | tɕiəum⁻ | ₋ɕiəum | ₌tsʰəum | səum⁻ | ₋tʂəum | tʂʰəum⁻ | ᶜʂəum | ʂəum⁻ | ₌ʐəum | ᶜtɕiəum |
| 左权 | tsao⁻<br>tɕiao⁻ | ₋ɕiao | ₌tsʰao | sao⁻ | ₋tʂao | tʂʰao⁻ | ᶜʂao | ʂao⁻ | ₌ʐao | ᶜtɕiao |
| 黎城 | tɕiəuˀ | ₋ɕiəu | tsʰəuˀ | səuˀ | ₋tɕiəu | tɕʰiəuˀ | ᶜɕiəu | ɕiəuˀ | iəuˀ | ᶜɕiəu |
| 平山 | tsao⁻<br>tɕiao⁻ | ₋siao | ₌tsʰao | ʂao⁻ | ₋tsao | tsʰao⁻ | ᶜʂao | ʂao⁻ | ₌ʐao | ᶜtɕiao |
| 井陉 | tɕiao⁻ | ₋ɕiao | ₌tsʰao | sao⁻ | ₋tsao | tsʰao⁻ | ᶜsao | sao⁻ | ₌zao | ᶜtɕiao |
| 赞皇 | tsiou⁻ | ₋siou | ₌tsʰou | ʂou⁻ | ₋tsou | tsʰou⁻ | ᶜʂou | ʂou⁻ | ₌ʐou | ᶜtɕiou |
| 邢台 | tsiəu⁻ | ₋siəu | ₌tsʰəu | ʂəu⁻ | ₋tsəu | tsʰəu⁻ | ᶜʂəu | ʂəu⁻ | ₌ʐəu | ᶜtɕiəu |
| 涉县 | tsou⁻<br>tɕiou⁻ | ₋ɕiou | ₌tsʰou | sou⁻ | ₋tsou | tsʰou⁻ | ᶜsou | sou⁻ | ₌iou | ᶜtɕiou |

续上表

| 方言点 | 球 流开三平尤群 | 舅 流开三上有群 | 牛 流开三平尤疑 | 休 流开三平尤晓 | 优 流开三平尤影 | 有 流开三上有云 | 油 流开三平尤以 | 谬 流开三去幼明 | 丢 流开三平幽端 | 幼 流开三去幼影 |
|---|---|---|---|---|---|---|---|---|---|---|
| 灵丘 | ₋tɕʰiəu | tɕiəu⁻ | ₌niəu | ₋ɕiəu | ₋iəu | ₌iəu | ₌iəu | niəu⁻ | ₋tiəu | iəu⁻ |
| 五台 | ₋tɕʰiei | tɕiei⁻ | ₌nᵈiei | ₋ɕiei | ₋iei | ₌iei | ₌iei | mᵇiei⁻ | ₋tiei | iei⁻ |
| 盂县 | ₋tɕʰiəu | tɕiəu⁻ | ₌niəu | ₋ɕiəu | ₋iəu | ₌iəu | ₌iəu | niəu⁻ | ₋tiəu | iəu⁻ |
| 平定 | ₋tɕʰiou | tɕiou⁻ | ₌niou | ₋ɕiou | ₋iou | ₌iou | ₌iou | niou⁻ | ₋tiou | iou⁻ |
| 昔阳 | ₋tɕʰiəu | tɕiəu⁻ | ₌niəu | ₋ɕiəu | ₋iəu | ₌iəu | ₌iəu | ⁻niəu | ₋tiəu | iəu⁻ |
| 和顺 | ₋tɕʰiəum | tɕiəum⁻ | ₌niəum | ₋ɕiəum | ₋iəum | ₌iəum | ₌iəum | ⁻niəum | ₋tiəum | iəum⁻ |
| 左权 | ₋tɕʰiao | tɕiao⁻ | ₌niao | ₋ɕiao | ₋iao | ₌iao | ₌iao | miɯ⁻ | ₋tiao | iao⁻ |
| 黎城 | ₋cʰiəu | ciəu⁻ | niəu⁻ | ₋ɕiəu | ₋iəu | ₌iəu | ₌iəu | ⁻niəu | ₋tiəu | iəu⁻ |
| 平山 | ₋tɕʰiao | tɕiao⁻ | ₌niao | ₋ɕiao | ₋iao | ₌iao | ₌iao | ₋miɜ | ₋tiao | iao⁻ |
| 井陉 | ₋tɕʰiao | tɕiao⁻ | ₌niao | ₋ɕiao | ₋iao | ₌iao | ₌iao | miɜ⁻ | ₋tiao | iao⁻ |
| 赞皇 | ₋tɕʰiou | tɕiou⁻ | ₌niou | ₋ɕiou | ₋iou | ₌iou | ₌iou | niou⁻ | ₋tiou | iou⁻ |
| 邢台 | ₋tɕʰiəu | tɕiəu⁻ | ₌niəu | ₋ɕiəu | ₋iəu | ₌iəu | ₌iəu | niəu⁻ | ₋tiəu | iəu⁻ |
| 涉县 | ₋tɕiou | tɕiou⁻ | ₌niou | ₋ɕiou | ₋iou | ₌iou | ₌iou | mie⁻ | ₋tiou | iou⁻ |

| 方言点 | 耽 咸开一平覃端 | 潭 咸开一平覃定 | 南 咸开一平覃泥 | 蚕 咸开一平覃从 | 感 咸开一上感见 | 砍 咸开一上感溪 | 暗 咸开一去勘影 | 胆 咸开一上敢端 | 谈 咸开一平谈定 | 淡 咸开一上敢定 |
|---|---|---|---|---|---|---|---|---|---|---|
| 灵丘 | ₋tæ̃ | ₌tʰæ̃ | ₌næ̃ | ₌tsʰæ̃ | ₋kæ̃ | ₋kʰæ̃ | næ̃⁻ | ₋tæ̃ | ₌tʰæ̃ | tæ̃⁻ |
| 五台 | ₋tã | ₌tʰã | ₌nᵈã | ₌tsʰã | ₋kã | ₋kʰã | ŋᵍã⁻ | ₋tã | ₌tʰã | tã⁻ |
| 盂县 | ₋tã | ₌tʰã | ₌nã | ₌tsʰã | ₋kã | ₋kʰã | ŋã⁻ | ₋tã | ₌tʰã | tã⁻ |
| 平定 | ₋tæ̃ | ₌tʰæ̃ | ₌næ̃ | ₌tsʰæ̃ | ₋kæ̃ | ₋kʰæ̃ | ŋæ̃⁻ | ₋tæ̃ | ₌tʰæ̃ | tæ̃⁻ |
| 昔阳 | ₋tæ | ₌tʰæ | ₌næ | ₌tsʰæ | ₋kæ | ₋kʰæ | ŋæ⁻ | ₋tæ | ₌tʰæ | tæ⁻ |
| 和顺 | ₋tæ | ₌tʰæ | ₌næ | ₌tsʰæ | ₋kæ | ₋kʰæ | ŋæ⁻ | ₋tæ | ₌tʰæ | tæ⁻ |
| 左权 | ₋tæ | ₌tʰæ | ₌næ | ₌tsʰæ | ₋kæ | ₋kʰæ | ŋæ⁻ | ₋tæ | ₌tʰæ | tæ⁻ |
| 黎城 | ₋tæi | ₌tʰæi | næi⁻ | tsʰæi⁻ | ₋kæi | ₋kʰæi | æi⁻ | ₋tæi | tʰæi⁻ | tæi⁻ |
| 平山 | ₋tæ | ₌tʰæ | ₌næ | ₌tsʰæ | ₋kæ | ₋kʰæ | ŋæ⁻ | ₋tæ | ₌tʰæ | tæ⁻ |
| 井陉 | ₋tæ | ₌tʰæ | ₌næ | ₌tsʰæ | ₋kæ | ₋kʰæ | næ⁻ | ₋tæ | ₌tʰæ | tæ⁻ |
| 赞皇 | ₋tæ | ₌tʰæ | ₌næ | ₌tsʰæ | ₋kæ | ₋kʰæ | ŋæ⁻ | ₋tæ | ₌tʰæ | tæ⁻ |
| 邢台 | ₋ta | ₌tʰa | ₌na | ₌tsʰa | ₋ka | ₋kʰa | ŋa⁻ | ₋ta | ₌tʰa | ta⁻ |
| 涉县 | ₋tæ | ₌tʰæ | ₌næ | ₌tsʰæ | ₋kæ | ₋kʰæ | ŋæ⁻ | ₋tæ | ₌tʰæ | tæ⁻ |

续上表

| 方言点 | 蓝<br>咸开一<br>平谈来 | 三<br>咸开一<br>平谈心 | 敢<br>咸开一<br>上敢见 | 喊<br>咸开一<br>上敢晓 | 站<br>咸开二<br>去陷知 | 蘸<br>咸开二<br>去陷庄 | 馋<br>咸开二<br>平咸崇 | 减<br>咸开二<br>上豏见 | 咸<br>咸开二<br>平咸匣 | 搀<br>咸开二<br>平衔初 |
|---|---|---|---|---|---|---|---|---|---|---|
| 灵丘 | ₌læ | ₌sæ | ˆkæ | ˆxæ | tsæ⁼ | tsæ⁼ | ₌tsʰæ | ˆtɕie | ₌ɕie | ₌tsʰæ |
| 五台 | ₌lã | ₌sã | ˆkã | ˆxã | tsã⁼ | tsã⁼ | ₌tsʰã | ˆtɕiã | ₌xã | ₌tsʰã |
| 盂县 | ₌lã | ₌sã | ˆkã | ˆxã | tsã⁼ | tsã⁼ | ₌tsʰã | ˆtɕiã | ₌xã<br>₌ɕiã | ₌tsʰã |
| 平定 | ₌læ̃ | ₌sæ̃ | ˆkæ̃ | ˆxæ̃ | tsæ̃ | tsæ̃ | ₌tsʰæ̃ | ˆtɕiæ̃ | ₌ɕiæ̃ | ₌tsʰæ̃ |
| 昔阳 | ₌læ | ₌sæ<br>₌sɑ | ˆkæ | ˆxæ | tsæ | tsæ | ₌tsʰæ | ˆtɕiæ | ₌ɕiæ | ₌tsʰæ |
| 和顺 | ₌læ | ₌sæ | ˆkæ | ˆxæ | tsæ | tsæ | ₌tsʰæ | ˆtɕiæ | ₌ɕiæ | ₌tsʰæ |
| 左权 | ₌lɛ | ₌sɛ | ˆkɛ | ˆxɛ | tsɛ | tsɛ | ₌tsʰɛ | ˆtɕiɛ | ₌ɕiɛ | ₌tsʰɛ |
| 黎城 | læi⁼ | ₌sæi | ˆkæi | ˆxæi | tsæi⁼ | tsæi⁼ | tsʰæi⁼ | ˆcie | ₌ɕie | ₌tsʰæi |
| 平山 | ₌læ | ₌sæ | ˆkæ | ˆxæ | tʂæ⁼ | tʂæ⁼ | ₌tʂʰæ | ˆtɕiæ | ₌ɕiæ | ₌tʂʰæ |
| 井陉 | ₌læ | ₌sæ | ˆkæ | ˆxæ | tsæ⁼ | tsæ⁼ | ₌tsʰæ | ˆtɕiæ | ₌ɕiæ | ₌tsʰæ |
| 赞皇 | ₌læ | ₌sæ | ˆkæ | ˆxæ | tʂæ⁼ | tʂæ⁼ | ₌tʂʰæ | ˆtɕiæ | ₌ɕiæ | ₌tʂʰæ |
| 邢台 | ₌la | ₌sa | ˆka | ˆxa | tʂa⁼ | tʂa⁼ | ₌tʂʰa | ˆtɕia | ₌ɕia | ₌tʂʰa |
| 涉县 | ₌læ | ₌sæ | ˆkæ | ˆxæ | tsæ⁼ | tsæ⁼ | ₌tsʰæ | ˆtsæ | ₌ɕiæ | ₌tsʰæ |

| 方言点 | 衫<br>咸开二<br>平衔生 | 岩<br>咸开二<br>平衔疑 | 贬<br>咸开三<br>上琰帮 | 镰<br>咸开三<br>平盐来 | 尖<br>咸开三<br>平盐精 | 验<br>咸开三<br>去艳疑 | 险<br>咸开三<br>上琰晓 | 盐<br>咸开三<br>平盐以 | 欠<br>咸开三<br>去酽溪 | 严<br>咸开三<br>平严疑 |
|---|---|---|---|---|---|---|---|---|---|---|
| 灵丘 | ₌sæ̃ | ₌ie | ˆpie | ₌lie | ˆtɕie | ie⁼ | ˆɕie | ₌ie | tɕʰie⁼ | ₌ie |
| 五台 | ₌sã | ₌iẽ | ˆpiẽ | ₌liẽ | ˆtɕiẽ | iẽ⁼ | ˆɕiẽ | ₌iẽ | tɕʰiẽ⁼ | ₌iẽ |
| 盂县 | ₌sã | ₌iã | ˆpiã | ₌liã | ˆtɕiã | iã⁼ | ˆɕiã | ₌iã | tɕʰiã⁼ | ₌iã |
| 平定 | ˆsæ̃ | ₌iæ̃ | ˆpiæ̃ | ₌liæ̃ | ˆtɕiæ̃ | iæ̃⁼ | ˆɕiæ̃ | ₌iæ̃ | tɕʰiæ̃⁼ | ₌iæ̃ |
| 昔阳 | ˆsæ | ₌iæ | ˆpiæ | ₌liæ | ˆtɕiæ | iæ⁼ | ˆɕiæ | ₌iæ | tɕʰiæ⁼ | ₌iæ |
| 和顺 | ₌sæ | ₌iæ | ˆpiæ | ₌liæ | ˆtɕiæ | iæ⁼ | ˆɕiæ | ₌iæ | tɕʰiæ⁼ | ₌iæ |
| 左权 | ₌sɛ | ₌iɛ | ˆpiɛ | ₌liɛ | ˆtɕiɛ | iɛ⁼ | ˆɕiɛ | ₌iɛ | tɕʰiɛ⁼ | ₌iɛ |
| 黎城 | ₌sæi | ie⁼ | ˆpie | lie⁼ | ˆtɕie | ie⁼ | ˆɕie | ₌ie | cʰie⁼ | ie⁼ |
| 平山 | ₌sæ | ₌iæ | ˆpiæ | ₌liæ | ˆtsiæ | iæ⁼ | ˆɕiæ | ₌iæ | tɕʰiæ⁼ | ₌iæ |
| 井陉 | ₌sæ | ₌iæ | ˆpiæ | ₌liæ | ˆtɕiæ | iæ⁼ | ˆɕiæ | ₌iæ | tɕʰiæ⁼ | ₌iæ |
| 赞皇 | ₌sæ | ₌iæ | ˆpiæ | ₌liæ | ˆtiæ | iæ⁼ | ˆɕiæ | ₌iæ | tɕʰiæ⁼ | ₌iæ |
| 邢台 | ₌ʂa | ₌ia | ˆpia | ₌lia | ˆtsia | ia⁼ | ˆɕia | ₌ia | tɕʰia⁼ | ₌ia |
| 涉县 | ₌sæ | ₌iæ | ˆpiæ | ₌liæ | ˆtɕiæ | iæ⁼ | ˆɕiæ | ₌iæ | tɕʰiæ⁼ | ₌iæ |

续上表

| 方言点 | 掂 咸开四 平添端 | 点 咸开四 上忝端 | 添 咸开四 平添透 | 甜 咸开四 平添定 | 念 咸开四 去㮇泥 | 谦 咸开四 平添溪 | 嫌 咸开四 平添匣 | 泛 咸合三 去梵敷 | 凡 咸合三 平凡奉 | 犯 咸合三 上范奉 |
|---|---|---|---|---|---|---|---|---|---|---|
| 灵丘 | ₋tie | ᶜtie | ₋tʰie | ₅tʰie | nieᶜ | ₋tɕʰie | ₅ɕie | fæᶜ | ₅fæ | fæᶜ |
| 五台 | ₋tiẽ | ᶜtiẽ | ₋tʰiẽ | ₅tʰiẽ | ⁿdiẽᶜ | ₋tɕʰiẽ | ₅ɕiẽ | fãᶜ | ₅fã | fãᶜ |
| 盂县 | ₋tiã | ᶜtiã | ₋tʰiã | ₅tʰiã | niãᶜ | ₋tɕʰiã | ₅ɕiã | faʔᶜ | ₅fã | fãᶜ |
| 平定 | ₋tiæ̃ | ᶜtiæ̃ | ₋tʰiæ̃ | ₅tʰiæ̃ | ⁿdiæ̃ᶜ | ₋tɕʰiæ̃ | ₅ɕiæ̃ | fæᶜ | ₅fæ̃ | fæ̃ᶜ |
| 昔阳 | ₋tiæ | ᶜtiæ | ₋tʰiæ | ₅tʰiæ | niæᶜ | ₋tɕʰiæ | ₅ɕiæ | fæᶜ | ᶜfæ | fæ |
| 和顺 | ₋tiæ | ᶜtiæ | ₋tʰiæ | ₅tʰiæ | niæᶜ | ₋tɕʰiæ | ₅ɕiæ | fæᶜ | ₅fæ | fæ |
| 左权 | ₋tiɛ | ᶜtiɛ | ₋tʰiɛ | ₅tʰiɛ | ⁿdiɛᶜ | ₋tɕʰiɛ | ₅ɕiɛ | fæᶜ | ₅fæ | fæ |
| 黎城 | ₋tie | ᶜtie | ₋tʰie | tʰieᶜ | nieᶜ | ₋tɕʰie | ɕieᶜ | fæiᶜ | ᶜfæi | fæiᶜ |
| 平山 | ₋tiæ | ᶜtiæ | ₋tʰiæ | ₅tʰiæ | niæᶜ | ₋tɕʰiæ | ₅ɕiæ | fæᶜ | ₅fæ | fæ |
| 井陉 | ₋tiæ | ᶜtiæ | ₋tʰiæ | ₅tʰiæ | niæᶜ | ₋tɕʰiæ | ₅ɕiæ | fæᶜ | ₅fæ | fæ |
| 赞皇 | ₋tiæ | ᶜtiæ | ₋tʰiæ | ₅tʰiæ | niæᶜ | ₋tɕʰiæ | ₅ɕiæ | fæᶜ | ₅fæ | fæ |
| 邢台 | ₋tia | ᶜtia | ₋tʰia | ₅tʰia | niaᶜ | ₋tɕʰia | ₅ɕia | faᶜ | faᶜ | faᶜ |
| 涉县 | ₋tiæ | ᶜtiæ | ₋tʰiæ | ₅tʰiæ | niæᶜ | ₋tɕʰiæ | ₅ɕiæ | fæᶜ | ₅fæ | fæ |

| 方言点 | 品 深开三 上寝滂 | 林 深开三 平侵来 | 心 深开三 平侵心 | 寻 深开三 平侵邪 | 沉 深开三 平侵澄 | 森 深开三 平侵生 | 针 深开三 平侵章 | 深 深开三 平侵书 | 婶 深开三 上寝书 | 任责~ 深开三 去沁日 |
|---|---|---|---|---|---|---|---|---|---|---|
| 灵丘 | ᶜpʰiəŋ | ₅lieŋ | ₋ɕieŋ | ₅ɕieŋ | ₅tsʰəŋ | ₋səŋ | ₋tsəŋ | ₋səŋ | ᶜsəŋ | zəŋᶜ |
| 五台 | ᶜpʰiəŋ | ₅liəŋ | ₋ɕiəŋ | ₅ɕiəŋ | ₅tsʰəŋ | ₋səŋ | ₋tsəŋ | ₋səŋ | ᶜsəŋ | zəŋᶜ |
| 盂县 | ᶜpʰiəŋ | ₅liəŋ | ₋ɕiəŋ | ₅ɕiəŋ | ₅tsʰəŋ | ₋səŋ | ₋tɕiəŋ / ₋tsəŋ | ₋tsʰəŋ | ᶜsəŋ | zəŋᶜ |
| 平定 | ᶜpʰiəŋ | ₅liəŋ | ₋ɕiəŋ | ₅ɕiəŋ | ₅tʂʰəŋ | ₋tʂəŋ | ₋tʂəŋ | ₋ʂəŋ | ᶜʂəŋ | ʐəŋᶜ |
| 昔阳 | ᶜpʰiəŋ | ₅liəŋ | ₋ɕiəŋ | ₅ɕiəŋ | ₅tʂʰəŋ | ₋tʂəŋ | ₋tsəŋ | ₋ʂəŋ | ᶜʂəŋ | ʐəŋᶜ |
| 和顺 | ᶜpʰiəŋ | ₅liəŋ | ₋ɕiəŋ | ₅ɕiəŋ | ₅tʂʰəŋ | ₋səŋ | ₋tsəŋ | ᶜʂəŋ | ᶜʂəŋ | ʐəŋᶜ |
| 左权 | ᶜpʰiəŋ | ₅liəŋ | ₋ɕiəŋ | ₅ɕiəŋ | ₅tʂʰəŋ | ₋səŋ | ₋səŋ | ₋səŋ | ᶜsəŋ | ʐəŋᶜ |
| 黎城 | ᶜpʰĩ | lĩᶜ | ₋ɕĩ | ₋ɕỹ | ₋tɕʰĩ | ₋sẽ | ₋tɕĩ | ₋tɕʰĩ | ᶜɕĩ | ĩᶜ |
| 平山 | ᶜpʰiŋ | ₅liŋ | ₋siŋ | ₅siŋ | ₅tʂʰəŋ | ₋səŋ | ₋tsəŋ | ₋ʂəŋ | ᶜʂəŋ | ʐəŋᶜ |
| 井陉 | ᶜpʰiŋ | ₅liŋ | ₋ɕiŋ | ₅ɕiŋ | ₅tʂʰəŋ | ₋səŋ | ₋tsəŋ | ₋səŋ | ᶜsəŋ | zəŋᶜ |
| 赞皇 | ᶜpʰin | ₅lin | ₋sin | ₅sin | ₅tʂʰən | ₋səŋ | ₋tʂəŋ | ₋ʂən | ᶜʂən | ʐənᶜ |
| 邢台 | ᶜpʰiən | ₅liən | ₋siən | ₅suən | ₅tʂʰən | ₋səŋ | ₋tsəŋ | ₋ʂən | ᶜʂən | ʐənᶜ |
| 涉县 | ᶜpʰiŋ | ₅liŋ | ₋ɕiŋ | ₅ɕiŋ | ₅tsʰəŋ | ₋tsəŋ | ₋tsəŋ | ᶜtsʰəŋ / səŋ | ᶜsəŋ | iŋᶜ |

续上表

| 方言点 | 金<br>深开三<br>平侵见 | 妗<br>深开三<br>去沁群 | 音<br>深开三<br>平侵影 | 单~独<br>山开一<br>平寒端 | 碳<br>山开一<br>去翰透 | 难~易<br>山开一<br>平寒泥 | 拦<br>山开一<br>平寒来 | 残<br>山开一<br>平寒从 | 伞<br>山开一<br>上旱心 | 岸<br>山开一<br>去翰疑 |
|---|---|---|---|---|---|---|---|---|---|---|
| 灵丘 | ₅tɕiəŋ | — | ₅iəŋ | ₅tæ̃ | tʰæ̃ᵓ | ₅næ̃ | ₅læ̃ | ₅tsʰæ̃ | ᶜsæ̃ | næ̃ᵓ |
| 五台 | ₅tɕiəŋ | tɕiəŋᵓ | ₅iəŋ | ₅tã | tʰãᵓ | ₅ndã | ₅lã | ₅tsʰã | ᶜsã | ŋgãᵓ |
| 孟县 | ₅tɕiəŋ | tɕiəŋᵓ | ₅iəŋ | ₅tã | tʰãᵓ | ₅nã | ₅lã | ₅tsʰã | ᶜsã | ŋãᵓ |
| 平定 | ₅tɕiəŋ | tɕiəŋᵓ | ₅iəŋ | ₅tæ̃ | tʰæ̃ᵓ | ₅næ̃ | ₅læ̃ | ₅tsʰæ̃ | ᶜsæ̃ | ŋæ̃ᵓ |
| 昔阳 | ₅tɕiəŋ | tɕiəŋᵓ | ₅iəŋ | ₅tæ | tʰæᵓ | ₅næ | ₅læ | ₅tsʰæ | ᶜsæ | ŋæᵓ |
| 和顺 | ₅tɕiəŋ | tɕiəŋᵓ | ₅iəŋ | ₅tæ | tʰæᵓ | ₅næ | ₅læ | ₅tsʰæ | ᶜsæ | ŋæᵓ |
| 左权 | ₅tɕiəŋ | tɕiəŋᵓ | ₅iəŋ | ₅tæ | tʰæᵓ | ₅ndæ | ₅læ | ₅tsʰæ | ᶜsæ | ŋæᵓ |
| 黎城 | ₅ci | ciᵓ | ₅i | ₅tæi | tʰæiᵓ | næi | læi | ₅tsʰæi | ᶜsuæi | æiᵓ |
| 平山 | ₅tɕiŋ | tɕiŋᵓ | ₅iŋ | ₅tæ | tʰæᵓ | ₅næ | ₅læ | ₅tsʰæ | ᶜsæ | ŋæᵓ |
| 井陉 | ₅tɕiŋ | tɕiŋᵓ | ₅iŋ | ₅tæ | tʰæᵓ | ₅næ | ₅læ | ₅tsʰæ | ᶜsæ | næᵓ |
| 赞皇 | ₅tɕin | tɕinᵓ | ₅in | ₅tæ | tʰæᵓ | ₅næ | ₅læ | ₅tsʰæ | ᶜsæ | ŋæᵓ |
| 邢台 | ₅tɕiən | tɕiənᵓ | ₅iən | ₅ta | tʰaᵓ | ₅na | ₅la | ₅tsʰa | ᶜsa | ŋaᵓ |
| 涉县 | ₅tɕiŋ | tɕiŋᵓ | ₅iŋ | ₅tæ | tʰæᵓ | ₅næ | ₅læ | ₅tsʰæ | ᶜsæ | ŋæᵓ |

| 方言点 | 寒<br>山开一<br>平寒匣 | 旱<br>山开一<br>上旱匣 | 安<br>山开一<br>平寒影 | 扮<br>山开二<br>去裥帮 | 铲<br>山开二<br>上产初 | 山<br>山开二<br>平山生 | 艰<br>山开二<br>平山见 | 眼<br>山开二<br>上产疑 | 闲<br>山开二<br>平山匣 | 班<br>山开二<br>平删帮 |
|---|---|---|---|---|---|---|---|---|---|---|
| 灵丘 | ₅xæ̃ | xæ̃ᵓ | ₅næ̃ | pæ̃ᵓ | ᶜtsʰæ̃ | ₅sæ̃ | ₅tɕie | ᶜie | ₅çie | ₅pæ̃ |
| 五台 | ₅xã | xãᵓ | ₅ŋgã | pãᵓ | ᶜtsã | ₅sã | ₅tɕiã | ᶜiã | ₅çiã | ₅pã |
| 孟县 | ₅xã | xãᵓ | ₅ŋã | pãᵓ | ᶜtsʰã | ₅sã | ₅tɕiã | ᶜniã | ₅çiã | ₅pã |
| 平定 | ₅xæ̃ | xæ̃ᵓ | ₅ŋæ̃ | pæ̃ᵓ | ᶜtsʰæ̃ | ₅sæ̃ | ₅tɕiæ̃ | ᶜiæ̃ | ₅çiæ̃ | ₅pæ̃ |
| 昔阳 | ₅xæ | xæᵓ | ₅ŋæ | pæᵓ | ᶜtsʰæ | ₅sæ | ₅tɕiæ | ᶜiæ | ₅çiæ | ₅pæ |
| 和顺 | ₅xæ | xæᵓ | ₅ŋæ | pæᵓ | ᶜtsʰæ | ₅sæ | ₅tɕiæ | ᶜiæ | ₅çiæ | ₅pæ |
| 左权 | ₅xæ | xæᵓ | ₅ŋæ | pæᵓ | ᶜtsʰæ | ₅sæ | ₅tɕiɛ | ᶜiɛ | ₅çiɛ | ₅pæ |
| 黎城 | ₅xæi | xæiᵓ | ₅iæ | pæiᵓ | ᶜtsʰæi | ₅sæi | ₅cie | ᶜie | ₅çieᵓ | ₅pæi |
| 平山 | ₅xæ | xæᵓ | ₅ŋæ | pæᵓ | ᶜtʂʰæ | ₅ʂæ | ₅ʂæ | ᶜiæ | ₅çiæ | ₅pæ |
| 井陉 | ₅xæ | xæᵓ | ₅næ | pæᵓ | ᶜtsʰæ | ₅sæ | ₅tɕiæ | ᶜiæ | ₅çiæ | ₅pæ |
| 赞皇 | ₅xæ | xæᵓ | ₅ŋæ | pæᵓ | ᶜtʂʰæ | ₅ʂæ | ₅tɕiæ | ᶜiæ | ₅çiæ | ₅pæ |
| 邢台 | ₅xa | xaᵓ | ₅ŋa | paᵓ | ᶜtʂʰa | ₅ʂa | ₅tɕia | ᶜia | ₅çia | ₅pa |
| 涉县 | ₅xæ | xæᵓ | ₅ŋæ | pæᵓ | ᶜtsʰæ | ₅sæ | ₅tɕiæ | ᶜiæ | ₅çiæ | ₅pæ |

续上表

| 方言点 | 慢<br>山开二<br>去谏明 | 删<br>山开二<br>平删生 | 奸<br>山开二<br>平删见 | 颜<br>山开二<br>平删疑 | 鞭<br>山开三<br>平仙帮 | 骗<br>山开三<br>去线滂 | 便~宜<br>山开三<br>平仙并 | 便方~<br>山开三<br>去线并 | 棉<br>山开三<br>平仙明 | 碾<br>山开三<br>上狝泥 |
|---|---|---|---|---|---|---|---|---|---|---|
| 灵丘 | mæ⁼ | ₌sæ | ₌tɕie | ₌ie | ₌pie | pʰie⁼ | ₌pʰie | pie⁼ | ₌mie | ₌nie |
| 五台 | mᵇã⁼ | ₌sã | ₌tɕiã | ₌iã | ₌piẽ | pʰiẽ⁼ | ₌pʰiẽ | piẽ⁼ | ₌mᵇiẽ | ₌nᵈiẽ |
| 盂县 | mã⁼ | ₌sã | ₌tɕiã | ₌iã | ₌piã | pʰiã⁼ | ₌pʰiã | piã⁼ | ₌miã | ₌niã |
| 平定 | mæ̃⁼ | ₌sæ̃ | ₌tɕiæ̃ | ₌iæ̃ | ₌piæ̃ | pʰiæ̃⁼ | ₌pʰiæ̃ | piæ̃⁼ | ₌miæ̃ | ₌niæ̃<br>₌niæ̃ |
| 昔阳 | mæ⁼ | sæ⁼ | ₌tɕiæ | ₌iæ | ₌piæ | pʰiæ⁼ | ₌pʰiæ | piæ⁼ | ₌miæ | ₌niæ |
| 和顺 | mæ⁼ | ₌sæ | ₌tɕiæ | ₌iæ | ₌piæ | pʰiæ⁼ | ₌pʰiæ | piæ⁼ | ₌miæ | ₌niæ |
| 左权 | mæ⁼ | ₌ʂæ | ₌tɕiɛ | ₌iɛ | ₌piɛ | pʰiɛ⁼ | ₌pʰiɛ | piɛ⁼ | ₌miɛ | ₌niɛ |
| 黎城 | mæi² | ₌sæi | ₌cie | ie² | ₌pie | pʰie² | ₌pʰie | pie² | mie² | ie² |
| 平山 | mæ⁼ | ₌sæ | ₌tɕiæ | ₌iæ | ₌piæ | pʰiæ⁼ | ₌pʰiæ | piæ⁼ | ₌miæ | ₌niæ |
| 井陉 | mæ⁼ | ₌sæ | ₌tɕiæ | ₌iæ | ₌piæ | pʰiæ⁼ | ₌pʰiæ | piæ⁼ | ₌miæ | ₌niæ |
| 赞皇 | mæ⁼ | ₌sæ | ₌tɕiæ | ₌iæ | ₌piæ | pʰiæ⁼ | ₌pʰiæ | piæ⁼ | ₌miæ | ₌niæ |
| 邢台 | ma⁼ | ₌sa | ₌tɕia | ₌ia | ₌pia | pʰia⁼ | ₌pʰia | pia⁼ | ₌mia | ₌nia |
| 涉县 | mæ⁼ | ₌sæ | ₌tɕiæ | ₌iæ | ₌piæ | pʰiæ⁼ | ₌pʰiæ | piæ⁼ | ₌miæ | ₌niæ |

| 方言点 | 连<br>山开三<br>平仙来 | 钱<br>山开三<br>平仙从 | 仙<br>山开三<br>平仙心 | 展<br>山开三<br>上狝知 | 缠<br>山开三<br>平仙澄 | 战<br>山开三<br>去线章 | 善<br>山开三<br>上狝禅 | 然<br>山开三<br>平仙日 | 建<br>山开三<br>去愿见 | 言<br>山开三<br>平元疑 |
|---|---|---|---|---|---|---|---|---|---|---|
| 灵丘 | ₌lie | ₌tɕʰie | ₌ɕie | ⁼tsæ̃ | ₌tsʰæ̃ | tsæ̃⁼ | ₌sæ̃ | ₌zæ̃ | tɕie⁼ | ₌ie |
| 五台 | ₌liẽ | ₌tɕʰiẽ | ₌ɕiẽ | ⁼tsã | ₌tsʰã | tsã⁼ | sã⁼ | ₌zã | tɕiẽ⁼ | ₌iẽ |
| 盂县 | ₌liã | ₌tɕʰiã | ₌ɕiã | ⁼tsã | ₌tsʰã | tsã⁼ | sã⁼ | ₌zã | tɕiã⁼ | ₌iã |
| 平定 | ₌liæ̃ | ₌tɕʰiæ̃ | ₌ɕiæ̃ | ⁼tʂæ̃ | ₌tʂʰæ̃ | tʂæ̃⁼ | ʂæ̃⁼ | ₌ʐæ̃ | tɕiæ̃⁼ | ₌iæ̃ |
| 昔阳 | ₌liæ | ₌tɕʰiæ | ₌ɕiæ | ⁼tʂæ | ₌tʂʰæ | tʂæ⁼ | ʂæ⁼ | ₌ʐæ | tɕiæ⁼ | ₌iæ |
| 和顺 | ₌liæ | ₌tɕʰiæ | ₌ɕiæ | ⁼tʂæ | ₌tʂʰæ | tʂæ⁼ | ʂæ⁼ | ₌ʐæ | tɕiæ⁼ | ₌iæ |
| 左权 | ₌liɛ | ₌tɕʰiɛ | ₌ɕiɛ | ⁼tʂæ | ₌tʂʰæ | tʂæ⁼ | ʂæ⁼ | ₌ʐæ | tɕiɛ⁼ | ₌iɛ |
| 黎城 | lie²<br>₌lie | tɕʰie² | ₌ɕie | ⁼tɕie | tɕʰie² | tɕie² | ɕie² | ₌cie | ₌cie | ie² |
| 平山 | ₌liæ | ₌tsʰiæ | ₌siæ | ⁼tʂæ | ₌tʂʰæ | tʂæ⁼ | ʂæ⁼ | ₌ʐæ | tɕiæ⁼ | ₌iæ |
| 井陉 | ₌liæ | ₌tsʰiæ | ₌ɕiæ | ⁼tʂæ | ₌tʂʰæ | tʂæ⁼ | sæ⁼ | ₌zæ | tɕiæ⁼ | ₌iæ |
| 赞皇 | ₌liæ | ₌tsʰiæ | ₌siæ | ⁼tʂæ | ₌tʂʰæ | tʂæ⁼ | ʂæ⁼ | ₌ʐæ | tɕiæ⁼ | ₌iæ |
| 邢台 | ₌lia | ₌tsʰia | ₌sia | ⁼tʂa | ₌tʂʰa | tʂa⁼ | ʂa⁼ | ₌ʐa | tɕia⁼ | ₌ia |
| 涉县 | ₌liæ | ₌tɕʰiæ | ₌ɕiæ | ⁼tsæ | ₌tsʰæ | tsæ⁼ | sæ⁼ | ₌iæ | tɕiæ⁼ | ₌iæ |

续上表

| 方言点 | 边<br>山开四<br>平先帮 | 片<br>山开四<br>去霰滂 | 辫<br>山开四<br>上铣並 | 眠<br>山开四<br>平先明 | 天<br>山开四<br>平先透 | 田<br>山开四<br>平先定 | 电<br>山开四<br>去霰定 | 年<br>山开四<br>平先泥 | 练<br>山开四<br>去霰来 | 千<br>山开四<br>平先清 |
|---|---|---|---|---|---|---|---|---|---|---|
| 灵丘 | ₋pie | pʰieᒲ | pieᒲ | ₋mie | ₋tʰie | ₋tʰie | tieᒲ | ₋nie | lieᒲ | ₋tɕʰie |
| 五台 | ₋piẽ | pʰiẽᒲ | piẽᒲ | ₋ᵐbiəŋ | ₋tʰiẽ | ₋tʰiẽ | tiẽᒲ | ₋ⁿdiẽ | lyẽᒲ | ₋tɕʰiẽ |
| 孟县 | ₋piã | pʰiãᒲ | piãᒲ | ₋miã | ₋tʰiã | ₋tʰiã | tiãᒲ | ₋niã | liãᒲ | ₋tɕʰiã |
| 平定 | ₋piæ̃ | pʰiæ̃ᒲ | piæ̃ᒲ | ₋miæ̃ | ₋tʰiæ̃ | ₋tʰiæ̃ | tiæ̃ᒲ | ₋ⁿdiæ̃ | liæ̃ᒲ | ₋tɕʰiæ̃ |
| 昔阳 | ₋piæ | pʰiæᒲ | piæᒲ | ₋miæ | ₋tʰiæ | ₋tʰiæ | tiæᒲ | ₋niæ | liæᒲ | ₋tɕʰiæ |
| 和顺 | ₋piæ | pʰiæᒲ | piæᒲ | ₋miæ | ₋tʰiæ | ₋tʰiæ | tiæᒲ | ₋niæ | liæᒲ | ₋tɕʰiæ |
| 左权 | ₋piɛ | pʰiɛᒲ | piɛᒲ | ₋miɛ | ₋tʰiɛ | ₋tʰiɛ | tiɛᒲ | ₋niɛ | liɛᒲ | ₋tɕʰiɛ |
| 黎城 | ₋pie | pʰieᒲ | pieᒲ | mieᒲ | ₋tʰie | tʰieᒲ | tieᒲ | nieᒲ | lyeᒲ | ₋tɕʰie |
| 平山 | ₋piæ | pʰiæᒲ | piæᒲ | ₋miæ | ₋tʰiæ | ₋tʰiæ | tiæᒲ | ₋niæ | liæᒲ | ₋tsʰiæ |
| 井陉 | ₋piæ | pʰiæᒲ | piæᒲ | ˬmiæ | ₋tʰiæ | ₋tʰiæ | tiæᒲ | ₋niæ | liæᒲ | ₋tɕʰiæ |
| 赞皇 | ₋piæ | pʰiæᒲ | piæᒲ | ˬmiæ | ₋tʰiæ | ₋tʰiæ | tiæᒲ | ₋niæ | liæᒲ | ₋tɕʰiæ |
| 邢台 | ₋pia | pʰiaᒲ | piaᒲ | ₋mia | ₋tʰia | ₋tʰia | tiaᒲ | ₋nia | liaᒲ | ₋tsʰia |
| 涉县 | ₋piæ | pʰiæᒲ | piæᒲ | ₋miæ | ₋tʰiæ | ₋tʰiæ | tiæᒲ | ₋niæ | lyæᒲ | ₋tɕʰiæ |

| 方言点 | 先<br>山开四<br>平先心 | 肩<br>山开四<br>平先见 | 研<br>山开四<br>平先疑 | 现<br>山开四<br>去霰匣 | 烟<br>山开四<br>平先影 | 搬<br>山合一<br>平桓帮 | 伴<br>山合一<br>上缓並 | 满<br>山合一<br>上缓明 | 短<br>山合一<br>上缓端 | 团<br>山合一<br>平桓定 |
|---|---|---|---|---|---|---|---|---|---|---|
| 灵丘 | ₋ɕie | ₋tɕie | ₋ie | ɕieᒲ | ₋ie | ₋pæ̃ | pæ̃ᒲ | ˬmæ̃ | ˬtuæ̃ | ₋tʰuæ̃ |
| 五台 | ₋ɕiẽ | ₋tɕiẽ | ₋iẽ | ɕiẽᒲ | ₋iẽ | ₋põ / ₋pã | pãᒲ | ˬᵐbõ / ˬᵐbã | ˬtuõ / ˬtuã | ₋tʰuã |
| 孟县 | ₋ɕiã | ₋tɕiã | ₋iã | ɕiãᒲ | ₋iã | ₋pã | pãᒲ | ˬmã | ˬtuã | ₋tʰuã |
| 平定 | ₋ɕiæ̃ | ₋tɕiæ̃ | ₋iæ̃ | ɕiæ̃ᒲ | ₋iæ̃ | ₋pæ̃ | pæ̃ᒲ | ˬmæ̃ | ˬtuæ̃ | ₋tʰuæ̃ |
| 昔阳 | ₋ɕiæ | ₋tɕiæ | ₋iæ | ɕiæᒲ | ₋iæ | ₋pæ | pæᒲ | ˬmæ | ˬtuæ | ₋tʰuæ |
| 和顺 | ₋ɕiæ | ₋tɕiæ | ₋iæ | ɕiæᒲ | ₋iæ | ₋pæ | pæᒲ | ˬmæ | ˬtuæ | ₋tʰuæ |
| 左权 | ₋ɕiɛ | ₋tɕiɛ | ₋iɛ | ɕiɛᒲ | ₋iɛ | ₋pæ | pæᒲ | ˬmæ | ˬtuæ | ₋tʰuæ |
| 黎城 | ₋ɕie | ₋tɕie | ieᒲ | ɕyeᒲ / ɕieᒲ | ₋ie | ₋pæi | pæiᒲ | ˬmæi | ˬtuæi | tʰuæiᒲ |
| 平山 | ₋siæ | ₋tɕiæ | ₋iæ | ɕiæᒲ | ₋iæ | ₋pæ | pæᒲ | ˬmæ | ˬtuæ | ₋tʰuæ |
| 井陉 | ₋ɕiæ | ₋tɕiæ | ₋iæ | ɕiæᒲ | ₋iæ | ₋pæ | pæᒲ | ˬmæ | ˬtuæ | ₋tʰuæ |
| 赞皇 | ₋siæ | ₋tɕiæ | ₋iæ | ɕiæᒲ | ₋iæ | ₋pæ | pæᒲ | ˬmæ | ˬtuæ | tʰuæ |
| 邢台 | ₋sia | ₋tɕia | ₋ia | ɕiaᒲ | ₋ia | ₋pa | paᒲ | ˬma | ˬtua | ₋tʰua |
| 涉县 | ₋ɕiæ | ₋tɕiæ | ₋iæ | ɕiæᒲ | ₋iæ | ₋pæ | pæᒲ | ˬmæ | ˬtuæ | ₋tʰuæ |

续上表

| 方言点 | 暖 山合一上缓泥 | 乱 山合一去换来 | 酸 山合一平桓心 | 欢 山合一平桓晓 | 完 山合一平桓匣 | 栓 山合一平删生 | 顽 山合二平山疑 | 幻 山合二去裥匣 | 篡 山合二去谏初 | 关 山合二平删见 |
|---|---|---|---|---|---|---|---|---|---|---|
| 灵丘 | ₋nẽ ₋nuẽ | lẽ⁼ luẽ⁼ | ₋suẽ | ₋xuẽ | ₋vẽ | ₋suẽ | ₋vẽ | xuẽ⁼ | tsʰuẽ⁼ | ₋kuẽ |
| 五台 | ⁻nᵈuõ ⁻nᵈuã | lã⁼ | ₋suã | ₋xuã | ₋vã | ₋suã | ₋vã | xuã⁼ | tsʰuã⁼ | ₋kuã |
| 盂县 | ⁻nã | luã⁼ | ₋suã | ₋xuã | ₋vã | ₋suã | ₋vã | xuã⁼ | tsʰuã⁼ | ₋kuã |
| 平定 | ⁻nuẽ | luẽ⁼ | ₋suẽ | ₋xuẽ | ₋vẽ | ₋suẽ | ₋vẽ | xuẽ⁼ | tsʰuẽ⁼ | ₋kuẽ |
| 昔阳 | ⁻nuæ | luæ | ₋suæ | ₋xuæ | ₋væ | ₋suæ | ₋væ | xuæ⁼ | tsʰuæ⁼ | ₋kuæ |
| 和顺 | ⁻nuæ | luæ | ₋suæ | ₋xuæ | ₋væ | ₋suæ | ₋væ | xuæ⁼ | tsʰuæ⁼ | ₋kuæ |
| 左权 | ⁻næ ⁻nuæ | luæ⁼ | ₋suæ | ₋xuæ | ₋væ | ₋suæ | ₋væ | xuæ⁼ | tʂʰuæ⁼ | ₋kuæ |
| 黎城 | ⁻nuæi | luæi⁼ | ₋suæi | ₋xuæi | uæi⁼ | ₋suæi | uæi⁼ | ₋xuæi | tsʰuæi⁼ | ₋kuæi |
| 平山 | ⁻nuæ | luæ⁼ | ₋suæ | ₋xuæ | ₋væ | ₋suæ | ₋væ | xuæ⁼ | tsʰuæ⁼ | ₋kuæ |
| 井陉 | ⁻nuæ | læ⁼ luæ⁼ | ₋suæ | ₋xuæ | ₋væ | ₋suæ | ₋væ | xuæ⁼ | tsʰuæ⁼ | ₋kuæ |
| 赞皇 | ⁻nuæ | luæ⁼ | ₋suæ | ₋xuæ | ₋væ | ₋suæ | ₋væ | xuæ⁼ | tsʰuæ⁼ | ₋kuæ |
| 邢台 | ⁻nua | lua⁼ | ₋sua | ₋xua | ₋va | ₋sua | ₋va | xua⁼ | tsʰua⁼ | ₋kua |
| 涉县 | ⁻nuæ | luæ⁼ | ₋suæ | ₋xuæ | ₋væ | ₋suæ | ₋væ | xuæ⁼ | tsʰuæ⁼ | ₋kuæ |

| 方言点 | 患 山合二去谏匣 | 弯 山合二平删影 | 恋 山合三去线来 | 全 山合三平仙从 | 泉 山合三平仙从 | 选 山合三上狝心 | 转 山合三上狝知 | 传~达 山合三平仙澄 | 橡 山合三平仙澄 | 传~记 山合三去线澄 |
|---|---|---|---|---|---|---|---|---|---|---|
| 灵丘 | xuẽ⁼ | ₋vẽ | lie⁼ | ₋tsʰuẽ ₋tɕʰye | ₋tsʰuẽ ₋tɕʰye | ⁻ɕye | ⁻tsuẽ | ₋tsʰuẽ | ₋tsʰuẽ | tsuẽ⁼ |
| 五台 | xuã⁼ | ₋vã | lye⁼ | ₋tɕʰyẽ | ₋tɕʰyẽ | ⁻ɕyẽ | ⁻tsuõ ⁻tsuã | ₋tsʰuõ ₋tsʰuã | ₋tsʰuõ | tsuõ⁼ tsuã⁼ |
| 盂县 | xuã⁼ | ₋vã | liã⁼ | ₋tɕʰyã | ₋tɕʰã | ⁻ɕyã | ⁻tsuã | ₋tsʰuã | ₋tsʰuã | tsuã⁼ |
| 平定 | xuẽ⁼ | ₋vẽ | ₋luẽ | ₋tsʰuẽ | ₋tsʰuẽ | ⁻suẽ | ⁻tsuẽ | ₋tsʰuẽ | ₋tsʰuẽ | tsuẽ⁼ |
| 昔阳 | xuæ⁼ | ₋væ | luæ⁼ liæ⁼ | ₋tsʰuæ | ₋tsʰuæ | ⁻suæ | ⁻tsuæ | ₋tsʰuæ | ₋tsʰuæ | tsuæ⁼ |
| 和顺 | xuæ⁼ | ₋væ | liæ⁼ | ₋tsʰuæ | ₋tsʰuæ | ⁻suæ | ⁻tsuæ | ₋tsʰuæ | ₋tsʰuæ | tsuæ⁼ |
| 左权 | xuæ⁼ | ₋væ | liɛ⁼ luæ⁼ | ₋tʂʰuæ ₋tɕʰyɛ | ₋tʂʰuæ ₋tɕʰyɛ | ⁻suæ ⁻ɕyɛ | ⁻tʂuæ | ₋tʂʰuæ | ₋tʂʰuæ | tʂuæ⁼ |
| 黎城 | ⁻xuæi | ₋uæi | ⁻luæi | tɕʰye⁼ | tɕʰye⁼ | ⁻ɕye | ⁻tɕye | ₋tɕʰye | ₋tɕʰye | tɕye⁼ |
| 平山 | xuæ⁼ | ₋væ | luæ⁼ liæ⁼ | ₋tsʰuæ | ₋tsʰuæ | ⁻suæ | ⁻tʂuæ | ₋tʂʰuæ | ₋tʂʰuæ | tʂuæ⁼ |
| 井陉 | xuæ⁼ | ₋væ | liæ⁼ | ₋tsʰuæ | ₋tsʰuæ | ⁻suæ | ⁻tsuæ | ₋tsʰuæ | ₋tsʰuæ | tsuæ⁼ |
| 赞皇 | xuæ⁼ | ₋væ | liæ⁼ | ₋tsʰuæ | ₋tsʰuæ | ⁻suæ | ⁻tʂuæ | ₋tʂʰuæ | ₋tʂʰuæ | tʂuæ⁼ |
| 邢台 | xua⁼ | ₋va | lia⁼ | ₋tsʰua | ₋tsʰua | ⁻sua | ⁻tʂua | ₋tʂʰua | ₋tʂʰua | tʂua⁼ |
| 涉县 | xuæ⁼ | ₋væ | luæ⁼ liæ⁼ | ₋tɕʰyæ | ₋tɕʰyæ | ⁻ɕyæ | ⁻tsuæ | ₋tsʰuæ | ₋tsʰuæ | tsuæ⁼ |

续上表

| 方言点 | 砖 山合三平仙章 | 穿 山合三平仙昌 | 船 山合三平仙船 | 软 山合三上狝日 | 权 山合三平仙群 | 员 山合三平仙云 | 缘 山合三平仙以 | 沿 山合三平仙以 | 捐 山合三平仙以 | 翻 山合三平元敷 |
|---|---|---|---|---|---|---|---|---|---|---|
| 灵丘 | ₌tsuæ | ₌tsʰuæ | ₌tsʰuæ | ₌zuæ | ₌tɕʰye | ₌ye | ₌ie | ₌ie | ₌tɕye | ₌fæ |
| 五台 | ₌tsuõ / ₌tsuã | ₌tsʰuõ / ₌tsʰuã | ₌tsʰuõ / ₌tsʰuã | ₌zuõ / ₌zuã | ₌tɕʰyẽ | ₌yẽ | ₌yẽ | ₌iẽ | ₌tɕyẽʔ | ₌fã |
| 盂县 | ₌tsuã | ₌tsʰuã | ₌tsʰuã | ₌zuã | ₌tɕʰyã | ₌yã | ₌yã | ₌iã | ₌tɕyã | ₌fã |
| 平定 | ₌tsuæ̃ | ₌tsʰuæ̃ | ₌tsʰuæ̃ | ₌zuæ̃ | ₌tɕʰyæ̃ | ₌yæ̃ | ₌iæ̃ | ₌iæ̃ | ₌tɕyæ̃ | ₌fæ̃ |
| 昔阳 | ₌tsuæ | ₌tsʰuæ | ₌tsʰuæ | ₌zuæ | ₌tɕʰyæ | ₌yæ | ₌iæ | ₌iæ | ₌tɕyæ | ₌fæ |
| 和顺 | ₌tsuæ | ₌tsʰuæ | ₌tsʰuæ | ₌zuæ | ₌tɕʰyæ | ₌yæ | ₌yæ | ₌iæ | ₌tɕyæ | ₌fæ |
| 左权 | ₌tʂʰuæ | ₌tʂʰuæ | ₌tʂʰuæ | ₌ʐuæ | ₌tɕʰyæ | ₌yæ | ₌iɛ / ₌yɛ | ₌iæ | ₌tɕyæ | ₌fæ |
| 黎城 | ₌tɕye | ₌tsʰuæi | tɕʰyeʔ | ˬye | cʰyeʔ | yeʔ | ieʔ | ieʔ | ₌cye | ₌fæi |
| 平山 | ₌tʂuæ | ₌tʂʰuæ | ₌tʂʰuæ | ₌ʐuæ | ₌tɕʰyæ | ₌yæ | ₌yæ | ₌iæ | ₌tɕyæ | ₌fæ |
| 井陉 | ₌tsuæ | ₌tsʰuæ | ₌tsʰuæ | ₌zuæ | ₌tɕʰyæ | ₌yæ | ₌yæ | ₌iæ | ₌tɕyæ | ₌fæ |
| 赞皇 | ₌tʂuæ | ₌tʂʰuæ | ₌tʂʰuæ | ₌ʐuæ | ₌tɕʰyæ | ₌yæ | ₌yæ | ₌iæ | ₌tɕyæ | ₌fæ |
| 邢台 | ₌tʂua | ₌tʂʰua | ₌tʂʰua | ₌ʐua | ₌tɕʰya | ₌ya | ₌ya | ₌ia | ₌tɕya | ₌fa |
| 涉县 | ₌tsuæ | ₌tsʰuæ | ₌tsʰuæ | ˬyæ | ₌tɕʰyæ | ₌yæ | ₌iæ / ₌yæ | ₌iæ | ₌tɕyæ | ₌fæ |

| 方言点 | 饭 山合三去愿奉 | 挽 山合三上阮微 | 万 山合三去愿微 | 劝 山合三去愿溪 | 冤 山合三平元影 | 远 山合三上阮云 | 犬 山合四上铣溪 | 悬 山合四平先匣 | 县 山合四去霰匣 | 渊 山合四平先影 |
|---|---|---|---|---|---|---|---|---|---|---|
| 灵丘 | fæʔ | ˬvæ | væʔ | tɕʰyeʔ | ₌ye | ˬye | ₌tɕʰye | ₌çye | çieʔ | ₌ye |
| 五台 | fãʔ | ˬvã | vãʔ | tɕʰyẽʔ | ₌yẽ | ˬyẽ | ₌tɕʰyẽ | ₌çyẽ | çiẽʔ | ₌yẽ |
| 盂县 | fãʔ | ˬvã | vãʔ | tɕʰyãʔ | ₌yã | ˬyã | ₌tɕʰyã | ₌çyã | çiãʔ | ₌yã |
| 平定 | fæ̃ʔ | ˬvæ̃ | væ̃ʔ | tɕʰyæ̃ʔ | ₌yæ̃ | ˬyæ̃ | ₌tɕʰyæ̃ | ₌çyæ̃ | çiæ̃ʔ | ₌yæ̃ |
| 昔阳 | fæʔ | ˬvæ | væʔ | tɕyæʔ | ₌yæ | ˬyæ | ₌tɕʰyæ | ₌çyæ | çiæʔ | ₌yæ |
| 和顺 | fæʔ | ˬvæ | væʔ | tɕʰyæʔ | ₌yæ | ˬyæ | ₌tɕʰyæ | ₌çyæ | çiæʔ | ₌yæ |
| 左权 | fæʔ | ˬvæ | væʔ | tɕʰyæʔ | ₌yæ | ˬyæ | ₌tɕʰyæ | ₌çyæ | çieʔ | ₌yæ |
| 黎城 | fæiʔ | ˬuæi | uæiʔ | cʰyeʔ | ₌ye | ˬye | cʰye | çyeʔ | çie | ˬye |
| 平山 | fæʔ | ˬmiæ / ˬvæ | væʔ | tɕʰyæʔ | ₌yæ | ˬyæ | ₌tɕʰyæ | ₌çyæ | çiæʔ | ₌yæ |
| 井陉 | fæʔ | ˬvæ | væʔ | tɕʰyæʔ | ₌yæ | ˬyæ | ₌tɕʰyæ | ₌çyæ | çiæʔ | ₌yæ |
| 赞皇 | fæʔ | ˬvæ | væʔ | tɕʰyæʔ | ₌yæ | ˬyæ | ₌tɕʰyæ | ₌çyæ | çiæʔ | ₌yæ |
| 邢台 | faʔ | ˬva | vaʔ | tɕʰyaʔ | ₌ya | ˬya | ₌tɕʰya | ₌çya | çiaʔ | ₌ya |
| 涉县 | fæʔ | ˬvæ | væʔ | tɕʰyæʔ | ₌yæ | ˬyæ | ₌tɕʰyæ | ₌çyæ | çiæʔ | ₌yæ |

续上表

| 方言点 | 吞 臻开一平痕透 | 跟 臻开一平痕见 | 恨 臻开一去恨匣 | 恩 臻开一平痕影 | 贫 臻开三平真並 | 民 臻开三平真明 | 邻 臻开三平真来 | 进 臻开三去震精 | 亲~人 臻开三平真清 | 亲~家 臻开三去震清 |
|---|---|---|---|---|---|---|---|---|---|---|
| 灵丘 | ₋tʰəŋ | ₋kəŋ | xəŋ⁻ | ₋nəŋ | ₋pʰiəŋ | ₋miəŋ | ₋liəŋ | tɕiəŋ⁻ | ₋tɕʰiəŋ | tɕʰiəŋ⁻ |
| 五台 | ₋tʰəŋ | ₋kəŋ | xəŋ⁻ | ₋ŋᵍəŋ | ₋ᵐbiəŋ | ₋miəŋ | ₋liəŋ | tɕiəŋ⁻ | ₋tɕʰiəŋ | ₋tɕʰiəŋ |
| 盂县 | ₋tʰəŋ | ₋kəŋ | xəŋ⁻ | ₋ŋəŋ | ₋pʰiəŋ | ₋miəŋ | ₋liəŋ | tɕiəŋ⁻ | ₋tɕʰiəŋ | ₋tɕʰiəŋ |
| 平定 | ₋tʰəŋ | ₋kəŋ | xəŋ⁻ | ₋ŋəŋ | ₋pʰiəŋ | ₋miəŋ | ₋liəŋ | tɕiəŋ⁻ | ₋tɕʰiəŋ | tɕʰiəŋ⁻ |
| 昔阳 | ₋tʰəŋ | ₋kəŋ | xəŋ⁻ | ₋ŋəŋ | ₋pʰiəŋ | ₋miəŋ | ₋liəŋ | tɕiəŋ⁻ | ₋tɕʰiəŋ | tɕʰiəŋ⁻ |
| 和顺 | ₋tʰəŋ | ₋kəŋ | xəŋ⁻ | ₋ŋəŋ | ₋pʰiəŋ | ₋miəŋ | ₋liəŋ | tɕiəŋ⁻ | ₋tɕʰiəŋ | tɕʰiəŋ⁻ |
| 左权 | ₋tʰəŋ | ₋kəŋ | xəŋ⁻ | ₋ŋəŋ | ₋pʰiəŋ | ₋miəŋ | ₋liəŋ | tɕiəŋ⁻ | ₋tɕʰiəŋ | tɕʰiəŋ⁻ |
| 黎城 | ₋tʰẽ | ₋kẽ | xẽ⁻ | ₋ẽ | pʰĩ⁻ | mĩ⁻ | lĩ⁻ | tɕĩ⁻ | ₋tɕʰĩ | tɕʰĩ⁻ |
| 平山 | ₋tʰoŋ | ₋kəŋ | xəŋ⁻ | ₋ŋəŋ | ₋pʰiŋ | ₋miŋ | ₋liŋ | tsiŋ⁻ | ₋tɕʰiŋ | tɕʰiŋ⁻ |
| 井陉 | ₋tʰuŋ | ₋kəŋ | xəŋ⁻ | ₋ŋəŋ | ₋pʰiŋ | ₋miŋ | ₋liŋ | tɕiŋ⁻ | ₋tɕʰiŋ | tɕʰiŋ⁻ |
| 赞皇 | ₋tʰuən | ₋kən | xən⁻ | ₋nən | ₋pʰin | ₋min | ₋lin | tsin⁻ | ₋tɕʰin | tɕʰin⁻ |
| 邢台 | ₋tʰən | ₋kən | xən⁻ | ₋nən | ₋pʰiən | ₋miən | ₋liən | tsiən⁻ | ₋tsʰiən | tsʰiən⁻ |
| 涉县 | ₋tʰəŋ / ₋tʰuŋ | ₋kəŋ | xəŋ⁻ | ₋ŋəŋ | ₋pʰiŋ | ₋miŋ | ₋liŋ | tɕiŋ⁻ | ₋tɕʰiŋ | tɕʰiŋ⁻ |

| 方言点 | 新 臻开三平真心 | 珍 臻开三平真知 | 陈 臻开三平真澄 | 衬 臻开三去震初 | 真 臻开三平真章 | 神 臻开三平真船 | 晨 臻开三平真禅 | 肾 臻开三上轸禅 | 人 臻开三平真日 | 认 臻开三去震日 |
|---|---|---|---|---|---|---|---|---|---|---|
| 灵丘 | ₋ɕiəŋ | ₋tsəŋ | ₋tsʰəŋ | tsʰəŋ⁻ | ₋tsəŋ | ₋səŋ | ₋tsʰəŋ | səŋ⁻ | ₋ʐəŋ | ʐəŋ⁻ |
| 五台 | ₋ɕiəŋ | ₋tsəŋ | ₋tsʰəŋ | tsʰəŋ⁻ | ₋tsəŋ | ₋səŋ | ₋tsʰəŋ | səŋ⁻ | ₋ʐəŋ | ʐəŋ⁻ |
| 盂县 | ₋ɕiəŋ | ₋tsəŋ | ₋tsʰəŋ | tsʰəŋ⁻ | ₋tsəŋ | ₋səŋ | ₋tsʰəŋ | səŋ⁻ | ₋ʐəŋ | ʐəŋ⁻ |
| 平定 | ₋ɕiəŋ | ₋tʂəŋ | ₋tʂʰəŋ | tʂʰəŋ⁻ | ₋tʂəŋ | ₋ʂəŋ | ₋tʂʰəŋ | ʂəŋ⁻ | ₋ʐəŋ | ʐəŋ⁻ |
| 昔阳 | ₋ɕiəŋ | ₋tʂəŋ | ₋tʂʰəŋ | tʂʰəŋ⁻ | ₋tʂəŋ | ₋ʂəŋ | ₋tʂʰəŋ | ʂəŋ⁻ | ₋ʐəŋ | ʐəŋ⁻ |
| 和顺 | ₋ɕiəŋ | ₋tʂəŋ | ₋tʂʰəŋ | tʂʰəŋ⁻ | ₋tʂəŋ | ₋ʂəŋ | ₋tʂʰəŋ | ʂəŋ⁻ | ₋ʐəŋ | ʐəŋ⁻ |
| 左权 | ₋ɕiəŋ | ₋tʂəŋ | ₋tʂʰəŋ | tʂʰəŋ⁻ | ₋tʂəŋ | ₋ʂəŋ | ₋tʂʰəŋ | ʂəŋ⁻ | ₋ʐəŋ | ʐəŋ⁻ |
| 黎城 | ₋ɕĩ | ₋tɕĩ | tɕʰĩ⁻ | tʂʰẽ⁻ | ₋tɕĩ | ɕĩ⁻ | tɕʰĩ⁻ | ɕĩ⁻ | ĩ⁻ | ĩ⁻ |
| 平山 | ₋siŋ | ₋tʂəŋ | ₋tʂʰəŋ | tʂʰəŋ⁻ | ₋tʂəŋ | ₋ʂəŋ | ₋tʂʰəŋ | ʂəŋ⁻ | ₋ʐəŋ | ʐəŋ⁻ |
| 井陉 | ₋ɕiŋ | ₋tsəŋ | ₋tsʰəŋ | tsʰəŋ⁻ | ₋tsəŋ | ₋səŋ | ₋tsʰəŋ | səŋ⁻ | ₋ʐəŋ | ʐəŋ⁻ |
| 赞皇 | ₋sin | ₋tʂən | ₋tʂʰən | tʂʰən⁻ | ₋tʂən | ₋ʂən | ₋tʂʰən | ʂən⁻ | ₋ʐən | ʐən⁻ |
| 邢台 | ₋siən | ₋tʂən | ₋tʂʰən | tʂʰən⁻ | ₋tʂən | ₋ʂən | ₋tʂʰən | ʂən⁻ | ₋iən | iən⁻ |
| 涉县 | ₋ɕiŋ | ₋tsəŋ | ₋tsʰəŋ | tsʰəŋ⁻ | ₋tsəŋ | ₋səŋ | ₋tsʰəŋ | səŋ⁻ | ₋iŋ | iŋ⁻ |

续上表

| 方言点 | 巾 臻开三平真见 | 银 臻开三平真疑 | 引 臻开三上轸以 | 斤 臻开三平殷见 | 勤 臻开三平殷群 | 近 臻开三上隐群 | 欣 臻开三平殷晓 | 本 臻合一上混帮 | 盆 臻合一平魂并 | 门 臻合一平魂明 |
|---|---|---|---|---|---|---|---|---|---|---|
| 灵丘 | ₋tɕiəŋ | ₋iəŋ⁼ | ⁼iəŋ | ₋tɕiəŋ | tɕʰiəŋ⁼ | ₋tɕiəŋ | ₋ɕiəŋ | ⁼pəŋ | ₋pʰəŋ | ₋məŋ⁼ |
| 五台 | ₋tɕiəŋ | ₋iəŋ⁼ | ⁼iəŋ | ₋tɕiəŋ | tɕʰiəŋ⁼ | ₋tɕiəŋ | ₋ɕiəŋ | ⁼pəŋ | ₋pʰəŋ | ₋mᵇəŋ⁼ |
| 盂县 | ₋tɕiəŋ | ₋iəŋ⁼ | ⁼iəŋ | ₋tɕiəŋ | tɕʰiəŋ⁼ | ₋tɕiəŋ | ₋ɕiəŋ | ⁼pəŋ | ₋pʰəŋ | ₋məŋ⁼ |
| 平定 | ₋tɕiəŋ | ₋iəŋ⁼ | ⁼iəŋ | ₋tɕiəŋ | tɕʰiəŋ⁼ | ₋tɕiəŋ | ₋ɕiəŋ | ⁼pəŋ | ₋pʰəŋ | ₋məŋ⁼ |
| 昔阳 | ₋tɕiəŋ | ₋iəŋ⁼ | ⁼iəŋ | ₋tɕiəŋ | tɕʰiəŋ⁼ | ₋tɕiəŋ | ₋ɕiəŋ | ⁼pəŋ | ₋pʰəŋ | ₋məŋ⁼ |
| 和顺 | ₋tɕiəŋ | ₋iəŋ⁼ | ⁼iəŋ | ₋tɕiəŋ | tɕʰiəŋ⁼ | ₋tɕiəŋ | ₋ɕiəŋ | ⁼pəŋ | ₋pʰəŋ | ₋məŋ⁼ |
| 左权 | ₋tɕiəŋ | ₋iəŋ⁼ | ⁼iəŋ | ₋tɕiəŋ | tɕʰiəŋ⁼ | ₋tɕiəŋ | ₋ɕiəŋ | ⁼pəŋ | ₋pʰəŋ | ₋məŋ⁼ |
| 黎城 | ₋cĩ | ĩ⁼ | ⁼ĩ | ₋cĩ | cʰĩ⁼ | cĩ⁼ | ₋ɕĩ | ⁼pei | pʰei⁼ | mei⁼ |
| 平山 | ₋tɕiŋ | ₋iŋ⁼ | ⁼iŋ | ₋tɕiŋ | tɕʰiŋ⁼ | ₋tɕiŋ | ₋ɕiŋ | ⁼pəŋ | ₋pʰəŋ | ₋məŋ |
| 井陉 | ₋tɕiŋ | ₋iŋ⁼ | ⁼iŋ | ₋tɕiŋ | tɕʰiŋ⁼ | ₋tɕiŋ | ₋ɕiŋ | ⁼pəŋ | ₋pʰəŋ | ₋məŋ⁼ |
| 赞皇 | ₋tɕin | ₋in⁼ | ⁼in | ₋tɕin | tɕʰin⁼ | ₋tɕin | ₋sin | ⁼pən | ₋pʰən | ₋mən |
| 邢台 | ₋tɕiən | ₋iən⁼ | ⁼iən | ₋tɕiən | tɕʰiən⁼ | ₋tɕiən | ₋ɕiən | ⁼pən | ₋pʰən | ₋mən⁼ |
| 涉县 | ₋tɕiŋ | ₋iŋ⁼ | ⁼iŋ | ₋tɕiŋ | tɕʰiŋ⁼ | ₋tɕiŋ | ₋ɕiŋ | ⁼pəŋ | ₋pʰəŋ | ₋məŋ⁼ |

| 方言点 | 盾 臻合一上混定 | 嫩 臻合一去恩泥 | 尊 臻合一平魂精 | 村 臻合一平魂清 | 孙 臻合一平魂心 | 棍 臻合一去恩见 | 捆 臻合一上混溪 | 婚 臻合一平魂晓 | 魂 臻合一平魂匣 | 温 臻合一平魂影 |
|---|---|---|---|---|---|---|---|---|---|---|
| 灵丘 | tuəŋ⁼ | nəŋ⁼ | ₋tsuəŋ | ₋tsʰuəŋ | ₋suəŋ | kuəŋ⁼ | ⁼kʰuəŋ | ₋xuəŋ | ₋xuəŋ | ₋uəŋ |
| 五台 | tuəŋ⁼ | nᵈəŋ⁼ | ₋tsuəŋ | ₋tsʰuəŋ | ₋suəŋ | kuəŋ⁼ | ⁼kʰuəŋ | ₋xuəŋ | ₋xuəŋ | ₋uəŋ |
| 盂县 | tuəŋ⁼ | nəŋ⁼ | ₋tsuəŋ | ₋tsʰuəŋ | ₋suəŋ | kuəŋ⁼ | ⁼kʰuəŋ | ₋xuəŋ | ₋xuəŋ | ₋uəŋ |
| 平定 | tuəŋ⁼ | nuəŋ⁼ | ₋tsuəŋ | ₋tsʰuəŋ | ₋suəŋ | kuəŋ⁼ | ⁼kʰuəŋ | ₋xuəŋ | ₋xuəŋ | ₋uəŋ |
| 昔阳 | tuəŋ⁼ | nuəŋ⁼ | ₋tsuəŋ | ₋tsʰuəŋ | ₋suəŋ | kuəŋ⁼ | ⁼kʰuəŋ | ₋xuəŋ | ₋xuəŋ | ₋uəŋ |
| 和顺 | tuəŋ⁼ | nuəŋ⁼ | ₋tsuəŋ | ₋tsʰuəŋ | ₋suəŋ | kuəŋ⁼ | ⁼kʰuəŋ | ₋xuəŋ | ₋xuəŋ | ₋uəŋ |
| 左权 | tuəŋ⁼ | nuəŋ⁼ | ₋tsuəŋ | ₋tsʰuəŋ | ₋suəŋ | kuəŋ⁼ | ⁼kʰuəŋ | ₋xuəŋ | ₋xuəŋ | ₋uəŋ |
| 黎城 | tuei⁼ | nuei⁼ | ₋tsuei | ₋tsʰuei | ₋suei | kuei⁼ | ⁼kʰuei | ₋xuei | xuei⁼ | ₋uei |
| 平山 | ⁼toŋ | noŋ⁼ | ₋tsoŋ | ₋tsʰoŋ | ₋soŋ | koŋ⁼ | ⁼kʰoŋ | ₋xoŋ | xoŋ | ₋oŋ |
| 井陉 | tuŋ⁼ | nəŋ⁼ | ₋tsuŋ | ₋tsʰuŋ | ₋suŋ | kuŋ⁼ | ⁼kʰuŋ | ₋xuŋ | ₋xuŋ | ₋uəŋ |
| 赞皇 | tuen⁼ | nuen⁼ | ₋tsuen | ₋tsʰuen | ₋suen | kuen⁼ | ⁼kʰuen | ₋xuen | ₋xuen | ₋uen |
| 邢台 | tuən⁼ | nuən⁼ | ₋tsuən | ₋tsʰuən | ₋suən | kuən⁼ | ⁼kʰuən | ₋xuən | xuən⁼ | ₋uən |
| 涉县 | tuŋ⁼ | nuŋ⁼ | ₋tsuŋ | ₋tsʰuŋ | ₋suŋ | kuŋ⁼ | ⁼kʰuŋ | ₋xuŋ | xuŋ⁼ | ₋uəŋ |

续上表

| 方言点 | 轮 臻合三 平谆来 | 俊 臻合三 去稕精 | 椿 臻合三 平谆彻 | 准 臻合三 上准章 | 春 臻合三 平谆昌 | 唇 臻合三 平谆船 | 顺 臻合三 去稕船 | 纯 臻合三 平谆禅 | 闰 臻合三 去稕日 | 均 臻合三 平谆见 |
|---|---|---|---|---|---|---|---|---|---|---|
| 灵丘 | ₌luəŋ | tsuəŋ˨ | ₌tsʰuəŋ | ˀtsuəŋ | ₌tsʰuəŋ | ₌tsʰuəŋ | suəŋ˨ | ₌tsʰuəŋ | zuəŋ˨ | ₌tɕyəŋ |
| 五台 | ₌luəŋ | tɕyəŋ˨ | ₌tsʰuəŋ | ˀtsuəŋ | ₌tsʰuəŋ | ₌tsʰəŋ | suəŋ˨ | ₌tsʰuəŋ | zuəŋ˨ | ₌tɕyəŋ |
| 盂县 | ₌luəŋ | tɕyəŋ˨ | ₌tsʰuəŋ | ˀtsuəŋ | ₌tsʰuəŋ | ₌tsʰuəŋ | suəŋ˨ | ₌tsʰuəŋ | zuəŋ˨ | ₌tɕyəŋ |
| 平定 | ₌luəŋ | tsuəŋ˨ | ₌tsʰuəŋ | ˀtsuəŋ | ₌tsʰuəŋ | ₌tsʰuəŋ | suəŋ˨ | ₌tsʰuəŋ | zuəŋ˨ | ₌tɕyəŋ |
| 昔阳 | ₌luəŋ | tsuəŋ˨ | ₌tsʰuəŋ | ˀtsuəŋ | ₌tsʰuəŋ | ₌tsʰuəŋ | suəŋ˨ | ₌tsʰuəŋ | zuəŋ˨ | ₌tɕyəŋ |
| 和顺 | ₌luəŋ | tsuəŋ˨ | ₌tsʰuəŋ | ˀtsuəŋ | tsʰuəŋ˨ | ₌tsʰuəŋ | suəŋ˨ | ₌tsʰuəŋ | zuəŋ˨ | ₌tɕyəŋ |
| 左权 | ₌luəŋ | tsuəŋ˨ / tɕyəŋ˨ | ₌tsʰuəŋ | ˀtsuəŋ | ₌tsʰuəŋ | ₌tsʰuəŋ | ʂuəŋ˨ | ₌tsʰuəŋ | z̩uəŋ˨ | ₌tɕyəŋ |
| 黎城 | luei˨ | tɕỹ˨ | ₌tɕʰỹ | ˀtɕỹ | ₌tɕʰỹ | ₌tɕʰỹ | ɕỹ˨ | ₌tɕʰỹ | ỹ˨ | ₌ɕỹ |
| 平山 | ₌loŋ | tsoŋ˨ | ₌tʂʰoŋ | ˀtsoŋ | ₌tʂʰoŋ | ₌tʂʰoŋ | ʂoŋ˨ | ₌tʂʰoŋ | z̩oŋ˨ | ₌tɕyŋ |
| 井陉 | ₌luŋ | tsuŋ˨ | ₌tʂʰuŋ | ˀtsuŋ | ₌tʂʰuŋ | ₌tʂʰuŋ | suŋ˨ | ₌tsʰuŋ | zuŋ˨ | ₌tɕyŋ |
| 赞皇 | ₌luən | tsuən˨ | ₌tʂʰuən | ˀtʂuən | ₌tʂʰuən | ₌tʂʰuən | ʂuən˨ | ₌tʂʰuən | yən˨ | ₌tɕyən |
| 邢台 | ₌luən | tsuən˨ | ₌tʂʰuən | ˀtsuən | ₌tʂʰuən | ₌tʂʰuən | ʂuən˨ | ₌tsʰuən | in˨ | ₌tɕyən |
| 涉县 | ₌luŋ | tɕyŋ˨ | ₌tsʰuŋ | ˀtsuŋ | ₌tsʰuŋ | ₌tsʰuŋ | suŋ˨ | ₌tsʰuŋ | yŋ˨ | ₌tɕyŋ |

| 方言点 | 匀 臻合三 平谆以 | 粪 臻合三 去问非 | 蚊 臻合三 平文微 | 问 臻合三 去问微 | 军 臻合三 平文见 | 裙 臻合三 平文群 | 熏 臻合三 平文晓 | 训 臻合三 去问晓 | 云 臻合三 平文云 | 晕 臻合三 去问云 |
|---|---|---|---|---|---|---|---|---|---|---|
| 灵丘 | ₌ɕyəŋ | fəŋ˨ | ₌məŋ | vəŋ˨ | ₌tɕyəŋ | ₌tɕʰyəŋ | ₌ɕyəŋ | ɕyəŋ˨ | ₌yəŋ | ₌yəŋ |
| 五台 | ₌yəŋ | fəŋ˨ | ₌yəŋ | vəŋ˨ | ₌tɕyəŋ | ₌tɕʰyəŋ | ₌ɕyəŋ | ɕyəŋ˨ | ₌yəŋ | ₌yəŋ |
| 盂县 | ₌yəŋ | fəŋ˨ | ₌yəŋ | vəŋ˨ | ₌tɕyəŋ | ₌tɕʰyəŋ | ₌ɕyəŋ | ɕyəŋ˨ | ₌yəŋ | ₌yəŋ |
| 平定 | ₌yəŋ | fəŋ˨ | ₌yəŋ | vəŋ˨ | ₌tɕyəŋ | ₌tɕʰyəŋ | ₌ɕyəŋ | ɕyəŋ˨ | ₌yəŋ | ₌yəŋ |
| 昔阳 | ₌yəŋ | fəŋ˨ | ₌yəŋ | vəŋ˨ | ₌tɕyəŋ | ₌tɕʰyəŋ | ₌ɕyəŋ | ɕyəŋ˨ | ₌yəŋ | ₌yəŋ |
| 和顺 | ₌yəŋ | fəŋ˨ | ₌yəŋ | vəŋ˨ | ₌tɕyəŋ | ₌tɕʰyəŋ | ₌ɕyəŋ | ɕyəŋ˨ | ₌yəŋ | ₌yəŋ |
| 左权 | ₌yəŋ | fəŋ˨ | ₌yəŋ | vəŋ˨ | ₌tɕyəŋ | ₌tɕʰyəŋ | ₌ɕyəŋ | ɕyəŋ˨ | ₌yəŋ | ₌yəŋ |
| 黎城 | ỹ˨ | fei˨ | uei˨ | uei˨ | ₌tɕỹ | ₌tɕʰỹ | ₌ɕỹ | ɕỹ˨ | ₌ỹ | ₌ỹ |
| 平山 | ₌yŋ | fəŋ˨ | ₌vəŋ | vəŋ˨ | ₌tɕyŋ | ₌tɕʰyŋ | ₌ɕyŋ | ɕyŋ˨ | ₌yŋ | ₌yŋ |
| 井陉 | ₌yŋ | fəŋ˨ | ₌vəŋ | vəŋ˨ | ₌tɕyŋ | ₌tɕʰyŋ | ₌ɕyŋ | ɕyŋ˨ | ₌yŋ | ₌yŋ |
| 赞皇 | ₌yən | fən˨ | ₌vən | vən˨ | ₌tɕyən | ₌tɕʰyən | ₌ɕyən | ɕyən˨ | ₌yən | yən˨ |
| 邢台 | ₌yən | fən˨ | ₌vən | vən˨ | ₌tɕyən | ₌tɕʰyən | ₌ɕyən | ɕyən˨ | ₌yən | yən˨ |
| 涉县 | ₌tɕyŋ | fəŋ˨ | ₌vəŋ | vəŋ˨ | ₌tɕyŋ | ₌tɕʰyŋ | ₌ɕyŋ | ɕyŋ˨ | ₌yŋ | ₌yŋ |

续上表

| 方言点 | 帮 宕开一平唐帮 | 旁 宕开一平唐並 | 忙 宕开一平唐明 | 党 宕开一上荡端 | 汤 宕开一平唐透 | 糖 宕开一平唐定 | 狼 宕开一平唐来 | 葬 宕开一去宕精 | 藏 宕开一平唐从 | 嗓 宕开一上荡心 |
|---|---|---|---|---|---|---|---|---|---|---|
| 灵丘 | ₌pɒ̃ | ₋pʰɒ̃ | ₋mɒ̃ | ᶜtɒ̃ | ₌tʰɒ̃ | ₋tʰɒ̃ | ₋lɒ̃ | tsɒ̃ᶜ | ₋tsʰɒ̃ | ᶜsɒ̃ |
| 五台 | ₌pã | ₋pʰã | ₋mã | ᶜtã | ₌tʰɔ | ₋tʰã | ₋lã | tsã⁼ | ₋tsʰã | ᶜsã |
| 盂县 | ₌po / ₌pã | ₋pʰã | ₋mo / ₋mã | ᶜtã | ₌tʰo | ₋tʰo | ₋lo / ₋lã | tsã⁼ | ₋tsʰo / ₋tsʰã | ᶜsã |
| 平定 | ₌pã | ₋pʰã | ₋mã | ᶜtã | ₌tʰã | ₋tʰã | ₋lã | tsã⁼ | ₋tsʰã | ᶜsã |
| 昔阳 | ₌pɔ̃ | ₋pʰɔ̃ | ₋mɔ̃ | ᶜtɔ̃ | ₌tʰɔ̃ | ₋tʰɔ̃ | ₋lɔ̃ | tsɔ̃⁼ | ₋tsʰɔ̃ | ᶜsɔ̃ |
| 和顺 | ₌pɔ̃ | ₋pʰɔ̃ | ₋mɔ̃ | ᶜtɔ̃ | ₌tʰɔ̃ | ₋tʰɔ̃ | ₋lɔ̃ | tsɔ̃⁼ | ₋tsʰɔ̃ | ᶜsɔ̃ |
| 左权 | ₌pɔ | ₋pʰɔ | ₋mɔ | ᶜtɔ | ₌tʰɔ | ₋tʰɔ | ₋lɔ | tsɔ⁼ | ₋tsʰɔ | ᶜsɔ |
| 黎城 | ₌pãŋ | pʰãŋ² | mãŋ² | ᶜtãŋ | ₌tʰãŋ | tʰãŋ² | lãŋ² | tsãŋ⁼ | tsʰãŋ² | ᶜsãŋ |
| 平山 | ₌paŋ | ₋pʰaŋ | ₋maŋ | ᶜtaŋ | ₌tʰaŋ | ₋tʰaŋ | ₋laŋ | tsaŋ⁼ | ₋tsʰaŋ | ᶜsaŋ |
| 井陉 | ₌pã | ₋pʰã | ₋mã | ᶜtã | ₌tʰã | ₋tʰã | ₋lã | tsã⁼ | ₋tsʰã | ᶜsã |
| 赞皇 | ₌pã | ₋pʰã | ₋mã | ᶜtã | ₌tʰã | ₋tʰã | ₋lã | tsã⁼ | ₋tsʰã | ᶜsã |
| 邢台 | ₌paŋ | ₋pʰaŋ | ₋maŋ | ᶜtaŋ | ₌tʰaŋ | ₋tʰaŋ | ₋laŋ | tsaŋ⁼ | ₋tsʰaŋ | ᶜsaŋ |
| 涉县 | ₌pã | ₋pʰã | ₋mã | ᶜtã | ₌tʰã | ₋tʰã | ₋lã | tsã⁼ | ₋tsʰã | ᶜsã |

| 方言点 | 缸 宕开一平唐见 | 康 宕开一平唐溪 | 行~ 宕开一平唐匣 | 娘 宕开三平阳泥 | 梁 宕开三平阳来 | 酱 宕开三去漾精 | 墙 宕开三平阳从 | 匠 宕开三去漾从 | 想 宕开三上养心 | 像 宕开三上养邪 |
|---|---|---|---|---|---|---|---|---|---|---|
| 灵丘 | ₌kɒ̃ | ₌kʰɒ̃ | ₋xɒ̃ | ₋niɒ̃ 面称 / ₋niɒ̃ 背称 | ₋liɒ̃ | tɕiɒ̃⁼ | ₋tɕʰiɒ̃ | tɕiɒ̃⁼ | ᶜɕiɒ̃ | ɕiɒ̃⁼ |
| 五台 | ₌kɔ | ₌kʰã | ₋xɔ | ₋nᵈiã | ₋liã | tɕiɔ⁼ | ₋tɕʰiɔ | tɕiɔ⁼ | ᶜɕiã | ɕiã⁼ |
| 盂县 | ₌kã | ₌kʰo / ₌kʰã | ₋xo | ₋nio / ₋niã | ₋lio / ₋liã | tɕio⁼ | ₋tɕʰio | tɕio⁼ | ᶜɕio / ᶜɕiã | ɕio⁼ / ɕiã⁼ |
| 平定 | ₌kã | ₌kʰã | ₋xã | ₋niã | ₋liã | tɕiã⁼ | ₋tɕʰiã | tɕiã⁼ | ᶜɕiã | ɕiã⁼ |
| 昔阳 | ₌kɔ̃ | ₌kʰɔ̃ | ₋xɔ̃ | ₋niɔ̃ | ₋liɔ̃ | tɕiɔ̃⁼ | ₋tɕʰiɔ̃ | tɕiɔ̃⁼ | ᶜɕiɔ̃ | ɕiɔ̃⁼ |
| 和顺 | ₌kɔ̃ | ₌kʰɔ̃ | ₋xɔ̃ | ₋niɔ̃ | ₋liɔ̃ | tɕiɔ̃⁼ | ₋tɕʰiɔ̃ | tɕiɔ̃⁼ | ᶜɕiɔ̃ | ɕiɔ̃⁼ |
| 左权 | ₌kɔ | ₌kʰɔ | ₋xɔ | ₋niɔ | ₋liɔ | tɕiɔ⁼ | ₋tɕʰiɔ | tɕiɔ⁼ | ᶜɕiɔ | ɕiɔ⁼ |
| 黎城 | ₌kãŋ | ₌kʰãŋ | xãŋ² | niãŋ² | liãŋ² | tɕiãŋ⁼ | tɕʰiãŋ² | tɕiãŋ⁼ | ᶜɕiãŋ | ɕiãŋ⁼ |
| 平山 | ₌kaŋ | ₌kʰaŋ | ₋xaŋ | ₋niaŋ | ₋liaŋ | tsiaŋ⁼ | ₋tɕʰiaŋ | tsiaŋ⁼ | ᶜsiaŋ | siaŋ⁼ |
| 井陉 | ₌kã | ₌kʰã | ₋xã | ₋niã | ₋liã | tɕiã⁼ | ₋tɕʰiã | tɕiã⁼ | ᶜɕiã | ɕiã⁼ |
| 赞皇 | ₌kã | ₌kʰã | ₋xã | ₋niã | ₋liã | tsiã⁼ | ₋tɕʰiã | tsiã⁼ | ᶜsiã | siã⁼ |
| 邢台 | ₌kaŋ | ₌kʰaŋ | ₋xaŋ | ₋niaŋ | ₋liaŋ | tsiaŋ⁼ | ₋tsʰiaŋ | tsiaŋ⁼ | ᶜsiaŋ | siaŋ⁼ |
| 涉县 | ₌kã | ₌kʰã | ₋xã | ₋niã | ₋liã | tɕiã⁼ | ₋tɕʰiã | tɕiã⁼ | ᶜɕiã | ɕiã⁼ |

续上表

| 方言点 | 张 宕开三平阳知 | 肠 宕开三平阳澄 | 丈 宕开三上养澄 | 庄 宕开三平阳庄 | 创 宕开三去漾初 | 床 宕开三平阳崇 | 霜 宕开三平阳生 | 章 宕开三平阳章 | 厂 宕开三上养昌 | 唱 宕开三去漾昌 |
|---|---|---|---|---|---|---|---|---|---|---|
| 灵丘 | ₌tsɒ̃ | ₌tsʰɒ̃ | tsɒ̃˒ | ₌tsuə | tsʰuə˒ | ₌tsʰuə | ₌suə | ₌tsɒ̃ | ˁtsʰɒ̃ | tsʰɒ̃˒ |
| 五台 | ₌tsɔ ₌tsã | ₌tsʰɔ ₌tsʰã | tsɔ˒ tsã˒ | ₌tsuo ₌tsuã | tsʰuã˒ | ₌tsʰuo ₌tsʰuã | ₌suo | ₌tsã | ˁtsʰɔ ˁtsʰã | tsʰɔ˒ tsʰã˒ |
| 盂县 | ₌tso ₌tsã | ₌tsʰuo | tso˒ tsã˒ | ₌tsuo ₌tsuã | tsʰuã˒ | ₌tsʰuo ₌tsʰuã | ₌suo ₌suã | ₌tsã | ˁtsʰo | tsʰo˒ tsʰã˒ |
| 平定 | ₌tʂã | ₌tʂʰã | tʂã˒ | ₌tsuã | tsuã˒ | ₌tsuã | ₌suã | ₌tʂã | ˁtʂʰã | tʂʰã˒ |
| 昔阳 | ₌tʂɔ̃ | ₌tʂʰɔ̃ | tʂɔ̃˒ | ₌tsuɔ̃ | tsʰuɔ̃˒ | ₌tsʰuɔ̃ | ₌suɔ̃ | ₌tʂɔ̃ | ˁtʂʰɔ̃ | tʂʰɔ̃˒ |
| 和顺 | ₌tʂɔ̃ | ₌tʂʰɔ̃ | tʂɔ̃˒ | ₌tsuɔ̃ | tsʰuɔ̃˒ | ₌tsʰuɔ̃ | ₌suɔ̃ | ₌tʂɔ̃ | ˁtʂʰɔ̃ | tʂʰɔ̃˒ |
| 左权 | ₌tʂɔ | ₌tʂʰɔ | tʂɔ˒ | ₌tsɔ | tsʰɔ˒ | ₌tsʰɔ | ₌sɔ | ₌tʂɔ | ˁtʂʰɔ | tʂʰɔ˒ |
| 黎城 | ₌tɕiaŋ | ₌tɕʰiaŋ˒ | tɕiaŋ˒ | ₌tsuaŋ | tsʰuaŋ˒ | tsʰuaŋ˒ | ₌suaŋ | ₌tɕiaŋ | ˁtɕʰiaŋ | tɕʰiaŋ˒ |
| 平山 | ₌tʂaŋ | ₌tʂʰaŋ | tʂaŋ˒ | ₌tʂuaŋ | tʂʰuaŋ˒ | tʂʰuaŋ˒ | ₌ʂuaŋ | ₌tʂaŋ | ˁtʂʰaŋ | tʂʰaŋ˒ |
| 井陉 | ₌tsã | ₌tsʰã | tsã˒ | ₌tsuã | tsʰuã˒ | tsʰuã˒ | ₌suã | ₌tsã | ˁtsʰã | tsʰã˒ |
| 赞皇 | ₌tʂã | ₌tʂʰã | tʂã˒ | ₌tʂuã | tʂʰuã˒ | tʂʰuã˒ | ₌ʂuã | ₌tʂã | ˁtʂʰã | tʂʰã˒ |
| 邢台 | ₌tʂaŋ | ₌tʂʰaŋ | tʂaŋ˒ | ₌tʂuaŋ | tʂʰuaŋ˒ | ₌tʂʰuaŋ | ₌ʂuaŋ | ₌tʂaŋ | ˁtʂʰaŋ | tʂʰaŋ˒ |
| 涉县 | ₌tsã | ₌tsʰã | tsã˒ | ₌tsuã | tsʰuã˒ | tsʰuã˒ | ₌suã | ₌tsã | ˁtsʰã | tsʰã˒ |

| 方言点 | 伤 宕开三平阳书 | 尝 宕开三平阳禅 | 上 宕开三上养禅 | 瓤 宕开三平阳日 | 姜 宕开三平阳见 | 乡 宕开三平阳晓 | 养 宕开三上养以 | 光 宕合一平唐见 | 谎 宕合一上荡晓 | 黄 宕合一平唐匣 |
|---|---|---|---|---|---|---|---|---|---|---|
| 灵丘 | ₌sɒ̃ | ₌tsʰɒ̃ | sɒ̃˒ | ₌zɒ̃˒ | ₌tɕiɒ̃˒ | ₌ɕiɒ̃ | ˁiɒ̃ | ₌kuɒ̃ | ˁxuə | xuə˒ |
| 五台 | ₌sɔ ₌sã | ₌tsʰɔ ₌tsʰã | sɔ˒ sã˒ | zɔ˒ | ₌tɕio ₌tɕiã | ₌ɕio ₌ɕiã | ˁio ˁiã | ₌kuã | ˁxuo ˁxuã | ₌xuo ₌xuã |
| 盂县 | ₌so | ₌tsʰo ₌tsʰã | sã˒ | zo˒ | ₌tɕio ₌tɕiã | ˁio ˁiã | ˁkuo ˁkuã | ˁxuo ˁxuã | ₌xuo ₌xuã | |
| 平定 | ₌sã | ₌tʂʰã | ʂã˒ | zã˒ | ₌tɕiã | ₌ɕiã | ˁiã | ₌kuã | ˁxuã | ₌xuã |
| 昔阳 | ₌sɔ̃ | ˁʂɔ̃ | ʂɔ̃˒ | ɔ̃˒ | ₌tɕiɔ̃ | ₌ɕiɔ̃ | ˁiɔ̃ | ₌kuɔ̃ | ˁxuɔ̃ | ₌xuɔ̃ |
| 和顺 | ₌sɔ̃ | ₌tʂʰɔ̃ | ʂɔ̃˒ | zɔ̃˒ | ₌tɕiɔ̃ | ₌ɕiɔ̃ | ˁiɔ̃ | ₌kuɔ̃ | ˁxuɔ̃ | ₌xuɔ̃ |
| 左权 | ₌sɔ | ₌tʂʰɔ | ʂɔ˒ | zɔ˒ | ₌tɕiɔ | ₌ɕiɔ | ˁiɔ | ₌kɔ | ˁxɔ | ₌xɔ |
| 黎城 | ₌ɕiaŋ | ɕiaŋ˒ | ɕiaŋ˒ | iaŋ˒ | ₌ɕiaŋ | ₌ɕiaŋ | ˁiaŋ | ₌kuaŋ | ˁxuaŋ | xuaŋ˒ |
| 平山 | ₌ʂaŋ | ₌tʂʰaŋ | ʂaŋ˒ | zaŋ˒ | ₌tɕiaŋ | ₌ɕiaŋ | ˁiaŋ | ₌kuaŋ | ˁxuaŋ | ₌xuaŋ |
| 井陉 | ₌sã | ₌tʂʰã | sã˒ | zã˒ | ₌tɕiã | ₌ɕiã | ˁiã | ₌kuã | ˁxuã | ₌xuã |
| 赞皇 | ₌sã | ₌tʂʰã | ʂã˒ | zã˒ | ₌tɕiã | ₌ɕiã | ˁiã | ₌kuã | ˁxuã | ₌xuã |
| 邢台 | ₌ʂaŋ | ₌tʂʰaŋ | ʂaŋ˒ | ₌iaŋ | ₌tɕiaŋ | ₌ɕiaŋ | ˁiaŋ | ₌kuaŋ | ˁxuaŋ | ₌xuaŋ |
| 涉县 | ₌sã | ₌tsʰã | sã˒ | ₌iã | ₌tɕiã | ₌ɕiã | ˁiã | ₌kuã | ˁxuã | ₌xuã |

续上表

| 方言点 | 方<br>宕合三<br>平阳非 | 房<br>宕合三<br>平阳奉 | 网<br>宕合三<br>上养微 | 筐<br>宕合三<br>平阳溪 | 王<br>宕合三<br>平阳云 | 邦<br>江开二<br>平江帮 | 胖<br>江开二<br>去绛滂 | 窗<br>江开二<br>平江初 | 双<br>江开二<br>平江生 | 江<br>江开二<br>平江见 |
|---|---|---|---|---|---|---|---|---|---|---|
| 灵丘 | $f\tilde{ɑ}_⊂$ | $f\tilde{ɑ}_⊆$ | $^⊂v\tilde{ɑ}$ | $_⊂k^h uɐ$ | $_⊆v\tilde{ɑ}$ | $_⊂p\tilde{ɑ}$ | $p^h\tilde{ɑ}^⊃$ | $_⊂ts^h uɐ$ | $_⊂suɐ$ | $_⊂tɕi\tilde{ɑ}$ |
| 五台 | $_⊂fɔ$<br>$_⊂fã$ | $_⊆fɔ$<br>$_⊆fã$ | $^⊂uo$<br>$^⊂vã$ | $_⊂k^h uã$ | $_⊆uo$<br>$_⊆vã$ | $_⊂pã$ | $p^h ã^⊃$ | $_⊂ts^h uo$<br>$_⊂ts^h uã$ | $_⊂suo$<br>$_⊂suã$ | $_⊂tɕiã$ |
| 盂县 | $_⊂fo$<br>$_⊂fã$ | $_⊆fo$<br>$_⊆fã$ | $^⊂o$<br>$^⊂vã$ | $k^h uã^⊃$ | $_⊆uo$<br>$_⊆vã$ | $_⊂pã$ | $p^h ã^⊃$ | $_⊂ts^h uo$<br>$_⊂ts^h uã$ | $_⊂suo$<br>$_⊂suã$ | $tɕiã$ |
| 平定 | $_⊂f\tilde{ɑ}$ | $_⊆f\tilde{ɑ}$ | $^⊂v\tilde{ɑ}$ | $_⊂k^h u\tilde{ɑ}$ | $_⊆v\tilde{ɑ}$ | $_⊂p\tilde{ɑ}$ | $p^h\tilde{ɑ}^⊃$ | $_⊂ts^h u\tilde{ɑ}$ | $_⊂su\tilde{ɑ}$ | $_⊂tɕi\tilde{ɑ}$ |
| 昔阳 | $_⊂f\tilde{ɔ}$ | $_⊆f\tilde{ɔ}$ | $^⊂v\tilde{ɔ}$ | $_⊂k^h u\tilde{ɔ}$ | $_⊆v\tilde{ɔ}$ | $_⊂p\tilde{ɔ}$ | $p^h\tilde{ɔ}^⊃$ | $_⊂ts^h u\tilde{ɔ}$ | $_⊂su\tilde{ɔ}$ | $_⊂tɕi\tilde{ɔ}$ |
| 和顺 | $_⊂f\tilde{ɔ}$ | $_⊆f\tilde{ɔ}$ | $^⊂v\tilde{ɔ}$ | $_⊂k^h u\tilde{ɔ}$ | $_⊆v\tilde{ɔ}$ | $_⊂p\tilde{ɔ}$ | $p^h\tilde{ɔ}^⊃$ | $_⊂ts^h u\tilde{ɔ}$ | $_⊂su\tilde{ɔ}$ | $_⊂tɕi\tilde{ɔ}$ |
| 左权 | $_⊂fɔ$ | $_⊆vɔ$ | $^⊂vɔ$ | $_⊂k^hɔ$ | $_⊆vɔ$ | $_⊂pɔ$ | $p^h ɔ^⊃$ | $_⊂ts^h ɔ$<br>$_⊂sɔ$ | $_⊂sɔ$ | $_⊂tɕiɔ$ |
| 黎城 | $_⊂fãŋ$ | $fãŋ^⊃$ | $^⊂uãŋ$ | $_⊂k^h uãŋ$ | $uãŋ^⊃$ | $_⊂pãŋ$ | $p^h ãŋ^⊃$ | $_⊂ts^h uãŋ$ | $_⊂suãŋ$ | $_⊂ciãŋ$ |
| 平山 | $_⊂faŋ$ | $_⊆faŋ$ | $^⊂vaŋ$ | $_⊂k^h uaŋ$ | $_⊆vaŋ$ | $_⊂paŋ$ | $p^h aŋ^⊃$ | $_⊂tʂ^h uaŋ$ | $_⊂ʂuaŋ$ | $_⊂tɕiaŋ$ |
| 井陉 | $_⊂fã$ | $_⊆fã$ | $^⊂vã$ | $_⊂k^h uã$ | $_⊆vã$ | $_⊂pã$ | $p^h ã^⊃$ | $_⊂ts^h uã$ | $_⊂suã$ | $_⊂tɕiã$ |
| 赞皇 | $_⊂f\tilde{ɑ}$ | $_⊆f\tilde{ɑ}$ | $^⊂v\tilde{ɑ}$ | $_⊂k^h u\tilde{ɑ}$ | $_⊆v\tilde{ɑ}$ | $_⊂p\tilde{ɑ}$ | $p^h\tilde{ɑ}^⊃$ | $_⊂tʂ^h u\tilde{ɑ}$ | $_⊂ʂu\tilde{ɑ}$ | $_⊂tɕi\tilde{ɑ}$ |
| 邢台 | $_⊂faŋ$ | $_⊆faŋ$ | $^⊂vaŋ$ | $_⊂k^h uaŋ$ | $_⊆vaŋ$ | $_⊂paŋ$ | $p^h aŋ^⊃$ | $_⊂tʂ^h uaŋ$ | $_⊂ʂuaŋ$ | $_⊂tɕiaŋ$ |
| 涉县 | $_⊂fã$ | $_⊆fã$ | $^⊂vã$ | $_⊂k^h uã$ | $_⊆vã$ | $_⊂pã$ | $p^h ã^⊃$ | $_⊂ts^h uã$ | $_⊂suã$ | $_⊂tɕiã$ |

| 方言点 | 崩<br>曾开一<br>平登帮 | 凳<br>曾开一<br>去嶝端 | 疼<br>曾开一<br>平登定 | 能<br>曾开一<br>平登泥 | 层<br>曾开一<br>平登从 | 肯<br>曾开一<br>上等溪 | 恒<br>曾开一<br>平登匣 | 冰<br>曾开三<br>平蒸帮 | 凭<br>曾开三<br>平蒸並 | 陵<br>曾开三<br>平蒸来 |
|---|---|---|---|---|---|---|---|---|---|---|
| 灵丘 | $_⊂pəŋ$ | $təŋ^⊃$ | $_⊆t^h əŋ$ | $_⊆nəŋ$ | $_⊆ts^h əŋ$ | $^⊂k^h əŋ$ | $_⊆xəŋ$ | $_⊂piəŋ$ | $_⊆p^h iəŋ$ | $_⊆liəŋ$ |
| 五台 | $_⊂pəŋ$ | $təŋ^⊃$ | $_⊆t^h əŋ$ | $_⊆n^dəŋ$ | $_⊆ts^h əŋ$ | $^⊂k^h əŋ$ | $_⊆xəŋ$ | $_⊂piəŋ$ | $_⊆p^h iəŋ$ | $_⊆liəŋ$ |
| 盂县 | $_⊂pəŋ$ | $təŋ^⊃$ | $_⊆t^h əŋ$ | $_⊆nəŋ$ | $_⊆ts^h əŋ$ | $^⊂k^h əŋ$ | $_⊆xəŋ$ | $_⊂piəŋ$ | $_⊆p^h iəŋ$ | $_⊆liəŋ$ |
| 平定 | $_⊂pəŋ$ | $təŋ^⊃$ | $_⊆t^h əŋ$ | $_⊆nəŋ$ | $_⊆ts^h əŋ$ | $^⊂k^h əŋ$ | $_⊆xəŋ$ | $_⊂piəŋ$ | $_⊆p^h iəŋ$ | $_⊆liəŋ$ |
| 昔阳 | $_⊂pəŋ$ | $təŋ^⊃$ | $_⊆t^h əŋ$ | $_⊆nəŋ$ | $_⊆ts^h əŋ$ | $^⊂k^h əŋ$ | $_⊆xəŋ$ | $_⊂piəŋ$ | $_⊆p^h iəŋ$ | $_⊆liəŋ$ |
| 和顺 | $_⊂pəŋ$ | $təŋ^⊃$ | $_⊆t^h əŋ$ | $_⊆nəŋ$ | $_⊆ts^h əŋ$ | $^⊂k^h əŋ$ | $_⊆xəŋ$ | $_⊂piəŋ$ | $_⊆p^h iəŋ$ | $_⊆liəŋ$ |
| 左权 | $_⊂pəŋ$ | $təŋ^⊃$ | $_⊆t^h əŋ$ | $_⊆nəŋ$ | $_⊆ts^h əŋ$ | $^⊂k^h əŋ$ | $_⊆xəŋ$ | $_⊂piəŋ$ | $_⊆p^h iəŋ$ | $_⊆liəŋ$ |
| 黎城 | $_⊂pəŋ$ | $təŋ^⊃$ | $t^h əŋ^⊃$ | $nəu^⊃$ | $_⊆tsəŋ$ | $^⊂k^h ə̃$ | $_⊆xəŋ$ | $_⊂piəŋ$ | $p^h iəŋ^⊃$ | $liəŋ^⊃$ |
| 平山 | $_⊂pəŋ$ | $təŋ^⊃$ | $_⊆t^h əŋ$ | $_⊆nəŋ$ | $_⊆ts^h əŋ$ | $^⊂k^h əŋ$ | $_⊆xəŋ$ | $_⊂piŋ$ | $_⊆p^h iŋ$ | $_⊆liŋ$ |
| 井陉 | $_⊂pəŋ$ | $təŋ^⊃$ | $_⊆t^h əŋ$ | $_⊆nəŋ$ | $_⊆ts^h əŋ$ | $^⊂k^h əŋ$ | $_⊆xəŋ$ | $_⊂piŋ$ | $_⊆p^h iŋ$ | $_⊆liŋ$ |
| 赞皇 | $_⊂pəŋ$ | $təŋ^⊃$ | $_⊆t^h əŋ$ | $_⊆nəŋ$ | $_⊆ts^h əŋ$ | $^⊂k^h əŋ$ | $_⊆xəŋ$ | $_⊂piŋ$ | $_⊆p^h iŋ$ | $_⊆liŋ$ |
| 邢台 | $_⊂pəŋ$ | $təŋ^⊃$ | $_⊆t^h əŋ$ | $_⊆nəŋ$ | $_⊆ts^h əŋ$ | $^⊂k^h əŋ$ | $_⊆xəŋ$ | $_⊂piəŋ$ | $_⊆p^h iəŋ$ | $_⊆liəŋ$ |
| 涉县 | $_⊂pəŋ$ | $təŋ^⊃$ | $_⊆t^h əŋ$ | $_⊆nəŋ$ | $_⊆ts^h əŋ$ | $^⊂k^h əŋ$ | $_⊆xəŋ$ | $_⊂piŋ$ | $_⊆p^h iŋ$ | $_⊆liŋ$ |

续上表

| 方言点 | 蒸<br>曾开三<br>平蒸章 | 秤<br>曾开三<br>去证昌 | 绳<br>曾开三<br>平蒸船 | 剩<br>曾开三<br>去证船 | 承<br>曾开三<br>平蒸禅 | 仍<br>曾开三<br>平蒸日 | 兴~旺<br>曾开三<br>平蒸晓 | 鹰<br>曾开三<br>平蒸影 | 蝇<br>曾开三<br>平蒸以 | 弘<br>曾合一<br>平登匣 |
|---|---|---|---|---|---|---|---|---|---|---|
| 灵丘 | ₌tsəŋ | tsʰəŋ² | ₌səŋ | səŋ² | ₌tsʰəŋ | ₌zəŋ | ₌ɕiəŋ | ₌iəŋ | ₌iəŋ | ₌xuəŋ |
| 五台 | ₌tsʅ<br>₌tsəŋ | tsʰʅ² | ₌ʂʅ<br>₌səŋ | ʂʅ²<br>səŋ² | ₌tsʰəŋ | ₌zəŋ | ₌ɕiəŋ | ₌iəŋ | i²<br>₌iəŋ | ₌xuəŋ |
| 孟县 | ₌tsʅ<br>₌tsəŋ | tsʰʅ² | ₌ʂʅ<br>₌səŋ | ʂʅ²<br>səŋ² | ₌tsʰəŋ | ₌zəŋ | ₌ɕiəŋ | ₌iəŋ | i²<br>₌iəŋ | ₌xuəŋ |
| 平定 | ₌tʂəŋ | tʂʰəŋ² | ₌ʂəŋ | ʂəŋ² | ₌tʂʰəŋ | ₌ʐəŋ | ₌ɕiəŋ | ₌iəŋ | ₌iəŋ | ₌xuəŋ |
| 昔阳 | ₌tʂəŋ | tʂʰəŋ² | ₌ʂəŋ | ʂəŋ² | ₌tʂʰəŋ | ₌əŋ | ₌ɕiəŋ | ₌iəŋ | ₌iəŋ | ₌xuəŋ |
| 和顺 | ₌tʂəŋ | tʂʰəŋ² | ₌ʂəŋ | ʂəŋ² | ₌tʂʰəŋ | ₌zəŋ | ₌ɕiəŋ | ₌iəŋ | ₌iəŋ | ₌xuəŋ |
| 左权 | ₌tʂəŋ | tʂʰəŋ² | ₌ʂəŋ | ʂəŋ² | ₌tʂʰəŋ | ₌ʐəŋ | ₌ɕiəŋ | ₌iəŋ | ₌iəŋ | ₌xuəŋ |
| 黎城 | ₌tɕiəŋ | tɕʰiəŋ² | ₌ɕiəŋ | ɕiəŋ² | ₌tɕʰiəŋ | ₌iəŋ | ₌ɕiəŋ | ₌iəŋ | iəŋ² | xuəŋ² |
| 平山 | ₌tʂəŋ | tʂʰəŋ² | ₌ʂəŋ | ʂəŋ² | ₌tʂʰəŋ | ₌ʐəŋ | ₌ɕin | ₌in | ₌in | ₌xoŋ |
| 井陉 | ₌tsəŋ | tsʰəŋ² | ₌səŋ | səŋ² | ₌tsʰəŋ | ₌zəŋ | ₌ɕin | ₌in | ₌in | ₌xun |
| 赞皇 | ₌tʂəŋ | tʂʰəŋ² | ₌ʂəŋ | ʂəŋ² | ₌tʂʰəŋ | ₌ʐəŋ | ₌ɕiəŋ | ₌iəŋ | ₌iəŋ | ₌xuəŋ |
| 邢台 | ₌tʂəŋ | tʂʰəŋ² | ₌ʂəŋ | ʂəŋ² | ₌tʂʰəŋ | ₌ʐəŋ | ₌ɕiəŋ | ₌iəŋ | ₌iəŋ | ₌xuoŋ |
| 涉县 | ₌tsəŋ | tsʰəŋ² | ₌səŋ | səŋ² | ₌tsʰəŋ | ₌iŋ | ₌ɕin | ₌in | ₌in | ₌xun |

| 方言点 | 彭<br>梗开二<br>平庚並 | 孟<br>梗开二<br>去映明 | 打<br>梗开二<br>上梗端 | 冷<br>梗开二<br>上梗来 | 撑<br>梗开二<br>平庚彻 | 生<br>梗开二<br>平庚生 | 更五~<br>梗开二<br>平庚见 | 庚<br>梗开二<br>平庚见 | 坑<br>梗开二<br>平庚溪 | 硬<br>梗开二<br>去映疑 |
|---|---|---|---|---|---|---|---|---|---|---|
| 灵丘 | ₌pʰəŋ | məŋ² | ₌ta | ₌ləŋ | ₌tsʰəŋ | ₌səŋ | ₌tɕiəŋ | ₌kəŋ | ₌kʰəŋ | niəŋ² |
| 五台 | ₌pʰəŋ | mbəŋ² | ₌ta | ₌ləŋ | ₌tsʰəŋ | ₌səŋ | ₌tɕiəŋ<br>kəŋ | ₌kəŋ | ₌kʰəŋ | ndi²<br>ndiəŋ² |
| 孟县 | ₌pʰəŋ | məŋ² | ₌ta | ₌ləŋ | ₌tsʰəŋ | ₌səŋ | ₌tɕiəŋ | ₌kəŋ | ₌kʰəŋ | niəŋ² |
| 平定 | ₌pʰəŋ | mbəŋ² | ₌ta | ₌ləŋ | ₌tsʰəŋ | ₌səŋ | ₌tɕiəŋ | ₌kəŋ | ₌kʰəŋ | iəŋ² |
| 昔阳 | ₌pʰəŋ | məŋ² | ₌ta | ₌ləŋ | ₌tsʰəŋ | ₌səŋ | ₌tɕiəŋ | ₌kəŋ<br>kəŋ | ₌kʰəŋ | iəŋ² |
| 和顺 | ₌pʰəŋ | məŋ² | ₌tA | ₌ləŋ | ₌tʂʰəŋ | ₌səŋ | ₌tɕiəŋ | ₌kəŋ | ₌kʰəŋ | ŋiəŋ² |
| 左权 | ₌pʰəŋ | məŋ² | ₌tA | ₌ləŋ | ₌tʂʰəŋ | ₌ʂəŋ | ₌tɕiəŋ | ₌kəŋ | ₌kʰəŋ | niəŋ² |
| 黎城 | ₌pʰəŋ | məŋ² | ₌ləŋ | ₌ləŋ | ₌tʂʰəŋ | ₌ʂəŋ | ₌tɕiəŋ | ₌kəŋ | ₌kʰəŋ | iəŋ² |
| 平山 | ₌pʰəŋ | məŋ² | ₌ta | ₌ləŋ | ₌tʂʰəŋ | ₌səŋ | ₌tɕin | ₌kəŋ | ₌tɕʰin<br>kʰəŋ | in² |
| 井陉 | ₌pʰəŋ | məŋ² | ₌ta | ₌ləŋ | ₌tsʰəŋ | ₌səŋ | ₌tɕin | ₌kəŋ | ₌kʰəŋ | in² |
| 赞皇 | ₌pʰəŋ | məŋ² | ₌ta | ₌ləŋ | ₌tʂʰəŋ | ₌səŋ | ₌tɕin | ₌kəŋ | ₌kʰəŋ | in² |
| 邢台 | ₌pʰəŋ | məŋ² | ₌tɔ | ₌ləŋ | ₌tʂʰəŋ | ₌səŋ | ₌tɕiəŋ<br>kəŋ | ₌kəŋ | ₌kʰəŋ | iəŋ² |
| 涉县 | ₌pʰəŋ | məŋ² | ₌ta | ₌ləŋ | ₌tsʰəŋ | ₌səŋ | ₌tɕin | ₌kəŋ | ₌kʰəŋ | in² |

续上表

| 方言点 | 杏<br>梗开二<br>上梗匣 | 行品~<br>梗开二<br>去映匣 | 争<br>梗开二<br>平耕庄 | 耕<br>梗开二<br>平耕见 | 兵<br>梗开三<br>平庚帮 | 平<br>梗开三<br>平庚並 | 病<br>梗开三<br>去映並 | 明<br>梗开三<br>平庚明 | 命<br>梗开三<br>去映明 | 镜<br>梗开三<br>去映见 |
|---|---|---|---|---|---|---|---|---|---|---|
| 灵丘 | ɕieŋ⁼ | ₌ɕieŋ | ₌tsəŋ | ₌tɕieŋ | ₌pieŋ | ₌pʰieŋ | pieŋ⁼ | ₌mieŋ | mieŋ⁼ | tɕieŋ⁼ |
| 五台 | ɕiaŋ⁼ | ₌ɕieŋ | ₌tsəŋ | ₌tɕi<br>₌tɕieŋ | ₌pieŋ | ₌pʰi<br>₌pʰieŋ | pi⁼<br>pieŋ⁼ | ₌mbi<br>₌mbieŋ | mbi⁼<br>mbieŋ⁼ | tɕieŋ⁼ |
| 盂县 | xəŋ⁼ | ₌ɕieŋ | ₌tsəŋ | ₌tɕi | ₌pieŋ | ₌pʰi<br>₌pʰieŋ | pi⁼<br>pieŋ⁼ | ₌mi<br>₌mieŋ | mi⁼<br>mieŋ⁼ | tɕieŋ⁼ |
| 平定 | səŋ⁼ | ₌ɕieŋ | ₌tsəŋ | ₌tɕieŋ<br>₌kəŋ | ₌pieŋ | ₌pʰieŋ | pieŋ⁼ | ₌mieŋ | mieŋ⁼ | tɕieŋ⁼ |
| 昔阳 | ɕəŋ⁼ | ₌ɕieŋ | ₌tsəŋ | ₌tɕieŋ | ₌pieŋ | ₌pʰieŋ | pieŋ⁼ | ₌məŋ<br>₌mieŋ | mieŋ⁼ | tɕieŋ⁼ |
| 和顺 | ɕieŋ⁼ | ₌ɕieŋ | ₌tsəŋ | ₌tɕieŋ | ₌pieŋ | ₌pʰieŋ | pieŋ⁼ | ₌mieŋ | mieŋ⁼ | tɕieŋ⁼ |
| 左权 | ɕieŋ⁼ | ₌ɕieŋ | ₌tsəŋ | ₌tɕieŋ | ₌pieŋ | ₌pʰieŋ | pieŋ⁼ | ₌mieŋ | mieŋ⁼ | tɕieŋ⁼ |
| 黎城 | ɕieŋ⁼ | ɕieŋ⁼ | ₌tsəŋ | ₌tɕieŋ | ₌pieŋ | pʰieŋ⁼ | pieŋ⁼ | mieŋ⁼ | mieŋ⁼ | ciaŋ⁼ |
| 平山 | ɕiŋ⁼ | ₌ɕiŋ | ₌tsəŋ | ₌tɕiŋ<br>₌kəŋ | ₌piŋ | ₌pʰiŋ | piŋ⁼ | ₌miŋ | miŋ⁼ | tɕiŋ⁼ |
| 井陉 | ɕiŋ⁼ | ₌ɕiŋ | ₌tsəŋ | ₌tɕiŋ | ₌piŋ | ₌pʰiŋ | piŋ⁼ | ₌miŋ | miŋ⁼ | tɕiŋ⁼ |
| 赞皇 | ɕiŋ⁼ | ₌ɕiŋ | ₌tsəŋ | ₌tɕiŋ<br>₌kəŋ | ₌piŋ | ₌pʰiŋ | piŋ⁼ | ₌miŋ | miŋ⁼ | tɕiŋ⁼ |
| 邢台 | ɕiaŋ⁼ | ₌ɕiŋ | ₌tsəŋ | ₌tɕiaŋ | ₌piaŋ | ₌pʰiaŋ | piaŋ⁼ | ₌miaŋ | miaŋ⁼ | tɕiaŋ⁼ |
| 涉县 | ɕiŋ⁼ | ₌ɕiŋ | ₌tsəŋ | ₌tɕiŋ<br>₌kəŋ | ₌piŋ | ₌pʰiŋ | piŋ⁼ | ₌miŋ | miŋ⁼ | tɕiŋ⁼ |

| 方言点 | 庆<br>梗开三<br>去映溪 | 迎<br>梗开三<br>平庚疑 | 影<br>梗开三<br>上梗影 | 饼<br>梗开三<br>上静帮 | 名<br>梗开三<br>平清明 | 领<br>梗开三<br>上静来 | 精<br>梗开三<br>平清精 | 井<br>梗开三<br>上静精 | 情<br>梗开三<br>平清从 | 净<br>梗开三<br>去劲从 |
|---|---|---|---|---|---|---|---|---|---|---|
| 灵丘 | tɕʰieŋ⁼ | ₌ieŋ | ₌ieŋ | ₌pieŋ | ₌mieŋ | ₌lieŋ | ₌tɕieŋ | ₌tɕieŋ | ₌tɕʰieŋ | tɕieŋ⁼ |
| 五台 | tɕʰieŋ⁼ | ₌iŋ | ₌i<br>₌ieŋ | ₌pi<br>₌pieŋ | ₌mbieŋ | ₌lieŋ | ₌tɕi | ₌tɕi | ₌tɕʰieŋ | tɕi⁼<br>tɕieŋ⁼ |
| 盂县 | tɕʰieŋ⁼ | ₌iŋ | ₌i<br>₌ieŋ | ₌pi | ₌mieŋ | ₌lei<br>₌lieŋ | ₌tɕi | ₌tɕi | ₌tɕʰieŋ | tɕi⁼<br>tɕieŋ⁼ |
| 平定 | tɕʰieŋ⁼ | ₌ieŋ | ₌ieŋ | ₌pieŋ | ₌mieŋ | ₌lieŋ | ₌tɕieŋ | ₌tɕieŋ | ₌tɕʰieŋ | tɕieŋ⁼ |
| 昔阳 | tɕʰieŋ⁼ | ₌ieŋ | ₌ieŋ | ₌pieŋ | ₌mieŋ | ₌lieŋ | ₌tɕieŋ | ₌tɕieŋ | ₌tɕʰieŋ | tɕieŋ⁼ |
| 和顺 | tɕʰieŋ⁼ | ₌ieŋ | ₌ieŋ | ₌pəŋ<br>₌pieŋ | ₌mieŋ | ₌lieŋ | ₌tɕieŋ | ₌tɕieŋ | ₌tɕʰieŋ | tɕieŋ⁼ |
| 左权 | tɕʰieŋ⁼ | ₌ieŋ | ₌ieŋ | ₌pieŋ | ₌mieŋ | ₌lieŋ | ₌tɕieŋ | ₌tɕieŋ | ₌tɕʰieŋ | tɕieŋ⁼ |
| 黎城 | cʰieŋ⁼ | ieŋ⁼ | ₌ieŋ | ₌pieŋ | mieŋ⁼ | ₌lieŋ | ₌tɕieŋ | ₌tɕʰieŋ | tɕʰieŋ⁼ | tɕieŋ⁼ |
| 平山 | tɕʰiŋ⁼ | ₌iŋ | ₌iŋ | ₌piŋ | ₌miŋ | ₌liŋ | ₌tsiŋ | ₌tsiŋ | ₌tsʰiŋ | tsiŋ⁼ |
| 井陉 | tɕʰiŋ⁼ | ₌iŋ | ₌iŋ | ₌piŋ | ₌miŋ | ₌liŋ | ₌tɕi | ₌tɕiŋ | ₌tɕʰiŋ | tɕiŋ⁼ |
| 赞皇 | tɕʰiŋ⁼ | ₌iŋ | ₌iŋ | ₌piŋ | ₌miŋ | ₌liŋ | ₌tsiŋ | ₌tsiŋ | ₌tsʰiŋ | tsiŋ⁼ |
| 邢台 | tɕʰiaŋ⁼ | ₌iaŋ | ₌iaŋ | ₌piaŋ | ₌miaŋ | ₌liaŋ | ₌tsiaŋ | ₌tsiaŋ | ₌tsʰiaŋ | tsiaŋ⁼ |
| 涉县 | tɕʰiŋ⁼ | ₌iŋ | ₌iŋ | ₌piŋ | ₌miŋ | ₌liŋ | ₌tɕiŋ | ₌tɕʰiŋ | ₌tɕʰiŋ | tɕiŋ⁼ |

续上表

| 方言点 | 姓<br>梗开三<br>去劲心 | 贞<br>梗开三<br>平清知 | 郑<br>梗开三<br>去劲澄 | 正~月<br>梗开三<br>去劲章 | 正~面<br>梗开三<br>平清章 | 声<br>梗开三<br>平清书 | 城<br>梗开三<br>平清禅 | 颈<br>梗开三<br>上静见 | 轻<br>梗开三<br>平清溪 | 赢<br>梗开三<br>平清以 |
|---|---|---|---|---|---|---|---|---|---|---|
| 灵丘 | ɕiəŋ⁼ | ₋tsəŋ | tsəŋ⁼ | ₋tsəŋ | tsəŋ⁼ | ₋səŋ | ₅tsʰəŋ | ˀtɕiəŋ | ₋tɕʰiəŋ | ₋iəŋ |
| 五台 | ɕi⁼<br>ɕiəŋ⁼ | ₋tsəŋ | tsəŋ⁼ | ₋tsəŋ | tsəŋ⁼ | ₋tʂ<br>₋səŋ | ₅tsʰəŋ | ˀtɕi<br>ˀtɕiəŋ | ₋tɕʰi<br>₋tɕʰiəŋ | ₋iəŋ |
| 孟县 | ɕi⁼<br>ɕiəŋ⁼ | ₋tsəŋ | tsŋ⁼<br>tsəŋ⁼ | ₋tsŋ | tsəŋ⁼ | ₋tʂ<br>₋səŋ | ₅tsʰŋ<br>₅tsʰəŋ | ˀtɕiəŋ | ₋tɕʰiəŋ | ₋i<br>₋iəŋ |
| 平定 | ɕiəŋ⁼ | ₋tʂəŋ | tʂəŋ⁼ | ₋tʂəŋ | tʂəŋ⁼ | ₋ʂəŋ | ₅tʂʰəŋ | ˀtɕiəŋ | ₋tɕʰiəŋ | ₋iəŋ |
| 昔阳 | ɕiəŋ⁼ | ₋tʂəŋ | tʂəŋ⁼ | ₋tʂəŋ | tʂəŋ⁼ | ₋ʂəŋ | ₅tʂʰəŋ | ˀtɕiəŋ | ₋tɕʰiəŋ | ₋iəŋ |
| 和顺 | ɕiəŋ⁼ | ₋tʂəŋ | tʂəŋ⁼ | ₋tʂəŋ | tʂəŋ⁼ | ₋ʂəŋ | ₅tʂʰəŋ | ˀtɕiəŋ | ₋tɕʰiəŋ | ₋iəŋ |
| 左权 | ɕiəŋ⁼ | ₋tʂəŋ | tʂəŋ⁼ | ₋tʂəŋ | tʂəŋ⁼ | ₋ʂəŋ | ₅tʂʰəŋ | ˀtɕiəŋ | ₋tɕʰiəŋ | ₋iəŋ |
| 黎城 | ɕiəŋ⁼ | ₋tɕĩ | tɕiəŋ⁼ | ₋tɕiəŋ | tɕiəŋ⁼ | ₋ɕiəŋ | ₅tɕʰiəŋ | ˀciəŋ | ₋cʰiəŋ | iəŋ⁼ |
| 平山 | siŋ⁼ | ₋tʂəŋ | tʂəŋ⁼ | ₋tʂəŋ | tʂəŋ⁼ | ₋ʂəŋ | ₅tʂʰəŋ | ˀtɕiŋ | ₋tɕʰiŋ | ₋iŋ |
| 井陉 | ɕiŋ⁼ | ₋tsəŋ | tsəŋ⁼ | ₋tsəŋ | tsəŋ⁼ | ₋səŋ | ₅tsʰəŋ | ˀtɕiŋ | ₋tɕʰiŋ | ₋iŋ |
| 赞皇 | siŋ⁼ | ₋tʂən | tʂəŋ⁼ | ₋tʂəŋ | tʂəŋ⁼ | ₋ʂəŋ | ₅tʂʰəŋ | ˀtɕiŋ | ₋tɕʰiŋ | ₋iŋ |
| 邢台 | siəŋ⁼ | ₋tʂəŋ | tʂəŋ⁼ | ₋tʂəŋ | tʂəŋ⁼ | ₋ʂəŋ | ₅tʂʰəŋ | ˀtɕiəŋ | ₋tɕʰiəŋ | ₋iəŋ |
| 涉县 | ɕiŋ⁼ | ₋tsəŋ | tsəŋ⁼ | ₋tsəŋ | tsəŋ⁼ | ₋səŋ | ₅tsʰəŋ | ˀtɕiŋ | ₋tɕʰiŋ | ₋iŋ |

| 方言点 | 瓶<br>梗开四<br>平青并 | 钉<br>梗开四<br>平青端 | 听<br>梗开四<br>平青透 | 停<br>梗开四<br>平青定 | 定<br>梗开四<br>去径定 | 宁<br>梗开四<br>平青泥 | 铃<br>梗开四<br>平青来 | 青<br>梗开四<br>平青清 | 星<br>梗开四<br>平青心 | 经<br>梗开四<br>平青见 |
|---|---|---|---|---|---|---|---|---|---|---|
| 灵丘 | ₅pʰiəŋ | ₋tiəŋ | ₋tʰiəŋ | ₅tʰiəŋ | tiəŋ⁼ | ₅niəŋ | ₅liəŋ | ₋tɕʰiəŋ | ₋ɕiəŋ | ₋tɕiəŋ |
| 五台 | ₅pʰi<br>₅pʰiəŋ | ₋ti<br>₋tiəŋ | ₋tɕʰi<br>₋tɕʰiəŋ | ₅tɕʰiəŋ | tiəŋ⁼ | ₅nᵈiəŋ | ₅liəŋ | ₋tɕʰiəŋ | ₋ɕi<br>₋ɕiəŋ | ₋tɕiəŋ |
| 孟县 | ₅pʰi<br>₅pʰiəŋ | ₋ti<br>₋tiəŋ | ₋tʰi<br>₋tʰiəŋ | ₅tʰiəŋ | tiəŋ⁼ | ₅niəŋ | ₅tɕʰi<br>₅tɕʰiəŋ | ₋ɕi<br>₋ɕiəŋ | ₋tɕiəŋ |
| 平定 | ₅pʰiəŋ | ₋tiəŋ | ₋tʰiəŋ | ₅tʰiəŋ | tiəŋ⁼ | ₅nᵈiəŋ | ₅liəŋ | ₋tɕʰiəŋ | ₋ɕiəŋ | ₋tɕiəŋ |
| 昔阳 | ₅pʰiəŋ | ₋tiəŋ | ₋tʰiəŋ | ₅tʰiəŋ | tiəŋ⁼ | ₅niəŋ | ₅liəŋ | ₋tɕʰiəŋ | ₋ɕiəŋ | ₋tɕiəŋ |
| 和顺 | ₅pʰiəŋ | ₋tiəŋ | ₋tʰiəŋ | ₅tʰiəŋ | tiəŋ⁼ | ₅niəŋ | ₅liəŋ | ₋tɕʰiəŋ | ₋ɕiəŋ | ₋tɕiəŋ |
| 左权 | ₅pʰiəŋ | ₋tiəŋ | ₋tʰiəŋ | ₅tʰiəŋ | tiəŋ⁼ | ₅niəŋ | ₅liəŋ | ₋tɕʰiəŋ | ₋ɕiəŋ | ₋tɕiəŋ |
| 黎城 | pʰiəŋ⁼ | ₋tiəŋ | ₋tʰiəŋ | tʰiəŋ⁼ | tiəŋ⁼ | niəŋ⁼ | liəŋ⁼ | ₋tɕʰiəŋ | ₋ɕiəŋ | ₋ciəŋ |
| 平山 | ₅pʰiŋ | ₋tiŋ | ₋tʰiŋ | ₅tʰiŋ | tiŋ⁼ | ₅niŋ | ₅liŋ | ₋tsʰiŋ | ₋siŋ | ₋tɕiŋ |
| 井陉 | ₅pʰiŋ | ₋tiŋ | ₋tʰiŋ | ₅tʰiŋ | tiŋ⁼ | ₅niŋ | ₅liŋ | ₋tɕʰiŋ | ₋ɕiŋ | ₋tɕiŋ |
| 赞皇 | ₅pʰiŋ | ₋tiŋ | ₋tʰiŋ | ₅tʰiŋ | tiŋ⁼ | ₅niŋ | ₅liŋ | ₋tsʰiŋ | ₋siŋ | ₋tɕiŋ |
| 邢台 | ₅pʰiəŋ | ₋tiəŋ | ₋tʰiəŋ | ₅tʰiəŋ | tiəŋ⁼ | ₅niəŋ | ₅liəŋ | ₋tsʰiəŋ | ₋siəŋ | ₋tɕiəŋ |
| 涉县 | ₅pʰiŋ | ₋tiŋ | ₋tʰiŋ | ₅tʰiŋ | tiŋ⁼ | ₅niŋ | ₅liŋ | ₋tɕʰiŋ | ₋ɕiŋ | ₋tɕiŋ |

续上表

| 方言点 | 矿 梗合二 上梗见 | 轰 梗合二 平耕晓 | 兄 梗合三 平庚晓 | 荣 梗合三 平庚云 | 永 梗合三 上梗云 | 倾 梗合三 平清溪 | 琼 梗合三 平清群 | 营 梗合三 平清以 | 萤 梗合四 平青匣 | 迥 梗合四 上迥匣 |
|---|---|---|---|---|---|---|---|---|---|---|
| 灵丘 | ⁻kʰəŋ | ₌xuŋ | ₌çyəʔ ₌çyŋ | yəŋ⁼ ₌zuŋ | ⁻yəŋ | ₌tɕʰiŋ | ₌tɕʰyŋ | ₌iŋ | ₌iŋ | ⁻tɕyŋ |
| 五台 | ⁻kʰəŋ ⁻kʰuã | ₌xuŋ | ₌çy ₌çyŋ | ₌yŋ | ⁻yəŋ | ₌tɕʰiŋ | ₌tɕʰyŋ | ₌iŋ | ₌iŋ | ⁻tɕyŋ |
| 盂县 | ⁻kʰuã | ₌xuŋ | ₌çy ₌çyŋ | ₌yəŋ | ⁻yəŋ | ₌tɕʰiŋ | ₌tɕʰyŋ | ₌iŋ | ₌iŋ | ⁻tɕyŋ |
| 平定 | ⁻kʰuɑ̃ | ₌xuŋ | ₌çyəŋ | ₌yəŋ | ⁻yəŋ | ₌tɕʰiŋ | ₌tɕʰyŋ | ₌iŋ | ₌iŋ | ⁻tɕyŋ |
| 昔阳 | ⁻kʰuɑ̃ | ₌xuŋ | ₌çyəŋ | ₌yəŋ | ⁻yəŋ | ₌tɕʰiŋ | ₌tɕʰyŋ | ₌iŋ | ₌iŋ | ⁻tɕyŋ |
| 和顺 | ⁻kʰuŋ | ₌xuŋ | ₌çyəŋ | ₌yəŋ | ⁻yəŋ | ₌tɕʰiŋ | ₌tɕʰyŋ | ₌iŋ | ₌iŋ | ⁻tɕyəŋ |
| 左权 | ⁻kʰuŋ | ₌xuŋ | ₌çyəŋ | ₌yəŋ | ⁻yəŋ | ₌tɕʰiŋ | ₌tɕʰyŋ | ⁻yəŋ ₌iŋ | ₌iŋ | ⁻tɕyəŋ |
| 黎城 | ⁻kʰuãŋ | ₌xuŋ | ₌çyəŋ | luəŋ⁼ | ⁻yəŋ | ⁻tɕʰiŋ | ⁻tɕʰyəŋ | iəŋ⁼ | ₌iəŋ | ⁻cyəŋ |
| 平山 | kʰuɑŋ⁼ | ₌xoŋ | ₌çyŋ | ₌zoŋ | ⁻yŋ | ₌tɕʰiŋ | ₌tɕʰyŋ | ₌iŋ | ₌iŋ | ⁻tɕyŋ |
| 井陉 | ⁻kʰuã | ₌unx | ₌çyŋ | ₌unz | ⁻yŋ | ₌tɕʰiŋ | ₌tɕʰyŋ | ₌iŋ | ₌iŋ | ⁻tɕyŋ |
| 赞皇 | ⁻kʰuŋ | ₌xuŋ | ₌çyəŋ | ₌zuŋ | ⁻yəŋ | ₌tɕʰiŋ | ₌tɕʰyəŋ | ₌iŋ | ₌iŋ | ⁻tɕyəŋ |
| 邢台 | ⁻kʰuɑŋ | ₌xuoŋ | ₌çyoŋ | ₌zuoŋ | ⁻yoŋ | ₌tɕʰiŋ | ₌tɕʰyoŋ | ₌iŋ | ₌iŋ | ⁻tɕyoŋ |
| 涉县 | ⁻kʰuã | ₌xuŋ | ₌çyŋ | ₌luŋ | ⁻yŋ | ₌tɕʰiŋ | ₌tɕʰyŋ | ₌iŋ | ₌iŋ | ⁻tɕyŋ |

| 方言点 | 篷 通合一 平东並 | 蒙 通合一 平东明 | 东 通合一 平东端 | 桶 通合一 上董透 | 同 通合一 平东定 | 动 通合一 上董定 | 聋 通合一 平东来 | 粽 通合一 去送精 | 葱 通合一 平东清 | 送 通合一 去送心 |
|---|---|---|---|---|---|---|---|---|---|---|
| 灵丘 | ₌pʰəŋ | ₌məŋ | ₌tuəŋ | ⁻tʰuəŋ | ₌tʰuəŋ | tuəŋ⁼ | ₌luəŋ | tsuəŋ⁼ | ₌tsʰuəŋ | suəŋ⁼ |
| 五台 | ₌pʰəŋ | ₌mbəŋ | ₌tuəŋ | ⁻tʰuəŋ | ₌tʰuəŋ | tuəŋ⁼ | ₌luəŋ | tsəŋ⁼ tsuəŋ⁼ | ₌tsʰuəŋ | suəŋ⁼ |
| 盂县 | ₌pʰəŋ | ₌məŋ | ₌tuəŋ | ⁻tʰuəŋ | ₌tʰuəŋ | tuəŋ⁼ | ₌luəŋ | tɕyəŋ⁼ | ₌tsʰuəŋ | suəŋ⁼ |
| 平定 | ₌pʰəŋ | ₌məŋ | ₌tuəŋ | ⁻tʰuəŋ | ₌tʰuəŋ | tuəŋ⁼ | ₌luəŋ | tsuəŋ⁼ | ₌tsʰuəŋ | suəŋ⁼ |
| 昔阳 | ₌pʰəŋ | ₌məŋ | ₌tuəŋ | ⁻tʰuəŋ | ₌tʰuəŋ | tuəŋ⁼ | ₌luəŋ | tsuəŋ⁼ | ₌tsʰuəŋ | suəŋ⁼ |
| 和顺 | ₌pʰəŋ | ₌məŋ | ₌tuəŋ | ⁻tʰuəŋ | ₌tʰuəŋ | tuəŋ⁼ | ₌luəŋ | tsuəŋ⁼ | ₌tsʰuəŋ | suəŋ⁼ |
| 左权 | ₌pʰəŋ | ₌məŋ | ₌tuəŋ | ⁻tʰuəŋ | ₌tʰuəŋ | tuəŋ⁼ | ₌luəŋ | tsuəŋ⁼ | ₌tsʰuəŋ | suəŋ⁼ |
| 黎城 | pʰəŋ⁼ | ₌məŋ | ₌tuəŋ | ⁻tʰuəŋ | tʰuəŋ⁼ | tuəŋ⁼ | ₌luəŋ | tɕyəŋ⁼ | ₌tsʰuəŋ | suəŋ⁼ |
| 平山 | ₌pʰəŋ | ₌məŋ | ₌toŋ | ⁻tʰoŋ | ₌tʰoŋ | toŋ⁼ | ₌loŋ | tsoŋ⁼ | ₌tsʰoŋ | soŋ⁼ |
| 井陉 | ₌pʰəŋ | ₌məŋ | ₌tuŋ | ⁻tʰuŋ | ₌tʰuŋ | tuŋ⁼ | ₌luŋ | tsuŋ⁼ | ₌tsʰuŋ | suŋ⁼ |
| 赞皇 | ₌pʰəŋ | ₌məŋ | ₌tuəŋ | ⁻tʰuəŋ | ₌tʰuəŋ | tuəŋ⁼ | ₌luəŋ | tsuəŋ⁼ | ₌tsʰuəŋ | suəŋ⁼ |
| 邢台 | ₌pʰəŋ | ₌məŋ | ₌tuoŋ | ⁻tʰuoŋ | ₌tʰuoŋ | tuoŋ⁼ | ₌luoŋ | tsuoŋ⁼ | ₌tsʰuoŋ | suoŋ⁼ |
| 涉县 | ₌pʰəŋ | ₌məŋ | ₌tuŋ | ⁻tʰuŋ | ₌tʰuŋ | tuŋ⁼ | ₌luŋ | ₌tsuŋ | ₌tsʰuŋ | suŋ⁼ |

续上表

| 方言点 | 公<br>通合一<br>平东见 | 孔<br>通合一<br>上董溪 | 红<br>通合一<br>东平匣 | 瓮<br>通合一<br>去送影 | 冬<br>通合一<br>平冬端 | 统<br>通合一<br>去宋透 | 农<br>通合一<br>平冬泥 | 宗<br>通合一<br>平冬精 | 松~紧<br>通合一<br>平冬心 | 宋<br>通合一<br>去宋心 |
|---|---|---|---|---|---|---|---|---|---|---|
| 灵丘 | ₋kuəŋ | ˉkʰuəŋ | ₋xuəŋ | vəŋ˃ | ₋tuəŋ | tʰuəŋ˃ | ₋nəŋ | ₋tsuəŋ | ₋suəŋ | suəŋ˃ |
| 五台 | ₋kuəŋ | ˉkʰuəŋ | ₋xuəŋ | vəŋ˃ | ₋tuəŋ | tʰuəŋ˃ | ₋ⁿdəŋ | ₋tsuəŋ | ₋suəŋ | suəŋ˃ |
| 盂县 | ₋kuəŋ | ˉkʰuəŋ | ₋xuəŋ | vəŋ˃ | ₋tuəŋ | tʰuəŋ˃ | ₋nəŋ | ₋tsuəŋ | ₋suəŋ | suəŋ˃ |
| 平定 | ₋kuəŋ | ˉkʰuəŋ | ₋xuəŋ | vəŋ˃ | ₋tuəŋ | tʰuəŋ˃ | ₋nuəŋ | ₋tsuəŋ | ₋suəŋ | suəŋ˃ |
| 昔阳 | ₋kuəŋ | ˉkʰuəŋ | ₋xuəŋ | vəŋ˃ | ₋tuəŋ | tʰuəŋ˃ | ₋nəŋ | ₋tsuəŋ | ₋suəŋ | suəŋ˃ |
| 和顺 | ₋kuəŋ | ˉkʰuəŋ | ₋xuəŋ | vəŋ˃ | ₋tuəŋ | tʰuəŋ˃ | ₋nəŋ | ₋tsuəŋ | ₋suəŋ | suəŋ˃ |
| 左权 | ₋kuəŋ | ˉkʰuəŋ | ₋xuəŋ | vəŋ˃ | ₋tuəŋ | tʰuəŋ˃ | ₋nuəŋ | ₋tsuəŋ | ₋suəŋ | suəŋ˃ |
| 黎城 | ₋kuəŋ | ˉkʰuəŋ | xuəŋ˃ | uəŋ˃ | ₋tuəŋ | tʰuəŋ˃ | nuəŋ˃ | ₋tsuəŋ | ₋suəŋ | suəŋ˃ |
| 平山 | ₋koŋ | ˉkʰoŋ | ₋xoŋ | voŋ˃ | ₋toŋ | tʰoŋ˃ | ₋noŋ | ₋tsoŋ | ₋soŋ | soŋ˃ |
| 井陉 | ₋kuŋ | ˉkʰuŋ | ₋xuŋ | vəŋ˃ | ₋tuŋ | tʰuŋ˃ | ₋nuŋ | ₋tsuŋ | ₋suŋ | suŋ˃ |
| 赞皇 | ₋kuəŋ | ˉkʰuəŋ | ₋xuəŋ | vəŋ˃ | ₋tuəŋ | tʰuəŋ˃ | ₋nuəŋ | ₋tsuəŋ | ₋suəŋ | suəŋ˃ |
| 邢台 | ₋kuoŋ | ˉkʰuoŋ | ₋xuoŋ | voŋ˃ | ₋tuoŋ | tʰuoŋ˃ | ₋nuoŋ | ₋tsuoŋ | ₋suoŋ | suoŋ˃ |
| 涉县 | ₋kuŋ | ˉkʰuŋ | ₋xuŋ | vəŋ˃ | ₋tuŋ | tʰuŋ˃ | ₋nuŋ | ₋tsuŋ | ₋suŋ | suŋ˃ |

| 方言点 | 风<br>通合三<br>平东非 | 梦<br>通合三<br>去送明 | 忠<br>通合三<br>平东知 | 虫<br>通合三<br>平东澄 | 崇<br>通合三<br>平东崇 | 绒<br>通合三<br>平东日 | 弓<br>通合三<br>平东见 | 穷<br>通合三<br>平东群 | 熊<br>通合三<br>平东云 | 融<br>通合三<br>平东以 |
|---|---|---|---|---|---|---|---|---|---|---|
| 灵丘 | ₋fəŋ | məŋ˃ | ₋tsuəŋ | ₋tsʰuəŋ | ₋tsʰuəŋ | ₋zuəŋ | ₋kuəŋ | ₋tɕʰyəŋ | ₋ɕyəŋ | ₋yəŋ |
| 五台 | ₋fəŋ | ᵐbəŋ˃ | ₋tsuəŋ | ₋tsʰuəŋ | ₋tsʰuəŋ | ₋zuəŋ | ₋kuəŋ | ₋tɕʰyəŋ | ₋ɕyəŋ | ₋yəŋ |
| 盂县 | ₋fəŋ | məŋ˃ | ₋tsuəŋ | ₋tsʰuəŋ | ₋tsʰuəŋ | ₋zuəŋ | ₋kuəŋ | ₋tɕʰyəŋ | ₋ɕyəŋ | ₋yəŋ |
| 平定 | ₋fəŋ | məŋ˃ | ₋tsuəŋ | ₋tsʰuəŋ | ₋tsʰuəŋ | ₋zuəŋ | ₋kuəŋ | ₋tɕʰyəŋ | ₋ɕyəŋ | ₋yəŋ |
| 昔阳 | ₋fəŋ | məŋ˃ | ₋tsuəŋ | ₋tsʰuəŋ | ₋tsʰuəŋ | ₋zuəŋ | ₋kuəŋ | ₋tɕʰyəŋ | ₋ɕyəŋ | ₋yəŋ |
| 和顺 | ₋fəŋ | məŋ˃ | ₋tsuəŋ | ₋tsʰuəŋ | ₋tsʰuəŋ | ₋zuəŋ | ₋kuəŋ | ₋tɕʰyəŋ | ₋ɕyəŋ | ₋yəŋ |
| 左权 | ₋fəŋ | məŋ˃ | ₋tsuəŋ | ₋tsʰuəŋ | ₋tsʰuəŋ | zʱuəŋ˃ | ₋kuəŋ | ₋tɕʰyəŋ | ₋ɕyəŋ | ₋yəŋ |
| 黎城 | ₋fəŋ | məŋ˃ | ₋tsuəŋ | tsʰuəŋ˃ | ₋tsʰuəŋ | yəŋ˃ | ₋kuəŋ | cʰyəŋ | ɕyəŋ˃ | ₋yəŋ |
| 平山 | ₋fəŋ | məŋ˃ | ₋tʂoŋ | ₋tʂʰoŋ | ₋tʂʰoŋ | ₋zʱoŋ | ₋koŋ | ₋tɕʰyŋ | ₋ɕyŋ | ₋zʱoŋ |
| 井陉 | ₋fəŋ | məŋ˃ | tsuŋ | ₋tsʰuŋ | ₋tsʰuŋ | ₋zuŋ | ₋kuŋ | ₋tɕʰyŋ | ₋ɕyŋ | ₋zuŋ |
| 赞皇 | ₋fəŋ | məŋ˃ | ₋tʂuəŋ | ₋tʂʰuəŋ | ₋tʂʰuəŋ | zʱuəŋ˃ | ₋kuəŋ | ₋tɕʰyəŋ | ₋ɕyəŋ | zʱuəŋ˃ |
| 邢台 | ₋fəŋ | məŋ˃ | ₋tʂuoŋ | ₋tʂʰuoŋ | ₋tʂʰuoŋ | zʱuoŋ˃ | ₋kuoŋ | ₋tɕʰyoŋ | ₋ɕyoŋ | zʱuoŋ˃ |
| 涉县 | ₋fəŋ | məŋ˃ | ₋tsuŋ | ₋tsʰuŋ | ₋tsʰuŋ | ₋luŋ | ₋kuŋ | ₋tɕʰyŋ | ₋ɕyŋ | ₋luŋ |

续上表

| 方言点 | 封<br>通合三<br>平钟非 | 蜂<br>通合三<br>平钟敷 | 浓<br>通合三<br>平钟来 | 龙<br>通合三<br>平钟来 | 从<br>通合三<br>平钟从 | 重~复<br>通合三<br>平钟澄 | 共<br>通合三<br>去用群 | 胸<br>通合三<br>平钟晓 | 容<br>通合三<br>平钟以 | 用<br>通合三<br>去用以 |
|---|---|---|---|---|---|---|---|---|---|---|
| 灵丘 | ₋fəŋ | ₋fəŋ | ŋəŋ⁼ | ₋lyəŋ<br>₋luəŋ | ₋tsʰuəŋ | ₋tsʰuəŋ | kuəŋ⁼ | ₋ɕyəŋ | ₋yəŋ | yəŋ⁼ |
| 五台 | ₋fəŋ | ₋fəŋ | nᵈəŋ⁼ | ₋lyəŋ<br>₋luəŋ | ₋tsʰuəŋ | ₋tsʰuəŋ | kuəŋ⁼ | ₋ɕyəŋ | ₋yəŋ | yəŋ⁼ |
| 盂县 | ₋fəŋ | ₋pʰəŋ<br>₋fəŋ | ₋nəŋ | ₋lyəŋ<br>₋luəŋ | ₋tsʰuəŋ | ₋tsʰuəŋ | kuəŋ⁼ | ₋ɕyəŋ | ₋yəŋ | yəŋ⁼ |
| 平定 | ₋fəŋ | ₋pʰəŋ<br>₋fəŋ | ₋nuəŋ | ₋luəŋ | ₋tsʰuəŋ | ₋tsʰuəŋ | kuəŋ⁼ | ₋ɕyəŋ | ₋yəŋ | yəŋ⁼ |
| 昔阳 | ₋fəŋ | ₋pʰəŋ | ₋nəŋ | ₋ləŋ | ₋tsʰuəŋ | ₋tsʰuəŋ | kuəŋ⁼ | ₋ɕyəŋ | ₋yəŋ | yəŋ⁼ |
| 和顺 | ₋fəŋ | ₋fəŋ | ₋nəŋ | ₋ləŋ | ₋tsʰuəŋ | ₋tsʰuəŋ | kuəŋ⁼ | ₋ɕyəŋ | ₋yəŋ | yəŋ⁼ |
| 左权 | ₋fəŋ | ₋fəŋ | ₋nəŋ | ₋ləŋ | ₋tsʰuəŋ | ₋tsʰuəŋ | kuəŋ⁼ | ₋ɕyəŋ | ₋yəŋ | yəŋ⁼ |
| 黎城 | ₋fəŋ | ₋fəŋ | nuəŋ⁼ | ₋lyəŋ | tsʰuəŋ⁼ | ₋tsʰuəŋ | kuəŋ⁼ | ₋xyəŋ | yəŋ⁼ | yəŋ⁼ |
| 平山 | ₋fəŋ | fəŋ⁼ | ₋noŋ | ₋lyŋ<br>₋loŋ | ₋tsʰoŋ | ₋tsʰoŋ | koŋ⁼ | ₋ɕyŋ | ₋yŋ<br>₋ʑoŋ | yŋ⁼ |
| 井陉 | ₋fəŋ | ₋pʰəŋ<br>₋fəŋ | ₋nuŋ | ₋lyŋ<br>₋luŋ | ₋tsʰuŋ | ₋tsʰuŋ | kuŋ⁼ | ₋ɕyŋ | ₋ʑuŋ | yŋ⁼ |
| 赞皇 | ₋fəŋ | ₋fəŋ | ₋nuəŋ | ₋luəŋ | ₋tsʰuəŋ | tsʰuəŋ⁼ | kuəŋ⁼ | ₋ɕyəŋ | ŋuəŋ⁼ʑ | yəŋ⁼ |
| 邢台 | ₋fəŋ | ₋fəŋ | ₋nuoŋ | ₋luoŋ | ₋tsʰuoŋ | tsʰuoŋ⁼ | kuoŋ⁼ | ₋ɕyoŋ | ŋuoŋ⁼ʑ | yoŋ⁼ |
| 涉县 | ₋fəŋ | ₋fəŋ | ₋nuŋ | ₋lyŋ | ₋tsʰuŋ | ₋tsʰuŋ | kuŋ⁼ | ₋ɕyŋ | ₋yŋ | yŋ⁼ |

| 方言点 | 答<br>咸开一<br>入合端 | 踏<br>咸开一<br>入合透 | 纳<br>咸开一<br>入合泥 | 拉<br>咸开一<br>入合来 | 杂<br>咸开一<br>入合从 | 鸽<br>咸开一<br>入合见 | 合<br>咸开一<br>入合匣 | 塔<br>咸开一<br>入盍透 | 腊<br>咸开一<br>入盍来 | 磕<br>咸开一<br>入盍溪 |
|---|---|---|---|---|---|---|---|---|---|---|
| 灵丘 | taʔ₋ | tʰəʔ₋ | naʔ⁼ | ləʔ₋<br>₋la | ₋tsa | kəʔ₋ | xəʔ₋ | tʰəʔ₋ | laʔ⁼ | kʰəʔ₋ |
| 五台 | taʔ₋<br>₋ta | tʰaʔ₋ | nᵈaʔ⁼ | laʔ₋<br>₋la | tsaʔ₋ | kəʔ₋ | xəʔ₋ | tʰaʔ₋ | laʔ⁼ | kʰəʔ₋ |
| 盂县 | tɐʔ₋ | tʰɐʔ₋ | nɐʔ⁼ | ₋la | tsɐʔ₋ | kɐʔ₋ | xɐʔ₋ | tʰɐʔ₋ | lɐʔ⁼ | kʰɐʔ₋ |
| 平定 | taʔ₋ | tʰaʔ₋ | nᵈaʔ⁼ | ₋la | tsaʔ₋ | ₋ka | xaʔ₋ | tʰaʔ₋ | laʔ⁼ | kʰaʔ₋ |
| 昔阳 | tɐʔ₋ | tʰɐʔ₋ | nɐʔ⁼ | ₋la | tsɐʔ₋ | ₋kɐ | xɐʔ₋ | tʰɐʔ₋ | lɐʔ⁼ | kʰɐʔ₋ |
| 和顺 | tɐʔ₋ | tʰɐʔ₋ | nɐʔ⁼ | lɐʔ₋<br>₋lʌ | tsɐʔ₋ | ₋kʌ | xʌʔ₋ | tʰɐʔ₋ | lɐʔ⁼ | kʰɐʔ₋ |
| 左权 | taʔ₋ | tʰaʔ₋ | naʔ⁼ | ₋la | tsaʔ₋ | kaʔ₋ | xaʔ₋ | tʰaʔ₋ | laʔ⁼ | kʰəʔ₋ |
| 黎城 | tɐʔ₋ | tʰɐʔ₋ | nɐʔ⁼ | lɐʔ₋<br>₋la | tsɐʔ₋ | ₋kɤ | xɤ⁼ | tʰɐʔ₋ | lɐʔ⁼ | kʰɐʔ₋ |
| 平山 | ta₋ | tʰa₋ | na₋ | ₋la | ₋tsa | kɤ₋ | ₋xuɤ<br>xɤ⁼ | tʰa₋ | la₋ | kʰɤ₋ |
| 井陉 | tʌ₋ | tʰʌ₋ | nʌ₋ | ₋lʌ | tsʌ₋ | kə₋ | xə⁼ | ₋tʰʌ | lʌ₋ | kʰə₋ |
| 赞皇 | ta₋ | tʰa₋ | na₋ | ₋la | ₋tsa | kɤ₋ | xɤ⁼ | tʰa₋ | la₋ | kʰɤ₋ |
| 邢台 | ₋tɔ | ₋tʰɔ | nʌʔ₋ | ₋lɔ | tsʌʔ₋ | kʌʔ₋ | ₋xə | tʰʌʔ₋ | lɔ₋ | kʰʌʔ₋ |
| 涉县 | tɐʔ₋ | tʰɐʔ₋ | nɐ⁼ | ₋la | tsɐʔ₋ | kɐʔ₋ | xɐʔ⁼ | tʰɐʔ₋ | lɐʔ⁼<br>la⁼ | tʰɐʔ₋ |

续上表

| 方言点 | 插 咸开二入洽初 | 闸 咸开二入洽崇 | 夹 咸开二入洽见 | 峡 咸开二入洽匣 | 甲 咸开二入狎见 | 匣 咸开二入狎匣 | 押 咸开二入狎影 | 鑷 咸开三入叶泥 | 猎 咸开三入叶来 | 接 咸开三入叶精 |
|---|---|---|---|---|---|---|---|---|---|---|
| 灵丘 | ˬtsʰəʔ | ˬtsa | ˬtɕiəʔ | ˬɕia | ˬtɕiaʔ | ˬɕia | iəʔ | ˬniəʔ | liəʔ | ˬtɕiəʔ |
| 五台 | ˬtsʰaʔ | ˬtsa | ˬtɕiaʔ | ˬɕia | ˬtɕiaʔ | ˬɕia | iaʔ | ˬnᵈiəʔ | liəʔ | ˬtɕiəʔ |
| 孟县 | ˬtsʰɐʔ | ˬtsɐʔ | ˬtɕiɐʔ | ˬɕiɐʔ | ˬtɕiɐʔ | ˬɕia | ˬia | ˬniɐʔ | liɛʔ | ˬtɕiɐʔ |
| 平定 | ˬtsʰaʔ | ˬtsa | ˬtɕiəʔ | ˬɕia | ˬtɕiaʔ | ˬɕia | iaˀ | ˬnᵈiəʔ | liəʔ | ˬtɕiəʔ |
| 昔阳 | ˬtsʰɐʔ | ˬtsa | ˬtɕiaʔ | ˬɕia | ˬtɕiaʔ | ˬɕia | iɑˀ | ˬniɛˀ | liɛˀ | ˬtɕiɛʔ |
| 和顺 | ˬtsʰɐʔ | ˬtsA | ˬtɕiɛʔ | ˬɕiA | ˬtɕiɛʔ | ˬɕiA | iAˀ | ˬniɛʔ | liɛʔ | ˬtɕiɛʔ |
| 左权 | ˬtsʰaʔ | tsaʔ | ˬtɕiaʔ | ˬɕia | ˬtɕiaʔ | ˬɕia | iaʔ | ˬniɛʔ | liɛʔ | ˬtɕiɛʔ |
| 黎城 | ˬtsʰa | tsa² | ˬɕia | ˬɕia | ˬɕiɐʔ | ˬɕiɐʔ | ˬiɛʔ | ˬniɛʔ | liɛʔ | ˬtɕiɛʔ |
| 平山 | tsʰaˬ | ˬtsa | tɕiaˬ | ɕiaˬ | tɕiaˬ | ɕia | iɑˬ | niɛ | liɛ | tsiɛ |
| 井陉 | tsʰAˬ | ˬtsA | tɕiAˬ | ɕiAˬ | tɕiAˬ / tɕʰiA | ˬɕiA | iAˬ | niɛˬ | liɛˬ | tɕiɛˬ |
| 赞皇 | tʂʰaˬ | ˬtsa | tɕiaˬ | ˬɕia | tɕiaˬ | ˬɕia | iaˬ | nie | lie | tsie |
| 邢台 | tʂʰˬ | ˬtʂ | tɕiʌˬ | ˬɕiɔ | tɕiɔˬ | ˬɕiɔ | iɔˬ | nie | lie | tsiʌˬ |
| 涉县 | tsʰɐʔˬ | ˬtsɐ | ˬɕia | ˬtɕiɐʔ | ˬɕiɐʔ / ˬɕia | ˬɕia | iɛʔ | nieˬ | lie | ˬtɕiɛʔ |

| 方言点 | 叶 咸开三入叶以 | 劫 咸开三入业见 | 业 咸开三入业疑 | 胁 咸开三入业晓 | 跌 咸开四入帖端 | 叠 咸开四入帖定 | 碟 咸开四入帖定 | 协 咸开四入帖匣 | 法 咸合三入乏非 | 乏 咸合三入乏奉 |
|---|---|---|---|---|---|---|---|---|---|---|
| 灵丘 | ieˬ | ˬtɕiəʔ | ieˬ | ˬɕiəʔ | tiəʔˬ | ˬtie | ˬtie | ˬɕiəʔ | fəʔˬ | ˬfa |
| 五台 | iəˬ | ˬtɕiəʔ | iəˬ | ˬɕia | tiəʔˬ | ˬtie | ˬtie | ˬɕiəʔ | faˬ | ˬfa |
| 孟县 | iɛˬ | ˬtɕiɐʔ | iɛˬ | ˬɕiɐʔ | tiɐʔˬ | tiɐʔˬ | tiɐʔˬ | ˬɕiɐʔ | fɐʔˬ | fɐʔˬ |
| 平定 | iaʔˬ | ˬtɕiɛ | iaˬ | ˬɕiəʔ | tiəˬ | ˬtie | ˬtie | ˬɕiəʔ | faʔˬ | faʔˬ |
| 昔阳 | ieˬ | ˬtɕʰieʔ | ieˬ | ˬɕiɛʔ | tiɛˬ | ˬtiɛ | ˬtiɛ | ˬɕiɛ | fɐʔˬ | fɐʔˬ |
| 和顺 | iɛʔˬ | ˬtɕiɛʔ | iɛʔˬ | ˬɕiɛʔ | tiɛʔˬ | ˬtiɛʔ | ˬtiɛʔ | ˬɕiɛʔ | fɐʔˬ | fɐʔˬ |
| 左权 | iɛˬ | ˬtɕiɛʔ | iɛˬ | ˬɕiɛʔ | tiɛʔˬ | ˬtiɛ | ˬtiɛ | ˬɕiɛʔ | faʔˬ | faʔˬ |
| 黎城 | iɛʔˬ | ˬtɕiɛʔ | iɐˬ | ɕiɛ² | tiɛʔˬ | ˬtiɛʔ | ˬtiɛʔ | ˬɕiɛʔ | fɛʔˬ | fəʔˬ |
| 平山 | iɛˬ | tɕiɛˬ | iɛˬ | ɕiɛˬ | tiɛˬ | ˬtie | ˬtie | ɕiɛˬ | fɑˬ | ˬfɑ |
| 井陉 | iɛˬ | ˬtɕiɛ | iɛˬ | ˬɕiɛ | tiɛˬ | ˬtiɛ | ˬtiɛ | ˬɕiɛ | fAˬ | ˬfA |
| 赞皇 | ieˬ | tɕieˬ | ieˬ | ˬɕie | tieˬ | ˬtie | ˬtie | ˬɕie | faˬ | faˬ |
| 邢台 | ieˬ | tsʰieˬ | ieˬ | ˬɕie | ˬtie | ˬtie | ˬtie | ˬɕie | ˬfɔ | ˬfɔ |
| 涉县 | ieˬ | ˬtɕiɐʔ | ieˬ | ˬɕie | tiəʔˬ | tiəʔˬ | tierˬ | ˬɕie | fɐʔˬ | fɐʔˬ |

续上表

| 方言点 | 立<br>深开三<br>入缉来 | 集<br>深开三<br>入缉从 | 蛰<br>深开三<br>入缉澄 | 涩<br>深开三<br>入缉生 | 执<br>深开三<br>入缉章 | 湿<br>深开三<br>入缉书 | 入<br>深开三<br>入缉日 | 急<br>深开三<br>入缉见 | 及<br>深开三<br>入缉群 | 吸<br>深开三<br>入缉晓 |
|---|---|---|---|---|---|---|---|---|---|---|
| 灵丘 | li⁼ | tɕiəʔ₌<br>₌tɕi | tsəʔ₌ | səʔ₌ | tsəʔ₌ | ɕəʔ₌ | zu⁼ | tɕiəʔ₌<br>₌tɕi | tɕiəʔ₌ | ɕiəʔ₌ |
| 五台 | liəʔ₌ | tɕiəʔ₌ | tsəʔ₌ | saʔ₌ | tsəʔ₌ | səʔ₌ | zuɐʔ₌ | tɕiəʔ₌ | tɕiəʔ₌ | ɕiəʔ₌ |
| 盂县 | liɛʔ₌ | tɕiɜʔ₌ | tsɐʔ₌ | sɐʔ₌ | tsɐʔ₌ | sɐʔ₌ | zuɐʔ₌ | tɕiɜʔ₌ | tɕiɜʔ₌ | ɕiɜʔ₌ |
| 平定 | liəʔ₌ | tɕiəʔ₌ | tʂɐʔ₌ | ʂɐʔ₌ | tʂɐʔ₌ | ʂɐʔ₌ | zuɐʔ₌ | tɕiəʔ₌ | tɕiəʔ₌ | ɕiəʔ₌ |
| 昔阳 | lei⁼ | tɕiəʔ₌ | tʂɐʔ₌ | sɐʔ₌ | tʂɐʔ₌ | ʂɐʔ₌ | zu⁼ | tɕiəʔ₌ | tɕiəʔ₌ | ɕiəʔ₌ |
| 和顺 | liɛʔ₌ | tɕiɛʔ₌ | tʂɐʔ₌ | sɐʔ₌ | tʂɐʔ₌ | ʂɐʔ₌ | zuɐʔ₌ | tɕiɛʔ₌ | tɕiɛʔ₌ | ɕiɛʔ₌ |
| 左权 | liɛʔ₌ | tɕiɜʔ₌ | tʂəʔ₌ | ʂəʔ₌ | tʂəʔ₌ | ʂəʔ₌ | zuɐʔ₌ | tɕiɜʔ₌ | tɕiɜʔ₌ | ɕiɜʔ₌ |
| 黎城 | liəʔ₌ | tɕiəʔ₌ | tɕiəʔ₌ | səʔ₌ | tɕiəʔ₌ | ɕəʔ₌ | yəʔ₌ | ɕiəʔ₌ | ɕiəʔ₌ | ɕiəʔ₌ |
| 平山 | li⁼ | ₌tɕi | ₌tʂʅ | sʅ⁼ | ₌tʂʅ | ʂʅ⁼ | zu⁼ | ₌tɕi | ₌tɕi | ɕi⁼ |
| 井陉 | li⁼ | tɕi⁼ | tsɛ⁼ | sʅ⁼ | tsʅ⁼ | sʅ⁼ | zu⁼ | tɕi⁼ | tɕi⁼ | ɕi⁼ |
| 赞皇 | li⁼ | tɕi⁼ | ₌tʂʅ | sʅ⁼ | ₌tʂʅ | ʂʅ⁼ | zu⁼ | tɕi⁼ | tɕi⁼ | ɕi⁼ |
| 邢台 | li⁼ | ₌tsi | tʂə⁼ | ʂai⁼ | tʂʅ⁼ | ʂʌʔ₌ | ₌lu | tɕiʌʔ₌ | tɕiʌʔ₌ | ɕiʌʔ₌ |
| 涉县 | liəʔ₌<br>li⁼ | tɕiəʔ₌ | tsɐʔ₌ | sɐʔ₌<br>sə⁼ | tsəʔ₌ | ɕəʔ₌ | yəʔ₌<br>zuəʔ₌ | tɕiəʔ₌ | tɕiəʔ₌ | ɕiəʔ₌ |

| 方言点 | 达<br>山开一<br>入曷定 | 辣<br>山开一<br>入曷来 | 擦<br>山开一<br>入曷清 | 割<br>山开一<br>入曷见 | 渴<br>山开一<br>入曷溪 | 喝<br>山开一<br>入曷晓 | 八<br>山开二<br>入黠帮 | 抹<br>山开二<br>入黠並 | 杀<br>山开二<br>入黠生 | 瞎<br>山开二<br>入鎋晓 |
|---|---|---|---|---|---|---|---|---|---|---|
| 灵丘 | təʔ₌ | la⁼ | tsʰəʔ₌ | kəʔ₌ | kʰəʔ₌ | xɛx | pəʔ₌ | məʔ₌<br>₌mə | səʔ₌ | ɕiɜʔ₌ |
| 五台 | taʔ₌ | laʔ₌ | tsʰaʔ₌ | kaʔ₌ | kʰɐʔ₌ | xɐʔ₌ | paʔ₌ | mᵇəʔ₌ | saʔ₌ | ɕiaʔ₌ |
| 盂县 | tɐʔ₌ | lɐʔ₌ | tsʰɐʔ₌ | kɐʔ₌ | kʰɐʔ₌ | xɐʔ₌ | pɐʔ₌ | mɐʔ₌ | sɐʔ₌ | xɐʔ₌<br>ɕiɜʔ₌ |
| 平定 | taʔ₌ | laʔ₌ | tsʰaʔ₌ | kaʔ₌ | kʰaʔ₌ | xaʔ₌ | paʔ₌ | ₌mᵇɣ | saʔ₌ | ɕiaʔ₌ |
| 昔阳 | tɐʔ₌ | lɐ⁼ | tsʰəʔ₌ | kɐʔ₌ | kʰɐʔ₌ | xɐx | pɐʔ₌ | ₌mɣ | sɐʔ₌ | ɕiɜʔ₌ |
| 和顺 | tɐʔ₌ | lɐʔ₌<br>lʌ⁼ | tsʰəʔ₌ | kɐʔ₌ | kʰəʔ₌ | xɐx | pɐʔ₌ | mɐʔ₌ | sɐʔ₌ | ɕiɛʔ₌ |
| 左权 | taʔ₌ | lʌ⁼ | tsʰaʔ₌ | kəʔ₌ | kʰəʔ₌ | xəʔ₌ | paʔ₌ | ₌mɣ<br>mɣ⁼ | saʔ₌ | ɕia⁼ |
| 黎城 | tɐʔ₌ | lɐʔ₌ | tsʰɐʔ₌ | kɐʔ₌ | ₌kʰɣ | xɐx | pɐʔ₌ | ₌muɣ | sɐʔ₌ | ɕiɛʔ₌ |
| 平山 | ta⁼ | la⁼ | tsʰa⁼ | kɣ⁼ | kʰɣ⁼ | xuɣ⁼ | pa⁼ | ₌mɣ | ʂa⁼ | ɕia⁼ |
| 井陉 | tʌ⁼ | lʌ⁼ | tsʰʌ⁼ | kə⁼ | kʰə⁼ | xuə⁼ | pʌ⁼ | ₌mə | sʌ⁼ | ɕiʌ⁼ |
| 赞皇 | ₌ta | la⁼ | tsʰa⁼ | kɣ⁼ | kʰɣ⁼ | xɣ⁼ | pa⁼ | ₌mɣ | ʂa⁼ | ɕia⁼ |
| 邢台 | ₌ta | lɔ⁼ | tsʰʌʔ₌ | kʌʔ₌ | kʰʌʔ₌ | xʌʔ₌ | pʌʔ₌ | ₌mə | ʂʌʔ₌ | ɕiɔ⁼ |
| 涉县 | tɐʔ₌ | la⁼ | tsʰɐʔ₌ | kɐʔ₌ | kʰɐʔ₌<br>kʰə⁼ | xɐx | pɐʔ₌ | ₌mə | sɐʂ⁼ | ɕiɐʔ₌ |

续上表

| 方言点 | 别<sub>区~</sub><br>山开三<br>入薛帮 | 灭<br>山开三<br>入薛明 | 列<br>山开三<br>入薛来 | 薛<br>山开三<br>入薛心 | 哲<br>山开三<br>入薛知 | 彻<br>山开三<br>入薛彻 | 舌<br>山开三<br>入薛船 | 设<br>山开三<br>入薛书 | 热<br>山开三<br>入薛日 | 杰<br>山开三<br>入薛群 |
|---|---|---|---|---|---|---|---|---|---|---|
| 灵丘 | piəʔ˳ | miəʔ˳ | liəʔ˳ | ɕyəʔ˳ | tsəʔ˳ | tsʰəʔ˳ | sə˧ | səʔ˳ | zə˧ | ˬɕie |
| 五台 | piəʔ˳ | mᵇiəʔ˳ | liəʔ˳ | ɕyəʔ˳ | tsəʔ˳ | tsʰəʔ˳ | səʔ˳ | səʔ˳ | zaʔ˧ | ɕiəʔ˳ |
| 孟县 | piɐʔ˳ | miɐʔ˳ | liɐʔ˳ | ɕyɐʔ˳ | tsʌʔ˧ | tsʰʌʔ˧ | sɐʔ˧ | sɐʔ˧ | zɐʔ˧ | ɕiɐʔ˳ |
| 平定 | piaʔ˳ | miaʔ˳ | liaʔ˳ | ɕyəʔ˳ | tʂaʔ˧ | tʂʰaʔ˧ | ʂaʔ˧ | ʂaʔ˧ | ʐaʔ˧ | ɕiəʔ˳ |
| 昔阳 | piɐʔ˳ | miɛ˧ | liɛ˧ | ɕyɐʔ˳ | tʂɐʔ˧ | tʂʰɐʔ˧ | ʂɐʔ˧ | ʂɐʔ˧ | ʐɤ˧ | ɕiɐʔ˳ |
| 和顺 | piɛʔ˳ | miɛʔ˳ | liɛʔ˳ | ɕyɛʔ˳ | tʂɐʔ˧ | tʂʰɐʔ˧ | ʂɐʔ˧ | ʂɐʔ˧ | ʐɤ˧ | ɕiɛʔ˳ |
| 左权 | piɛʔ˳ | piɛʔ˳ | liɛʔ˳ | ɕyɛʔ˳ | tʂəʔ˧ | tʂʰəʔ˧ | ʂəʔ˧ | ʂəʔ˧ | ʐɤʔ˧<br>ʐɤ˧ | ɕiɛʔ˳ |
| 黎城 | piɑʔ˳ | miɑʔ˳ | liɑʔ˳ | ɕiɑʔ˳ | tɕiɑʔ˳ | tɕʰiɑʔ˳ | ɕiɑʔ˳ | ɕiɑʔ˳ | iɑʔ˧ | ɕiɑʔ˳ |
| 平山 | ˬpiɛ | miɛ˧ | liɛ˧ | ɕiɛ˧ | tʂɤ˧ | tʂʰɤ˧ | ʂɤ˧ | ʂɤ˧ | ʐɤ˧ | ɕiɛ˧ |
| 井陉 | piɛ˧ | miɛ˧ | liɛ˧ | ɕyɛ˧ | tsə˧ | tsʰə˧ | sə˧ | sə˧ | zə˧ | ɕiɛ˧ |
| 赞皇 | pie˧ | mie˧ | lie˧ | ˬɕye | tʂɤ˧ | tʂʰɤ˧ | ʂɤ˧ | ʂɤ˧ | ʐɤ˧ | ɕie˧ |
| 邢台 | ˬpie | mie˧ | lie˧ | syʌʔ˳ | tʂə˧ | tʂʰə˧ | ʂə˧ | ʂə˧ | ʐə˧ | ˬɕie |
| 涉县 | ˬpie | miɐʔ˧<br>mie˳ | liɑʔ˳<br>lie˳ | ɕyɐʔ˳ | tsəʔ˳ | tsʰɐʔ˧<br>tsʰə˧ | tɐʔ˳ | sɐʔ˳ | iə˧ | ɕiɐʔ˳ |

| 方言点 | 孽<br>山开三<br>入薛疑 | 揭<br>山开三<br>入月见 | 歇<br>山开三<br>入月晓 | 憋<br>山开四<br>入屑帮 | 铁<br>山开四<br>入屑透 | 捏<br>山开四<br>入屑泥 | 节<br>山开四<br>入屑精 | 切<br>山开四<br>入屑清 | 结<br>山开四<br>入屑见 | 噎<br>山开四<br>入屑影 |
|---|---|---|---|---|---|---|---|---|---|---|
| 灵丘 | nie˧ | tɕiəʔ˳ | ɕiəʔ˳ | piəʔ˳ | tʰiəʔ˳ | niəʔ˳ | tɕiəʔ˳ | tɕʰiəʔ˳ | tɕiəʔ˳ | iəʔ˳ |
| 五台 | nᵈi˧ | tɕiəʔ˳ | ɕiəʔ˳ | piəʔ˳ | tʰiəʔ˳ | nᵈiəʔ˳ | tɕiəʔ˳ | tɕʰiəʔ˳ | tɕiəʔ˳ | iɛ˧ |
| 孟县 | niɐʔ˳ | tɕiɐʔ˳ | ɕiɐʔ˳ | piɐʔ˳ | tʰiɐʔ˳ | niɐʔ˳ | tɕiɐʔ˳ | tɕʰiɐʔ˳ | tɕiɐʔ˳ | iɐ˧ |
| 平定 | iaʔ˳ | tɕiaʔ˳ | ɕiaʔ˳ | ˬpiɛ | tʰiaʔ˳ | nᵈiaʔ˳ | tɕiaʔ˳ | tɕʰiaʔ˳ | tɕiaʔ˳ | iaʔ˳ |
| 昔阳 | nie˧ | tɕiɛ˧ | ɕiɛ˧ | ˬpiɛ | tʰiɛ˧ | niɛ˧ | tɕiɛ˧ | tɕʰiɛ˧ | tɕiɛ˧ | iɛ˧ |
| 和顺 | niɛʔ˳ | tɕiɛ˧ | ɕiɛʔ˳ | piɛʔ˳ | tʰiɛʔ˳ | niɛ˧ | tɕiɛʔ˳ | tɕʰiɛʔ˳ | tɕiɛʔ˳ | ɛʔ˳ |
| 左权 | niɛʔ˳ | tɕiɛʔ˳ | ɕiɛʔ˳ | piɛ˧<br>pi˧ | tʰiɛʔ˳ | niɛʔ˳ | tɕiɛʔ˳ | tɕʰiɛʔ˳ | tɕiəʔ˳ | iɛ˧ |
| 黎城 | niɑʔ˳ | tɕiɑʔ˳ | ɕiɛʔ˳ | piɑʔ˧ | tʰiɛʔ˳ | niɑʔ˳ | tɕiɑʔ˳ | tɕʰiɑʔ˳ | ɕiɛʔ˳ | iɛ˧ |
| 平山 | niɛ˧ | tɕiɛ˧ | ɕiɛ˧ | piɛ˧ | tʰiɛ˧ | niɛ˧ | tsiɛ˧ | tsʰiɛ˧ | ˬtɕiɛ<br>ˬtɕie | iɛ˧ |
| 井陉 | nie˧ | tɕie˧ | ɕie˧ | pie˧ | tʰie˧ | nie˧ | tɕie˧ | tɕʰie˧ | tɕie˧ | ie˧ |
| 赞皇 | nie˧ | tɕie˧ | ɕie˧ | pie˧ | tʰie˧ | nie˧ | tsie˧ | tsʰie˧ | tɕie˧ | ie˧ |
| 邢台 | nie˧ | tɕiʌʔ˳ | ˬɕie | piʌʔ˳ | tʰiʌʔ˳ | niʌʔ˳ | tsiʌʔ˳ | tsʰiʌʔ˳ | tɕiʌʔ˳ | ˬie |
| 涉县 | iɐʔ˳<br>nie | tɕiɐʔ˳ | ɕiɐʔ˳ | piɐʔ˳ | tʰiɛʔ˳ | nie˧ | tɕiɐʔ˳ | tɕʰiɐʔ˳ | tɕiɐʔ˳ | iɐʔ˳ |

续上表

| 方言点 | 拨 山合一入末帮 | 泼 山合一入末滂 | 末 山合一入末明 | 掇 山合一入末端 | 脱 山合一入末透 | 夺 山合一入末定 | 括 山合一入末见 | 阔 山合一入末溪 | 豁 山合一入末晓 | 活 山合一入末匣 |
|---|---|---|---|---|---|---|---|---|---|---|
| 灵丘 | pəʔ˧ | pʰəʔ˧ | mə˥ | tuəʔ˧ | tʰɛuəʔ˧ | ɛuə˥ | kʰuəʔ˧ | kʰuəʔ˧ | xuəʔ˧ | xuəʔ˥ / ɛnə˥ |
| 五台 | pəʔ˧ | pʰəʔ˧ | mᵇəʔ˧ | tuəʔ˧ | tʰuəʔ˧ | tuəʔ˥ | kʰuəʔ˧ | kʰuəʔ˧ | xuəʔ˧ | xuəʔ˥ |
| 孟县 | pɐʔ˧ | pʰɐʔ˧ | mɐɯ˥ | tuɐʔ˧ | tʰuɐʔ˧ | tuɐʔ˥ | kʰuɐʔ˧ | kʰuɐʔ˧ | xuɐʔ˧ | xuɐʔ˥ |
| 平定 | paʔ˧ | pʰaʔ˧ | maʔ˧ | tua˥ | tʰua˥ | tua˥ | kʰua˥ | kʰua˥ | ɛua˥ | xua˥ |
| 昔阳 | pɐʔ˧ | pʰɐʔ˧ | mɣ˥ | tuɐʔ˧ | tʰuɐʔ˧ | tuɐʔ˥ | kʰuɐʔ˧ | kʰuɐʔ˧ | xɐʔ˧ | xɐʔ˥ |
| 和顺 | pɐʔ˧ | pʰɐʔ˧ | mɐɯ˥ | tuɐʔ˧ | tʰuɐʔ˧ | tuɐʔ˥ | kʰuɐʔ˧ | kʰuɐʔ˧ | xɐʔ˧ | xɐʔ˥ |
| 左权 | pəʔ˧ | pʰəʔ˧ | məʔ˧ | tuəʔ˧ | tʰuəʔ˧ | tuəʔ˥ | kʰuəʔ˧ | kʰuəʔ˧ | xuəʔ˧ | xuəʔ˥ |
| 黎城 | pɐʔ˧ | pʰɐʔ˧ | mɐʔ˥ | tuɐʔ˧ | tʰuɐʔ˧ | tuɐʔ˥ | kʰuɐʔ˧ | kʰuɐʔ˧ | xɐʔ˧ | xɐʔ˥ |
| 平山 | pɣ˧ | pʰɣ˧ | mɣ˥ | tuɣ˥ | tʰuɣ˥ | tuɣ˥ | kʰuɣ˥ | kʰuɣ˥ | xuɣ˥ | ɣnɣ˥ |
| 井陉 | pə˧ | pʰə˧ | mə˥ | tuə˥ | tʰuə˥ | tuə˥ | kʰuə˥ | kʰuə˥ | ɛuə˥ | xuə˥ |
| 赞皇 | puo | pʰuo | muo | tuo˥ | tʰuo˥ | ouo˥ | kʰuo˥ | kʰuo˥ | xɣ˥ | ouo˥ |
| 邢台 | puɑ˥ | pʰʌʔ˧ | muɯ˥ | tuɑ˥ | tʰuʌʔ˧ | tuɑ˥ | kʰuɑ˥ | kʰuɑ˥ | ɛuɑ˥ | ɛuɑ˥ |
| 涉县 | pɐʔ˧ | pʰɐʔ˧ | mɐɯ˥ / mə˥ | tuɐʔ˧ | tʰuɐʔ˧ | tuɐʔ˥ | kʰuɐʔ˧ | kʰuɐʔ˧ | ɐuɐʔ˧ | ɐuɐʔ˥ |

| 方言点 | 滑 山合二入黠匣 | 猾 山合二入黠匣 | 挖 山合二入黠影 | 刷 山合二入鎋生 | 刮 山合二入鎋见 | 绝 山合三入薛从 | 雪 山合三入薛心 | 说 山合三入薛书 | 阅 山合三入薛以 | 发 山合三入月非 |
|---|---|---|---|---|---|---|---|---|---|---|
| 灵丘 | xuəʔ˧ | ɛua˥ / ɛnɑ˥ | vəʔ˧ / va˥ | suəʔ˧ | kuəʔ˧ / kua˥ | tɕyəʔ˧ | ɕyəʔ˧ | suəʔ˧ | ye˥ | fəʔ˧ |
| 五台 | xuaʔ˧ | xuaʔ˥ | vəʔ˧ | suaʔ˧ | kuaʔ˧ | tɕyəʔ˧ | ɕyəʔ˧ | suəʔ˧ | yəʔ˥ | faʔ˧ |
| 孟县 | xuɐʔ˧ | xuɐʔ˥ | vɣ˥ | suɐʔ˧ | kuɐʔ˧ | tɕyɐʔ˧ | ɕyɐʔ˧ | suɐʔ˧ | yɣ˥ | faʔ˧ |
| 平定 | xua˥ | xua˥ | va | sua˥ | kuaʔ˧ | tɕyəʔ˧ | ɕyəʔ˧ | suɐ˥ | ya˥ | faʔ˧ |
| 昔阳 | xɐʔ˥ | xɐʔ˥ | vɣ˥ | suɐʔ˧ | kua˥ / kua˥ | tɕyɐʔ˧ | ɕyɐʔ˧ | suɐʔ˧ | yɣ˥ | fɐʔ˧ |
| 和顺 | xɐʔ˥ | xɐʔ˥ | vʌ˥ | suɐʔ˧ | kuɐʔ˧ / kuʌ˥ | tɕyɛʔ˧ | ɕyɛʔ˧ | suɐʔ˧ | yɣ˥ | fɐʔ˧ |
| 左权 | xuəʔ˧ | xuəʔ˥ | vʌ˥ | suəʔ˧ | kuəʔ˧ / kuə˥ | tɕyəʔ˧ | ɕyəʔ˧ | ʂuəʔ˧ | yɣ˥ | faʔ˧ |
| 黎城 | xuəʔ˥ | xuəʔ˥ | və˥ | suəʔ˧ | kuəʔ˧ | tɕyɐʔ˧ | ɕyɐʔ˧ | suəʔ˧ | yɣ˥ | fɐʔ˧ |
| 平山 | xua˥ | xua˥ | va˥ | ʂua˥ | kua˥ | tɕiɜ˥ | ɕiɜ | ʂuɣ˥ | yo˥ | fa |
| 井陉 | xuʌ˥ | xuʌ˥ | vʌ˥ | suʌ˥ | kuʌ˥ | tɕyɛ˥ | ɕyɛ˥ | suə˥ | yɛ˥ | fʌ˥ |
| 赞皇 | xua˥ | xua˥ | va | ʂua˥ | kua˥ | tɕye | sye˥ | ʂuo˥ | ye˥ | fa˥ |
| 邢台 | ɕx˥ | ɕx˥ | ɕ˥ | ʂʌʔ˧ | kuʔ˧ | tsye˥ | syʌʔ˧ | ʂʌʔ˧ | ye˥ | fʌʔ˧ / cj˥ |
| 涉县 | ɒx˥ | ɒx˥ | ɒv˥ | suɐʔ˧ | kuɐʔ˧ | tɕyɐʔ˧ | ɕyɐʔ˧ | suɐʔ˧ | yɐʔ˥ | fɐʔ˧ |

续上表

| 方言点 | 罚 山合三入月奉 | 袜 山合三入月微 | 月 山合三入月疑 | 决 山合四入屑见 | 缺 山合四入屑溪 | 血 山合四入屑晓 | 笔 臻开三入质帮 | 毕 臻开三入质帮 | 匹 臻开三入质滂 | 密 臻开三入质明 |
|---|---|---|---|---|---|---|---|---|---|---|
| 灵丘 | ₌fa | vaᐟ | yeᐟ | tɕyəʔ₌ | tɕʰyəʔ₌ | ɕyəʔ₌ | piəʔ₌ | piəʔ₌ / pi | ₌pʰi | miᐟ |
| 五台 | faʔ₌ | vaʔ₌ | yəʔ₌ | tɕyəʔ₌ | tɕʰyəʔ₌ | ɕyəʔ₌ | piəʔ₌ | piəʔ₌ | ₌pʰi | mᵇiaʔ₌ |
| 盂县 | fɐʔ₌ | vɐʔ₌ | yɐʔ₌ | tɕyɐʔ₌ | tɕʰyɐʔ₌ | ɕyɐʔ₌ | piɛʔ₌ | piɛʔ₌ | pʰiɛʔ₌ | miɛʔ₌ |
| 平定 | faʔ₌ | vaᐟ | yəʔ₌ | tɕyəʔ₌ | tɕʰyəʔ₌ | ɕyəʔ₌ | piəʔ₌ | piəʔ₌ | ₌pʰi | miəʔ₌ |
| 昔阳 | fɐʔ₌ | vaᐟ | yɛʔ₌ | tɕyɐʔ₌ | tɕʰyɐʔ₌ | ɕiɛʔ₌ / ɕyɛʔ₌ | piɐʔ₌ | piɐʔ₌ | ₌pʰi | miᐟ |
| 和顺 | fɐʔ₌ | vʌᐟ | yɛʔ₌ | tɕyɛʔ₌ | tɕʰyɛʔ₌ | ɕiɛʔ₌ / ɕyɛʔ₌ | piɛʔ₌ | piɛʔ₌ | ₌pʰi | miɛʔ₌ |
| 左权 | faʔ₌ | vaʔ₌ | yeᐟ / y | tɕyɛʔ₌ | tɕʰyɛʔ₌ | ɕyɐʔ₌ | piɐʔ₌ | piɐʔ₌ | ₌pʰi | miɛʔ₌ |
| 黎城 | fɐʔ₌ | vəʔ₌ | yɐʔ₌ | ɕyɐʔ₌ | cʰyɐʔ₌ | ɕiɐʔ₌ | piəʔ₌ | piəʔ₌ | pʰi⁻ᐟ | miəʔ₌ |
| 平山 | ₌fa | vaᐟ | yoᐟ | tɕyoᐟ | tɕʰyoᐟ | ɕiɛᐟ | paiᐟ | pi ᐟ | ₌pʰi | miᐟ |
| 井陉 | ₌fʌ | vʌᐟ | yɛᐟ | tɕyɛᐟ | tɕʰyɛᐟ | ɕiɛᐟ | paiᐟ | piᐟ | ₌pʰi | miᐟ |
| 赞皇 | ₌fa | vaᐟ | yeᐟ | tɕyeᐟ | tɕʰyeᐟ | ɕyeᐟ | piᐟ | piᐟ | ₌pʰi | miᐟ |
| 邢台 | ₌fɿ | vɤᐟ | yeᐟ | tɕyʌʔ₌ | tɕʰyʌʔ₌ | ɕiʌʔ₌ | ₌pei | peiᐟ | ₌pʰi | miᐟ |
| 涉县 | fɐʔ₌ | vɑᐟ | yɐʔ₌ / ye | tɕyɐʔ₌ | tɕʰyɐʔ₌ | ɕiɐʔ₌ | piəʔ₌ | piəʔ₌ | ₌pʰi | miᐟ |

| 方言点 | 栗 臻开三入质来 | 七 臻开三入质清 | 漆 臻开三入质清 | 疾 臻开三入质从 | 悉 臻开三入质心 | 膝 臻开三入质心 | 侄 臻开三入质澄 | 秩 臻开三入质澄 | 虱 臻开三入质生 | 质 臻开三入质章 |
|---|---|---|---|---|---|---|---|---|---|---|
| 灵丘 | liᐟ | tɕʰiəʔ₌ | tɕʰiəʔ₌ | tɕiəʔ₌ | ɕiəʔ₌ / ₌ɕi | ₌tɕʰi | ₌tsʅ | tsʅᐟ | səʔ₌ | tsəʔ₌ |
| 五台 | liᐟ | tɕʰiəʔ₌ / ₌tɕʰi | tɕʰiəʔ₌ / ₌tɕʰi | tɕiəʔ₌ | ɕiəʔ₌ / ₌ɕi | tɕʰiəʔ₌ | ₌tsʅ | tsəʔ₌ | saʔ₌ | tsəʔ₌ |
| 盂县 | liɛʔ₌ | tɕʰiɛʔ₌ | tɕʰiɛʔ₌ | tɕiɛʔ₌ | ɕiɛʔ₌ | tɕʰiɛʔ₌ | tsɛʔ₌ | tsɛʔ₌ | sɛʔ₌ | tsɛʔ₌ |
| 平定 | liəʔ₌ | tɕʰiəʔ₌ | tɕʰiəʔ₌ | tɕiəʔ₌ | ɕiəʔ₌ | tɕʰiəʔ₌ | tsəʔ₌ | tsəʔ₌ | səʔ₌ | tsəʔ₌ |
| 昔阳 | lei | tɕʰiɐʔ₌ | tɕʰiɐʔ₌ | tɕiɐʔ₌ | ɕiɐʔ₌ | tɕʰiɐʔ₌ | tʂɐʔ₌ | tʂɐʔ₌ | sɑ | tʂɐʔ₌ |
| 和顺 | liɛʔ₌ | tɕʰiɛʔ₌ | tɕʰiɛʔ₌ | tɕiɛʔ₌ | ɕiɛʔ₌ | tɕʰiɛʔ₌ | tʂɐʔ₌ | tʂɐʔ₌ | ₌sɯ | tʂɐʔ₌ |
| 左权 | liɛʔ₌ | tɕʰiɛʔ₌ | tɕʰiɛʔ₌ | tɕiɛʔ₌ | ɕiɛʔ₌ | tɕʰiɛʔ₌ | tʂɐʔ₌ | tʂɐʔ₌ | saʔ₌ | tsəʔ₌ |
| 黎城 | liᐟ | tɕʰiəʔ₌ | tɕʰiəʔ₌ | tɕiəʔ₌ | ɕiəʔ₌ | ɕiəʔ₌ | tɕiəʔ₌ | tɕiəʔ₌ | səʔ₌ | tɕiəʔ₌ |
| 平山 | ⁻li | tsʰiᐟ | tsʰiᐟ | tsiᐟ | ₌si | tɕʰiᐟ | ₌tʂʅ | tʂʅᐟ | ʂʅᐟ | tʂʅᐟ |
| 井陉 | liᐟ | tɕʰiᐟ | tɕʰiᐟ | tɕiᐟ | ɕiᐟ | tɕʰiᐟ | ₌tsʅ | tsʅᐟ | sʅᐟ | tsʅᐟ |
| 赞皇 | liᐟ | tɕʰiᐟ | tɕʰiᐟ | tsiᐟ | siᐟ | siᐟ | ₌tʂʅ | tʂʅᐟ | ʂʅᐟ | tʂʅᐟ |
| 邢台 | liᐟ | tsʰiʌʔ₌ | tsʰiʌʔ₌ | ₌tsi | ₌si | ₌tsʰi | ₌tʂʅ | tʂʅᐟ | ʂʌʔ₌ | tʂʅᐟ |
| 涉县 | liᐟ | tɕʰiəʔ₌ | tɕʰiəʔ₌ | tɕiəʔ₌ | ɕiəʔ₌ | ɕiəʔ₌ | tsəʔ₌ | tsʰʅᐟ | səʔ₌ | tsəʔ₌ |

续上表

| 方言点 | 实<br>臻开三<br>入质船 | 失<br>臻开三<br>入质书 | 日<br>臻开三<br>入质日 | 吉<br>臻开三<br>入质见 | 一<br>臻开三<br>入质影 | 不<br>臻合一<br>入没帮 | 没<br>臻合一<br>入没明 | 突<br>臻合一<br>入没定 | 骨<br>臻合一<br>入没见 | 忽<br>臻合一<br>入没晓 |
|---|---|---|---|---|---|---|---|---|---|---|
| 灵丘 | səʔ˳<br>˯sʅ | səʔ˳ | ʐʅ˯ | ˯tɕiəʔ | ˯iəʔ | pəʔ˳<br>pə | məʔ˳<br>mə | tʰuəʔ˳ | kuəʔ˳ | xuəʔ˳ |
| 五台 | səʔ˳ | səʔ˳ | zeʔ˳ | ˯tɕiəʔ | ˯iəʔ | pəʔ˳<br>pu | ᵐbəʔ˳ | tʰuəʔ˳ | kuəʔ˳ | xuəʔ˳ |
| 孟县 | səʔ˳ | səʔ˳ | zəʔ˳ | ˯tɕiɜʔ | ˯iɜʔ | pəʔ˳ | məʔ˳ | tʰuəʔ˳ | kuəʔ˳ | xuəʔ˳ |
| 平定 | ʂəʔ˳ | ʂəʔ˳ | ʐʅəʔ˳ | ˯tɕiəʔ | ˯iəʔ | pəʔ˳ | məʔ˳ | tʰuəʔ˳ | kuəʔ˳ | xuəʔ˳ |
| 昔阳 | ʂaʔ˳ | ʂaʔ˳ | ʐʅ˯ | ˯tɕiəʔ | ˯iɑi<br>i | pɐʔ˳ | mɐʔ˳ | tʰuɐʔ˳ | kuɐʔ˳ | ɑuxʔ˳ |
| 和顺 | ʂɐʔ˳ | ʂɐʔ˳ | ʐɐʔ˳ | ˯tɕiɜʔ | ˯iɜʔ | pɐʔ˳ | mɐʔ˳ | tʰuɐʔ˳ | kɐʔ˳<br>ɑuʔ | ɑuxʔ˳ |
| 左权 | ʂəʔ˳ | ʂəʔ˳ | ʐʅ˯ | ˯tɕiɜʔ | ˯iɜʔ | pɐʔ˳ | ᵐbɐʔ˳ | tʰuəʔ˳ | kuəʔ˳ | xuəʔ˳ |
| 黎城 | ɕiəʔ˳ | ɕiəʔ˳ | i˯ | ˯kiəʔ | ˯iəʔ | pəʔ˳ | məʔ˳ | tʰuəʔ˳ | kuəʔ˳ | xuəʔ˳ |
| 平山 | ˯sʅ | sʅ | zʅ˯ | ˯tɕi | i˯ | pu | mu | tʰu˳ | ku˳ | xu˯ |
| 井陉 | ˯sʅ | sʅ | zʅ˯ | ˯tɕi | ˯iə | pəʔ˳<br>pu | məʔ˳ | ˯tʰu | ku˳ | ˯xu |
| 赞皇 | ˯sʅ | sʅ | zʅ˯ | ˯tɕi | i˯ | pu | ˯muo | ˯tʰu | ku˳ | ˯xu |
| 邢台 | ˯sʅ | sʅ | zʅ˯ | ˯tɕiʌʔ | iʌʔ˯ | pʌʔ˳ | mʌʔ˳ | tʰuʌʔ˳ | kuʌʔ˳ | xuʌʔ˳ |
| 涉县 | səʔ˳ | səʔ˳ | i˯ | ˯tɕiəʔ | ˯iəʔ | pəʔ˳ | məʔ˳ | tʰuəʔ˳ | kuəʔ˳ | xuəʔ˳ |

| 方言点 | 律<br>臻合三<br>入术来 | 戌<br>臻合三<br>入术心 | 率<br>臻合三<br>入术生 | 蟀<br>臻合三<br>入术生 | 出<br>臻合三<br>入术昌 | 术算~<br>臻合三<br>入术船 | 橘<br>臻合三<br>入术见 | 佛仿~<br>臻合三<br>入物敷 | 佛~祖<br>臻合三<br>入物奉 | 物<br>臻合三<br>入物微 |
|---|---|---|---|---|---|---|---|---|---|---|
| 灵丘 | ly˯ | ɕyəʔ˳ | suai˯ | suai˯ | tsʰuəʔ˳ | su˯ | tɕyəʔ˳ | fəʔ˳ | ˯fə | vu˯ |
| 五台 | ly˯ | ɕyəʔ˳ | sue˯ | sue˯ | tsʰuəʔ˳ | suəʔ˳ | tɕyəʔ˳ | fəʔ˳ | fəʔ˳ | vəʔ˳ |
| 孟县 | lyəʔ˳ | ɕyəʔ˳ | suai˯ | suai˯ | tsʰuəʔ˳ | suəʔ˳ | tɕyəʔ˳ | fəʔ˳ | fəʔ˳ | vəʔ˳ |
| 平定 | luei˯ | ɕyəʔ˳ | sue˯ | sue˯ | tsʰuəʔ˳ | suəʔ˳ | tɕyəʔ˳ | fəʔ˳ | ˯fɤ | vəʔ˳ |
| 昔阳 | luei˯ | ɕyɐʔ˳ | sue˯ | sue˯ | tsʰuɐʔ˳ | suɐʔ˳ | tɕyɐʔ˳ | fɐʔ˳ | fɐʔ˳ | vu˯ |
| 和顺 | lyɛʔ˳ | ɕyɛʔ˳ | suɛ˯ | suɛ˯ | tsʰuɐʔ˳ | suɐʔ˳ | tɕyɜʔ˳ | fɐʔ˳ | fɐʔ˳ | vɐʔ˳ |
| 左权 | liəʔ˳<br>lyəʔ˳ | ɕy˯ | suɛi˯ | suɛi˯ | tsʰuəʔ˳ | suəʔ˳ | tɕyɜʔ˳ | fəʔ˳ | fəʔ˳ | vəʔ˳ |
| 黎城 | lyɐʔ˳ | ˯ɕy | suE˯ | suE˯ | tɕʰyəʔ˳ | suəʔ˳ | cyəʔ˳ | fəʔ˳ | ˯fə | vəʔ˳ |
| 平山 | li˯ | ˯si | ʂuɛ˯ | ʂuɛ˯ | tʂʰuai˯<br>tʂʰu˳ | ʂu˯ | tɕi˯ | ˯fu | ˯fɤ | u˯ |
| 井陉 | ly˯ | ɕy˯ | ʂuɛ˯ | ʂuɛ˯ | tsʰuɛ˯ | su˯ | tɕy˯ | ˯fə | ˯fə | u˯ |
| 赞皇 | ly˯ | sy˯ | ʂuɛ˯ | ʂuɛ˯ | tʂʰu˯ | ʂu˯ | tɕy˯ | ˯fɤ | ˯fɤ | u˯ |
| 邢台 | ly˯ | syʌʔ˳ | ʂuai˯ | ʂuai˯ | tʂʰuʌʔ˳ | ʂu˯ | ˯tɕy | fʌʔ˳ | ˯fo | u˯ |
| 涉县 | lyəʔ˳ | ɕyəʔ˳ | suai˯ | suai˯ | tsʰuəʔ˳ | suəʔ˳ | tɕyəʔ˳ | fəʔ˳ | fəʔ˳ | u˯ |

续上表

| 方言点 | 博 宕开一入铎帮 | 薄 宕开一入铎并 | 莫 宕开一入铎明 | 膜 宕开一入铎明 | 幕 宕开一入铎明 | 寞 宕开一入铎明 | 摸 宕开一入铎明 | 托 宕开一入铎透 | 诺 宕开一入铎泥 | 落 宕开一入铎来 |
|---|---|---|---|---|---|---|---|---|---|---|
| 灵丘 | pəʔ₃ | pəʔ₃ / ₅pau | məʔ₃ / ₅mə | mu³ | məʔ³ | ₅mau | tʰuəʔ₃ | nuə³ | luəʔ₃ |
| 五台 | pəʔ₃ | pəʔ₃ | mᵇəʔ₃ | ₅mᵇə | mᵇu³ | mᵇəʔ³ | ₅mᵇəʔ₃ | tʰuəʔ₃ | luo³ | luəʔ₃ |
| 盂县 | pɐʔ₃ | pɐʔ₃ | mɐʔ₃ | ₅mo | mu³ | ₅mo | ₅mo | tʰɐʔ₃ | nɐʔ₃ | luɐʔ₃ |
| 平定 | paʔ₃ | ₅pɤ | mᵇaʔ₃ | ₅mᵇɤ | mᵇu³ | mᵇaʔ₃ | mᵇaʔ₃ | tʰuaʔ₃ | nuo³ | luaʔ₃ |
| 昔阳 | ₅pɤ | ₅pɤ | ₅mɤ | ₅mɤ | mu³ | mɤ³ | ₅mɤ | tʰuəʔ₃ | nuɤ³ | lo³ |
| 和顺 | pɐʔ₃ | pɐʔ₃ | mɐʔ₃ | ₅mu | mɐʔ³ | mɐʔ³ | tʰuɐʔ₃ | nɯu³ | luɐʔ₃ |
| 左权 | pəʔ₃ | pəʔ₃ | məʔ₃ | ₅mɤ | mu³ | muɤ³ | tʰuəʔ₃ | nuɤ³ | ɭuəʔ₃ |
| 黎城 | pəʔ₃ | pəʔ₃ | muɤ³ | mu³ | muɤ³ | məʔ₃ | tʰuəʔ₃ | nuɐ³ | luəʔ₃ |
| 平山 | pɤ₃ | ₅piɛ / ₅pɤ | mɤ₃ | mɤ₃ | mu³ | mɤ³ | mɤ³ | tʰuɤ₃ | nuɤ³ | luɤ³ |
| 井陉 | pə₃ | ₅piə | mə₃ | ₅mə | mu³ | mə³ | ₅mə | tʰuə₃ | euə³ | luə³ |
| 赞皇 | pɤ³ | pɤ₃ | muo³ | muo³ | mu³ | muo³ | muo₃ | tʰuo³ | nuo³ | luo³ |
| 邢台 | ₅puə | ₅puə | ₅muə | ₅muə | mu³ | ₅muə | mʌʔ³ | ₅tʰuə | euə³ | luə³ |
| 涉县 | pɐʔ₃ | pɐʔ₃ | mə³ | ₅mə | mu³ | mu³ | ₅mə | tʰuɐʔ₃ | nuo³ | luɐʔ₃ |

| 方言点 | 烙 宕开一入铎来 | 洛 宕开一入铎来 | 络 宕开一入铎来 | 乐快~ 宕开一入铎来 | 作 宕开一入铎精 | 凿 宕开一入铎从 | 各 宕开一入铎见 | 搁 宕开一入铎见 | 郝姓 宕开一入铎晓 | 恶善~ 宕开一入铎影 |
|---|---|---|---|---|---|---|---|---|---|---|
| 灵丘 | lau³ | luəʔ₃ | luəʔ₃ | luəʔ₃ / ləʔ₃ | tsuəʔ₃ | ₅tsau | kəʔ₃ | kəʔ₃ | xəʔ₃ | nəʔ₃ |
| 五台 | lou³ | luo³ | lɔʔ₃ | lɔʔ₃ | tsuəʔ₃ | ₅tsou | kɔʔ₃ | kɔʔ₃ | xəʔ₃ | ʔɔ³ |
| 盂县 | luɐʔ₃ / lɔ³ | lɐʔ₃ | lɐʔ₃ | lɐʔ₃ | tsɐʔ₃ | ₅cɔ | kɐʔ₃ | kɐʔ₃ | xɐʔ₃ | ŋɐʔ₃ |
| 平定 | lɔ³ | luaʔ₃ | luaʔ₃ | luaʔ₃ | tsuaʔ₃ | ₅cɔ | ka³ | ka³ | xa³ | ŋəʔ₃ |
| 昔阳 | lo³ | luɤ³ | luɤ³ | luɤ³ | tsuɐʔ₃ | ₅tso | kɐʔ₃ | kɐʔ₃ | xɐʔ₃ | ŋɐʔ³ |
| 和顺 | lo³ | luɐʔ₃ | luɐʔ₃ | luɐʔ₃ | tsuɐʔ₃ | ₅tso | kɐʔ₃ | kɐʔ₃ | xɐʔ₃ | ŋɐʔ³ |
| 左权 | lʌu³ | luəʔ₃ | luəʔ₃ | luəʔ₃ | tsuəʔ₃ | tsuəʔ₃ | kəʔ₃ | kəʔ₃ | xəʔ₃ | ŋəʔ₃ |
| 黎城 | lo³ | luəʔ₃ | luəʔ₃ | ləʔ₃ / luəʔ₃ | tsuəʔ₃ | ₅euəʔ | kɐʔ₃ | kɐʔ₃ | ₅xo | ɤ³ |
| 平山 | lɔ₃ | luɤ₃ | ₅luɤ | luɤ₃ | tsuɤ₃ | ₅tsɔ | ₅kɤ | kɤ₃ | xɔ³ | ŋɤ³ |
| 井陉 | lɔ³ | luə³ | luə³ | luə³ | tsuə³ | ₅tsɔ | kə³ | kə³ | xɔ³ | ə³ |
| 赞皇 | lɔ³ | luo³ | luo³ | luo³ | tsuo³ | ₅cɔ | kɤ³ | kɤ³ | xɔ³ | ŋɤ³ |
| 邢台 | lau³ | luə³ | luə³ | luə³ | tsuʌʔ³ | ₅tsau | ₅kə | kə³ | ₅xə | ₅eŋ |
| 涉县 | luɐʔ₃ | luɐʔ₃ | luɐʔ₃ | lə³ | tsuɐʔ₃ | ₅cɔ | kɐʔ₃ | kɐʔ₃ | xɐʔ₃ | ŋə³ |

续上表

| 方言点 | 略<br>宕开三<br>入药来 | 嚼<br>宕开三<br>入药从 | 削<br>宕开三<br>入药心 | 勺<br>宕开三<br>入药禅 | 弱<br>宕开三<br>入药日 | 脚<br>宕开三<br>入药见 | 却<br>宕开三<br>入药溪 | 虐<br>宕开三<br>入药疑 | 约<br>宕开三<br>入药影 | 药<br>宕开三<br>入药以 |
|---|---|---|---|---|---|---|---|---|---|---|
| 灵丘 | liəʔ˳ | ˬtɕiau | ɕyəʔ˳<br>ˬɕiau | ˬsau | zauˀ | tɕiəʔ˳ | tɕʰiəʔ˳ | nyəʔ˳ | yəʔ˳ | iau |
| 五台 | ˬlie | ˬtɕiou | ɕyəʔ˳ | ˬsou | zuəˀ | tɕiouˀ | tɕʰiaʔ˳ | nᵈiəʔ˳ | iəʔ˳ | iəʔ˳<br>iou |
| 孟县 | liɐʔ˳ | ˬciɔ | ɕyɐʔ˳<br>ciɔˀ | suɐˀ | zɐˀ | tɕyɐʔ˳ | tɕʰiɐʔ˳ | niɐ | iɐ | iɐʔ˳ |
| 平定 | liɐʔ˳ | ciɔˀ | ɕyɐʔ˳ | cɔˀ | zɔˀ | tɕyɐʔ˳ | tɕʰyɐʔ˳ | ɕiɐ | yɐʔ˳ | iɔ |
| 昔阳 | liɔˀ | ˬtɕiɔ | ɕiɔ<br>ɕyɐˀ | ˬsɔ | zɤˀ | tɕyɐʔ˳ | tɕʰiɐʔ˳ | iɐˀ | iɐˀ | iɔˀ |
| 和顺 | lyɛʔ˳ | ˬtɕiɔ | ɕyɐʔ˳ | ˬsʌ | zɐʔ˳ | tɕiɛʔ˳ | tɕʰiɛʔ˳ | nyɛʔ˳ | iɛʔ˳ | iɛʔ˳ |
| 左权 | liɐʔ˳ | ˬmɯ | ɕyɐʔ˳ | ˬʂʰv | zaˀ | tɕiɐʔ˳ | tɕʰiaʔ˳ | ɲiɐ | iɐˀ | iɯˀ |
| 黎城 | liɐʔ˳<br>lyɐʔ˳ | tɕiɔˀ | ɕyɐʔ˳ | ɕiɐˀ | iɐˀ | ciɐˀ | cʰiɐˀ | ɲyɐʔ˳ | iɐ | yɐʔ˳ |
| 平山 | liɛˀ | ˬtsiɛ | ˬsiɛ | ˬsɤ | zɔˀ | tɕiɛˀ | tɕʰyo | niɛ | iɔ | iɛˀ<br>ˬciˀ |
| 井陉 | lyeˀ | ˬtɕiə | ɕiˀ<br>ˬɕyeˀ | ˬsə | zuəˀ | tɕiəˀ | tɕʰyeˀ | ɲyə | ciˀ | iə |
| 赞皇 | liˀ | ˬtsiˀ | ˬsiˀ | ˬsɤˀ | zɿ | ˬtɕiˀ | tɕʰyeˀ | lyeˀ | ciˀ | ciˀ |
| 邢台 | liauˀ | ˬtsiau | syʌˀ | ˬsau | ˬzau | tɕyʌˀ | tɕʰyʌˀ | iauˀ | iauˀ | iauˀ |
| 涉县 | liɐʔ˳ | tɕyɐʔ˳ | ˬɕiɔ | sɐˀ | yɐˀ | tɕiɐʔ˳ | tɕʰyɐʔ˳ | nieˀ | yɐʔ˳ | yeˀ |

| 方言点 | 钥<br>宕开三<br>入药以 | 跃<br>宕开三<br>入药以 | 郭<br>宕合一<br>入铎见 | 扩<br>宕合一<br>入铎溪 | 霍<br>宕合一<br>入铎晓 | 缚<br>宕合三<br>入药奉 | 剥<br>江开二<br>入觉帮 | 朴<br>江开二<br>入觉滂 | 雹<br>江开二<br>入觉并 | 桌<br>江开二<br>入觉知 |
|---|---|---|---|---|---|---|---|---|---|---|
| 灵丘 | iauˀ | iauˀ | kuəʔ˳ | kʰuəʔ˳ | xuəʔ˳ | pəˀ | pəʔ˳ | pʰəʔ˳ | ˬpau | tsuəʔ˳ |
| 五台 | iəʔ˳<br>iou | iouˀ | kuaˀ | kʰuaʔ˳ | xuəʔ˳ | pəˀ | ˬpo<br>pəʔ˳ | pʰəʔ˳ | ˬpʰou | tsuəʔ˳ |
| 孟县 | iɐˀ | ciˀ | kuɐʔ˳ | kʰuɐʔ˳ | xuɐʔ˳ | ˬpo | pɐˀ | pʰəʔ˳ | pɐˀ | tsuɐˀ |
| 平定 | iɔˀ | ciˀ | kuɐˀ | kʰuɐˀ | xuɐˀ | paʔ˳ | paʔ˳ | pʰaˀ | ˬpɔ | ˬtsua |
| 昔阳 | iɔˀ | iɔˀ | kuɐˀ | kʰuɐˀ | xuɐˀ | fɐʔ˳ | pɐʔ˳ | pʰəʔ˳ | ˬpɔ | tsuɐʔ˳<br>ˬtsuɑ |
| 和顺 | iˀ | iɔˀ | kuɐˀ | kʰuɐˀ | xuɐˀ | fɐʔ˳ | pɐʔ˳ | pʰəʔ˳ | poˀ | ˬtsuːʌ |
| 左权 | iɯˀ | iɯˀ | kuɐˀ | kʰuɐˀ | xuɐˀ | fəˀ | pɐˀ | pʰəʔ˳ | ˬpʌu | tsuaʔ˳ |
| 黎城 | yɐʔ˳ | yɐʔ˳ | kuɐˀ | kʰuɐˀ | xuɐˀ | fɐʔ˳ | pɐˀ | pʰəʔ˳ | ˬpo | tsuɐˀ |
| 平山 | iɛˀ | iɔˀ | kuɤ | kʰuɤ | xuɤ | ˬfu | pɔˀ | ˬpʰu | ˬpɔ | tsɤˀ |
| 井陉 | iəˀ | iəˀ | kuəˀ | kʰuəˀ | xuə | fu | pəˀ | ˬpʰu | ˬpɔ | tsuəˀ |
| 赞皇 | ciˀ | ciˀ | kuoˀ | kʰuoˀ | xuoˀ | ˬfu | pɔˀ | ˬpʰu | ˬpɔ | tsuoˀ |
| 邢台 | iauˀ | ˬiau | kuʌˀ | kʰuɐ | xuʌˀ | fuˀ | pʌˀ | pʰʌˀ | ˬpau | tsʌˀ |
| 涉县 | yeˀ | yeˀ | kuɐˀ | kʰuɐˀ | xuɐˀ | fuˀ | pɐˀ | pʰəʔ˳ | ˬpo | tsuɐˀ |

续上表

| 方言点 | 戳<br>江开二<br>入觉彻 | 捉<br>江开二<br>入觉庄 | 镯<br>江开二<br>入觉崇 | 朔<br>江开二<br>入觉生 | 觉知~<br>江开二<br>入觉见 | 角<br>江开二<br>入觉见 | 确<br>江开二<br>入觉溪 | 岳<br>江开二<br>入觉疑 | 学<br>江开二<br>入觉匣 | 握<br>江开二<br>入觉影 |
|---|---|---|---|---|---|---|---|---|---|---|
| 灵丘 | tsʰuəʔ˫ | tsuəʔ˫ | ₌tsuə | suəʔ˫ | tɕiəʔ˫ | tɕiəʔ˫<br>₌tɕiau | tɕʰyəʔ˫ | yəʔ˫ | ɕyəʔ˫<br>₌ɕiau | vəʔ˫ |
| 五台 | tsʰuəʔ˫ | tsuəʔ˫ | ₌suəʔ<br>₌tsuəʔ | suəʔ˫ | tɕyəʔ˫ | tɕiəʔ˫<br>₌tɕiou | tɕʰiəʔ˫ | yəʔ˫ | ɕiəʔ˫<br>ɕyəʔ˫ | vəʔ˫ |
| 盂县 | tsʰuɐʔ˫ | tsuɐʔ˫ | tsuɐʔ˫ | suɐʔ˫ | tɕyɐʔ˫ | tɕyɐʔ˫ | tɕʰyɐʔ˫ | iai˫ | ɕiaʔ˫ | vɐʔ˫ |
| 平定 | tsʰuaʔ˫ | tsuaʔ˫ | tsuəʔ˫ | suəʔ˫ | tɕyəʔ˫ | tɕyəʔ˫ | tɕʰyəʔ˫ | ₌ci | ₌ɕiɔ<br>ɕyəʔ˫ | vaʔ˫ |
| 昔阳 | ₌tsʰuɤ<br>₌tsʰuɐʔ | tsuɐʔ˫ | tsuɐʔ˫ | suɐʔ˫ | tɕyɐʔ˫ | tɕyɐʔ˫ | tɕʰiɐʔ˫ | ioˀ | ɕiɐʔ˫ | vɐʔ˫ |
| 和顺 | tsʰuɐʔ˫ | tsuɐʔ˫ | ₌tsuːʌ | suɐʔ˫ | tɕyɜʔ˫ | tɕiɜʔ˫ | tɕʰiɜʔ˫ | ₌io | ɕiɜʔ˫ | vɐʔ˫ |
| 左权 | tsʰuɐʔ˫ | tsuaʔ˫ | tsuaʔ˫ | suəʔ˫ | tɕiaʔ˫ | tɕiaʔ˫ | tɕʰiaʔ˫ | iɜi˫ | ɕiaʔ˫ | vaʔ˫ |
| 黎城 | tsʰuɐʔ˫ | tsuəʔ˫ | tsuəʔ˫ | suəʔ˫ | ɕiɐʔ˫ | ɕiɐʔ˫ | ɕʰyɐʔ˫ | yɐʔ˫ | ɕiɜʔ˫ | vɐʔ˫ |
| 平山 | ₌tʂʰuɤ | ₌tʂɔ<br>₌tʂuɤ | ₌tʂɔ | suɤ˧ | ₌tɕiɔ | ₌tɕiɔ | ₌tɕʰiɔ | iɔ˧ | ₌ɕiɔ | uɤ˧ |
| 井陉 | tsʰuə˧ | tsuə˧ | ₌tsuə | suə˧ | ₌tɕiə | ₌tɕiə | ₌tɕʰiə | iə˧ | ₌ɕiə | uə˧ |
| 赞皇 | ₌tʂʰuo | tʂuo˧ | ₌tʂuo | ʂuo˧ | tɕiə˧ | tɕiə˧ | tɕʰye˧ | ię˧ | ₌ɕiə | uo˧ |
| 邢台 | ₌tsʰuə | tʂʊʌʔ˫ | ₌enʂ | enʂ˧ | tɕyʌʔ˫ | tɕyʌʔ˫ | tɕʰyʌʔ˫ | ye˧ | ₌ɕupi | ev˧ |
| 涉县 | tsʰuɐʔ˫ | tsuɐʔ˫ | tsuɐʔ˫ | suo˧ | tɕyɐʔ˫ | tɕyɐʔ˫ | tɕʰyɐʔ˫ | yɐʔ˫ | ɕyɐʔ˫ | vɐʔ˫ |

| 方言点 | 北<br>曾开一<br>入德帮 | 墨<br>曾开一<br>入德明 | 得<br>曾开一<br>入德端 | 德<br>曾开一<br>入德端 | 特<br>曾开一<br>入德定 | 则<br>曾开一<br>入德精 | 贼<br>曾开一<br>入德从 | 刻<br>曾开一<br>入德溪 | 克<br>曾开一<br>入德溪 | 黑<br>曾开一<br>入德晓 |
|---|---|---|---|---|---|---|---|---|---|---|
| 灵丘 | piəʔ˫ | mei˧ | tiəʔ˫ | tiəʔ˫ | tʰəʔ˫ | tsəʔ˫ | ₌tsai | kʰəʔ˫ | kʰəʔ˫ | xəʔ˫ |
| 五台 | piəʔ˫<br>₌pei | mbəʔ˫<br>mbo˧ | tiəʔ˫ | tiəʔ˫ | tʰuəʔ˫<br>təʔ˫ | tsəʔ˫ | ₌tsei | kʰəʔ˫ | kʰəʔ˫ | xəʔ˫ |
| 盂县 | piɛʔ˫ | miɜm˧ | tiɛʔ˫ | tiɛʔ˫ | tʰəʔ˫ | tsəʔ˫ | ₌sei | kʰəʔ˫ | kʰəʔ˫ | xəʔ˫ |
| 平定 | piɛʔ˫ | mbiʔ˫ | tiəʔ˫ | tiəʔ˫ | tʰaʔ˫ | tsaʔ˫ | ₌tsei | kʰaʔ˫ | kʰaʔ˫ | xəʔ˫ |
| 昔阳 | piɛʔ˫ | mi˧ | tiɜʔ˫ | tiɛʔ˫ | tʰɐʔ˫ | tsɐʔ˫ | ₌tsei | kʰɐʔ˫ | kʰɐʔ˫ | xɐʔ˫ |
| 和顺 | piɜʔ˫ | miɜʔ˫ | tiɜʔ˫ | tiɜʔ˫ | tʰɐʔ˫ | tsɐʔ˫ | ₌tsei | kʰɐʔ˫ | kʰɐʔ˫ | xɐʔ˫ |
| 左权 | ₌pei | miɜʔ˫ | tiɜʔ˫ | tiɜʔ˫ | tʰaʔ˫ | tsaʔ˫ | ₌tsɛi | kʰəʔ˫ | kʰəʔ˫ | xəʔ˫ |
| 黎城 | piɐʔ˫ | miɐʔ˫ | tiɐʔ˫ | təʔ˫ | tʰɐʔ˫ | tsɐʔ˫ | tsei² | kʰəʔ˫ | kʰəʔ˫ | xɐʔ˫ |
| 平山 | pai˧ | mai˧ | tai˧ | tai˧<br>tɤ˧ | tʰɤ˧ | tsɤ˧ | ₌tsai | kʰai˧<br>kʰɤ˧ | kʰɤ˧ | xai˧ |
| 井陉 | pai˧ | mai˧ | tai˧ | tai˧ | tʰə˧ | tsɜ˧ | ₌tsai | kʰə˧ | kʰə˧ | xai˧ |
| 赞皇 | pei˧ | mei˧ | tei˧ | tɤ˧ | tʰɤ˧ | tsɤ˧ | ₌tsei | kʰɤ˧ | kʰɤ˧ | xei˧ |
| 邢台 | ₌pei | mei˧ | ₌tei | ₌tei | tʰʌʔ˫ | ₌tsə | ₌tsei | kʰei<br>kʰə˧ | kʰʌʔ˫ | ₌xei |
| 涉县 | piɐʔ˫ | mɐʔ˫ | tɐʔ˫ | tɐʔ˫ | tʰɐʔ˫ | tsɐʔ˫ | ₌tsei | kʰɐʔ˫ | kʰɐʔ˫ | xɐʔ˫ |

续上表

| 方言点 | 逼<br>曾开三<br>入职帮 | 匿<br>曾开三<br>入职泥 | 力<br>曾开三<br>入职来 | 息<br>曾开三<br>入职心 | 媳<br>曾开三<br>入职心 | 直<br>曾开三<br>入职澄 | 测<br>曾开三<br>入职初 | 色<br>曾开三<br>入职生 | 职<br>曾开三<br>入职章 | 食<br>曾开三<br>入职船 |
|---|---|---|---|---|---|---|---|---|---|---|
| 灵丘 | piəʔ₋ | ni⁼ | li⁼ | ɕiəʔ₋ | ɕiəʔ₋ | tsəʔ₋ ₌tsʅ | tsʰəʔ₋ | səʔ₋ | tsəʔ₋ | səʔ₋ ₌sʅ |
| 五台 | piəʔ₋ | nᵈi⁼ | liəʔ₋ | ɕiəʔ₋ | ɕiəʔ₋ | tsəʔ₋ | tsʰaʔ₋ | saʔ₋ | tsəʔ₋ | səʔ₋ |
| 盂县 | piɛʔ₋ | niɛʔ₋ | liɛʔ₋ | ɕiɛʔ₋ | ɕiɛʔ₋ | tsɐʔ₋ | tsʰɐʔ₋ | sɐʔ₋ | tsəʔ₋ | sɐʔ₋ |
| 平定 | piəʔ₋ | nᵈi⁼ | liəʔ₋ | ɕiəʔ₋ | ɕiəʔ₋ | tʂʅ⁼ | tsʰaʔ₋ | saʔ₋ | tʂəʔ₋ | ʂəʔ₋ |
| 昔阳 | piɐʔ₋ | ni⁼ | lei⁼ | ɕiɐʔ₋ | ɕiɐʔ₋ | tʂɐʔ₋ ₌tʂʅ | tʂʰɐʔ₋ | ʂɐʔ₋ | tʂɐʔ₋ | ʂɐʔ₋ ₌ʂʅ |
| 和顺 | piɛʔ₋ | ni⁼ | liɛʔ₋ | ɕiɛʔ₋ | ɕiɛʔ₋ | tʂɐʔ₋ | tʂʰəʔ₋ | ʂəʔ₋ | tʂɐʔ₋ | ʂɐʔ₋ |
| 左权 | piɛʔ₋ | ni⁼ | liɛʔ₋ | ɕiɛʔ₋ | ɕiɛʔ₋ | tʂəʔ₋ | tʂʰəʔ₋ | ʂəʔ₋ | tʂəʔ₋ | ʂəʔ₋ |
| 黎城 | piəʔ₋ | ni⁼ | liəʔ₋ | ɕiəʔ₋ | ɕiəʔ₋ | tɕiəʔ₋ | tsʰəʔ₋ | səʔ₋ | tɕiəʔ₋ | ɕiəʔ₋ |
| 平山 | ₌pi | ₌ni | ₌li | ₌si | ₌si | ₌tʂʅ | tsʰɛ⁼ | ₌ʂɛ ʂɤ | ₌tʂʅ | ₌ʂʅ |
| 井陉 | ₌pi | ₌ni | ₌li | ₌ɕi | ₌ɕi | ₌tsʅ | tsʰə⁼ | ʂə⁼ | tsʅ⁼ | ʅs⁼ |
| 赞皇 | ₌pi | ₌ni | ₌li | ₌si | ₌si | ₌tʂʅ | tsʰɤ⁼ | ʂɤ⁼ | ₌tʂʅ | ₌ʂʅ |
| 邢台 | piʌʔ₋ | ni⁼ | li⁼ | ₌si | ₌si | tʂʅ⁼ | tsʰʌ⁼ | ʂai⁼ | tʂʅ⁼ | ₌ʂʅ |
| 涉县 | piəʔ₋ | ni⁼ | liəʔ₋ | ɕiəʔ₋ ɕiəʔ₋ | ɕiəʔ₋ | tsəʔ₋ | tsʰɐʔ₋ | sər⁼ | tsəʔ₋ | səʔ₋ |

| 方言点 | 识<br>曾开三<br>入职书 | 饰<br>曾开三<br>入职书 | 殖<br>曾开三<br>入职禅 | 植<br>曾开三<br>入职禅 | 极<br>曾开三<br>入职群 | 忆<br>曾开三<br>入职影 | 翼<br>曾开三<br>入职以 | 国<br>曾合一<br>入德见 | 或<br>曾合一<br>入德匣 | 域<br>曾合三<br>入职云 |
|---|---|---|---|---|---|---|---|---|---|---|
| 灵丘 | səʔ₋ | səʔ₋ sʅ | tsəʔ₋ | tsəʔ₋ | tɕiəʔ₋ | i⁼ | i⁼ | kuəʔ₋ | xuəʔ₋ | y⁼ |
| 五台 | səʔ₋ | səʔ₋ | tsəʔ₋ | tsəʔ₋ | tɕiəʔ₋ | i⁼ | i⁼ | kuəʔ₋ | xuəʔ₋ | yəʔ₋ |
| 盂县 | səʔ₋ | sʅ⁼ | tsəʔ₋ | tsəʔ₋ | tɕiɛʔ₋ | i⁼ | i⁼ | kuɐʔ₋ | xuɐʔ₋ | yəʔ₋ |
| 平定 | ʂəʔ₋ | ʂəʔ₋ | tʂəʔ₋ | tʂəʔ₋ | tɕiəʔ₋ | i⁼ | i⁼ | kuəʔ₋ | xuaʔ₋ | y⁼ |
| 昔阳 | ʂɐʔ₋ | ʂɐʔ₋ | tʂɐʔ₋ | tʂɐʔ₋ | tɕiɐʔ₋ | i⁼ | i⁼ | kuɐʔ₋ | xuɐʔ₋ | yɐʔ₋ |
| 和顺 | ʂɐʔ₋ | ʂɐʔ₋ | tʂɐʔ₋ | tʂɐʔ₋ | tɕiɛʔ₋ | i⁼ | i⁼ | kuɐʔ₋ | xuɐʔ₋ | yɛʔ₋ |
| 左权 | ʂəʔ₋ | ʂəʔ₋ | tʂəʔ₋ | tʂəʔ₋ | tɕiɛʔ₋ | i⁼ | i⁼ | kuəʔ₋ | xuəʔ₋ | y⁼ |
| 黎城 | ɕiəʔ₋ | ɕiəʔ₋ | tɕiəʔ₋ | tɕiəʔ₋ | kiəʔ₋ | i⁼ | i⁼ | kuəʔ₋ | xuəʔ₋ | y⁼ |
| 平山 | ₌ʂʅ | ₌ʂʅ | ₌tʂʅ | ₌tʂʅ | ₌tɕi | ₌i | ₌i | ₌kuɤ | ₌xuai | ₌i |
| 井陉 | ₌ʂʅ | ₌ʂʅ | ₌tsʅ | ₌tsʅ | ₌tɕi | i⁼ | i⁼ | ₌kuə | ₌xuə | y⁼ |
| 赞皇 | ₌ʂʅ | ₌ʂʅ | ₌tʂʅ | ₌tʂʅ | ₌tɕi | i⁼ | i⁼ | ₌kuo | ₌xuo | y⁼ |
| 邢台 | ʂʌʔ₋ | ₌ʂʅ | ₌tsʅ | ₌tsʅ | ₌tɕi | i⁼ | i⁼ | kuʌʔ₋ | ₌xuə | y⁼ |
| 涉县 | səʔ₋ | sʅ⁼ | tsəʔ₋ | tsəʔ₋ | tɕiəʔ₋ | i⁼ | i⁼ | kuɐʔ₋ | xuɐʔ₋ | y⁼ |

续上表

| 方言点 | 百 梗开二 入陌帮 | 迫 梗开二 入陌帮 | 拍 梗开二 入陌滂 | 魄 梗开二 入陌滂 | 白 梗开二 入陌並 | 陌 梗开二 入陌明 | 拆 梗开二 入陌彻 | 择 梗开二 入陌澄 | 宅 梗开二 入陌澄 | 窄 梗开二 入陌庄 |
|---|---|---|---|---|---|---|---|---|---|---|
| 灵丘 | ₋pai | pʰəʔ₋ | pʰiəʔ₋ / pʰai | pʰəʔ₋ | ₋pai | məʔ₋ | tsʰəʔ₋ | tsəʔ₋ / ₋tsai | ₋tsai | tsəʔ₋ |
| 五台 | piəʔ₋ / ₋pɛ | pʰiəʔ₋ | pʰiəʔ₋ / pʰɛ | piəʔ₋ | pʰiəʔ₋ / ₋pɛ | mᵇəʔ₋ | ₋tsʰɛ / tsʰɛ | tsəʔ₋ | tsa | tsaʔ₋ |
| 盂县 | piɐʔ₋ | pʰiɐʔ₋ | pʰiɐʔ₋ | piɐʔ₋ | piɐʔ₋ | ₋mo | tsʰɐʔ₋ | tsɐʔ₋ | tsɐʔ₋ | tsɐʔ₋ |
| 平定 | piəʔ₋ | pʰiəʔ₋ | pʰiaʔ₋ | pʰiaʔ₋ | ₋pɛ | mᵇaʔ₋ | ₋tsʰɛ | tsɐ | ₋tsɛ | ₋tsɛ |
| 昔阳 | piɐʔ₋ | pʰiɐʔ₋ | pʰiɐʔ₋ | piɐʔ₋ | ₋pɛ | mʏ | tsʰɐʔ₋ | tsɐʔ₋ | tsɛ | ɜ |
| 和顺 | piɛʔ₋ | pʰiɛʔ₋ | pʰiɛʔ₋ | pʰəʔ₋ | piɛʔ₋ / ₋pɛ | mɐʊ | tsʰəʔ₋ | tsɐʔ₋ | tsɛ² | tsɐʔ₋ |
| 左权 | piɛʔ₋ | pʰiɛʔ₋ | pʰiɛʔ₋ | pʰəʔ₋ | ₋pɛi / piɛ | mʏ² | tsʰəʔ₋ | tsəʔ₋ | tsəʔ₋ | tsəʔ₋ |
| 黎城 | piɐʔ₋ | pʰiɐʔ₋ | pʰiɐʔ₋ | pʰiɐʔ₋ | piɐʔ₋ | miɐʔ₋ | tsʰəʔ₋ | tsəʔ₋ | tsE² | tsəʔ₋ |
| 平山 | pɛ₋ | pʰɛ₋ | pʰɛ₋ | pʰɛ₋ | ₋pɛ | mɛ₋ | tṣʰɛ₋ | ᶜtṣɛ | ᶜtṣɛ | tṣɛ₋ |
| 井陉 | pɛ₋ | pʰɛ² | pʰɛ | pʰɛ² | ₋pɛ | mə₋ | tsʰɛ₋ | ᶜtsɛ | ᶜtsɛ | tsɛ₋ |
| 赞皇 | pɛ₋ | pʰɛ₋ | pʰɛ | pʰʏ | ₋pɛ | muo² | tsʰɛ₋ | tṣɛ | tṣɛ | tṣɛ₋ |
| 邢台 | ₋pai | ₋pʰai | ₋pʰai | ₋pʰai | ₋pai | ₋muɯ | ₋tṣʰai | ₋tṣai | ₋tṣai | ₋tṣai |
| 涉县 | pɐʔ₋ | pʰɐʔ₋ | pʰiɐʔ₋ | pʰɐʔ₋ | pɐʔ / pai | mɐʔ₋ | tsʰəʔ₋ | tsɐʔ₋ | ₋tsai | tsɐʔ₋ |

| 方言点 | 格 梗开二 入陌见 | 客 梗开二 入陌溪 | 赫 梗开二 入陌晓 | 麦 梗开二 入麦明 | 脉 梗开二 入麦明 | 摘 梗开二 入麦知 | 责 梗开二 入麦庄 | 策 梗开二 入麦初 | 册 梗开二 入麦初 | 革 梗开二 入麦见 |
|---|---|---|---|---|---|---|---|---|---|---|
| 灵丘 | kəʔ₋ | kʰəʔ₋ | xəʔ₋ | maiᶜ | maiᶜ | tsəʔ₋ / ₋tsai | tsəʔ₋ | tsʰəʔ₋ | tsʰəʔ₋ | kəʔ₋ |
| 五台 | kəʔ₋ | tɕʰiəʔ₋ / kʰəʔ₋ | xəʔ₋ | mᵇiɛʔ₋ | mᵇɛ² | ₋tsɛ | tsəʔ₋ | tsʰəʔ₋ | tsʰəʔ₋ | kəʔ₋ |
| 盂县 | kɐʔ₋ | kʰɐʔ₋ | xɐʔ₋ | miɐʔ₋ | miɐʔ₋ | tsɐʔ₋ | tsɐʔ₋ | tsʰəʔ₋ | tsʰəʔ₋ | kɐʔ₋ |
| 平定 | kaʔ₋ | kʰaʔ₋ | xaʔ₋ | mɛ² | mɛ² | tsəʔ₋ | tsəʔ₋ | tsʰəʔ₋ | tsʰəʔ₋ | kaʔ₋ |
| 昔阳 | kɐʔ₋ | kʰɐʔ₋ | xɐʔ₋ | mɛ² | mɛ² | tsɐʔ₋ | tsɐʔ₋ | tsʰəʔ₋ | tsʰəʔ₋ | kɐʔ₋ |
| 和顺 | kəʔ₋ | kʰɐʔ₋ | xəʔ₋ | miːɯ① | miɛʔ₋ | tsəʔ₋ | tsəʔ₋ | tsʰəʔ₋ | tsʰəʔ₋ | kəʔ₋ |
| 左权 | kəʔ₋ | kʰaʔ₋ | xaʔ₋ | miɛᶜ / mɛᶜ | miᶜ / mɛᶜ | tsəʔ₋ | tsəʔ₋ | tsʰaʔ₋ | tsʰaʔ₋ | kaʔ₋ |
| 黎城 | kɐʔ₋ | kʰɐʔ₋ | xɐʔ₋ | miɐʔ₋ | miɐʔ₋ | tsəʔ₋ | tsəʔ₋ | tsʰəʔ₋ | tsʰəʔ₋ | kɐʔ₋ |
| 平山 | kʏ₋ | kʰʏ₋ | xuʏ | mɛ² | mɛ² | tṣɛ₋ | tṣɛ₋ | tṣʰɛ₋ | tṣʰɛ₋ | kʏ₋ |
| 井陉 | kə₋ | kʰə₋ | xəᶜ | mɛᶜ | mɛᶜ | tsɛ₋ | tsɛ₋ | tsʰɛ₋ | tsʰɛ₋ | kə₋ |
| 赞皇 | kʏ₋ | kʰʏ₋ | xʏ₋ | mɛᶜ | mɛᶜ | tṣɛ₋ | tṣɛ₋ | tṣʰɛ₋ | tṣʰɛ₋ | kʏ₋ |
| 邢台 | ₋kə | kʰə₋ | xəᶜ | maiᶜ | maiᶜ | ₋tsai | ₋tsai | ₋tṣʰai | ₋tṣʰai | kʌʔ₋ |
| 涉县 | kɐʔ₋ | kʰɐʔ₋ | xɐʔ₋ | mieᶜ | maiᶜ | tsəʔ₋ / ₋tsai | tsɐʔ₋ | tsʰɐʔ₋ | tsʰɐʔ₋ | kɐʔ₋ |

① 此处发音人读的是"麦子"的音。

续上表

| 方言点 | 隔<br>梗开二<br>入麦见 | 核~对<br>梗开二<br>入麦匣 | 剧<br>梗开三<br>入陌群 | 逆<br>梗开三<br>入陌疑 | 璧<br>梗开三<br>入昔帮 | 积<br>梗开三<br>入昔精 | 籍<br>梗开三<br>入昔从 | 惜<br>梗开三<br>入昔心 | 席<br>梗开三<br>入昔邪 | 夕<br>梗开三<br>入昔邪 |
|---|---|---|---|---|---|---|---|---|---|---|
| 灵丘 | tɕiəʔ˳<br>kəʔ˳ | xəʔ˳ | tɕy˃ | ni˃ | piəʔ˳ | tɕiəʔ˳ | tɕiəʔ˳ | ɕiəʔ˳ | ˴ɕi | ɕiəʔ˳ |
| 五台 | kəʔ˳ | xəʔ˳ | tɕy˃ | nᵈi˂ | piəʔ˳ | tɕiəʔ˳<br>˴tɕi | tɕiəʔ˳ | ɕiəʔ˳ | ɕiəʔ˳ | ɕiəʔ˳ |
| 盂县 | kəʔ˳ | xəʔ˳ | tɕy˃ | niɜʔ˳ | piɛʔ˳ | tɕiɛʔ˳ | tɕiɛʔ˳ | ɕiɜʔ˳ | ˴ɕi | ɕiɜʔ˳ |
| 平定 | kaʔ˳ | xəʔ˳ | tɕy˃ | nᵈiəʔ˳ | piəʔ˳ | tɕiəʔ˳ | tɕiəʔ˳ | ɕiəʔ˳ | ˴ɕi | ɕiəʔ˳ |
| 昔阳 | kɐʔ˳ | xɐʔ˳ | tɕy˃ | ni˃ | piɐʔ˳ | tɕiɐʔ˳ | tɕiɐ˃ | ɕiɐʔ˳ | ˴ɕi | ɕiɐʔ˳ |
| 和顺 | kɐʔ˳ | xɐʔ˳ | tɕy˃ | niɜʔ˳ | piɐʔ˳ | tɕiɐʔ˳ | tɕiɐʔ˳ | ɕiɐʔ˳ | ɕiɐʔ˳ | ɕiɐʔ˳ |
| 左权 | kaʔ˳ | ˴iɐɕ | tɕy˃ | niɜ˃ | pi˃ | ɕiɐ˃ | ɕiɐ˃ | ɕiɐʔ˳ | ɕiɐʔ˳ | ɕiɐʔ˳ |
| 黎城 | kɐʔ˳ | xɐʔ˳ | ky˃ | i˃ | piɐʔ˳ | tɕiəʔ˳ | tɕiəʔ˳ | ɕiəʔ˳ | ɕiəʔ˳ | ɕiəʔ˳ |
| 平山 | ˴tɕiɛ<br>kɤ˃ | ˴xɤ | tɕi˃ | ni˃ | pi˃ | tsi˃ | tsi˃ | si˃ | si˃ | ˴si |
| 井陉 | kə˃ | ˴xɛ | tɕy˃ | ni˃ | pi˃ | tɕi˃ | ˴tɕi | ɕi˃ | ˴ɕi | ɕi˃ |
| 赞皇 | kɤ˃ | ˴xɤ | tɕy˃ | ni˃ | pi˃ | tsi˃ | tsi˃ | si˃ | si˃ | si˃ |
| 邢台 | ˴kə | ˴xai | tɕy˃ | ni˃ | pi˃ | ˴tsi | ˴tsi | ˴si | ˴si | ˴si |
| 涉县 | kəʔ˳ | xəʔ˳ | tɕy˃ | ni˃ | pi˃ | tɕiəʔ˳ | tɕiəʔ˳ | ˴ɕie | ɕiəʔ˳ | ˴ɕi |

| 方言点 | 只_~<br>梗开三<br>入昔章 | 尺<br>梗开三<br>入昔昌 | 适<br>梗开三<br>入昔书 | 石<br>梗开三<br>入昔禅 | 益<br>梗开三<br>入昔影 | 译<br>梗开三<br>入昔以 | 液<br>梗开三<br>入昔以 | 劈<br>梗开四<br>入锡滂 | 觅<br>梗开四<br>入锡明 | 滴<br>梗开四<br>入锡端 |
|---|---|---|---|---|---|---|---|---|---|---|
| 灵丘 | tsəʔ˳ | tsʰəʔ˳ | səʔ˳ | səʔ˳<br>˴tsʅ | i˃ | i˃ | ie˃ | pʰiəʔ˳ | mi˃ | tiəʔ˳ |
| 五台 | tsəʔ˳ | tsʰəʔ˳ | səʔ˳ | səʔ˳ | iəʔ˳ | iəʔ˳ | ie˃ | pʰiəʔ˳ | mᵇi˂ | tiəʔ˳ |
| 盂县 | tsəʔ˳ | tsʰəʔ˳ | səʔ˳ | səʔ˳ | iɛ˃ | iɛ˃ | iɛ˃ | pʰiɜ˃ | miɜʔ˳ | tiɜʔ˳ |
| 平定 | tʂəʔ˳ | tʂʰəʔ˳ | ʂəʔ˳ | ʂəʔ˳<br>˴ʂʅ | i˃ | i˃ | iɛ˃ | pʰiɛ˃ | mᵇi˂ | tiɜʔ˳ |
| 昔阳 | tʂɐʔ˳ | tʂʰɐʔ˳ | ʂɐ˃ | ʂɐ˃<br>˴ʂʅ | i˃ | i˃ | iɛ˃ | pʰiɐi˃ | miɐi˃ | tiɐi˃ |
| 和顺 | tʂɐʔ˳ | tʂʰɐʔ˳ | ʂɐʂ | ʂɐʂ | ɐʔ˃ | i˃ | iɛ˃ | pʰiɐʔ˳ | mi˃ | tiɜʔ˳ |
| 左权 | tʂəʔ˳ | tʂʰaʔ˳ | ʂa˃ | ʂa˃ | i˃ | i˃ | i˃ | pʰiɛ˃ | mi˃ | tiɜʔ˳ |
| 黎城 | tɕiɐʔ˳ | tɕʰiɐʔ˳ | ɕiɐʔ˳ | ɕiɐʔ˳ | i˃ | i˃ | ie˃ | pʰiəʔ˳ | miɐʔ˳ | tiɜʔ˳ |
| 平山 | tʂʅ˃ | tʂʰʅ˃ | ʂʅ˃ | ˴ʂʅ | i˃ | i˃ | iɛ˃ | pʰi˃ | ˴mi | ti˃ |
| 井陉 | tsʅ˃ | tsʰʅ˃ | sʅ˃ | səʔ˳<br>˴sʅ | i˃ | i˃ | iɛ˃ | pʰi˃ | mi˃ | tiɛ˃ |
| 赞皇 | tʂʅ˃ | tʂʰʅ˃ | ʂʅ˃ | ʂʅ˃ | i˃ | i˃ | ie˃ | pʰi˃ | mi˃ | ˴ti |
| 邢台 | ˴tʂʅ | tʂʰʌʔ˳ | ʂʌʔ˳ | ʂʌʔ˳ | ˴i | ˴i | ie˃ | pʰiʌʔ˳ | mi˃ | tiʌʔ˳ |
| 涉县 | tsəʔ˳ | tsʰəʔ˳ | səʔ˳ | səʔ˳ | i˃ | i˃ | ie˃ | pʰiəʔ˳ | mi˃ | tiəʔ˳ |

续上表

| 方言点 | 笛<br>梗开四<br>入锡定 | 敌<br>梗开四<br>入锡定 | 历<br>梗开四<br>入锡来 | 绩<br>梗开四<br>入锡精 | 锡<br>梗开四<br>入锡心 | 击<br>梗开四<br>入锡见 | 吃<br>梗开四<br>入锡溪 | 获<br>梗合二<br>入麦匣 | 疫<br>梗合三<br>入昔以 | 役<br>梗合三<br>入昔以 |
|---|---|---|---|---|---|---|---|---|---|---|
| 灵丘 | ₅ti | ₅ti | li⁼ | tɕiəʔ₋ | ɕiəʔ₋ | tɕiəʔ₋ | tsʰəʔ₋ | xuəʔ₋ | i⁼ | i⁼ |
| 五台 | tiəʔ₋ | tiəʔ₋ | liəʔ₋ | tɕiəʔ₋ | ɕiəʔ₋ | tɕiəʔ₋ | tsʰəʔ₋ | xuəʔ₋ | iəʔ₋ | iəʔ₋ |
| 孟县 | tiɐʔ₋ | tiɐʔ₋ | liɜi | tɕiɜi | ɕiɜi | tɕiɜi | tsʰəʔ₋ | xuax | iɜi | iɜi |
| 平定 | ₅ti | tiaʔ₋ | lei⁼ | tɕiəʔ₋ | ɕiəʔ₋ | tɕiəʔ₋ | tʂʰəʔ₋ | xuaʔ₋ | i⁼ | i⁼ |
| 昔阳 | ₅ti | tiɐʔ₋ | lei⁼ | tɕiɐʔ₋ | ɕiɐʔ₋ | tɕiɐʔ₋ | tʂʰɐʔ₋ | xuɐʔ₋ | i⁼ | i⁼ |
| 和顺 | tiɜi | tiɜi | liɜi | tɕiɜi | ɕiɜi | tɕiɜi | tʂʰɐʔ₋ | xuɐʔ₋ | i⁼ | i⁼ |
| 左权 | tiɜi | tiɜi | li⁼ | tɕiɜi | ɕiɜi | tɕiɜi | tʂʰaʔ₋ | xuaʔ₋ | i⁼ | i⁼ |
| 黎城 | tiəʔ₋ | tiəʔ₋ | li² | tɕiəʔ₋ | ɕiəʔ₋ | kiəʔ₋ | tɕʰiəʔ₋ | xuəʔ₋ | i² | i² |
| 平山 | ₅ti | ₅ti | li₋ | tsi₋ | si₋ | tɕi₋ | tʂʰʅ₋ | xuai⁼ | i⁼ | i⁼ |
| 井陉 | ₅ti | ͨti | li⁼ | tɕi₋ | ɕi₋ | tɕi₋ | tsʰᴀ⁼ | xɤ⁼<br>xuə | i⁼ | i⁼ |
| 赞皇 | ₅ti | ti₋ | li⁼ | tsi₋ | si₋ | tɕi₋ | tʂʰʅ₋ | xuo⁼ | i⁼ | i⁼ |
| 邢台 | ₅ti | ₅ti | li⁼ | ₋tsi | ₋si | ₋tɕi | tʂʰʌʔ₋ | ₋xuə | ₋i | ₋i |
| 涉县 | tiəʔ₋ | tiəʔ₋ | li⁼ | tɕiəʔ₋ | ɕiəʔ₋ | tɕiəʔ₋ | tsʰəʔ₋ | xuax | i⁼ | i⁼ |

| 方言点 | 瀑<br>通合一<br>入屋並 | 木<br>通合一<br>入屋明 | 秃<br>通合一<br>入屋透 | 独<br>通合一<br>入屋定 | 读<br>通合一<br>入屋定 | 鹿<br>通合一<br>入屋来 | 族<br>通合一<br>入屋从 | 速<br>通合一<br>入屋心 | 谷<br>通合一<br>入屋见 | 哭<br>通合一<br>入屋溪 |
|---|---|---|---|---|---|---|---|---|---|---|
| 灵丘 | pʰu⁼ | mu⁼ | tʰuəʔ₋ | tuəʔ₋<br>₅tu | tuəʔ₋ | lu⁼ | tsʰuəʔ₋ | suəʔ₋ | kuəʔ₋ | kʰuəʔ₋ |
| 五台 | pʰəʔ₋ | mᵇəʔ₋ | tʰuəʔ₋ | tuəʔ₋ | tuəʔ₋ | luəʔ₋ | tsuəʔ₋ | ɕyəʔ₋<br>su | kuəʔ₋ | kʰuəʔ₋ |
| 孟县 | pʰəʔ₋ | məʔ₋ | tʰuəʔ₋ | tuəʔ₋ | tuəʔ₋ | luəʔ₋ | tsuəʔ₋ | ɕyəʔ₋ | kuəʔ₋ | kʰuəʔ₋ |
| 平定 | pʰaʔ₋ | mᵇəʔ₋ | tʰuəʔ₋ | tuəʔ₋ | tuəʔ₋ | luəʔ₋ | tsuəʔ₋ | suəʔ₋ | kuəʔ₋ | kʰuəʔ₋ |
| 昔阳 | pʰɐʔ₋ | mu⁼ | tʰɐʔ₋ | tuɐʔ₋ | tuɐʔ₋ | lu⁼ | tsuɐʔ₋ | suɐʔ₋ | kuɐʔ₋ | kʰuɐʔ₋ |
| 和顺 | pʰɐʔ₋ | mɐʔ₋ | tʰɐʔ₋ | tuɐʔ₋ | tuɐʔ₋ | luɐʔ₋ | tsʰɐʔ₋ | sɐʔ₋ | kuɐʔ₋ | kʰuɐʔ₋ |
| 左权 | pʰəʔ₋ | mɐʔ₋<br>mu | tʰəʔ₋ | tuəʔ₋ | tuəʔ₋ | luəʔ₋ | tsʰuəʔ₋ | suəʔ₋ | kuəʔ₋ | kʰuəʔ₋ |
| 黎城 | pʰɐʔ₋<br>pʰu⁼ | mɐʔ₋ | tʰuəʔ₋ | tuəʔ₋ | tuəʔ₋ | luəʔ₋ | tsʰuəʔ₋ | suəʔ₋ | kuəʔ₋ | kʰuəʔ₋ |
| 平山 | ͨpʰu | mu⁼ | tʰu₋ | tu₋ | tu₋ | lu₋ | ͨtsu | su₋ | ku₋ | ͨkʰu |
| 井陉 | pʰu₋ | mu⁼ | tʰu₋ | ₋tu | tu₋ | lu⁼ | ͨtsu | su⁼ | ku₋ | ͨkʰu |
| 赞皇 | pʰu₋ | mu⁼ | tʰu₋ | ₋tu | ₋tu | lu₋ | ₋tsu | su₋ | ku₋ | ͨkʰu |
| 邢台 | ͨpʰu | mu⁼ | tʰuʌʔ₋ | ₋tu | ₋tu | lu⁼ | ₋tsu | ₋su | kuʌʔ₋ | kʰuʌʔ₋ |
| 涉县 | pʰu⁼ | mu⁼ | tʰuəʔ₋ | tuəʔ₋ | tuəʔ₋ | luəʔ₋ | tsuəʔ₋ | suəʔ₋ | kuəʔ₋ | kʰuəʔ₋ |

## 续上表

| 方言点 | 屋 通合一入屋影 | 毒 通合一入沃定 | 酷 通合一入沃溪 | 福 通合三入屋非 | 腹 通合三入屋非 | 服 通合三入屋奉 | 伏 通合三入屋奉 | 目 通合三入屋明 | 牧 通合三入屋明 | 六 通合三入屋来 |
|---|---|---|---|---|---|---|---|---|---|---|
| 灵丘 | ₋vəʔ₋ | ₋tu | kuᵌ | fəʔ₋ | fəʔ₋ | fəʔ₋ | ₋fu / fuʔ₋ | muᵌ | muᵌ | liəuᵌ |
| 五台 | ₋vəʔ₋ | tuəʔ₋ | kʰuəʔ₋ | fəʔ₋ | fəʔ₋ | fəʔ₋ | fəʔ₋ | ᵐbəʔ₋ | ᵐbuᵌ | liei |
| 盂县 | ₋vəʔ₋ | tuəʔ₋ | kʰuəʔ₋ | fəʔ₋ | fəʔ₋ | fəʔ₋ | fəʔ₋ | məʔ₋ | muᵌ | liəuᵌ |
| 平定 | ₋uᵌ | tuəʔ₋ | kʰuəʔ₋ | fəʔ₋ | fəʔ₋ | fəʔ₋ | ₋fu | ᵐbəʔ₋ | ᵐbuᵌ | liou |
| 昔阳 | ₋vuᵌ | ₋auʔ₋ | kʰauʔ₋ | fɑʔ₋ | fɑʔ₋ | fɑʔ₋ | fɑʔ₋ | muᵌ | muᵌ | liəuᵌ |
| 和顺 | ₋vaʔ₋ | ₋auʔ₋ | kʰauʔ₋ | fɑʔ₋ | fɑʔ₋ | fɑʔ₋ | fɑʔ₋ | ₋məu | muᵌ | liəuᵌ |
| 左权 | ₋vu | tuəʔ₋ | kʰuəʔ₋ | fəʔ₋ | fəʔ₋ | fəʔ₋ | fəʔ₋ | muᵌ | muᵌ | liaoᵌ |
| 黎城 | ₋vəʔ₋ | tuəʔ₋ | kʰuᵌ | fəʔ₋ | fəʔ₋ | fəʔ₋ | fəʔ₋ | məuᵌ | məuᵌ | liəuᵌ |
| 平山 | uᵌ | ₋tu | kʰuᵌ | fuᵌ | ₋fu | fuᵌ | ₋fu | muᵌ | muᵌ | liaoᵌ |
| 井陉 | uᵌ | ₋tu | kʰuᵌ | fuᵌ | fuᵌ | ₋fu | ₋fu | muᵌ | muᵌ | liaoᵌ |
| 赞皇 | uᵌ | ₋tu | kʰuᵌ | fuᵌ | fuᵌ | fuᵌ | fuᵌ | muᵌ | muᵌ | liu |
| 邢台 | ₋u | ₋tu | ᵌkʰu | fʌʔ₋ | ₋fu | ₋fu | ₋fu | muᵌ | muᵌ | liəuᵌ |
| 涉县 | uᵌ | tuəʔ₋ | kʰuᵌ | fəʔ₋ | fəʔ₋ | fəʔ₋ | fəʔ₋ | muᵌ | məʔ₋ / mu | liou |

| 方言点 | 肃 通合三入屋心 | 宿 通合三入屋心 | 竹 通合三入屋知 | 筑 通合三入屋知 | 轴 通合三入屋澄 | 缩 通合三入屋生 | 祝 通合三入屋章 | 粥 通合三入屋章 | 叔 通合三入屋书 | 熟 通合三入屋禅 |
|---|---|---|---|---|---|---|---|---|---|---|
| 灵丘 | ɕyəʔ₋ / suəʔ₋ | ɕyəʔ₋ | tsuəʔ₋ | tsuəʔ₋ | ₋tsuəu | suəʔ₋ | ₋tsəu | suəʔ₋ / ₋suəu | nəᵌ | ₋səu |
| 五台 | ɕyəʔ₋ | ɕyəʔ₋ / su | tsuəʔ₋ | tsuəʔ₋ | ₋tsei | suəʔ₋ | ₋tsei | suəʔ₋ | suəʔ₋ | suəʔ₋ |
| 盂县 | ɕyəʔ₋ | ɕyəʔ₋ | tsuəʔ₋ | tsuəʔ₋ | ₋tsuəu | ɕyəʔ₋ | tsuəʔ₋ | ₋tsəu | suəʔ₋ | suəʔ₋ |
| 平定 | ɕyəʔ₋ | ɕyəʔ₋ | tsuəʔ₋ | tsuəʔ₋ | ₋tsou | suəʔ₋ | tsuəʔ₋ | ₋tsou | suəʔ₋ | ₋su |
| 昔阳 | ɕyɑʔ₋ | ɕyɑʔ₋ | tsɑuʔ₋ | tsɑuʔ₋ | ₋tsəu | ɕyɑʔ₋ | tsɑuʔ₋ | ₋tsəu | tsɑuʔ₋ | ₋su |
| 和顺 | ɕyɛʔ₋ | ɕyɛʔ₋ | tsɑuʔ₋ | tsɑuʔ₋ | ₋tsəu | suɛʔ₋ | tsɑuʔ₋ | ₋tsuɛu | suɑʔ₋ | suɛʔ₋ |
| 左权 | suəʔ₋ | suəʔ₋ / ɕiao | tsuəʔ₋ | tsuəʔ₋ | ₋tsao | suaʔ₋ | tsuəʔ₋ | ₋tsao | suəʔ₋ / ₋su | suəʔ₋ |
| 黎城 | suᵌ | ɕyəʔ₋ | tɕyəʔ₋ | tɕyəʔ₋ | tɕiəuᵌ | ₋əuŋ | tɕyəʔ₋ | ₋tɕiəu | ɕyᵌ | ɕyəʔ₋ |
| 平山 | suᵌ | suᵌ | tʂuᵌ | tʂuᵌ | ₋tʂao | suɤ | tʂuᵌ | tʂaoᵌ | ʂaoᵌ | ₋ʂao / ₋ʂu |
| 井陉 | suᵌ | suᵌ | tsuᵌ | tsuᵌ | ₋tsao | suəᵌ | tsuᵌ | tsaoᵌ | saoᵌ | ₋sao |
| 赞皇 | suᵌ | suᵌ | tʂuᵌ | tʂuᵌ | ₋tʂou | suoᵌ | tʂuᵌ | tʂouᵌ | ʂouᵌ | ₋ʂou |
| 邢台 | suʌʔ₋ | ₋su | tsuʌʔ₋ | ₋tsu | ₋tʂu | ₋ənɤ | ₋tʂu | tʂəuᵌ | tʂʰuəᵌ | ₋ʂu |
| 涉县 | suᵌ | suəʔ₋ | tsuəʔ₋ | tsuəʔ₋ | ₋tsou | suəʔ₋ | tsuəʔ₋ / tsu | ₋tsou | suᵌ | suəʔ₋ |

续上表

| 方言点 | 肉 通合三入屋日 | 菊 通合三入屋见 | 育 通合三入屋以 | 绿 通合三入烛来 | 录 通合三入烛来 | 足 通合三入烛精 | 促 通合三入烛清 | 粟 通合三入烛心 | 俗 通合三入烛邪 | 烛 通合三入烛章 |
|---|---|---|---|---|---|---|---|---|---|---|
| 灵丘 | zəu˨ | tɕyəʔ˨ | y˨ | ly˨ | luə˨ | tɕyəʔ˨ / tsuəʔ˨ | tsʰuəʔ˨ | su˨ | ɕyəʔ˨ / ₅su | tsuəʔ˨ |
| 五台 | zei˨ | tɕyəʔ˨ | y˨ | luə˨ | luə˨ | tɕyəʔ˨ | tsʰuəʔ˨ | su˨ | ɕyəʔ˨ | tsuəʔ˨ |
| 孟县 | zəu˨ | tɕʰyəʔ˨ / tɕyəʔ˨ | y˨ | luə˨ | luə˨ | tɕyəʔ˨ | tsʰuəʔ˨ | su˨ | ɕyəʔ˨ | tsuəʔ˨ |
| 平定 | z̩ou˨ | tɕʰyəʔ˨ | y˨ | lyəʔ˨ / luəʔ˨ | luəʔ˨ | tɕyəʔ˨ | tɕʰyəʔ˨ / tsʰuəʔ˨ | su˨ | ɕyəʔ˨ / suəʔ˨ | tsuəʔ˨ |
| 昔阳 | z̩əu˨ | tɕʰyɐʔ˨ | yɐʔ˨ | lu˨ | lu˨ | tɕyɐʔ˨ / tsuɐʔ˨ | tsʰɐn˨ | su˨ | ɕyɐʔ˨ | tsuɐn˨ |
| 和顺 | z̩əum˨ | tɕʰyɐʔ˨ / tɕyɐʔ˨ | y˨ | luɐn˨ | luɐn˨ | tsuɐn˨ | tsʰɐn˨ | ₅su | ɕyɐʔ˨ | tsuɐn˨ |
| 左权 | z̩ao˨ | tɕyɐʔ˨ | y˨ | luəʔ˨ / lu˨ / ly˨ | luə˨ | tɕyəʔ˨ | tsʰuəʔ˨ | su˨ | suəʔ˨ | tsuəʔ˨ |
| 黎城 | iəu˨ | ɕyəʔ˨ | y˨ | lyəʔ˨ | luə˨ | tɕyəʔ˨ | tsʰuəʔ˨ | su˨ | ɕyəʔ˨ | tɕyəʔ˨ |
| 平山 | z̩ao˨ | tɕi˨ | i˨ | li˨ | lu˨ | tsu˨ | tsʰu˨ | su˨ | su˨ | tʂu˨ |
| 井陉 | zao˨ | ₅tɕy | y˨ | ly˨ | lu˨ | tsu˨ | tsʰu˨ | su˨ | ₅su | tsu˨ |
| 赞皇 | z̩ou˨ | ₅tɕy | y˨ | ly˨ | lu˨ | tsu˨ | tsʰu˨ | su˨ | su˨ | tʂu˨ |
| 邢台 | z̩əu˨ | ₅tɕy | y˨ | ly˨ | lu˨ | tsyʌʔ˨ | ₅tsʰu | ₅su | ₅su | ₅tʂu |
| 涉县 | iou˨ | tɕyəʔ˨ | y˨ | ly˨ | luə˨ | tɕyəʔ˨ / tsuəʔ˨ | tsʰuəʔ˨ | su˨ | ɕyəʔ˨ | tsuəʔ˨ |

| 方言点 | 触 通合三入烛昌 | 赎 通合三入烛船 | 蜀 通合三入烛禅 | 属 通合三入烛禅 | 辱 通合三入烛日 | 褥 通合三入烛日 | 曲 通合三入烛溪 | 局 通合三入烛群 | 玉 通合三入烛疑 | 狱 通合三入烛疑 |
|---|---|---|---|---|---|---|---|---|---|---|
| 灵丘 | tsuəʔ˨ | ₅su | ₅su | suəʔ˨ / ₅su | ₅zu | zu˨ | tɕʰyəʔ˨ | ₅tɕy | y˨ | y˨ |
| 五台 | tsuəʔ˨ | ₅su | ₅su | suəʔ˨ | ₅zu | zu˨ | tɕʰyəʔ˨ | tɕyəʔ˨ | y˨ | yəʔ˨ |
| 孟县 | tsuəʔ˨ | suəʔ˨ | ₅su | suəʔ˨ | zuəʔ˨ | zuəʔ˨ | tɕʰyəʔ˨ | tɕyəʔ˨ | y˨ | y˨ |
| 平定 | tsʰuəʔ˨ | ₅su | ₅su | suəʔ˨ | zuəʔ˨ | zuəʔ˨ | tɕʰyəʔ˨ | ₅tɕy | y˨ | y˨ |
| 昔阳 | tsuɐʔ˨ | ₅sɐn | ₅sɐn | ₅sɐn | ₅zu | zu˨ | tɕʰyɐʔ˨ | ₅tɕy | y˨ | y˨ |
| 和顺 | tsuɐn˨ | ₅sɐn | ₅sɐn | suɐn˨ | zuɐn˨ | zuːm˨ | tɕʰyɐʔ˨ | tɕyɐʔ˨ | y˨ | y˨ |
| 左权 | tsuəʔ˨ | ₅su | su˨ | suəʔ˨ | ₅z̩u | z̩uəʔ˨ | tɕʰyɐʔ˨ | tɕyɐʔ˨ | y˨ | y˨ |
| 黎城 | tsuəʔ˨ | ɕyəʔ˨ | ₅ɕy | ɕyəʔ˨ | ₅y | yəʔ˨ | cʰyəʔ˨ | cyəʔ˨ | y˨ | y˨ |
| 平山 | tʂu˨ | ₅ʂu | ₅ʂu | ʂao˨ / ʂu˨ | ₅z̩u | z̩ao˨ | tɕʰi˨ | ₅tɕi | i˨ | i˨ |
| 井陉 | tsu˨ | ₅su | ₅su | sao˨ / su˨ | zu˨ | zao˨ | tɕʰy˨ | ₅tɕy | y˨ | y˨ |
| 赞皇 | ₅tʂʰu | ₅ʂu | ₅ʂu | ʂu˨ | ₅z̩u | z̩u˨ | tɕʰy˨ | ₅tɕy | y˨ | y˨ |
| 邢台 | ₅tʂu | ₅ʂu | ₅ʂu | ʂu˨ | lu˨ | lu˨ | tɕʰyʌʔ˨ | ₅tɕy | y˨ | y˨ |
| 涉县 | tsʰuəʔ˨ / tsʰu˨ | suəʔ˨ | ₅su | suəʔ˨ | ₅lu | lu˨ | tɕʰyəʔ˨ | tɕyəʔ˨ | y˨ | y˨ |

# 后　记

　　本书是在我的博士学位论文《晋冀两省太行山沿麓晋语语音研究》的基础上修订而成的，也是我10余年晋语方言研究的汇报之作。

　　2005年，我跟随西北大学王军虎教授攻读语言学及应用语言学硕士学位。选题时，王老师命题毕业论文以母语方音为研究对象，由此开启了我的晋语方言研究之路。就职西藏民族大学以来，我时刻谨记恩师教诲，不敢懈怠，时时留心晋语语音的发展态势。

　　2014年，我考取了中山大学，师从庄初升教授攻读汉语方言学博士学位。求学期间，庄师、李炜、林华勇、刘街生、金健等诸位先生的传道授业解惑，开阔了我的语言学视野，提高了我的方言调查综合素养，让我受益匪浅。中大同门间的切磋琢磨，温柔了我在中大读博的岁月，让我倍感亲切。与大家的相识、交往，令我幸福，如今想来，依然感动、怀念。

　　"纸上得来终觉浅，绝知此事要躬行"，为了进一步提高方言调查实战能力，庄师带领我们参加他主持的"东莞方言建档"和"海内外客家方言的语料库建设和综合比较研究"两个项目。随庄师行走在粤海南天的大地上，我真正地接触到了粤语、客家话等东南方言，学会了方言调查的科学方法，走进了方言研究的广阔天地。2015年暑假，我和莉亚有幸参与了陈山青教授主持的"湖南方言调查'響應'计划"项目，深度调查了长沙、岳阳等地湘语。2016年暑假，我又参与了西藏民族大学陈荣泽师兄主持的"濒危汉语方言调查·陕西三原大李村菏泽话"项目的调查工作。

　　行走在南北方言的调查之路上，我对地理语言学产生了浓厚的兴趣，试图探究地理学与晋语方言的分布之间的历史文化关联。博士学位论文选题之际，我就此向庄师做了专门汇报。庄师本希望我做南方语系尤其是客家方言的语音研究，但他认为兴趣是学术研究的开端，于是肯定了我的研究思路，并指出要在更大的范围内考究晋语方言地理学。由此，我开启了晋冀两省太行山沿麓晋语方言的调查之旅。时至今日，庄师给予我的信任与支持，我仍然难以忘怀。

尤其令我感动的是，2015年7月，庄师陪同我赴山西和顺进行方言调查，一方面是实地考察太行山沿麓晋语方言的语言生态，另一方面是手把手地传授实地调研的具体方法。一周的时间，庄师帮我确定音系，审定单字音调查表和词汇调查表，帮我录制了和顺方言调研音档，不仅让我高质量地完成了第一个方言点的调查工作，而且为我的后续调查提供了方法论和参考依据。为了拓展我的学术视野，庄师又带我赴太原拜访了温端政、乔全生等诸位晋语研究专家。这一切都激励着我在晋语方言研究之路上继续前行。

为了完成13个方言点的调研任务，我查地图、找方志、读文献、寻耆宿，不断地奔走于工作地咸阳与各调查点之间，不断地修正着各方言点的调研数据，历时一年半有余，终于收集完全部语音材料。这一路走来，有欣喜也有艰辛，有成就也有缺憾。欣慰的是无论行走到哪一个调查点，总能得到新朋旧友的热情帮助。难忘和顺调研时，大学同学文静一家人的鼎力支持；难忘黎城调研时，两位年逾八旬的发音合作人杨本立老师和赵满芳老师深厚的地方文化知识积淀；难忘平山调研时，偶遇盖林海教授的发音合作人王文海老师，王老师不顾疲惫，全力配合；难忘西藏民族大学张晓霞和李丽华两位硕士研究生在调研路上的日夜陪伴……往事历历在目，从未忘记，而且越发清晰。衷心感谢调研路上遇到的所有老师和朋友。

2016年年底，通盘调查全部完毕。通过对材料的整理，我对晋冀两省太行山沿麓的晋语语音面貌有了一个大概的印象，并以此申报了教育部人文社会科学研究青年基金项目。2017年，项目顺利获批，更加坚定了我的研究信念。在此期间，我还有幸参加了麦耘先生和朱晓农先生主持的"田野调查语言学高级研修班"（株洲，2015）、"汉语方言田野调查研究生暑期学校"（广州，2016），学习到很多前沿的知识，结识到很多志同道合的前辈和朋友。

我要感谢恩师庄初升教授。除了对我学术上的栽培和生活上的关心以外，恩师一直以来都非常关心本课题的研究。本书出版之前，恩师百忙之中再次阅读、修改书稿，并拨冗作序，鼓励有加，就书中几个问题提出中肯的修改意见，是激励，更是鞭策，读来让我十分感动。我要感谢我的硕士研究生导师王军虎教授。每次见面，王老师都给予我最大限度的鼓励和安慰，并嘱咐我的爱人要多多支持我。我要感谢西藏民族大学文学院将本书列为年度出版计划，感谢学院领导和同事们对我的关怀与照顾。我要感谢中山大学出版社的编辑老师，他们工作认真负责，为本书的排版、校对、审核、设计做了大量的工作。我要感谢父母的养育之恩，感谢爱人魏春春博士对我学术的支持，感谢儿子魏莱和魏柯的乖巧懂事，对你们，我总是心怀愧疚。

几经春秋、南来北往，这本书是我求学成长和诸多情谊的见证，我当敝帚自珍；作为教育部人文社会科学研究青年基金项目结项的最终成果，不管怎样，我打心底是欢喜的，正所谓"不成熟的果子也是果子"吧。我学识尚浅，水平有限，书中仍有很多不尽完善甚至观点偏颇之处，概由我本人负责，也衷心期待各位方家的批评、指正。

在此，我要对每一位翻阅它的读者表示诚挚的谢意！

李欢

2020 年 12 月 8 日于咸阳西藏民族大学